KB104719

피투자자의 시간

피투자자의 시간

금융 자본주의 시대
새로운 주체성과 대항 투기

미셸 페어 지음   조민서 옮김

차례

들어가며　정치적 낙담의 여정　7

　슬금슬금 다가오는 사회주의: 전후 자유 시장 옹호론자들의 울분　7

　모두를 기업가로: 우울에 대한 신자유주의적 처방　12

　소득의 분배와 자본의 가치 상승: 새로운 사회 문제의 밑그림　19

1장　기업 거버넌스의 이해 관계　33

　고용주와 투자자　35

　이윤 추출과 신용 할당　41

　협상과 투기　44

　비용 계산과 리스크 평가　54

　임금과 기업의 사회적 책임　60

　피고용인과 이해 관계자　68

　고용주 카르텔과 신용 평가사　80

2장　정부 정책의 책무　91

　조세와 부채　93

　주기적인 선거와 끊임없는 가치 평가　102

　공간의 요새화와 시간의 점유　106

　포퓰리즘 옹호와 은행 벤치마킹　122

　채무자 벗어나기와 채권자 따라 하기　132

3장 개인 품행의 가치 상승 153

자립심 고취하기와 활력 잃은 이들 코치하기 155

불안해하는 이들 안심시키기와 신용 잃은 이들 솎아 내기 167

불안정 노동자와 자유 계약자 179

종속에 대한 보상과 상호 의존성에 대한 후원 193

임노동자와 피투자자 212

코다 229

미셸 페어와의 인터뷰 241

감사의 말 236

옮긴이 후기 279

후주 299

찾아보기 352

일러두기

1 이 책은 Michel Feher, *Le temps des investis: Essai sur la nouvelle question sociale*, Éditions La Découverte, 2017을 우리말로 옮긴 것입니다. 지은이의 요청에 따라 일부 내용을 증보한 영어판(*Rated Agency: Investee Politics in a Speculative Age*, trans. Gregory Elliott, Zone Books, 2018)을 주된 번역 저본으로 삼았습니다.

2 이해를 돕기 위해 지은이와 옮긴이가 나눈 인터뷰를 말미에 수록했습니다.

3 원서 주는 후주로, 옮긴이 주는 각주로 달아 주었습니다.

4 본문에서 옮긴이가 첨가한 내용은 대괄호로 묶어 표시했습니다.

5 원서에서 이텔릭체로 강조한 표현은 고딕체로 표시했습니다.

6 단행본, 잡지, 신문에는 겹낫표를, 논문, 드라마 등에는 낫표를 사용했습니다.

정치적 낙담의 여정

슬금슬금 다가오는 사회주의: 전후 자유 시장 옹호론자들의 울분

우울이 언제나 좌파의 전유물이었던 것은 아니다.[1] 프랑스 혁명과 러시아 혁명으로 쫓겨난 자들까지 거슬러 올라갈 것도 없다. 제2차 세계 대전 직후에도 자유 시장 옹호론자들은 현재 정치적 스펙트럼의 왼쪽에 만연한 것보다 더욱 암울한 분위기에 짓눌려 있었다. 좌파와 우파 두 경우 모두에서 우리는 정신 분석이 우울증melancholia이라고 진단하는 것, 즉 상실을 애도할 수 없는 상태에 맞닥뜨리게 된다. 오늘날 좌파에게 이 상실은 '현실에 존재하던' 버전들이 패배하기도 전에 변질된 탓에 더더욱 슬퍼하기 어려워진 사회주의의 상실이다. 과거에 경제적 자유주의 투사들이 경험한 상실은 자신이 견지하던 신조의 핵심이었으나 대공황과 전쟁을 거치며 더 이상 지속될 수 없는 것으로 드러난 자유 방임laissez-faire의 상실이었다.[2] 게다가 양쪽 사례 모두에서 우울을 부채질한 것은 노동 시장과 선거 절차라는 동일한 두 제도다. 오늘날 좌파는 이 두 제도가 각각 주주shareholder와 국가 채권 소유자government bondholder의 요구에 종속되는 바람에 자신이 쇠락했다고 본다. 전후 자유주의의 카산드라*들은 단체 협상과 보통 선거권을 사회주의적 전체주의가 보낸 트로이의 목마로 여겼다.

규제받지 않는 시장의 지지자들이 냉전 초기에 휩싸였던

우울을 전형적으로 보여 주는 경제학자 조지프 슘페터는 미국을 위시한 자본주의가 위태로운 상황에 놓여 있음을 입증하고자 마지막 저작인 『자본주의, 사회주의, 민주주의』를 집필했다.[3] 슘페터가 보기에 자본주의 생산 양식의 임박한 소멸을 더욱 불가피하게, 게다가 더욱 불행하게 만든 것은 자본주의의 소멸이 자본주의의 성공에서 비롯한다는 사실이었다. 그 이유는 다음과 같다. 18세기부터 서구 세계가 경이로운 발전을 이룩하도록 이끈 주역은 다름 아닌 기업가였다. 기업가들의 대담함은 과학적 진보의 촉진제였고, 이들의 독창성은 발명과 발견을 혁신으로 바꾼 동력이었으며, 스스로 기회를 창출해 이윤을 내고자 한 이들의 굳은 의지는 경제 성장의 엔진이 되었다. 그리고 여기서 발생한 편익이 여타 사회 집단에도 퍼져 나갔다. 그런데 슘페터가 볼 때 기업가적 역동성이 가져온 번영은 오히려 기업가에게 불리한 결과를 낳고 말았다.

『자본주의, 사회주의, 민주주의』에서 슘페터는 경제적 자유주의가 기업이라는 법적 제도의 내생적인, 그리하여 불가피한 진화 때문에 쇠락한다고 보았다. 그는 기술적 진보의 선순환—생산성 향상이 가격을 낮추고 총수요를 부양하며 새로운 혁신을 촉진했던—이 규모의 경제를 활용할 정도로 거대한 공장을 짓도록 산업 지도자들을 자극했을 뿐 아니라 또 다른 결과도 낳았다고 강조했다. 자본주의가 고삐를 풀어 놓

* 그리스 신화에 등장하는 인물. 트로이 프리아모스 왕의 딸로 아폴론의 저주를 받아 그의 예언을 누구도 믿지 않게 되었다. 트로이군은 트로이 내부로 목마를 들이면 안 된다는 카산드라의 말을 무시했고, 그 결과 유명한 '트로이의 목마' 안에 숨어들어 온 그리스 군대로 인해 트로이는 멸망했다.

은 "창조적 파괴"의 힘이 더욱더 많은 투자를 필요로 했기 때문에, 왕조에 버금가는 집단의 우두머리가 온전히 소유하던 기업들이 뿔뿔이 흩어진 수많은 주주가 봉급 경영자에게 권력을 넘겨준 상장 법인으로 대체되고 말았다는 것이다.[4]

이어 이 경제학자는 이런 조직 내부에서 대담함과 탐욕으로 추동되는 기업가의 선구적 직관이 사라지고 기술 관료가 수립하는 실용적인 계획이 그 자리를 꿰찬다고 주장했다. 물론 슘페터는 기술 관료도 자신이 경영하는 기업을 혁신하고 성장시키고자 애쓴다는 데 동의했다. 그렇지만 자본주의의 영웅적인 시대에 경쟁자를 물리치기 위해 자신의 부를 걸고 모험하기를 마다하지 않았던 기업가들과 달리 이 기술 관료들은 자신의 산업 및 상업 활동을 영구히 지속하는 것을 우선시했다. 기업의 내생적 성장을 목표로 삼은 기업 경영자들은 점점 더 조직에서 개발한 전문 기술에 기댔고, 그 결과 자연스럽게 임직원의 충성심을 확보하는 데 혈안이 되었다. 특히 안정적인 고용과 각종 복지 혜택을 제공함으로써 말이다. 이 과정에서 이들은 자본 소유자를 위해 이윤을 극대화하는 것이 아니라 피고용인의 요구와 주주의 이해 관계를 조정하는 데 주된 노력을 기울였다.

슘페터는 상장 법인 회사의 경영이 노동-자본 간 타협을 추구함에 따라 노동자들의 연대가 활성화되기는 했지만, 지식인의 점증하는 영향력이 아니었다면 임노동자들의 계급의식이 고용주에 대한 적대감을 자양분 삼아 자라나지는 않았을 것이라고 주장했다. 여기서 다시 한번 그는 기업가들이 맞닥뜨린 적대감이 그들이 거둔 성취의 이면이라고 설명했다. 기업가들이 진취성을 발휘한 결과로 만개한 과학과 기술이 숙련 노동에 대한 수요를 증가시켰고, 이는 다시 교사와 학자, 저널리스트와 문화 비평가 등 지적 노동에 종사하는 직업의 매력을 촉진했기 때문이다. 하지만 이런 직업의 수가 늘어나고 지위가 개선되었다고 해서 이 지식인들이 이해 관계를 공유하는 하나의 계급이 된 것은 아니었다. 슘페터는 느슨하게 정의될 수도 있었던 이 사회 집단을 실질적으로 통합한 것이 기업가적 가치들에 대한 반감이라고 보았다.

이 경제학자는 기업이 실용적인 기술을 필요로 하는 반면 통상 지식인의 머릿속에는 순수하게 이론적인 지식만 가득하다며 분개했다. 자신의 이해 관계를 공공연한 동기로 삼는 기업가와 달리 지식인은 자신의 직업이 본성상 이해 관계에 초연하다고 자부했다. 지식인은 기업가 정신의 핵심인 리스크라는 잣대로 성공을 판단하지 않으려 했다. 무엇보다도 지식인들은 인류의 삶을 개선하는 데 기여한 자신에게 돌아온 낮은 수준의 보상과 기업가들이 이기적인 동기에서 축적한 거대한 부 간의 엄청난 차이를 마뜩잖아했다. 그리하여 슘페터는 원한을 품은 지식인들이 여론을 이끌어 나가는 특권을 새로이 획득해 사업가의 속물성과 무절제함을 비난하고, 나아가 노동자에게 그들의 노동에 대한 착취야말로 고용주가 거둔 성공의 핵심이라고 설득한다고 주장했다.

『자본주의, 사회주의, 민주주의』에서 슘페터는 이 지식인들이 인민의 호민관 역할에 만족하지 못하고 얼마 지나지 않아 노동 조합에 복무하게 될 것이라고 보았다. 이들은 조직된 노동을 급진화하고 나면 사회주의적 정치인을 양성하고 그 정당의 강령을 기안할 것이었다. 자유주의적 부르주아지는 자신들에 대한 적대감이 점증하고 있음을 알아차렸지만 이에 대응해 원칙을 변경하지는 않았다. 특히 부르주아지는 자신들이 결사의 자유를 보호하고 자유 경쟁 원리를 확장해 정치적 대표자를 선출하는 데까지 적용했다는 것에 여전히 자부심을 느끼고 있었다. 그래서 슘페터는 이 계급의 소멸이 임박했다고 판단했다. 유권자 중 노동자가 차지하는 비중이 크고, 노동자가 생산 라인에 집중되어 있어 쉽게 이 라인의 작동을 방해할 수 있으며, 지식인 멘토들이 자본주의에 가한 비판에 노동자들이 쉽게 영향을 받을 수 있다는 사실이 그에게는 자유 세계의 생존과 양립 불가능해 보였다.

오늘날에는 시대착오적으로 보이겠지만 슘페터가 빠져들었던 침울함은 우리에게 귀중한 시사점을 전해 준다. 실제로 낙담이라는 정서가 항상 같은 진영에만 머물지 않았다는 사실을 돌이켜 보면서 우리는 낙담의 장소가 다시 한번 바뀔 수도 있음을 깨닫게 된다. 이것이 어떤 조건에서 우울이 우파 쪽으로 되돌아갈지를 살펴보려는 이 책의 전제다. 본격적인 논의에 앞서 과거에 우울이 거쳐 온 여정 중에 있었던 하나의 에피소드에서 몇 가지 교훈을 끌어낼 필요가 있다.

1970년대를 지나오면서 자본주의를 넘어서거나 그게 아니더라도 제어할 수 있다는 기대가 약화되었고, 상당수의 탁월한 작업이 이 상황을 분석하는 데 집중했다. 어떤 설명은 유럽의 경제 재건이 완료되면서 초래된 경기 침체를 강조한다. 다른 설명은 포드주의와 포드주의하에서 부흥했던 사회 운동의 동시적인 소멸을 지적하기도 하고, 석유 파동과 변동 환율제가 자본 소유자에게 제공한 기회를 거론하는 설명도 있다. 무엇에 구체적인 초점을 맞추든 이런 다양한 요인 때문에 사회주의적 이상이 쇠퇴했다고 보는 저자들은 이 요인들을 서로 중첩되는 두 서사—신자유주의를 중심으로 한 서사와 선진 공업국 경제의 금융화를 중심으로 한 서사—로 풀어내 곤 한다. 이 두 서사는 때때로 호환 가능하게 쓰이지만 구분되는 경우는 거의 없다.

확실히 신자유주의 개혁들—특히 시장 규제 완화와 관련된—은 금융 기관의 힘을 강화하는 수단으로 활용되어 왔다. 그러나 옹호자들에 따르면 이 개혁들의 목적은 기업가주의 entrepreneurialism의 복원이었지 금융의 헤게모니 확보가 아니었다. 달리 말해 이 개혁들이 궁극적으로 초래한 결과는 그것들이 천명한 목적과 일치하지 않는다. 신자유주의라는 프로젝트와 그것이 의도하지 않은, 적어도 공식적으로 선언하지 않은 결과 사이의 차이는 결코 순수하게 학문적인 쟁점이 아니며 중대한 정치적 함의를 가진다. 왜냐하면 자본 축적 과정을 이끄는 운전석에 앉은 주인공이 개량된 기업가에서 투자자로 바뀌었다면, 이에 효과적으로 맞설 뿐 아니라 자신감을 되찾기 위해 도전자들은 변화에 맞추어 저항 방식을 조정하려는 의지와 능력을 갖추어야 할 것이기 때문이다. 따라서 무엇이 신자유주의적 의제를 이 의제가 현실화되는 과정에서 형성된 '현실에 존재하는' 체제에서 분리하는지를 살펴보면 좌파의 우울을 떨쳐 내는 데 도움이 될 것이다.

모두를 기업가로: 우울에 대한 신자유주의적 처방

'신자유주의적'이라는 용어는 고전 자유주의 신조의 완고한 수호자들이 역사가 경로를 이탈했다는 느낌에서 벗어날 수 있게 해 준 교리상의 수정과 전략적인 혁신을 가리킨다.[5] 하이에크의 요청으로 모여 1947년 몽펠르랭 협회를 창립한 국제적인 연구자 그룹—하이에크 외에 나머지 주동 세력 중에는 학술지 『오르도』의 독일인 편집자들과 시카고 대학 경제학과에 재직 중이던 밀턴 프리드먼의 모임 등이 있었다[6]—은 자신들이 속한 진영에 당시 팽배하던 슘페터적 비관주의에 굴복하기를 단호하게 거부했다. 그렇지만 동시에 이들은 자유 세계의 면역 체계에 본질적으로 내재하는 결함에 대한 슘페터의 우려에 공감하고 있었다. 물론 이들도 자유주의 유산의 핵심 중 일부인 결사의 자유와 보통 선거권을 완전히 폐기할 수는 없다는 점에 마지못해 동의하기는 했지만,[7] 동시에 노동 조합이 결사의 자유를 독점하고 민중에 대한 선동이 보통 선거권을 장악하는 현상이 서구 사회를 사회주의라는 "노예의 길"로 내몰고 있다며 두려워했다. 훗날 비판자들에게 '신자유주의자'라고 불리게 된[8] 일군의 경제학자, 법학자, 역사학자는 이런 비극적인 운명을 피하고자 했고, 이를 위해 대의 민주주의가 보장하는 시민적, 정치적 자유가 남용됨으로써 이 민주주의가 위협받는 상황을 타개할 안전 장치를 고안하는 것을 사명으로 삼았다.

이 지식인들이 볼 때 자유주의 사회가 직면한 위협은 혁명에 대한 대중의 열정이 아니었다. 오히려 문제는 케인스주의적 경기 조정countercyclical 정책—불황을 피하기 위해 금리를 인하하고 재정으로 경기를 부양하며, 인플레이션을 다스리기 위해 물가와 임금을 일시적으로 연동하는—이었다. 물론 몽펠르랭 협회의 관련 인사들은 이런 조치들의 목표가 사회주의의 도래가 아님을 잘 알고 있었다. 오히려 이 조치의 주창자들은 시장 실패를 방지하고 이로써 서구 시민이 자유주의 제도에 대한 믿음을 유지하도록 하는 것을 목표로 삼았다. 그러나 경제사학자 필립 미로스키가 적절하게 신자유주의라는 "사상의 모임"thought collective이라고 지칭한 이들은 경기 순환을 미세 조정하려는 시도들이, 그 선의와는 무관하게, 항상 해결하고자 한 결함보다 훨씬 해로운 것으로 입증되었다는 데 의견을 같이 했다.

특히 하이에크는 가격 메커니즘을 어설프게 조작하려는 케인스주의적 태도가 시장을 시장 자체〔의 부작용〕로부터 보호하기는커녕 치명적인 기능 부전에 빠뜨린다고 비난했다. 하이에크에게 시장 가격은 사회 각 구성원에게 다른 구성원들이 무엇을 원하고 또 제공해야 하는지를 실시간으로 알려주는 소중한 신호였다. 그런데 국가 당국이 가격 협상에 개입하면 경제적 행위자는 자신의 계획을 자율적으로 수립하는 데 필요한 정보를 더 이상 수집할 수 없게 된다. 이렇게 되면 이들은 국가의 개입을 더 쉽게 용인하게 되며, 결국에는 이런 개입을 더 많이 필요로 하게 될 것이다. 하이에크는 정부가 국내 수요를 진작하거나 임금을 인위적으로 높게 유지함으로써 경기 하락에 대처하려 할 경우 이 주제 넘는 참견이 가격이 보내는 신호를 교란한다고 보았다. 여기에 뒤따를 혼동 속에서 유권자는 올바른 정보에 바탕해 스스로 선택할 능력을 잃을 것이고, 그러면 공직자들은 개인의 자유와 자립을 희생시켜 중앙 계획의 고삐를 더욱 단단히 틀어쥐는 것이 정당하다고 느끼게 될 터였다.

『노예의 길』의 이 저자가 "슬금슬금 다가오는 사회주의" creeping socialism라고 부른 것으로부터 자유 세계를 구원하기 위해 신자유주의 대가들은 1980년대로 접어드는 시기에 '보수 혁명'의 지도자들이 실행하게 될 일련의 조치를 고안했다. 이들의 궁극적인 목표는 자본주의의 기원적인 정신을 회복하는 것을 넘어 기업가적 에토스가 통용되는 영역을 확장하는 것이었다. 이 대가들은 이전에 슘페터가 개탄한 것처럼 기업 문화가 기술 관료 때문에 표류하지 않도록 기업가 정신이 기업 경영의 중심으로 되돌아와야 한다고 단언했다. 또한 이들은 국가 당국이 기업가 정신을 저해하지 않을 뿐 아니라 적극적으로 유지해야 하며, 무엇보다 전문 기업가가 아닌 사람들도 이 정신을 받아들여야 한다고 부르짖었다. 몽펠르랭 협회 회원들은 노동력을 판매해 생계를 유지하는 사람도 자신들이 옹호한 개혁 조치를 통해 새롭게 훈련받고 나면 각자의 삶을 하나의 사업처럼 다루고 싶어 하게 될 것이라고 확신했다. 어떤 선택의 순간이 와도 국가나 특수 이익 집단 혹은 지식인 멘토가 이끌어 주기를 기다리는 대신, 가능한 모든 선택지를 고려해 합리적으로 기대되는 비용과 편익을 추정하고 가장 높은 수익을 거둘 수 있는 행동 방침을 고르게 되리라고 말이다.

신자유주의 개혁가들은 복지국가를 지지한 케인스주의자는 물론이고 이전의 경제적 자유주의자와도 멀어졌다. 정부에 노동자들의 계급 의식을 해체하는 과제를—민간 기업의 소관에서 손을 떼라고 촉구하거나 역으로 노동 계급을 달래기 위해 보유 자원을 사용하는 것을 묵과하는 대신—맡겼다는 점에서 말이다. 그리하여 이들의 의제는 두 가지 주요 측면에서 새로운 국면을 열었다.

첫째, 신자유주의를 다룬 유명한 1979년 강의에서 미셸 푸코가 강조한 것처럼 몽펠르랭에 모인 이론가들은 자유주의 질서의 회복이 국가를 사람들의 삶에서 철수시키는 것이 아니라 공직자가 시장의 이해에 따라 통치하도록 만드는 것임을 보임으로써 자유 방임을 최종적으로 영면에 들게 했다.[9] 이들에게 바람직한 통치란 시민적 자유를 침범하지 않도록 자제하거나 피통치자를 자본주의 생산 양식에 깃든 위험과 가혹함으로부터 지키는 것이 아니었다. 이들은 가장 취약한 인구 집단을 시장 경쟁에 내재하는 폭력으로부터 보호하는 것보다는 취약한 시장 메커니즘을 대중의 성급함과 이를 악용하는 대중 선동가로부터 보존하는 것이 바람직한 통치의 과제라고 보았다.

신자유주의 사상의 모임은 공직자들이 잘못된 길로 빠져들지 않게 하려면 특정한 법적, 제도적 환경을 조성해야 한다고 주장했다. 그래야 선출된 대표자가 선거에서 승리하기 위해 실질 가격real price을 함부로 조작하려는 유혹에 넘어가지 않을 수 있다는 이유에서였다. 인민 주권의 수탁자들을 규제하기 위한 조치는 다음과 같았다. 재정 적자를 제한하거나 금지하는 헌법 규정, 이른바 '황금률'golden rule.[10] 인플레이션을 방지하는 임무 외에는 독립성을 보장받는다고 전제되는 중앙 은행장에게 통화 정책 권한의 일임.[11] 개인 투자자들이 투자를 열망하는 모든 공공재와 공공 사업의 민영화.[12] 가능한 모든 경우—특히 경제학자들이 '외부성'이라고 부르는, 상업적 거래가 제3자에게 미치는 영향과 관련해—강제적인 규제를 계약상 합의로 대체.[13]

둘째, 몽펠르랭 협회와 연계되어 있던 지식인들은 협상을 추구하든 특정 계급의 편을 들든 계급 갈등을 감안해야 할 하나의 사실로 여기지 않았다. 대신 자신들 중 한 명이 임노동자의 "탈프롤레타리아화"라고 부른 기획을 통해 계급 갈등 자체를 시대에 뒤떨어진 현상으로 도태시키고자 했다.[14] 노동자와 피고용인이 기업가의 사고 방식과 행태를 받아들이도록 돕기 위해 고안된 신자유주의 사회 공학에는 다음과 같은 것들이 포함되었다. 주택 소유권에 대한 가능한 최대 다수의 접근성.[15] 리스크에 대한 사회화된 보호 시스템보다는 〔사적〕계약에 기반한 시스템(적립식 연금이나 민간 의료 보험 등).[16] 학교와 저소득자용 주택에 대한 공적 투자보다는 궁핍한 가정에 바우처 직접 지급.[17] 모든 유형의 공적 부조를 수혜자의 '게으름을 부추기지' 않도록 낮은 수준에서 책정된 부의 소득세negative income tax로 통합.[18]

담보 대출을 갚고, 보험 계약을 이행하며, 바우처나 부의 소득세 형태로 주어지는 자원을 관리하는 습관을 중간 계급과 노동 계급 가구에 주입하는 것은 단순한 훈육 조치가 아니었다. 즉 문제는 그저 노동력을 판매해 생계를 이어 가는 사람들이 연대와 부의 재분배라는 자신의 '사회주의적' 이상을 개인의 자유와 책임성이라는 자유주의적 원칙과 맞바꾸도록 강제하는 것이 아니었다. 신자유주의의 선구자들은 기업가적 덕목을 따르도록 노동 계급 구성원을 개종시키고, 그럼으로써 자신의 이해 관계가 기업가의 이해 관계와 충돌하는 사회 계급의 일원이라는 이들의 감각을 약화시키려 했다.

프리드리히 하이에크가 몽펠르랭 협회를 창립한 1947년 당시에는 스위스 알프스에서 그와 회합을 가졌던 경제학자, 사회 과학자, 법학자 들이 정치적 스펙트럼의 오른쪽 끝에 있는 기이한 인물로 간주되었다. 참가자 가운데 출신 국가에서 영향력이 있었던 것은 독일의 질서 자유주의자ordoliberal들뿐이었다. 나머지는 이후 30년 가까운 세월 동안 상대적으로 주변적인 존재에 지나지 않았다. 하이에크가 노벨 경제학상을 받고 아우구스토 피노체트가 칠레를 "프롤레타리아의 국가가 아닌 기업가의 국가"로 만들게 도와달라며 밀턴 프리드먼의 제자들을 초청한 1974년에는 상황이 나아지기 시작했다. 그렇지만 선진 공업국에서 신자유주의적 통치 기술이 완전히 수용된 것은 영국과 미국에서 '보수 혁명'의 지도자들이 집권한 뒤였다.

1979년 5월에 당선된 마거릿 대처와 1980년 11월에 당선된 로널드 레이건은 몽펠르랭 프로그램의 두 갈래를 실행에 옮기기로 작정했다. 국가의 자원을 동원해 시장을 강화하고 유권자가 삶을 하나의 사업처럼 관리하도록 유도하기로 한 것이다. 신자유주의 정책들은 처음에는 케인스주의의 우선순위를 뒤집어 버렸다는 의미에서 혁명적인 것으로 여겨졌지만 곧 새로운 주류로 자리 잡았다. 이런 흐름은 영국과 미국을 넘어 다른 국가들에서도, 보수 정당이나 사회 민주주의 정당 중 어느 쪽이 집권하는지와 무관하게, 관철되었다.

신자유주의가—적어도 주류 정치인, 경제 엘리트, 미디어에 출연하는 전문가 사이에서—서서히 상식으로 확립되는 것을 보면서 좌파 진영에 속한 비판자들은 자연스럽게 신자유주의 정책이 성공적으로 실행되는 바람에 자신이 혼란에 빠졌다고 생각했다. 한편으로 이들은 재정 및 통화 정책에 족쇄를 채우고, 공공재였던 재화와 서비스를 민간 자본으로 이전하며, 의무적인 규제를 거래 가능한 청구권 발행에 입각한 계약상 합의로 대체하는 등의 조치가 빚어내는 효과에 대한 민주적인 토론이 빈곤해진 탓에 이런 사태가 초래되었다고 비난했다. 다른 한편 좌파는 개인이 1인 기업가로 표상되면서 임노동자의 계급 의식과 분노하는 역량이 줄어든 까닭에 자신이 견지해 온 비판과 이상이 점점 힘을 잃고 있다고 여겼다.

소득의 분배와 자본의 가치 상승: 새로운 사회 문제의 밑그림[*]

신자유주의에 대한 학술적인 연구들이 신자유주의의 통치 기술을 해부하고 이 기술이 의기양양하게 전진해 나간 과정을 기술한다면, 비대해진 금융을 다루는 문헌들은 새로운 자본 축적 체제가 부상한 과정을 되돌아본다.[19] 1970년대 후반 이후 서구 경제는 사회학자 제럴드 데이비스가 코페르니쿠스적 혁명이라고 묘사한 것을 통과해 왔다. 더 이상 경제는 포드주의 시대처럼 수직적 통합이나 내적 성장을 통해 번영을

[*] 이 절의 제목은 번역 저본인 영어판이 아니라 프랑스어판에서 가져왔다. 이 절의 영어판 제목인 '기대를 끌어올리기: 금융화된 자본주의하의 삶'Raising Expectations: Life under Financialized Capitalism보다는 프랑스어판 제목이 논의의 내용을 적절하게 반영한다고 생각했기 때문이다. 여기서 '사회 문제'question sociale는 실업, 범죄, 빈곤 등 구체적인 정책적 해결을 요하는 사회 문제social problem와 구별되며, 자본주의에 내재하는 계급 적대라는 근본적인 모순, 즉 자본주의 체제가 하나의 사회로 존속하는 한 끊임없이 제기되는 '질문'question이라는 의미에 가깝다. 프랑스어판에는 이 개념이 본문 곳곳에 등장하지만, 영어권 독자에게 익숙지 않다는 지은이의 판단하에 영어판에서는 다른 표현으로 바뀌었다. 그러나 한국어판에서는 이 표현을 경우에 따라 환기해 주었다. 이 개념에 대해서는 말미에 실은 「미셸 페어와의 인터뷰」와 다음의 문헌들을 참조하라. Robert Castel, *Les Métamorphoses de la question sociale: Une chronique du salariat*, Fayard, 1995; 다나카 다쿠지, 『빈곤과 공화국: 사회적 연대의 탄생』, 박해남 옮김, 문학동네, 2014.

이루고자 하는 산업 기업을 중심으로 돌아가지 않는다. 대신 기업과 그들이 구성하는 경제는 거대한 종합 은행과 기관 투자자가 지배하는 금융 시장을 중심으로 돌아간다.[20]

선진 공업국 경제의 금융화는 GDP에서 금융 부문이 차지하는 비중, 금융 기관이 다른 기업에 비해 벌어들이는 이윤의 양, 그리고 비금융 기업의 회계에서 상업적인 자금 흐름 대비 포트폴리오 수입이 차지하는 비율을 통해 측정할 수 있다.[21] 하지만 '실물 경제'에서 투기적인 금융 회로로 대규모 자금이 이전되었다는 테제를 뒷받침해 주는 이런 지표들보다 한층 명확하게 신용 공급자의 우위를 드러내 주는 것은 자금을 조달받을 자격이 있는 프로젝트를 선별하는 이들의 능력이다. 신용 공급자가 행사하는 권력은 궁극적으로 실물 경제에서 자원을 빼내 오는 것보다는 실물 경제가 무엇으로 구성될 것인지를 결정하는 힘에 있다. 그러므로 금융의 헤게모니는 금융을 경험하는 이들의 품행과 기대를 변형시킬 수밖에 없다. 왜냐하면 만약 오늘날 경제적 행위자들의 주된 목표가 투자자에게 비치는 자신의 매력도를 높이는 것이라면, 이들은 아마 직업 활동을 통해 얻을 수 있는 수익보다는 그런 활동에 필요한 신용을 추구할 것이기 때문이다.[22]

이렇게 행위자들의 행태가 바뀌었음을 보여 주는 첫째 증거는 상장 기업의 전략이다. 지난 30여 년간 '기업 거버넌스' corporate governance라고 불려 온 것은 장기간에 걸쳐 매출로 발생하는 수입과 생산 비용의 차이를 최대화하는 것을 목표로 삼지 않는다. 기업 거버넌스의 유일한 목표는 아주 가까운 미래에 금융 시장이 주주의 주식에 할당하는 가치를 증가시키는 것이다. 여기서 기업의 진정한 성공은 그것이 생산한 재화나 서비스의 판매로 창출되는 이윤이 아니라 다음 지분 매각으로 발생하는 자본 이득에서 비롯한다. '바람직한'good 거버넌스를 실행하는 이들이 재원의 상당 부분을 자사주를 '매입하는'buy back 데 쓰는 이유가 바로 이것이다. 이런 관행은 상업적 혹은 산업적 전략으로 보면 터무니없지만, 자신이 투자하는 기업의 주주 가치에만 신경 쓰는 투자자를 끌어모아 '경쟁력'을 갖추고자 하는 CEO에게는 타당한 전략이다.

〔이윤에 대한〕 신용의 우위는 민간 부문에 국한된 현상이 아니다. 자국 국채 소지자의 선호에 부응하는 것 역시 국가 통치의 주된 관심사로 자리 잡았다. 공직자들은 지속 가능한 에너지원에 바탕한 경제로의 전환을 추진하거나 성장 동력을 다시 확보하는 대신, 자국 영토가 채권 시장에서 평가받는 매력도를 끌어올리는 데 전념한다. 책임감 있는 모습을 연출하고자 하는 이들 공직자는 채권 소유자의 불신—장단기 국채 treasury bills and bonds 금리의 인상으로 표출되는—에서 벗어나기 위해 노동 시장을 유연화하거나, 사회 복지 프로그램을 축소하거나, 법인세나 자본 이득세를 대폭 낮추거나, 금융 기관에 대한 모든 유의미한 규제를 유보함으로써 채권자의 그 뻔한 입맛에 맞추려 한다.[23]

마지막으로 신용도가 중요해지면서 한때 안정적인 일자리, 정기적인 임금 인상, 사회 복지를 통해 경제적 안정을 도모하려 했던 개인들의 품행도 영향을 받는다.[24] 투자자의 신뢰를 유지하는 것을 최우선시하는 기업 고용주와 정부는 더 이상 피고용인과 유권자에게 평생 직장을 보장해 주지 않는다. 높이 평가받는 기술이나 매력적인 인맥을 홍보하든, 그럴 수 없는 경우에는 〔언제든 일할 수 있다는 의미의〕 가용성 availability과 〔어떤 고용 형태든 수용할 수 있다는 의미의〕 유연성 flexibility을 내보이든 이제 구직자는 무슨 수를 써서라도 자신의 가치를 높여야 한다. 구직자가 일자리를 구하는 능력은 임금이나 노동 조건에 대한 집단적인 합의보다는 인적 자본에 부여된 신용에 좌우된다.[25]

채용 조건이 바뀌면서 물질적 불안정성이 발생하면 수많은 사람이 부동산에 접근하기 위해, 학업을 이어 가기 위해, 소비재를 얻기 위해, 혹은 단지 생존하기 위해 돈을 빌릴 수밖에 없다. 그런데 대출을 받으려면 담보를 제시해야 한다. 일정한 자산 없이 대출을 바라는 이들은 보통 자신이 구매하고 싶은 주택이나 취득하고 싶은 학위가 창출할 것이라고 여겨지는 소득 같은 미래의 담보에, 혹은 이전에 대출을 상환해 축적한 신용도라는 평판에 의존한다. 대출자는 실제로 가지고 있는 자원, 긍정적 평판 기록, 신중한 계획 등 무엇을 통해서든 부채를 상환할 능력을 입증해 금융적 신용도뿐 아니라 도덕적 신용도를 유지하고, 이를 통해 계속 돈을 빌려 달라고 채권자를 설득한다.[26]

역사적으로 볼 때 금융 자본주의의 부상은 몽펠르랭 협회의 의제가 실행된 결과로 이해해야 할 것이다. 심지어 마거릿 대처와 로널드 레이건이 주도한 보수 혁명 이전에도, 신자유주의를 추종한 일군의 경제학자와 법학자—시카고 대학에서 법경제학 프로그램Law and Economics Program을 창시한—는 기업 거버넌스가 주주 가치 추구에 집중해야 한다는 논변을 정당화하는 데 결정적인 역할을 담당했다.[27] 밀턴 프리드먼의 이 제자들은 일찍이 슘페터가 비난한 기술 관료들 때문에 기업 문화가 표류할까 봐 걱정하면서 미국 경제의 생산성

하락을 기업 내부에서 권력과 소유가 단절된 탓으로 돌렸다. 이 연구자들이 볼 때 주주가 뿔뿔이 흩어져 있다는 사실을 이용해 권력을 쥐는 경영자는 더 이상 자본 소유자에게 배분되는 이윤의 극대화를 자신의 사명으로 삼지 않았다. 그 대신 경영자들은 회사의 생산 역량 발전을, 즉 높은 재투자율의 유지를 피고용인 및 주주가 제기하는 요구의 충족보다 우선시했다. 게다가 경영자들은 노동과 자본을 각각 공급하는 양측이 자신을 순순히 따르도록 권력을 강화하려 했고, 이를 위해 이 사회를 같은 패거리로 채우고 국가 당국과 서로에게 득이 되는 거래를 협상했다.

법경제학자들은 관리 자본주의가 설정한 이런 전략적 우선 순위가 민간 영역과 공공 영역의 점진적인 상호 침투에 유리한 여건을 형성했다고 비난했다. 이들은 대기업에서 임금을 받는 경영자와 고위 공무원 사이의 문화적 친화성 때문에 경영자들이 공무원처럼 행동하게 될 가능성이 높을 뿐 아니라—그리하여 기업 문화가 기술 관료적으로 바뀌는 경향을 더욱 강화할 뿐 아니라—경쟁을 회피하기 위해 공무원의 손을 빌린다고 보았다. 이런 불운한 경향을 역전하기 위해 신자유주의 개혁가들은 기업 경영자가 다시 한번 고용주의 요구를 따르도록 강제하는 제도적 환경을 조성하자고 주장했다. 밀턴 프리드먼이 유명한 칼럼에서 썼듯 자기 소유가 아닌 기업의 관리를 위탁받은 경영자들은 주주의 기대를 충족하는 것만이 자신의 유일한 "사회적 책임"임을 되새겨야 한다는 것이었다.[28]

법경제학 프로그램의 옹호자들이 볼 때 기업 경영자를 다시 자본 소유자에게 종속시키려면 새로운 종류의 경쟁이 필요했다. 특히 헨리 맨은 임금을 받는 CEO들이 자신의 뜻이나 개인적인 야심을—회사에 최선이라는 식으로 아무리 둘러대더라도—밀어붙이지 못하게 만들려면 "기업 통제를 위한 시장" 같은 제도가 필요하다고 강조했다. 맨은 이런 시장을 통해 실질적, 잠재적 주주들이 자본 가치를 상승시킬 경영진을 선별하고 유지하거나 대체할 수 있을 것이라는 논리를 폈다.[29] 달리 말해 맨이 옹호한 유형의 기업 거버넌스에서 경영자의 운명은 경영자 자신이 내린 결정이 기업의 주가에 미치는 영향에 좌우될 터였다.

1970년대 중반 무렵에는 거버넌스에 대한 법경제학적 접근이 이미 경영학계에서 주류를 이루고 있었다. 법경제학이 명성을 떨친 주된 배경은 포드주의하에서 규모의 경제를 추구하며 수직 통합을 이룬 회사들의 이윤율 하락이었다.[30] 그렇지만 로널드 레이건이 당선되고 나서야 비로소 이 새로운 유형의 거버넌스를 일반화하는 데 유리한 환경이 조성되었다. 새로운 공화당 정권은 신자유주의의 계율에 따라 적대적인 공개 매수와 기업 담보 차입 매수를 가로막는 장애물을 서둘러 제거했고, 이로써 '기업 사냥꾼'raider들이 실적이 신통찮은, 정확히는 주주 가치 측면에서 실적을 내지 못한 기업을 지배할 수 있게 되었다. 자본 시장 규제를 제거한 미국 정부 당국의 조치는 경영자에게 회사의 주가를 상승시키는 것이 자신의 유일한 사명이라는 사실을 각인시켰다.

레이건 행정부가 선구적으로 시행하고 대서양 양안 전역에 점진적으로 퍼져 나간 규제 완화 조치들은 기업 경영자에게 자신의 업무가 주주를 위한 가치 창출이라는 사실을 주지시키는 데 일조했을 뿐 아니라 국가의 통치도 급속히 탈바꿈시켰다. 실제로 신자유주의의 원칙을 받아들인 정부들이 기업 거버넌스가 출현하는 데 관여한 결과 정부 차원의 경제적 의제들도 얼마 지나지 않아 새롭게 규정되었다. 왜냐하면 금융 자본이 전 지구적으로 자유롭게 이동할 수 있는 환경에서 공직자들은 자국의 민간 부문 경쟁력을 향상시키기 위해 자신이 관할하는 영토를 국제적인 투자자에게 최대한 매력적으로 만들어야 했기 때문이다. 그래서 기업 친화적인 세법, 유연한 노동 시장, 강력한 재산권으로 유동성 운용자를 유인하는 역량이 공직자의 임기 성공 여부를 판가름하는 잣대로 자리 잡았다.

정부가 기업에 제공한 이런 특권들이 금융 자본의 흐름을 끌어들인 것은 사실이지만, 곧바로 각국 정부는 여기에 따르는 비용을 깨달았다. 투자자의 관심을 사로잡는 조치를 시행하면서 이제까지 시민을 위한 복지 예산에 할당했던 세수의 상당 부분이 사라진 것이다. 시장 규제 완화에 대한 믿음을 문제 삼지는 않으면서도 정부들은 이런 새로운 우선 순위 때문에 대중에게 외면당하고 재선 전망이 위태로워질까 봐 우려했다. 유권자 사이에서 좋은 이미지를 잃지 않는 동시에 투자자 사이에서 자국 영토의 평판을 유지하고 싶어 한 선출직 공직자들은 점점 더 조세를 대출로 대체하는 길을 택하기 시작했다. 다시 말해 이들은 투자자의 바람과 유권자의 필요가 충돌하는 상황을 피하려면 공공 부채를 불릴 수밖에 없다고 여겼다. 하지만 기업 경영자들의 운명을 변덕스러운 주식 시장에 종속시켜 버린 규제 완화 조치를 시행한 국가와 정부의 수반들은 예산 균형을 맞추기 위해 채권 시장에 기댐으로써 결과적으로 경영자들과 비슷한 상황에 처하고 말았다. 일단 공공재와 사회적 보호를 제공한다는 사명을 다하기 위해 빌려 온 자금에 의지하게 되자 공직자들 역시 채권자의 신뢰에 좌 우되는 처지에 놓였기 때문이다.[31]

기업 거버넌스와 마찬가지로 투자자가 정치적 대표자에 게 미치는 영향력 역시 신자유주의의 용어들로 정당화되었 다. 금융 시장이 경제적 행위자에게 소위 규율을 부여한다며 칭송받은 것이다. 이 논리에 따르면 정부가 채권 소유자에게 책임을 다할 경우 정해진 선을 넘어 과다하게 지출하려는 경 향을 억제할 수 있었다. 즉 권력을 탐하는 경영자에게 적대적 인수라는 위협이 제약으로 작용했던 것처럼, 재선을 담보하 기 위해 '특수 이익 집단들'의 요구를 들어주는 정부 관료에 게는 장단기 국가 채권의 신인도를 위험에 빠뜨릴지도 모른 다는 두려움이 동일한 제약으로 작용하리라는 것이었다.

공직자들이 전례 없이 증대한 부채 의존도를 낮추기 위해 신용 대출에 대한 시민의 접근성을 높인 금융화의 셋째 국면 에서는 책임성에 대한 주장이 더욱 중차대하게 육박해 왔다. 1980년대 내내 정부는 채권을 발행한 덕분에 유권자의 복지 를 챙기면서 낮은 세금을 선호하는 투자자도 만족시킬 수 있 었다. 그러나 1990년대 초에 줄어든 세수를 보충하는 과정에 서 발생한 재정 적자는 채권자들이 정부의 상환 능력을 우려 할 정도로 커져 버렸다. 시장에 의해 공공 부채가 평가 절하되 는 것은 기필코 거부하면서도 투표를 거쳐 자리에서 쫓겨나 는 것 역시 무서워한 정치인들은 빚을 내 연명할 때 져야 하 는 부담을 국민과 나눈다는 새로운 타협안을 고안해 냈다. 국 가 입장에서는 채권 소유자들을 달래려면 사회 안전망을 유 지하는 데 들어가는 예산의 상당 부분을 삭감해야 했다. 그래서 국가는 이제까지 공적 보조금이나 수당에 의존해 온 가구와 개인에게 더 이상 국가에 신청해 타 갈 수 없는 이런 자금을 능동적으로 빌리라고 종용했다. 사회적 이전social transfer을 민간 대출로 대체하자고 주창한 이들은 전형적인 신자유주의적 정당화 논리에 따라 전자는 의존과 나태가 자라나는 온상이 되지만 후자는 개개인이 삶을 하나의 사업처럼 관리하는 규율을 학습할 기회가 될 것이라고 주장했다.

이렇듯 지난 40여 년 동안 신자유주의 개혁과 이 개혁이 천명한 목표가 경제에 대한 금융의 통제를 강화하고 정당화해 왔다는 증거는 차고 넘친다. 게다가 금융화의 수혜자와 하이에크나 프리드먼의 지적 계승자 들은 대개 사이가 좋다. 한편으로 노동 시장을 더욱 유연하게, 세법을 더욱 기업 친화적으로, 공공 영역을 더욱 초라하게 만들려는 신자유주의 정부의 노력에 열정적으로 호응하는 것은 투자자들뿐이다. 다른 한편으로 금융 시장과 금융 기관이 부과한 규율은 신자유주의적 의제를 실행하는 데 확실한 우군이 되어 준다. 요컨대 경영자는 주주 가치를 추구하느라 노동 조합과 타협할 수 없게 되고, 공직자는 채권 소유자의 신뢰를 잃을지 모른다는 두려움으로 인해 재선에 필요한 지출을 늘리지 못하며, 민간 대출을 받은 개인은 빚 때문에 금리를 끌어올릴 가능성이 있는 정치적 의제를 지지하지 못한다.

그렇다면 우리는 몽펠르랭 협회의 지도자급 회원들이 처음 기틀을 잡은 처방이 투자자의 권력이 강화된 현상과 완벽하게 양립한다고, 즉 금융화가 신자유주의라는 계획의 일부였고 지금도 신자유주의적 의제가 계속 승리를 구가하는 조건이라고 여겨야 하는가? 프리드리히 하이에크는 18세기 스코틀랜드 계몽주의를 대표하는 저명한 지식인으로 인간 사회를 "인간 의도가 실행된 산물이 아니라 인간 행위의 결과"라고 본 애덤 퍼거슨을 즐겨 인용했다.[32] 얄궂게도 퍼거슨의 발언은 신자유주의 정책이 실행된 사회들에 유독 잘 들어맞는다. 왜냐하면 인플레이션을 통제하고 공급을 진작하는 방안을 고민했던 정부들이 우리의 금융화된 멋진 신세계를 만들어 낸 것은 부인할 수 없는 사실이지만, 이 세계에서 살아가야 하는 사람들은 신자유주의 사회 공학이 빚어내고자 의도한 인간 유형에 제대로 부합하지 않기 때문이다.

"슬금슬금 다가오는 사회주의"에 맞서 자유주의 정치체를 지키려고 한 몽펠르랭 협회의 지식인들은 기업가적인 에토스의 매력을 되찾고 더 결정적으로는 이런 에토스의 영향력을 넓히기 위한 조치들을 고안했다. 이들은 개개인이 직종과 무관하게 각자의 삶을 하나의 사업으로 대하도록 유인하면 이들의 열망aspiration을 재계의 이해 관계에—그리고 정치적 대표자들에게—맞게 재구성하는 데 크나큰 도움이 되리라고 보았다. 그런데 투자자가 행사하는 선별 권력과 끊임없는 등급 평가rating에 종속된 경제적 행위자들의 주된 관심사는 자기 사업의 이윤율profitability 상승이 아니라 신용도credit-worthiness 향상이다. 이 행위자들은 잠재적인 자금줄〔투자자〕이 기대하는 바를 예측해야 하고 또 그런 기대에 영향을 미쳐야 하기 때문에, 상업적인 이윤을 추구하는 기업가보다는 자기 포트폴리오의 가치를 투기하는speculate 자산 관리사처럼 행동하고 생각하는 경향이 있다. 경제적 행위자의 안녕welfare을 좌우하는 매력도attractiveness는, 비록 이 행위자가 활동으로 창출하는 수입과 무관하다고 보기는 어렵지만, 주로 부동산, 기업 주식, 기술, 인맥처럼 이들이 보유한 자원의 가치 상승appreciation에서 비롯한다. 신자유주의 개혁은 단체 협상이나 기존에 확립된 권리보다는 공리주의적 계산을 활용해 소득을 극대화하는 개인을 만들어 내고자 했다. 반면 금융 자본주의의 주체들은 자신의 자본을 구성하며 끊임없이 평가의 대상이 되는 물질적, 비물질적 자산의 가치를 통해 번영을 도모하려 한다.

신자유주의 개혁 프로그램의 두드러진 특징 중 하나가 시장에 대한 규제 완화였기에 이 개혁을 선도한 이들은 금융을 자유화하는 데 결정적인 역할을 했다. 그 답례로 금융 시장의 헤게모니는 이들의 바람을 대체로 충족해 주었다. 투자자들 덕분에 이제는 결사의 자유나 보통 선거권 같은 유서 깊은 제도를 인정하더라도 사회주의라는 여우가 자유주의라는 닭장에 난입하는 사태는 벌어지지 않는다. 이렇게 신자유주의와 금융화는 서로 주고받으며 이익을 보는 관계에 있다. 그럼에도 매우 중요한 사실은 금융화가 투기적 도박speculative wager에 열중하면서 신용을 추구하는 거래자를 만들어 내며, 이는 신자유주의가 빚어내고자 했던 기업가—합리적 기대에 따라 움직이며 이윤을 추구하는—와 다르다는 것이다. 임노동자들이 스스로를 둘 중 어느 유형과 동일시하든 이들의 계급의식이, 그리하여 노동 과정에서 창출된 부의 분배와 관련해 이들이 참여하는 사회적 투쟁이 심대한 타격을 입으리라는 것은 명백했다. 그런데 경제적 행위자들이 기업가적 에토스를 장착하는 대신 금융 시장과 기관의 요구를 받아들이게 되자 고용주와 피고용인의 대립이 약화된 동시에 또 다른 종류의 갈등이 촉발되었다. 투자자와 그의 후원에 의존하는 '피투자자'investee가 신용 할당을 둘러싸고 빚는 갈등 말이다.

한때 진보적이라고 불렸던 정당들은 신자유주의 지식인들이 고안하고 정부가 이들의 시각을 수용해 실행한 '탈프롤레타리아화' 프로그램이 성공하면서 오늘날의 사태가 초래되었다고 본다. 이런 사태를 마주하고 있는 정당들은 현재 도무지 화해할 수 없는 두 진영으로 갈라져 있다. 빌 클린턴, 토니 블레어, 게르하르트 슈뢰더 같은 1990년대의 '제3의 길' 개혁가들 이래 사회 민주주의 교리의 관리인 대부분은—때로는 가련하게도 체념 어린 한숨을 내쉬면서, 때로는 최근의 전향들에서 전형적으로 드러나듯 뻔뻔하기 그지없는 열정적인 어조로—기업과 신공공 관리new public management에서 '경쟁력'이라고 부르는 것을 추구하는 것 외에는 '대안이 없다'고 여긴다. 자본주의와 단절하자고 완고하게 주장하는 이들의 경우에는 역설적이게도 이전 세대의 반자본주의자들이 인간소외의 정점에 달한 덫이라고 비난했던 바로 그 전후 사회 협약에서 그나마 남아 있는 파편들을 보존하는 데 대부분의 시간과 에너지를 쏟고 있다. 정치에 미련을 둔 좌파 성향의 유권자들이 제3의 길이라는 기회주의적 투항과 과거에 대한 향수가 서린 반자본주의적 저항 사이에서 오도 가도 못하고 우울에 빠지는 것은 놀라운 일이 아니다.

언뜻 보면 금융이 우위를 점하면서 만들어진 쟁점과 기대가 신자유주의 사회 공학의 목표와 달라졌다는 사실이 딱히 위안이 되지는 않는 것 같다. 실제로 투자자의 권력이 강화되면 임노동자가 기업가적 에토스를 장착하게 될 때보다 '느슨한' 재정 정책, '경직된' 노동 시장, '나태함을 조장하는' 사회 수당을 더욱 효과적으로 공격할 수 있다. 하지만 사실상 만인을 이윤을 추구하고 효용을 극대화하는 기업가로 변모시킴으로써 계급 전쟁을 제거해 버리려 한 기획과는 상반되는 현상이 나타나고 있다. 자신이 가지고 있는 자산을 걸고 능수능란하게 투기적인 도박을 일삼으며 신용을 추구하는 거래자들이 형성되면서 소득 분배보다는 자본의 가치화valorization를 중심으로 한 새로운〔투쟁〕전선이 모습을 드러내고 있기 때문이다.

이제 고용주와 피고용인이 아니라 투자자와 피투자자[33]가 주인공인 갈등 구도를 활용하면 좌파가 우울을 떨쳐 내는 데 도움이 될 것이라는 주장을 입증해야 한다. 이어지는 장들에서는 이 주장을 따져 보기 위해 주주 가치의 상승에 골몰하는 기업에 이해 관계자들이 제기하는 도전, 채권 시장의 등급 평가에 종속되어 버린 정부의 상황에 맞서기 위해 피통치자들이 주도권을 쥐고 시도해 볼 만한 기획, 그리고 신용이 할당되는 조건을 바꾸려 하는 피투자자들에게 금융화된 경제가 불러일으키는 정치적인 열망과 상상을 논할 것이다.

기업 거버넌스의 이해 관계[*]

✳ 1장의 영어판 제목은 The Stakes of Corporate Governance다. 여기서 stake는 일차적으로 이 장의 분석 대상인 기업 거버넌스 담론에서 통용되는 '이해 관계자'stakeholder와 공명한다. 그러므로 이 제목은 1장이 기업 거버넌스 내부에서 분기하고 각축하며 소환되는 이해 관계의 동학을 서술하고 있음을 가리킨다. 그렇지만 경영학 관련 용례와 별개로 이 장의 제목을 stake의 본래 의미(판돈이나 내기물 등)에 비추어 이해할 수도 있다. 이렇게 되면 1장이 기업 거버넌스의 '관건'stake, 곧 기업 거버넌스를 둘러싸고 벌어지는 정치와 운동의 '내기물'에 대한 논의를 담고 있다는 뜻으로 이 제목을 해석할 수 있다.

고용주와 투자자

최근 들어 자본주의 비판의 강조점이 점진적으로, 그러나 결정적으로 바뀌어 왔다. 이전에는 다국적 기업이 거둬들이는 이윤profit에 집중되었던 불만이 이제는 주로 금융 기관이 신용credit을 할당하는 조건을 향하고 있다. 물론 임노동자에 대한 고용주의 착취가 약화된 것은 결코 아니지만, 광범위한 영역에서 가장 격렬한 분노를 불러일으키고 있는 주범은 **투자자**의 요구다. 특히 갈수록 부족해지는 일자리와 불안정해지는 노동 조건 배후에 투자자가 있기 때문에 그렇다.[1] 이런 연유로 노동이 하나의 상품으로 만들어지고 이 과정에 따라 가격이 매겨지는 시장에서 각종 자원과 시도가 자산으로 변환되고 가치를 평가받는 시장으로 비판의 초점이 이동해 왔다.[2]

스페인의 5월 15일 운동15-M과 미국과 영국의 점령Occupy 운동 등 2011년의 여러 '점령' 운동은 이렇게 비판의 표적이 바뀌었음을 일찍이 드러낸 사건이었다. 2008년 버락 오바마와 2012년 프랑수아 올랑드의 대선 캠페인이 그랬던 것처럼 말이다. 물론 이 둘은 집권하자마자 일말의 망설임도 없이 선거 유세에서 내건 약속을 저버렸지만, 투기자speculator들에게 맞서겠다는 두 후보의 다짐은 확실히 선거에서 승리를 거두는 데 지대한 역할을 했다. 오바마는 약육강식이라는 월스트리트의 법칙에 맞서 메인스트리트의 이해 관계를 방어하겠다고 다짐했고, 올랑드는 자신의 진정한 적수가 "얼굴 없

는" 금융이라고 선언해 널리 회자되었다.[3]

금융 기관을 부도덕한 포식자로 바라보는 시각이 특별히 새로운 것은 아니다. 은행과 투자 펀드는 일찍이 적대적 기업 인수, 정크 본드 스캔들, 미국 저축 대부 조합 3분의 1이 사기를 당해 몰락한 사태 등이 잇따랐던 1980년대부터 악명이 높았다. 그 이후로 1990년대 초 스칸디나비아와 일본의 은행 위기, 1994년 멕시코와 3년 후 동남 아시아의 통화 위기, 1998년 헤지 펀드인 롱텀 캐피털 매니지먼트의 몰락, 2001년 닷컴 버블의 폭발, 스캔들로 점철되었던 2002년 월드컴과 엔론의 파산 등을 겪으며 금융 기관의 평판은 더더욱 나빠졌다.

금융 기관에 대한 대중의 적대감은 2008년 여름의 주식 시장 붕괴 이후 몇 달 동안 절정에 이르렀다.[4] 당시에 막대한 자금을 운용하던 이들은 탐욕스럽고 냉소적이라며 지탄받았을 뿐 아니라 위험할 만큼 비합리적으로 행동한다고 비난받았다. 사람들이 올바르게 비판한 것처럼 은행들이 개발하고 널리 확산시킨 악성 자산 탓에 벌어진 2009년의 대침체Great Recession는 그대로 내버려 두면 금융 시장이 절대 효율적으로 작동하지 않는다는 사실을 만천하에 드러내 보였다. 충분히 감독받지 않은 금융업계 종사자들의 무모함에만 주목하는 논의부터 자본주의 자체에 영향을 미치는 [자본주의의] 불가역적인 경향에 대한 지적에 이르기까지 이 위기는 다양하게 해석되었다. 그렇지만 어떤 경우에도 자산 관리사들은 비난을 피해 가지 못했다.

이렇게 모두에게 손가락질당했음에도 금융 기관들은 실질적인 타격을 입지 않았다. 금융 기관들에 책임을 추궁하려 한 사회 운동의 성과는 미미했고, 금융 산업을 규제하라는 임무를 위임받고 선출된 공직자들은 사실상 금융 산업의 헤게모니를 복원하고자 했다. 금융에 종속된 세계가 보여 준 이 경이로운 회복력은 투자자가 주도하는 자본주의에 맞서 어떻게 저항할 수 있느냐는 질문을 제기한다. 다음에 찾아올 시장 붕괴를 통해 내재적 정의immanent justice가 실현되리라는 일종의 인과응보를 믿지 않는다면 말이다.

사회 민주주의자들도 혁명적 라이벌〔혁명적 사회주의자〕들만큼이나 빚지고 있는 마르크스의 정의에 따르면 자본주의적 착취는 '자유로운'free 노동자와 고용주가 맺는 사회경제적 관계인 임노동이라는 조건에 입각해 있다. 소위 자유로운 노동자는 판매하기 위한 상품으로 구성되는 노동력을 소유하고 있으며, 자신이 생산하는 부의 교환 가치보다 적은 임금을 받아 고용주가 이윤을 창출할 수 있게 하는 한에서 착취당한다. 이런 의미에서 마르크스에게 자본주의의 핵심은 착취하는 고용주와 착취당하는 노동자의 관계다. 고용주가 창출하는 이윤이 피고용인이 창조하는 가치를 전유하는 과정에서 발생하기 때문에 고용주는 착취자다. 노동자는 활동의 수단과 산물을 모두 박탈당하고 자기 노동력의 시장 가격만을 반영하는 급여를 지불받기 때문에 착취당한다.[5]

투자자는 자본주의적 착취를 설명하는 이런 논리에 잘 들어맞지 않는다. 금융 기관에 쏟아지는 혐의는 이 기관들이 피고용인에게 지불하는 보수와 무관하다. 금융 시장 트레이더들을 착취당하는 노동자로 보기는 힘들다. 이 기관들의 보다 중요한 문제는 이들이 인적, 물적 자원의 할당을 결정하는 기준과 연관된다. 유동성 공급자들이 투자 대비 과도한 이윤을 벌어 가면서 생산자들이 창출하는 소득의 막대한 부분을 빼

앗는다는 비난은 정확하다. 그렇지만 투자자가 성공적으로 전유하는 잉여 가치의 몫에 주목하는 것만으로는 이들의 중대한 역할과 권력을 정당하게 평가할 수 없다. 물론 투자자는 배당과 이자, 그 외 다른 프리미엄을 통해 터무니없이 많은 몫을 챙겨 간다. 하지만 이런 비난은 모든 유산 계급 분파를 향할 수 있다. 투자자만의 특징은 어떤 종류의 시도가 자원을 받을 자격이 있는지를 선별하는 능력에 있다. 달리 말해 투자자만이 누리는 특권은 소득의 강탈이 아니라 자본의 할당에 있다. 즉 투자자 고유의 소관은 단순한 전유appropriation가 아니라 신용 할당accreditation이다.

고용주와 투자자의 기능적인 차이를 고려할 때 오늘날의 자본주의가 금융 시장을 중심으로 돌아가고 있다는 주장은 자본주의를 비판하는 이들에게 중차대한 함의를 지닌다. 비판하는 입장에서는 이윤을 추출하는 양식보다 신용이 할당되는 조건을 우선시하게 되면 마르크스가 이야기한 착취와는 구분되는 또 다른 특정한 해악을 강조할 수밖에 없기 때문이다. 그렇다면 이 비판자들은 노동 운동이 목표로 삼은 해방의 주인공이었던 착취당하는 노동자가 아니라 또 다른 피해자 형상을 찾아내야만 할 것이다. 또한 유구한 역사 동안 무자비한 고용주에 맞서 전개되어 왔던 투쟁과는 다른 형식의 저항을 상상해야만 할 것이다.

논의를 더 전개하기 전에 두 가지를 짚고 넘어갈 필요가 있다. 첫째, 투자 대상을 선별하는 투자자에 대한 비판이 착취적인 고용주에 대한 비판보다 우선해야 한다고 해서 노동 착취가 줄어들었다는 뜻은 아니다. 오히려 그 반대에 가깝다. 기업 거버넌스가 주주를 위한 가치 창조 기술로 전락한 민간 부문에서 CEO들은 노동 비용을 감축하는 능력을 통해 재능을 인정받으려 해 왔다. 마찬가지로 국가 통치 영역에서는 정부가 채권자를 달래기 위한 조치들을 취하면서 사회 복지 프로그램이나 공익 사업에 배정되었던 예산이 점점 더 혹독하게 삭감되었다. 이런 의미에서 지난 30여 년을 노동에서 자본으로 소득이 전례 없이 이전된 시기로 바라보는 시각은 옳다.

하지만 이렇게 진행된 소득 이전을 단순히 새로운 형태의 공공 관리나 기업 경영이 부상한 결과로 이해할 수는 없다. 왜냐하면 임금 수준이 정체되고 복지 프로그램이 축소된 궁극적인 원인이 투자자가 행사하는 평가 권력이기 때문이다. 자본 유통(국경뿐 아니라 갖가지 금융 활동을 넘나드는)을 가로막는 법적, 행정적 장애물이 제거되고 새로운 종류의 자산(특히 파생 상품)이 만들어진 덕분에 유동성을 취급하는 사업가들이 일국 영토의 매력도만큼이나 한 기업의 경쟁력도 좌우할 힘을 보유하게 되었다. 이것이 바로 신용 할당, 즉 자본에 대한 가치 평가valuation라는 문제가 단순히 분배distribution, 즉 소득 배당allotment of income에 미치는 파장과 관련해서만이 아니라 그 자체로 다루어져야 하는 이유다.

둘째, 착취에 맞선 노동자들의 투쟁이 사회 갈등의 패러다임을 더 이상 대표하지 않는다고 해서 이런 투쟁이 현상에서 무언가를 포착하게 해 주는 도구로서의 가치를 상실했다는 의미는 아니다. 왜냐하면 노동이 투자자의 헤게모니에 도전하는 데 동원될 수 있는 정치적 실체가 아닐지라도, 고용주의 권력을 이해하고 이 권력에 대항하기 위해 노동 운동이 과거에 발전시킨 방법과 접근은 오늘날 사회 운동이 직면한 난국을 헤쳐 나가는 데 여전히 유효하기 때문이다.

마르크스주의적 비판의 영향을 받았건 경험을 통해 알게 되었건 산업화 시대의 노동 계급 운동가들은 임노동이 자신을 대상으로 이루어지는 착취에 책임이 있는 제도라고 보았다. 하지만 이 운동가들은 모든 임노동자에게 부과된 조건을 단순히 거부하기는커녕 〔그 조건을 활용해〕 노동 조합을 결성했다. 노동 조합의 구성원은 노동력을 판매하는 것 외에는 생계를 마련할 길이 없는 사람들의 공통된 이해 관계와 시련을 자신의 일로 받아들였다. 상이한 부문의 임노동자는 자신들이 하나의 운명 공동체를 이루고 있다는 사실을 깨닫고는 강력한 연합을 구축해 노동 시장에서 자행되는 착취에 도전했다. 노동 조합 운동가들은 임노동자를 노동력이라고 불리는 상품—당사자들이 '자유롭게' 판매 조건을 협상할 수 있는—의 소유자로 표상하는 '자유로운 노동자'라는 지위에 반대했다. 노동 조합에 동조했던 이들 중 일부는 마르크스를 따라 이런 '자유'가 노동자에 대한 착취를 정당화하기 위해 자유주의적 법률이 창조한 주관적 구성물subjective formation일 따름이라고 일축했다.[6] 그렇지만 현실의 노동 운동은—최소한 전략적인 차원에서는—자유로운 노동자라는 조건을 노동 계급이 힘을 발휘할 수 있는 집합적 정체성의 일부로 받아들였다.

산업 자본주의 시대에 노동 운동이 발전시킨 전략을 자본 축적이 금융에 의해 추동되는 시대에 재연하기 위해서는 투자자가 베푸는 호의의 잠재적 수혜자들이 투자자에게 종속되는 조건을 드러내고 또한 전유해야 한다. 이런 반격의 핵심은 두 가지다. 먼저 금융 시장이 평가의 대상으로 구성하는 주체성 형식, 즉 노동 시장이 노동력의 판매자이자 소유자로 빚은 자유로운 노동자의 '계승자'successor가 누구인지를 식별해야 하며, 나아가 금융 자본가들의 영역에서 그들에게 맞서기 위해 이러한 주체의 특징을 몸에 걸쳐야assume 한다.

이윤 추출과 신용 할당

한 계급에 속해 있다는 의식과 계급 갈등이라는 측면에서 볼 때 최근에 자본주의가 변형됨에 따라 고용주와 투자자가 극명한 대비를 이루게 되었다. 고용주와 투자자가 실제로 무엇을 하는지—자본 축적 과정에서 이들이 누리는 특권 및 수행하는 특정한 기능—에서 이런 차이가 드러난다. 이렇게 대조해 보면 고용주와 투자자가 기능하는 과정에서 상대하고 빚어내는 주체의 형상이 어떻게 다른지 확인할 수 있다.

고용주와 투자자의 기능적 차이를 파악하기 위해서는 이들이 활동하는 장소를 찾아갈 필요가 있다. 고용주가 활동하는 장소는 노동력이라 불리는 상품이 소유자에 의해 거래되는 과정에서 노동이 상품화되는 노동 시장이다. 반면 투자자가 주로 거주하는 장소는 온갖 모험적인 시도가 자산으로 변환되는 금융 시장이다. 전자는 이윤 창출을 열망한다. 이들의 목적은 상품 생산에 필요한 노동력의 가격을 적절히 책정함으로써 지출을 상회하는 수입을 발생시키는 것이다. 후자는 신용이 할당되는 과정을 주재한다. 이들의 목적은 투자할 가치가 있다고 여기는 시도를 선별해 자본을 배분하는 것이다. 이렇게 고용주는 노동자가 생산한 몫 일부를 전유하고 투자자는 궁극적으로 생산될 가치가 있는 것을 결정하는 데 영향력을 행사한다.

그러므로 재화와 서비스 시장 모델에 입각해 있는 노동 시장은 사업자들만을 위한 공간이다. 노동 시장은 자신의 이해 관계에 따라 행동하고 노동력이라 불리는 상품을 최선의 가격—거래가 최종적으로 성립하는 순간에는 시장 청산 가격 market-clearing price*으로 불리게 될—으로 [교환하기 위해] 협상하는 데 열중하는 경제적 행위자들의 거래를 조정하는 공간으로 여겨진다. 고용주는 노동 시장에서 노동력을 구매해 자신이 재화와 서비스 시장에서 판매하는 상품을 생산하는 데 활용한다. 자유로운 노동자는 노동 시장에서 고용주에게 자신의 노동력을 판매해 얻은 수입으로 재화와 서비스 시장에서 고용주들로부터 상품을 구매한다. 이 두 가지 시장이 접합됨으로써 고전 자유주의가 상정하는 세계가 구성된다. 이 세계에서 고용주와 노동자는 공히 취득하고 팔고자 하는 상품의 가격을 자유롭게 협상할 수 있는 상업적 거래자, 사업자 혹은 거래 가능 상품의 소유자다.

반면 투자자가 마주하고 상대하는 주체는 판매하려는 상품의 가격을 최대화하고 구매하려는 상품의 비용은 최소화함으로써 거래에서 이윤을 얻으려 하는 거래자가 아니다. 투자자는 오히려 자금을 조달하려 애쓰는 프로젝트들, 더 일반적으로 말하면 자신의 금융적 신용도뿐 아니라 도덕적 신용도도 높이는 것을 추구하는 프로젝트들을 주시한다.[7] 이런 프로젝트들은 한 국가의 정부가 잠정적으로 짜 놓은 예산, 기업의 사업 계획, 구직자의 지원서, 유망한 학생의 연구 계획서, 스타트업 창업자의 홍보물, 대출 신청자의 신용 점수 등을 아

＊ 수요량과 공급량이 같아지는 시장 가격. 균형 가격equilibrium price이라고도 불린다.

우른다. 금융 기관의 입장에서 볼 때 기업, 국가, 사람은 서로 거래를 통해 이윤을 추구하는 법인이나 자연인이 아니라 투자의 대상이 되기를, 더 정확히 말하면 투자받을 가치가 있다고 여겨지기를 바라는 법인이나 자연인이다.

물론 금융 시장과 프로젝트의 관계가 노동을 비롯한 재화 및 서비스 시장과 거래자의 관계와 같다는 주장은 즉시 만만치 않은 반론에 맞닥뜨릴 것이다. 이미 언급한 대로 시장 경제에 대한 고전파와 신고전파〔경제학〕의 설명이 전제하는 자유주의적인 인간 본성 개념은 노동자와 자본가를 가리지 않고 만인에게 효용을 극대화하는 재산 소유자라는 지위를 부여한다. 반면 금융의 헤게모니가 만들어 낸 세계에서는〔금전적〕지원을 물색하는 자연인이나 법인만이 프로젝트로 변환되며, 잠정적인 금융 제공자는 프로젝트 평가자라는 또 다른 지위를 부여받는 듯이 보인다. 상업적 거래자라는 자유주의적 조건은 자유로운 노동자와 고용주 모두에게 부여된 것이었다. 그렇기에 고용주는 자신과 노동자 양자가 각자의 이해관계를 동등하고 자유롭게 추구한다고 주장하면서 노동자에 대한 일체의 착취를 부인할 수 있었다. 그러나 금융화된 세계를 살아가는 모든 사람에게 공통적인 주체성 형식subjective formation이란 없을 것이다. 고용주와 피고용인이 판매자와 구매자, 공급자와 고객이라는 이중의 기능을 부여받는 반면 투자자와 '피투자자'의 기능 간에는 가역성이 존재하지 않는 것처럼 보인다.

그렇지만 자세히 살펴보면 현실에서 신용을 제공하는 구체적인 제도와 개인이─전 지구적으로 유동하는 익명적인 형태의 금융 자본 자체는 '순수한' 투자자로 간주될 수 있을 지도 모르지만—피투자자 범주에도 포함되어야 한다는 사실을 발견하게 된다. 실제로 금융 기관은 자신의 주주에게 책임을 져야 하며 종종 주주가 할당하는 자금을 빌린다는 점에서 비금융 기업, 국가, 민간 채무자만큼이나 '프로젝트'의 정의에 부합한다. 물론 신용도를 배분하는 것은 금융 기관 고유의 업무에 해당하지만, 신용을 추구하는 벤처라는 점에서는 이런 기관들도 자신의 평가에 의존하는 경제적 행위자들과 같은 지위에 있다. 마찬가지로 금융 산업에 종사하지 않는 법인과 자연인 역시 단순히 피투자자이기만 한 것은 아니다. 이들은 자기 프로젝트의 가치를 높이 평가받기 위해 노력하는 한편 필연적으로 다른 법인과 자연인에게 신용을 할당하는 과정에도 참여한다. 이 참여는 등급이 매겨진 수많은 이니셔티브에 예금을 투자하는 경우처럼 직접적인 방식으로 이루어지기도 하고, 피투자자가 유사한 처지에 있는 다른 피투자자의 이니셔티브에 열광(혹은 불신)을 보냄으로써 투자자가 이 이니셔티브에 내리는 가치 평가에 영향을 미치는 간접적인 방식으로 이루어지기도 한다. 결론적으로 금융 자본주의 이전의 주체들이 상품의 공급자인 동시에 구매자였던 것처럼 금융 자본주의의 모든 주체는 직종 분야와 무관하게 신용을 공급하는 동시에 요구하는 투자자이자 피투자자다.[8]

협상과 투기

협상negotiation은 재화, 비금융 서비스, 노동력이 교환되는 시장을 이끌어 나가는 실천이다. 구매자와 판매자는 이 시장에서 유통되는 상품들의 가격을 협상한다. 생산자 간의 경쟁이 왜곡되지 않고 자유롭게 이루어지는 한에서, 신고전파 이론은 수요와 공급이 모든 당사자에게 최적인 지점으로 귀결될 것이라고 예측한다. 반대로 자본 시장에서 가격은 교환에 참여하는 쌍방의 협상이 아니라 투자자의 투기speculation를 통해 형성된다. 여기서 투자자의 투기 대상은 거래 가능한 자산에 다른 투자자들이 매기려 하는 가치다. 재화나 비금융 서비스의 최종 가격이 판매자와 구매자가 협상을 통해 만족을 최적화할 수 있는 지점에 조응한다면, 금융 자산의 시장 가치는 다른 투자자들이 이 자산을 얼마나 매력적으로 보고 있는지에 대한 투자자의 투기를 나타낸다.

존 메이너드 케인스와 그 후예인 하이먼 민스키가 주장한 것처럼 이것이 금융 시장이 구조적으로 불안정한 이유, 즉 금융 시장이 작동할 때 균형 가격이 형성되지 않는 이유다. 케인스주의자들은 투자자의 평가에 내맡겨지는 증권화된 프로젝트securitized project가 긍정적인 루머 덕분에 이득을 볼 때 다른 시장에서와 마찬가지로 이 자산의 수요가 늘고 따라서 가격도 오를 것이라고 설명한다. 그러나 다른 종류의 상품에 일어나는 일〔가격이 상승하면 수요량이 감소하는 이른바 수요의 법칙〕과는 반대로 금융 자산의 가치가 오르면 이 자산에 대한 수요는 줄어들기는커녕 오히려 늘어난다. 제대로 알려지지 않았던 이 프로젝트의 가치에 대한 이전의 루머가 확증되었기 때문이다. 간단히 말해 유가 증권은 가격이 급등하면 투자자들이 이 증권에 느끼는 매력도도 올라간다는 특징을 가지고 있다. 가격과 수요가 함께 상승하는 이 과정은 적어도 자산이 과도하게 고평가되었을지도 모른다는 루머가 나타나기 전까지 계속된다. 그 후에는 이 새로운 루머가 자산의 가치를 따라잡는 정도만큼 이 유가 증권에 대한 수요도 줄어들어 가격을 아래로 끌어내릴 것이다. 이 과정은 가치 상승과 매력도가 서로를 강화한 앞선 과정과 정확히 대칭적이다.[9]

자연적으로 생겨나는 열광의 시기와 불신의 시기가 번갈아 찾아오고 시장 분위기가 예측을 뛰어넘어 갑작스럽게 전환되는 것은 돌발적인 사태보다는 금융 시장이 일상적으로 작동하는 방식에 가깝다. 금융 시장의 역할은 거래자 간의 협상을 조율하는 것, 즉 공급자의 생산 역량과 구매자의 소비 수단에 맞추어 상품 가격의 자동적 조정을 담보하는 것이 아니다. 이 시장의 역할은 투자자가 투기를 위해 〔다른 투자자들의〕 반응을 살필 수 있는 장소를 제공하는 것, 즉 투자자가 다른 투자자들의 기분을 고려해 끊임없이 거는 내기를 기록하는 것이다. 따라서 다른 시장〔재화나 서비스 시장〕에서 비용 및 편익의 최적화를 유도하는 계산이 거래를 지배한다면, 금융 자산을 조달하는 이들 사이에서는 경쟁자들의 열광과 의심을 모방하고자 하는 경향뿐 아니라 예상하고자 하는 욕망이 그 자리를 차지한다.

고용주에게 피고용인은 공동의 사업에 참여하는 파트너가 아니라 자신의 유일한 상품인 노동력의 가격을 협상할 권한을 가지고 인력 시장에 들어선 거래자다. 자율적으로 노동을 판매하는 피고용인의 조건은 이들에 대한 착취의 가능 조건인 동시에 마르크스주의자들의 표현대로라면 '형식적 평등'이라는 미명하에 이러한 착취가 은폐되는 조건이다. 실제로 고용주와 피고용인은 상품 거래자로서 동일한 권리(이들의 인격은 양도 불가능하며 이들은 자신이 소유한 것을 자유롭게 처분할 수 있다)를 향유하고 동일한 의무(이들은 자신의 책무를 준수해야 하며 다른 이들의 인격적 진실성과 사적 소유를 존중해야 한다)를 진다. 고용주와 피고용인의 계약 관계에서 드러나는 외관상의 대칭성은 전자의 강탈을 후자의 동의로 가림으로써 이 강탈을 최대화하는 방향으로 기능해 왔다. 역으로 노동자의 고용 조건과 임금 수준을 **집단적으로** 협상하고자 한 노동 조합들의 결정 덕분에 노동자들은 자본가들이 선호한 개별적인 노동 계약보다 자신의 이해 관계에 더 유리한 방향으로 합의를 맺을 수 있었다.

임금 관계에 본질적으로 내재하는 착취를 억제하기 위해 초기 노동 조합들은 단순히 공정한 거래의 외양을 부여한 법적인 속임수를 비난하는 데 그치지 않았다. 조직된 노동자들은 노동 시장에서 투쟁을 계속하기 위해 노동력의 거래자라는 자신의 지위를 전유했을 뿐 아니라 자신이 소유한 상품의 가격을 자유롭게 협상할 권리를 방패 삼아 자신의 결사를 방어했다. 경쟁 시장이 작동하는 데 필요한 법적인 틀이 노동자에게 협상이라는 관행에 어긋나지 않는 모든 수단을 활용해 자신의 이해 관계를 추구할 힘을 부여해 주었기 때문에, 조직된 노동자들은 고용주에 맞선 연대가 자신의 노동력이 더 나은 보수를 받을 수 있게끔 보증하는 합법적인 수단이라고 주장할 수 있었다.[10]

사장들은 오랫동안 노조를 불법화하기 위해 임노동자의 연대를 독점 행위로 취급하려 해 왔으며, 이는 고전 자유주의의 독트린으로 정당화되고 기업 친화적인 정부의 지원을 받았다. 그런데 산업 자본주의가 발달하면서 이들은 이 입장을 유지할 수 없게 되었다. 왜냐하면 대공장에 집중된 노동자들이 파업이나 사보타주를 통해 생산 과정을 방해할 수 있는 위치에 올라서자 곧 고용주들은 노동 조합을 금지하는 것보다 단체 협상에 참여하는 것이 더 낫다는 사실을, 최소한 비용이 적게 든다는 사실을 깨달았기 때문이다.

여기서 개혁주의적인 노동 운동 분파만이 일자리 시장에서 노동력의 가격을 협상하기 위해 자유로운 노동자라는 지위를 전유하기로 선택했던 것은 아님을 짚고 넘어갈 필요가 있다. 자본주의를 인간화하려 했건 아니면—산업 쟁의를 사회주의 정당의 정치적 의제와 결합함으로써 혹은 운동을 미래 혁명의 촉진제로 간주함으로써—사회주의의 도래를 앞당기려 했건 모든 노동 조합 조직이 임금 관계 게임에 참여했다. 가장 온건한 이들이 단순히 기업의 이윤율 상승과 노동 계급의 생활 조건 개선을 조화시키려 한 반면, 마르크스의 예측을 따른 전투적 급진주의자들은 자본가들이 노동 착취를 강화하지 못하게 막으면 이윤율의 경향적 저하에 대처하기 위해 사용할 수 있는 유일한 수단을 이 자본 소유자들에게서 박탈하는 셈이 되므로 이를 통해 혁명 과정을 성숙시키는 데 기여할 수 있다고 보았다.[11]

자본주의와의 단절을 꾀한 이들과 칼 폴라니가 "착근된 시장"embedded market이라고 부른 것에 만족한 이들 중 어느 전통을 계승하려 하든, 산업 시대의 특징이었던 노동과 자본 간의 이해 관계 갈등을 금융 자본이 부상하면서 심대하게 바뀌어 버린 사회 풍경에 투사하는 방식으로는 노동 조합이 초기에 품었던 영감을 오늘날 되살릴 수 없다. 왜냐하면 고용주가 투자자의 선호에 따라 결정을 내려야 하는 상황에서는 고용주의 힘이 약화되며 따라서 피고용인의 협상력도 실질적으로 줄어들기 때문이다. 금융 시장의 분위기에 따라 경제 활동이 변하는 환경에서는 산업 현장에서의 노동 쟁의라는 오래된 형식을 되살리기보다는 초기에 노동 조합이 발전시킨 전략을 되짚어 보면서 자신이 처한 조건을 전유하고자 했던 이 노동자들의 결의를 재정립해야 한다. 달리 말해 초기 노동 조합들의 본보기를 따르고자 한다면 역설적이지만 과거에 노동 조합이 발휘한 영향력의 기반이었던 노동력 공급에 대한 협상자라는 지위를 포기해야 한다. 그래야 다른 이들의 기대에 투기하면서 자신이 내세우는 이니셔티브의 가치 상승을 추구하는 프로젝트 담지자라는 조건을 몸에 걸칠 수 있다. 단적으로 말해 초기 노동 조합주의의 지혜를 재발견하는 것은 신용 공급자들이 자신의 평가에 노출된 사람들에게 부과하는 조건을 비판적으로 전유하는 전략을 채택하는 것을 의미한다.

이렇게 되면 피투자자 액티비즘의 초점은 이윤 추출에서 신용 할당으로 이동한다. 금융 자본주의가 투자자와 피투자자 모두에게 동등하게 부여하는 자유는 산업 자본주의가 고용주와 피고용인에게 부여했던 자유와 다르다. 이 자유는 타인들의 평가에 영향을 미치기 위해 투기할 자유, 혹은 차라리 타인들의 투기에 투기할 자유다. 피투자자 연합 및 운동가는 이미 생산된 무언가의 배분을 넘어 무엇이 생산될지를 결정하는 데 영향을 미치는 것을 목표로 삼는다. 이들에게는 어떻게 노동력을 포함한 상품들의 가격이 매겨지는지보다 어떻게 시도들이 평가되는지가 우선시된다. 노동자와 생산 수단 소유자 간의 소득 분배보다는 자본이 할당되는 조건이 이들의 주된 관심사다.

그렇다면 실제로 이런 피투자자 액티비즘이 가능하려면

무엇이 필요한가? 다시 한번 노동 운동과의 비교가 도움이 될 것이다. 노동 조합 운동가들은 노동과 자본 간에 분배되는 소득의 격차를 줄이기 위해 자유로운 노동자라는 조건을 수용하는 데 머물지 않았다. 이 운동가들은 협상할 자유가 있는 상품의 거래자라는 지위에 근거해 노동 계급의 이익에 부합하는 방식으로 협상 기술을 활용하고자 분투했다. 노동 운동가들은 노동자의 연대를 단체 협상으로 발전시키려는 각오로 다양한 종류의 파업(대중 파업이나 태업, 기한부 파업이나 무기한 파업 등), 작업장 점거, 심지어는 사보타주 같은 새로운 협상 기법을 개발했다.[12]

물론 1848년의 '인민의 봄'에서 1970년대에 이르기까지 선진 공업국들에서 갈등이 확대되고 일시적인 합의에 도달하는 과정이 오랫동안 되풀이되었음에도 사회주의는—점진적인 개혁의 궁극적인 결과로서든 자본주의의 내재적 모순들을 혁명으로 해소하는 방식으로든—도래하지 않았다. 그렇지만 이 길었던 한 세기 동안 조직된 노동에 기반해 집합적인 협상들이 이루어지면서 무엇을 자유주의로 간주할 수 있는지에 대한 합의가 근본적으로 변형되었다. 자신의 사적 이해 관계를 추구하는 개인들의 집합으로서의 시민 사회라는 고전 자유주의적 개념이 밀려나고 잠재적으로 적대적인 계급들의 존재에 기반한 사회 세계라는 표상이 널리 자리 잡았다. 비록 이 두 그림 모두 [개인의] 자기 이해 관계 추구를 통치 기관이 중시해야 하는 주된 주관적 동기로 여겼지만, 상이한 이해 관계가 어떻게 조화되거나 충돌하는지에 대한 평가는 개인 간의 협력과 경쟁에서 집단 간의 연대와 대결로 바뀌었다. 그리고 이에 따라 자유롭고 공정한 시장에 의해 자동적으로 담보되는 효용의 총합이 아니라 임노동 계급과 자본 소유 계급 대표자들의 지난한 협상으로 만들어지는 중재된 합의가 최적의 사회 협약 모델이 되었다.

이렇게 자유주의의 고유한 절차들이 재평가되면서 국가의 역할 역시 수정되었다. 고전 자유주의의 비조鼻祖들에게 법의 지배를 따르는 정부의 주요한 역할은 거래의 자유와 공정성을 보장하고, 이를 위해 피통치자들이 계약상의 책무를 다하면서 동료 시민의 사적 소유와 인격적 진실성을 존중하도록 감시하는 것이었다. 단체 협상과 계급 의식 형성의 선순환을 촉진한 사회 민주주의적 협약은 정부에 (갈등에 대한) 심판 역할과 (임노동자와 고용주 간 거래의) 보증인 역할을 부여했다. 공직자는 임노동자들이 고용주에게 노동력을 판매하기 위해 서로 경쟁하도록 강제하기보다는, 노동과 자본을 대표하는 이들 간의 협상을 이끌어 내고 또한 여기서 최종적으로 합의된 사항이 설령 재산권의 완전한 행사를 침해하는 한이 있더라도 이행될 수 있도록 보장하는 역할을 맡았다.

자본가의 요구와 노동자의 기대가 적당히 타협을 볼 수 있도록 중재하는 것은 고도 성장 덕분에 손쉽게 갈등을 관리할 수 있었던 시기에는 어려운 일이 아니었지만, 2차 대전으로 파괴되었던 경제가 완전히 재건된 이후에는 꽤나 도전적인 과제가 되었다. 그 후 잇따른 경기 침체를 겪던 선진 공업국 정치 지도자들은 전후 사회 협약의 특징이었던 소득 분배 기조를 유지하기 위해 경제 관리에 더 깊이 관여하는 것, 그리고 유권자들의 경합하는 요구로 인한 압력에서 벗어나고자 시장에 자원을 할당하는 기능을 내주는 것 사이에서 선택의 기로에 섰다. 서구 정부들은 관치 경제의 오용과 위험에 사회

를 노출시키는 것보다 시민의 기업가 정신을 믿는 것이 자유
주의적 가치에 더욱 부합한다고 주장하면서 결국 후자를 택
했다. "투자를 직접 조직하는 더더욱 큰 책임을 떠맡는 것"이
국가의 소명이라는 케인스주의적 교리와 완전히 반대되는
방식으로, 서구 정부는 경제적 행위자들에게 규율을 주입하
는, 그리하여 신용이 부여되는 방식을 효율적으로 주재하는
시장의 역량에 대한 신자유주의적 믿음을 받아들였다.[13]

금융 시장이 투자받을 가치가 있는 프로젝트를 선별하는
권한을 넘겨받자 처음에는 금리가 천정부지로 치솟았고 다
음과 같은 일들이 벌어졌다. 성장이 둔화되면서 발생한 신용
경색이 장기화될 조짐이 보였기 때문에 투자자들은 자신의
자금을 원하는 지원자들의 경쟁을 충분히 이용해 예외적으
로 높은 수익을 요구할 수 있었다. 이렇게 "투자를 직접 조직
하는 책임"이 민간 부문으로 갑작스럽게 넘어간 것이 1980년
대로 접어드는 시기에 대부분의 서구 나라를 강타했던 가혹
한 경기 침체의 주요 요인이었다. 그런데 레이건 행정부와 대
처 정권 등 신용 할당 업무를 시장에 넘기는 데 앞장선 바로
그 정부들은 이와 동시에 자본 유통을 제약해 온 기존 규제도
광범위하게 완화했다. 이들은 국경을 금융 자본에 개방했고,
자본 이득에 대한 세금을 낮추었으며, 금융 공학에 대한 일체
의 족쇄를 풀어 주었다. 이 각종 규제 완화 덕분에 이들의 영
토는 국제 투자자에게 특히 매력적인 곳이 되었고, 그렇게 흘
러들어 온 유동성 덕분에 얼마 지나지 않아 신용의 가격[금
리]이 그나마 덜 과중한 수준으로 내려갔다.[14]

일단 금리가 하락하기 시작하자 투자자를 유인하는 데 필
요한 조치들—자본의 자유로운 유통, 자본에 대한 낮은 과세

뿐 아니라 지적 재산권 강화, 금융 종사자와 금융 활동에 대한 규제 완화, 노동 비용 삭감 등—이 재빨리 영토의 매력도를 측정하는 고유한 기준이 되었고, 이로써 새로운 통치 기술의 핵심으로 자리 잡았다. 2차 대전 이후 각국 정부가 일국 내부에서 임노동자와 고용주의 계급적 이해 관계를 절충하기 위해 기울였던—사회적 평화를 유지하고 경제 성장을 지속하기 위해 양측에 당면한 몇몇 요구를 자제해 달라고 종용함으로써—노력은 이제 새로운 중요한 관심에 밀려나고 말았다.

기업 경영자들과 마찬가지로 공직자들이 가장 중시한 것은 일군의 국제 신용 공급자 눈에 자신이 얼마나 매력적으로 비치느냐였다. 이제 신용 공급자들은 생산과 소득 성장률의 네다섯 배에 달하는 투자 수익을 요구할 정도로 까다롭게 굴 수 있는 입장에 서게 되었다. 한편으로 미국과 영국이 호의를 사기 위해 경쟁하겠다고 공공연하게 천명했기 때문에 투자자들은 적합하다고 생각하는 곳을 자유롭게 누빌 수 있었다. 다른 한편으로 값싼 노동력을 충분히 갖춘 신흥 공업국들의 부상과 새로운 정보 통신 기술이 재화와 서비스 공급에 미친 영향 덕분에 투자자들이 좌지우지할 수 있는 잠재적으로 수익성 높은 투자의 범위와 선택지가 엄청나게 방대해졌다. 실제로 신흥 시장과 정보 통신 기술 덕분에 한 상품의 생산을 여러 대륙으로 분산하는 것이 얼마 안 가 흔한 관행으로 자리 잡았다.

투자자가 기업의 경쟁력이나 영토의 매력도에 내리는 평가에 고용주와 정치 지도자가 종속되고, 착취에 맞서 투쟁하고 〔국가의〕 중재에 영향력을 행사하기 위해 노동 조합이 활용했던 협상 기술이 유효성을 대부분 잃어버린 듯이 보이는 상황에서는, 협상이 산업 관계의 핵심이던 시기에 노동 운동이 발전시킨 절차에만 기대서는 이 운동이 투쟁에서 발휘했던 창의성을 되살릴 수 없다. 한편으로는 기업, 국가, 가계가 제출한 프로젝트의 단기적인 가치 상승appreciation에 투기하는 투자자를, 다른 한편으로는 반대로 신용 공급자의 기대에 투기하는 경영자, 정치인, 개인을 상대해야 하는 현재, 운동가들이 선배들의 길을 따라가기 위해서는 다름 아니라 투기의 기술에 능숙해져야 한다. 투자자 고유의 경기장에서—과거에 노동 조합이 고용주에게 그랬듯—투자자에게 저항하려면 신용이 할당되는 조건들에 개입해야 한다. 왜냐하면 금융 시장에서 투자를 끌어오는 평판reputation은 고된 협상 끝에 얻어지는 것이 아니라 가치를 평가받기 위해 〔시장에〕 나온 프로젝트가 얼마나 유망한지에 거는 내기로 구성되기 때문이다.

비용 계산과 리스크 평가

지금까지는 확실히 단기적인 자본 이득을 좇는 투자자들이 금융 시장을 장악해 왔다. 따라서 이들의 기호와 관심이 신용을 추구하는 각종 시도에 대한 가치 평가를 좌우한다는 사실이 놀랍지는 않다. 기업의 추정 가치는 임금 삭감이 임박했다거나, 배당으로 분배되는 이윤이 다음번에는 더 늘어날 것이라거나, 연구 개발을 담당하는 부서에서 더 빨리 특허를 출원할 수 있는 상품에 주력한다는 소식이 들릴 때 올라간다. 마찬가지로 일국 영토의 매력도도 공공 지출을 감축하고, 노동에 대한 보호를 축소하며, 금융 활동에 대한 규제를 완화하겠다는 발표에 맞추어 상승한다. 개개인의 인적 자본에 대한 가치 평가조차도 유사한 기준을 따른다. 이들이 보유한 기술의 가치가 앞으로 상승할 것인지, 그렇지 못하다면 이들이 가용성과 유연성을 증대시킬 것인지 여부를 두고 투기가 벌어지니 말이다.

전문 투자자들이 신용 할당 과정에서 행사하는 독점적인 권력에 도전하려 할 때 이들이 무엇을 가치 있다고 여기는지에 대해 협상하는 것은 부질없는 짓이다. 또한 투자자들이 내리는 평가의 투기적 성격을 비난하더라도 얻을 수 있는 것은 별로 없다. 이런 비난에 반응할 정도로 투자자의 선호에 둔감한 정치인은 없기 때문이다. 노동 운동이 새로운 임금 협상 기술을 발명하려 시도하는 동시에 임노동이라는 조건에 내재하는 착취를 드러냈던 것처럼, 오늘날 운동가들이 투기의 기술을 놓고 적과 맞서기 위해서는 피투자자라는 조건 속에 거주해야 한다. 한마디로 피투자자 액티비즘의 핵심은 신용 할당 조건들을 수정하는 것이 되어야 한다. 이는 다른 평가 기준을 조성함으로써, 그리고 금융 자본가들이 자연스럽게 높이 평가하는 유형의 시도들의 신용을 떨어뜨림으로써 대안적인 프로젝트들의 가치 상승을 촉진하는 것을 뜻한다.

오래전에 케인스가 설명한 것처럼 투자자는 "주로 투자가 이루어지는 전체 기간 동안 이로부터 기대되는 이익을 장기적인 관점에서 타인들보다 더 낮게 예측하는 것보다는 가치 평가의 관습적인 기반이 어떻게 바뀔지를 일반 공중보다 조금 먼저 예측하는 데 관심을 둔다".[15] 이런 변화들이 실제로 일어날지 여부는 그 변화가 발생할 확률에 대한 [투자자들의] 내기에 달려 있다는 점에서 투기자들은 자신이 예상하고자 하는 전개의 주인공으로 나선다. 피투자자 운동의 과제는 자신의 목적을 위해 이 자기 실현적 예언 게임에 참가하는 것이다. 달리 말해 이는 '대항 투기'counterspeculating의 문제다. 대항 투기 운동가들의 목적은 한편으로는 금융 시장에서 높은 가치가 매겨지고 있는 기업 거버넌스와 공공 행정의 기술이 터무니없이 리스크가 높음을 드러내는 것이고, 다른 한편으로는—단기적인 금융 수익보다 사회권과 생태 발자국 감소를, 지적 재산권 강화보다 지식과 건강 보험에 대한 접근권을 우선시하는 것과 같은—실현 가능한 대안들의 매력도를 증대시키는 것이다.

다만 대항 투기를 통해 성취하고자 하는 바를 오해하지는 말아야 한다. 왜냐하면 투자자들이 평가를 수정하도록 만드는 데 피투자자들이 성공할 수 있을지는 몰라도, 이들이 신용 공급자의 마음을 완전히 사로잡기란 거의 불가능하기 때문이다. 여기서 다시 한번 과거의 노동 운동과 피투자자가 처한 상황의 유사성이 드러난다. 이전에 노동 운동의 대표자들은 이윤 극대화 외에 다른 목적을 좇도록 공장주를 설득할 수 있으리라고는 결코 기대하지 않았다. 노동 조합 운동가들은 경영자가 이윤율을 계산할 때 고려해야 하는 새로운 매개 변수를 부과하려 했다. 이는 노동에 대한 양보를 계속 거부할 경우 자신이 취한 비타협적인 태도 때문에 치러야 할 비용이 피고용인이 요구하는 임금 인상이나 노동 조건 개선을 수용할 때 발생하는 비용보다 크다는 메시지를 고용주들에게 전달하는 것이었다. 따라서 자본과 노동 간의 단체 협상에서 벌어졌던 힘겨루기에서 관건은 공통의 목적을 도출하는 것—계급 갈등을 초월한 모종의 '일반 이익'general interest을 표명하는 것—이 아니라 이윤을 극대화하기 위해 고려하지 않을 수 없는 비용과 편익을 경영자들이 다시 계산하도록 강제하는 것이었다.

물론 모두를 위한 공정성과 번영이 진정으로 합의되지 않았던 포드주의 시대의 CEO들이 예산을 짤 때 단순히 노동자의 요구를 따른 것만은 아니었다. 적어도 가장 발전한 공업 국가들에서는 규격화된 상품의 대량 소비가 산업 생산의 주된 배출구가 되면서 임노동 계급의 상대적 번영이 고용주들이 계속 이윤을 내기 위한 필수 조건이 되었다. 자신이 고용한 노동자들이 스스로 생산한 자동차를 구입하기를 원했던 헨리 포드의 그 유명한 사례를 비롯해 내구 소비재를 대량 생산한 자본가들은 더 높은 임금을 지급하고 더 많은 여가 시간을 허용하며 피고용인의 연금과 의료비를 지원하면 노동 계급을 달래는 것 이상의 효과가 있다는 사실을 얼마 지나지 않아 깨달았다. 적정 수준의 임금, 유급 휴가, 사회 복지 혜택의 보장 덕분에 임노동자들은 자신의 노동으로 생산된 상품을 구매할 수 있었고, 이 상품을 소비할 시간을 확보할 수 있었으며, 가처분 소득 중 점점 더 많은 부분을 소비해도 된다고 느끼게 되었다. 따라서 이런 양보에 동의했던 회사들은 자신이 고용한 인력의 생활 수준 향상은 물론 자신의 매출 유지까지 담보하고 있었던 것이다. 요약하면 사회 진보와 자본 축적 모두 노동자와 피고용인을 열성적이고 구매력 있는 소비자로 구성한 결과로 이루어질 수 있었다.

고용주들의 관점에서 볼 때 이윤과 임금의 선순환은 1960년대 후반부터 해체되기 시작했다. 포드주의적인 관리 자본주의 모델에서 공급될 수 있었던 것과 이 모델이 충족하려 했던 기대가 성장률 하락이 시작되기 전부터 조금씩 괴리하면서 전후 사회 협약이 위태로워졌다. 문제는 단순히 표준화된 대량 생산 상품이 더 이상 소비자의 기호에 부응하지 못하게 되었다는 것만이 아니었다. 1960년대의 학생 및 노동자 저항에서 드러난 것처럼 이런 형태의 소비주의가 〔노동 계급을〕 진정시키는 기능을 다하는 데 실패했다는 것, 가장 결정적으로는 풍요로운 사회affluent society에서 이전까지 주변화되었던 여성과 소수자 들이 평등을 요구함에 따라 복지 자본주의의 포용성이 한계를 노출했다는 것 또한 문제였다. 이런 요구들이 충족되지 못했음이 명확해지자 궁지에 몰린 기업과 정부는 처음에는 임금, 사회 복지 혜택, 시민적 자유 확대를 비롯한 일련의 양보로 불만의 정치화를 미연에 방지하려 했으나, 이는 인플레이션을 부채질했고 자본 소유자들은 급격한 자산 가치 하락에 직면했다.

하지만 결국 포드주의적 자본 축적 양식의 위기에서 비롯한 사회 갈등의 증가는 자유 민주주의에서 사회주의로의 이행도, 심지어는 선진 공업국에서 스칸디나비아 사회 민주주의 모델로의 전환조차도 촉진하지 않았다. 대신 인플레이션과 사회 불안은 1980년대 초 보수 혁명이 승리하는 발판이 되었다. 1980년대로 넘어가면서 당선된—1979년에는 마거릿 대처, 1980년에는 로널드 레이건—지도자들은 점점 더 거세진 임노동자들의 압력으로부터 기업 집단을 구하기로 결심하고 노동 조합의 약화를 우선 순위로 삼았다. 이들이 조직된 노동에 자행한 탄압은 신속하고 가혹했지만, 이는 그 전임자들—노동당 출신 총리 제임스 캘러헌과 민주당 출신 대통령 지미 카터[16]—이 케인스주의적인 재정 및 통화 정책과 결별하기로 결정했기에 가능했다. 신자유주의적 의제들이 완전히 실행되어 인플레이션 경향을 억제하고 조직된 노동을 무력화하는 데 성공하자 기업은 실제로 1960~1970년대에 피고용인이 행사했던 압력에서 벗어났지만 즉시 투자자의 지배에 종속되고 말았다. 달리 말하면 이 정부들은 제약받지 않는 활기찬 자본주의를 되살리고자 진력했지만, 점점 더 고용주에게 불리하게 돌아가고 있었던 〔고용주-피고용인 간〕 협상들이 일자리 시장에 미치는 영향력을 줄이기 위해서는 힘의 균형을 투자자에게 유리한 쪽으로 기울여야 했다.

금융에 대한 규제가 완화되면서 단체 협상 자체가 사라진 것은 아니지만 그 효과로 자본 가치에 대한 투기가 노동 가격에 대한 협상보다 우선시되는 경향이 강화되었다. 그와 동시에 신용 공급자가 이윤 추출자보다 우위에 설 수 있게 해 준 이 정책들은 사회적 투쟁을 억제하기보다는 투쟁의 중심을 다른 곳으로 이동시켰다. 고삐 풀린 자본의 운동은 고용주에게 양보를 받아 낼 힘을 피고용인에게서 박탈함으로써 〔사회 운동의〕 새로운 과제의 윤곽을 드러냈다. 경영자가 기업 소득을 분배하는 양상을 궁극적으로 투자자의 가치 평가가 결정하는 한, 경영자의 중재를 변화시킬 유일한 길은 투자자의 평가에 압력을 가하는 것이다. 이 목적을 위해 피투자자 운동가들은 모든 종류의 시도가 증권화되는 바로 그 무대에서 투기자들에게 맞서야 할 뿐 아니라 이 투기자들이 내기를 거는 심리적 영역에 뛰어들어야 한다.

다시 한번 되새겨 보면 노동 시장에서 산업 자본가들에게 도전했던 조직된 노동의 목적은 이윤 추구를 포기하도록 고용주를 설득하는 것이 아니라 자신의 비타협적인 태도가 생산 비용에, 그리하여 이윤에 미치는 영향을 재평가하도록 고용주를 강제하는 것이었다. 마찬가지로 오늘날 피투자자 운동의 사명 역시 투자자가 자본 이득을 추구하지 않도록 만드는 것이 아니라 투자자가 관습적으로 지닌 선호를 유지하면서 자신이 검토하는 프로젝트의 리스크를 재평가하도록 만드는 것이다.

임금과 기업의 사회적 책임

노동 운동가들이 제기해 온 비판의 주된 표적이자 요구의 주요 대상인 임금은 노동 조합 투쟁의 핵심에 자리한다. 한편으로 마르크스의 관점에 의거할 때 임노동 계급이 존재한다는 사실 자체가 자본주의의 착취적 본성을 드러낸다. 임금은 임노동자가 생산한 상품에 재화와 서비스 시장이 부여하는 가격이 아니라 노동 시장에서 임노동자가 판매하는 상품―즉 그들의 노동력―을 재생산하는 데 필요하다고 여겨지는 가격을 반영한다. 그러나 다른 한편으로 더 높은 임금을 위한 투쟁은 노동 조합들이 많은 시간을 바쳐 온 대상이기도 하다. 그렇기에 이들의 액티비즘은 대체로 자신을 착취하는 수단인 그〔노동력〕상품의 가격을 높이려는 협상으로 귀결된다.

임금의 양가적인 지위는 노동 운동의 결함이나 약점보다는 과거 노동 운동이 거둔 성과의 주춧돌로 이해되어야 할 것이다. 왜냐하면 임노동에 대한 급진적인 비판을 통해 노동자들의 계급 의식이 고양된―노동자가 자기 노동력의 '자유로운' 소유자로 간주되는 것이 결국 소외를 초래하고 착취를 정당화하는 데 이용될 뿐이라는 사실을 노동자들이 인식하게 되면서—한편 임금 인상 요구는 노동자를 단결시키는 주요한 요인, 어쩌면 사회 진보에 가장 도움이 될 요인으로 판명되었기 때문이다. 노동 조합의 관점에서 임노동자에게 자행되는 구조적 부정의—고용 계약에 의해 규정되는 노동의 상품화—에 대한 고발은 임금 협상과 병행되는 것이었다. 그리고 앞서 언급했듯 각종 사회적 보호 조치나 누진적 과세로 시장 경제를 일정하게 제어하면서 수호하고자 한 개혁주의자들만큼이나 자본주의와의 급진적 단절을 지지한 혁명주의자들도 이런 이중 전략을 지지했다.

그렇다면 오늘날 사회적 투쟁을 이끌어 나갈 주체가 피고용인이 아니라 피투자자라는 주장은 다음과 같은 질문을 제기한다. 노동 운동에서 임노동—하나의 제도적 구성물로, 노동자들이 자신을 단결시키는 부정의인 동시에 권리를 획득하기 위한 도구로 보았던—이 차지했던 위상에 대응하는 등가물이 피투자자에게도 존재하는가? 구체적으로 말해 우리는 투자자의 헤게모니를 구성하면서도 그와 동시에 현존하는 신용 할당 조건을 변경하고자 하는 투사들이 액티비즘의 장소로 활용할 수 있는 제도가 존재하는지 물어야 한다.

이 질문을 다루려면 경영학 교과서가 특히 유용할 것이다. 여기서 우리는 두 종류의 경제적 행위자가 기업 주식에 대한 가치 평가와 관련되어 있음을 배울 수 있다. 첫째는 주식 equity 소유자 및 그와 유사한 집단, 즉 그 주식을 포트폴리오에 투자할 수 있는 보다 넓은 투자자 집단이다. 둘째는 주식을 전혀 가지고 있지 않지만 그럼에도 기업 운영과 관계가 있는 물리적, 법적 인격들이다. 여기에는 기업의 피고용인, 소비자, 공급자, 나아가 기업이 (공공 인프라와 서비스 사용자로서) 의존하는 지방이나 국가 당국, 기업이 위치한 영토 내에 거주하는 (기업이 사용하는 공공 인프라와 서비스 자금을 대는) 납세자, 마지막으로 기업의 활동이 영향을 미치는 환경에서 살아가는 사람 등이 포함된다.

따라서 첫째 범주의 행위자들은 현재의 그리고 잠재적인 '주주'shareholder를 포함한다. 다른 한편 경영학 문헌은 둘째 범주에 해당하는 다양한 구성 요소를 '이해 관계자'stakeholder로 지시한다. 맥락에 따라 교과서는 주주와 이해 관계자를 명확히 구분하기도 하고 주주를 이해 관계자의 부분 집합으로, 즉 이해 관계자의 한 범주로 분류하기도 한다. 일반적으로 양자가 명확히 구분되는 것은 이 주제가 법적 사안과 연관되어 논의되는 경우다. 법경제학자들이 경영학의 표준적인 교리로 확립한 소위 대리인 이론agency theory에 따르면, 각 회사는 더 이상 자신만의 성격과 이해 관계를 담지하고 있다고 여겨지는 하나의 온전한 법적 실체가 아니라, '주인'principal(주주)과 특정한 과업을 수행하기 위해 주주에 의해 선임된 '대리인'agent(이해 관계자)들의 집합 간에 성립한 계약들의 묶음으로 간주되어야 한다.[17] 하지만 법적 의무의 영역을 벗어나 경영학적 의미의 '모범 관행'best practice을 다루는 교과서에서는 주주가 이해 관계자라는 커다란 집합에 포함되기도 한다. 기업 거버넌스의 지지자들에 따르면 '기업 거버넌스'의 핵심은 주식 가치 평가와 기업의 여타 이해 관계stake 사이의 균형을 맞추는 것일 뿐 아니라, 주주의 이해 관계interest가 궁극적으로는 '여타' 이해 관계자와 연관되어 있음을, 그리고 모범 관행들을 실행하는 것이 언제나 '윈윈' 전략임을 입증하는 것이다.[18]

1980년대에 접어들기 이전만 해도 회사에 이해 관계만 있고 주식은 하나도 없는 이해 관계자들이 자신의 기대와 주주의 요구를 일치시키기 위해 '모범 관행'에 기댈 일은 거의 없었다. 대부분의 경우 주주의 특수한 이해 관계는 법이나 강제적인 규제, 집단 협의로 다룰 문제였다. 게다가 포드주의 시대 내내 기업 경영자의 주된 관심은 성장과 장기적인 이윤율이었다. 경영자에게 바람직한 거버넌스의 근간은 주주와 임노동자 모두를 달래는 것이었다. 전자에게는 주식을 매각하지 말라고, 후자에게는 파업으로 생산을 방해하지 말라고 만류할 뿐 아니라 양자 모두에게 당면한 요구를 자제해 달라고 설득함으로써 말이다. 이들은 연간 소득 중 충분한 비율을 새로운 투자에 할당하는 것을 목표로 삼았다. 경영자에게 필수적으로 요구된 능력은 '윈윈'이라는 미명하에 하나의 공동체를 꾸리는 것이 아니라 협상을 중재하고 인내를 종용하는 것이었다.[19]

　　그렇지만 법경제학의 주창자들이 관리 자본주의의 수호자들보다 우위를 점하게 되면서—경영학계뿐 아니라 실제 관행에서도—기업 운영 기술 역시 근본적인 변화를 겪었다. 포드주의 시대의 회사가 주주 요구와 피고용인의 주장으로부터 동일한 거리를 유지해야 한다는 사명을 부과받았다면, 이제 기업은 주인(그 수가 얼마나 되건 자본 소유자)이 다수의 대리인에게 부여한 위임들의 묶음으로 간주되었다. 대리인 중에서도 이사회의 지명을 받고 주주 총회에서 승인받은 경영자들은 이제 회사의 상업적 지속 가능성이 아니라 전적으로 주인에게만 책임을 다해야 하는 처지가 되었다. 사실상 충성을 바쳐야 할 대상이—회사에서 주주로—바뀐 결과 단순히 임금과 재투자로 돌아갈 몫을 희생시키면서 분배되는 배당금의 비율만 높아진 것이 아니었다. 기업 중역들은 주식의 자본 가치를 상승시키는 것—달리 말해 주주 가치를 창출하는 것—이 자신의 진정한 임무임을 깨달아야만 했다.[20]

기업 대리인 이론을 주장한 이들이 '기업 거버넌스'라 부른 것은 포드주의 시대 경영자들이 소명으로 삼았던 내생적 성장이 아니라 투자자의 눈에 비친 기업 금융 자산의 가치화에 집중한다. 이런 인식 변화에 상응해 자금줄financial backer이 주식에 부여하는 신용을 즉각적으로 높이는 것이 기업이 생산한 상품을 판매해 창출할 수 있는 장기적인 이윤을 극대화하는 것보다 우선시된다. 신용을 추구하는 거버넌스는 몇 가지 새로운 관행을 포함한다. 주가 하락을 피하고자 자사주를 매입하는 것뿐 아니라 높은 이윤율이 기대되지만 투자자를 끌어들이기에는 지나치게 노동 집약적이라고 여겨지는 활동을 포기하는 것, 호가 창order book에서 해당 종목의 인기가 없어도 다음 배당금 분배를 원활히 하기 위해 생산에 들어갈 자금을 투기 용도로 전용하는 것에 이르기까지 말이다.[21]

대리인 이론이 지지한 경영 방식이 기업에 대한 관리주의적 접근을 제치고 유행하기 위해서는 몇 가지 조건이 충족되어야 했다. 첫째, 대공황의 결과로 제정되고 2차 대전이 종식될 무렵에 강화된 투자자에 대한 규제—국경을 넘나드는 자본 순환을 차단한 재정적이고 제도적인 장애물, 상이한 금융 활동 및 종사자를 가로막고 있던 칸막이, 금융 공학 상품을 금지한 규정 등—가 철폐되어야 했다. 투자자가 이동과 선택에 있어 완전한 자유를 누려야만 경영자는 현재 및 미래의 투자자와 함께 기업의 신용도를 가지고 성공을 도모할 수 있었다.

둘째, 주가 상승을 투자 가치가 있는 사업 시도를 선별하는 유일한 지표로 채택하기 위해서는 이를 정당화하는 이론이 필요했다. 이것이 바로 주류 경제학자들이 재빨리 지지한 '효율 시장 가설'efficient market hypothesis의 역할이다. 효율 시장 가설의 가장 열렬한 지지자였던 유진 파마에 따를 때, 정보가 충분히 자유롭게 유통되어 이 시장이 '공정'하다면 금융 시장이 설정한 가격은 투자자들이 투기하는 주식의 '내재적 가치'fundamental value를 정확하게 반영한다.[22] 물론 파마와 동료들도 서브 프라임 위기처럼 효율 시장 가설이 사실 관계와 어긋나는 경우가 있다는 점은 인정한다. 하지만 이들은 이런 우발적인 사태가 국가 당국의 개입을 정당화할 정도로 빈번하지는 않다고 주장한다. 자산에 매겨진 공정 시장 가격과 자산의 내재적 가치가 갑자기 괴리할 때 운신의 폭을 제약당하는 신용 공급자들을 대상으로 한 구제 금융을 예외로 한다면 말이다.

셋째, 다른 모든 이해 관계자를 희생시키면서 주주에게 힘을 실어 주기 위해서는 관리자 계급의 저항을 극복해야 했다. 그 전까지 기업의 더 중요한 이해 관계와 동일시되었던 기업 경영자들은 당연히 '주인'의 바람을 충족하는 데만 몰두하는 '대리인'으로 재정의되기를 원치 않았다. 경영자를 새롭고 한층 소박한 임무에 가두어 두려면 관리 자본주의의 특징이었던 내생적 성장이나 단체 협상 등의 문화가 무효화되어야 했다. 이를 위해 법경제학의 전도사들은 대기업에서 임금을 받는 임원인 경영자들이 기업의 장기적 번영을 위해 충실히 노력하는 척하면서 자신의 권력만을 강화했다는 혐의를 제기했다. 이 학자들이 볼 때 CEO들은 자본 소유자들이 분산해 있다는 점을 이용해 주주의 바람과 노동자, 소비자, 국가 당국의 요구를 대등하게 대하고 있었다. 마찬가지로 경영자들은 경쟁하는 이 요구들을 중재할 권한을 손에 쥐고서 자신을 고용한 회사를 독자적으로 지배했다.[23]

보수 혁명 초기에 기업 문화의 근본적인 변화를 옹호한 이들에게 포드주의적인 경영자를—공무원, 노동 조합에 가입한 노동자, 실업자와 함께—'지대를 추출하는'rent-extracting 집단에 포함하는 것은 괜찮은 전략이었다. 그렇지만 결국 경영자들이 주주 가치를 추구하는 쪽으로 전향한 것은 견고한 기득권을 비판받았기 때문이 아니라 (이제) 자신이 주주에 의해 주주로 임명되었기 때문이다. 기업 경영자들은 소득의 점점 더 많은 부분이 주가에—특히 스톡 옵션 형태로—연동되면서 법경제학파의 세계관을 수용하게 되었다. 일단 그 자신이 주주가 되자 기업 중역들은 얼마 지나지 않아 주주를 위한 가치 창출에 배타적으로 골몰하는 기업 거버넌스 방식의 장점을 깨달았다.[24]

이런 새로운 임무를 받아들인 경영자 계급은 주식을 보유하지 않은 이해 관계자들이 누려 온 법적, 제도적, 관습적 보호 장치를 바라보는 관점을 바꾸었다. 경영자들은 이런 장치를 갈등을 조정할 때 고려해야 하는 매개 변수로 보기보다는 '바람직한' 거버넌스가 최소화해야 하는 부담으로 여기게 되었다. 1980년대 중반 이래 이들의 새로운 의제는 북미와 서유럽 정부의 확고한 지지를 등에 업었다. 이미 자유로운 금융 시장을 조성해 자신의 소임을 다해 온 국가 당국들은 이제 관할 영토에 대한 투자를 유치하려는 민간 영역의 욕망을 공유하게 되었고, 이를 위해 자국 영토의 투자 매력도를 증진할 규제 완화 및 감세 조치를 시행할 의사를 더욱 확고하게 다졌다.

하지만 일선에서 기업 거버넌스를 실행한 이들은 이 유리한 국면을 이용해 단순히 이전에 확립된 사회권, 행정 규제, 단체 협의를 후퇴시키려 하지 않았다. 오히려 이들은 이해 관계자들에 대한 보호를 보증하는 임무를 수행할 의지와 능력이 자신에게 있다고 주장했다. 물론 이 임무 수행이 자발성에 기초한 것이라는 단서를 달면서 말이다. 이 경영자들은 두 가지 이유를 들어 기업 활동에 영향을 받는 사람과 기관을 신경 쓰는 것이 자신의 책임이라고 설명했다. 즉 '주인'에게 충실하다고 해서 좋은 시민이자 〔이해 관계자에게〕 공감하는 개인이 되지 말라는 법은 없으며 〔이해 관계자에 대한〕 배려가— 특히 직업적인 견지에서 볼 때—자신이 경영하는 회사의 평판에도 도움이 되리라는 것이었다. 경영자들은 피고용인에게 양질의 임금과 노동 환경을 제공하고, 공급 업체를 공정하게 대우하며, 소비자의 안전을 보장하고, 환경 오염을 유발하지 않는 기술을 활용하며, 공동체의 성원으로 조화롭게 통합되기 위한 재정적, 시민적 의무를 다하면 기업 이미지를 개선해 신용에도 기여할 수 있다고 주장했다.

기업과 관련된 다양한 '이해 관계'의 수렴이라는 이런 레토릭에 힘입어 기업의 사회적 책임corporate social responsibility, CSR—그리고 환경적 책임—이 얼마 후 바람직한 거버넌스의 필수 구성 요소로 자리 잡았다.[25] 자신을 위한 가치를 창출하라고 주주에게 선임된 경영자들은 '대리인'이라는 새로운 역할을 어느 정도 받아들였지만, 이 소임을 다하는 동시에 이해 관계자들에게 무책임하거나 무신경하다는 혐의에서 필사적으로 벗어나고자 했다. 비록 이런 혐의가 자신의 신용에 간접적으로 영향을 미친다는 이유 때문이기는 했지만 말이다. 그래서 경영자들은 이해 관계자들의 요구를 충족하기 위해 취한 조치 때문에 주주들이 기대를 낮출 필요는 없으며 오히려 이런 조치들이 주주 가치 추구에 도움이 된다고—이런 조치들을 고안하는 주체가 기업 중역이라는 전제하에—설득하고자 각고의 노력을 기울였다.

피고용인과 이해 관계자

언뜻 볼 때 기업의 사회적 책임을 기꺼이 자임하고 나서는 이 새로운 경영자들은 과거로 돌아가고자 하는 것 같다. 노동 조합, 소비자 단체, 환경주의자가 19세기 후반 이래 자본주의에 부과하는 데 성공해 온 그 모든 강제적 규제가 존재하지 않았던 시절, 사회 복지가 기업가들이 자발적으로 진행한 자선 사업의 산물에 지나지 않았던 때로 말이다. 그렇지만 자세히 보면 알 수 있듯 기업 경영자에게 소위 동기를 부여하는 사회적 책임이, 이들이 자유롭게 이 책임을 다할 수 있는 한, 복지 국가가 도래하기 이전 질서의 복원으로만 귀결되는 것은 아니다. 자신의 선행을 이해 관계와 무관한 이니셔티브로 보았던 과거의 카네기나 록펠러와 달리(이들은 자본 소유자를 위해 이윤을 창출하려는 의도를 가지고 있지 않았다는 점에서), 오늘날 기업 중역은 자신이 이해 관계자의 요구에 기울이는 관심을 자사주의 가치 평가를 구성하는 하나의 요소로 간주하기 때문이다. 사회적 책임을 다하는 경영은 선행—경제적 보상이 따라오지 않을 경우에만 선의가 있다고 할 수 있는—이 아니라, 기업의 주식을 취득하는 데 필요한 자원을 갖

추고 있는 개인 및 기관이 회사에 부여하는 신용에 기여하는 것으로 여겨진다.[26]

바로 이런 이유로 기업의 신용을 높이는 데 도움이 되는 사회적, 환경적 책임이 무엇인지를 진정으로 판단하는 이는 경영자 자신도 경영자가 수호하겠다고 자임하는 이해 관계의 당사자인 이해 관계자도 아니며 입법자는 더더욱 아니다. 이를 판단하는 것은 기업의 주식을 구매하거나 보유함으로써 혹은 판매하거나 구매를 거부함으로써 해당 기업의 각종 시도를 평가하는 투자자다. 달리 말해 한 기업의 행동이 사회적 책임을 다하고 있다고 판단하는 것은 궁극적으로 금융 시장이다. 그리하여 회사가, 더 정확히는 회사 경영을 위임받은 대리인들이 자신의 재무적 퍼포먼스와 사회적 퍼포먼스를 같은 기준으로 측정하는 것이 정당화된다. 왜냐하면 기업의 평판을 높이는 데 기여하는 경영자의 활동—천연 자원 소비, 인력에 대한 처우, 기술 사용, 재화와 서비스의 (품질) 테스트, 공권력과의 관계 등—이 실제로 주주를 위한 가치로 전환된다면, 바람직한 거버넌스의 기술을 통달한 경영자들은 (사회적 책임을 다하는) 이 다양한 활동이 의심의 대상이 되어 주가가 떨어지지 않는 한 그런 활동으로 비난받을 일이 없다고 믿게 될 것이기 때문이다.

마르크스와 그의 분석을 받아들인 노동 운동 입장에서 임노동은 비난받아 마땅했다. 노동에 대한 보수를 협상할 자유를 준다는 미명하에 노동자에게서 노동 수단과 생산물을 모두 빼앗아 갔기 때문이다. 마찬가지로 오늘날 피투자자 운동에도 '기업의 사회적 책임'이라는 개념 기저에 존재하는 기만을 폭로할 정당한 근거가 있다. 이해 관계자들의 이해 관계를 자발적으로 책임지겠다는 명분하에 주주 가치를 맹신하는 쪽으로 전향한 회사들은 실제로 한때 자신의 법적, 제도적, 관습적 의무였던 것들에서 벗어나려 한다. '사회적 책임을 다하는' 기업들이 현재 주로 신경 쓰는 것은 법이나 정책적 규제 혹은 사회적 파트너와의 집단 협의가 아니라 투자자의 반응이다. 경영자는 자사 주식의 평판이 좋다면 이는 그 기업이 양호한 고용 조건을 갖추고 있고, 공급 업체와 공정한 계약을 체결하고 있으며, 환경 친화적인 기술을 활용하고, 결함 없는 상품을 소비자에게 공급하며, 사회 보장 기여금social contribution이나 세금의 형태로 공동체에 충분히 이바지하고 있음을 보여 준다고 주장한다. 그렇다면 우리는 다음과 같은 결론에 도달하게 될 것이다. '기업의 사회적 책임'이 사회적 책임과 맺는 관계는 '자유로운 노동자'가 자유와 맺었던 관계와 같으며, 기업의 사회적 책임이란 자본주의의 작동을 정당화하는 언어 남용이라고 말이다.

그렇지만 제1인터내셔널 시기에 노동 조합들은 구성원에게 임노동을 하는 자유로운 노동자라는 지위를 수용하도록 독려하는 데 주저하지 않았다. 왜냐하면 그 과정에서 조합원들이 착취에 맞서 일정한 권리와 보호 장치를 성취할 수 있었기 때문이다. 궁극적으로는 오늘날 기업 거버넌스가 억압하고 있으며 오직 금융 시장의 승인에만 좌우되는 주관적인 호의로 바꿔치기하려 기회를 엿보고 있는 바로 그 권리와 보호 장치를 말이다. 따라서 만약 오늘날 (운동의) 주된 과제가 이해 관계자에 대한 대우를 평가하는 권력을 획득하고자 주주에게 맞서는 것이라면, 운동가들은 선배 세대가 임노동에 접근했던 것과 같은 방식으로 기업의 사회적 책임에 접근해야 한다. 자신을 종속시키는 도구이자 자신이 요구하는 대상 모두로서 말이다.[27] 달리 말해 노동 운동이 노동자를 노동력 소유자로 묘사하는 것을 비판하는 동시에 옹호했듯, 오늘날 피투자자 운동가들은 기업이 하나의 팀이며 이 팀이 얼마나 안녕한지에 투자자들이 가치를 매긴다는 발상을 비난하는 동시에 받아들여야 한다.

이해 관계자의 처지를 개선하기 위해 금융 시장을 기업이 취하는 조치들의 심판자로 삼는 기획의 핵심은 기업 경영자들이 주장하는 사회적, 환경적 책임의 '증권화'securitizing다.[28] 앞서 강조한 것처럼 바람직한 거버넌스 원리를 받아들인 경영자들은 생태 발자국 감소, 피고용인의 노동 부담 경감, 사업 파트너와의 건전한 관계 구축, 소비자에게 한결 나은 품질 보증 제공 등등을 위해 취하는 이니셔티브들을 불가피하게 높은 비용을 수반하는 지출로 간주하지 않는다. 경영자의 시각에서 볼 때 투자자의 신뢰(그리고 이를 표현하는 주주 가치)가 부분적으로 기업이 누리는 좋은 평판에 달려 있다면, 책임 있는 관행은 마땅히 경상비보다는 가치를 창출하는 자산의 목록에 포함되어야 한다.

그렇다 하더라도 기업 이미지 개선의 의도는 기업 거버넌스를 실행하는 이로 하여금 자신이 언제나 최우선시해 온 목표—현재와 미래의 주주가 품는 금융적 기대의 충족—를 저버리도록 만드는 것이 아니다. '경쟁력 있는' 기업이 되기 위해 투자자에게 보낼 수 있는 가장 매력적인 신호가 임금을 삭감하고, 더 저렴하고 환경 오염을 유발하는 기술을 사용하며, 비도덕적인 노동 관행으로 경쟁력을 확보하는 하도급 및 공급 업체와 거래하고, 생산물의 품질을 느슨하게 관리하며, 세금을 '최적화'하는 효율적인 메커니즘을 확립하는 데서 나온다는 사실을 모르는 경영자는 없다. 달리 말해 기업의 주주 가치를 유지하는 기술은 이해 관계자에게 책임을 다하는 기업이라는 이미지를 연출하는 것과 무책임한 관행을 통해서만 낼 수 있는 퍼포먼스들을 약속해 투자자를 유인하는 것을 동시에 포함한다.

기업의 이런 이미지들이 빚는 모순을 숨기는 것은 경영자가 자본 시장에서 회사의 가치를 높이기 위해 수행해야 하는 가장 중차대한 과제 중 하나다. 그렇지만 기업 중역이 안간힘을 써 가며 은폐하려는 것이 무엇인지를 드러내는 일은 이해 관계자 운동에 참여하는 이들의 임무 중 일부일 뿐이다. 자산 가치 평가에 적용되는 윤리적 기준과 금융적 기준 사이의 이율 배반을 드러내면 이해 관계자들에게 자신의 이해 관계가 증권화될 때 모종의 속임수가 작동한다는 사실을 일깨워 줄 수 있을 것이다. 하지만 이러한 자각이 액티비즘으로 구현되려면 투자자들의 추측에서 사회적 책임과 사회적 무책임이 차지하는 상대적인 비중을 변화시킬 수단을 이해 관계자들이 갖추어야 한다. 달리 말해 분노를 매개로 이해 관계자들을 연합시키기 위해서는 회사의 실제 경영 관행과 경영진이 구축하고자 하는 평판이 얼마나 다른지를 강조하는 것만으로도 충분할지 모른다. 그렇지만 분노한 이해 관계자들이 효과적인 액티비즘을 전개할 수 있으려면 그런 투자가 수반하는 리스크를 인식시키는 데 초점을 맞춘 구체적인 전략을 수립해야 한다.

산업 시대의 노동 조합 운동이 노동 조건 개선을 도모하기 위해 고용주와의 관계에서 힘의 균형을 맞추는 데 사활을 걸었다면, 경영자의 결정에 주주 가치가 미치는 영향에 맞서고자 하는 운동가들은 문제가 되는 자산의 "기존 가치 평가 근거"conventional basis of valuation를 변경하기 위해 케인스가 투자자의 "야성적 충동"animal spirit이라 부른 것을 직접적으로 겨냥해야 한다.[29] 우리가 살아가고 있는 투기의 시대에는 정책들이 점점 더 금융가의 기대에 좌우되기에 액티비즘이 임금 인상을 목표로 삼을 수 없다면, 운동가들은 투자자의 변덕스러운 기분에 초점을 맞추어야 한다. 더 정확히 말해 운동가들은 신용 공급자들이 내리는 결정의 투기적 성격을 활용해 이들이 사회적, 생태적으로 무책임한 투자 방침의 위험을 재평가하도록 만들어야 한다.

산업적 착취의 제도적 형식이자 노동자들의 주된 요구 대상이었던 임금은 산업 노동자에게 피착취 계급이라는 의식과 착취에 대항하는 투쟁의 전략적 틀을 제공해 주었다. 그렇지만 자본주의적 약탈이 주로 발생하는 장소가 일자리 시장에서 금융 시장으로 이동하면서, 이전까지 임금에 부여되었던 이중의 지위—공통의 불의에 대한 징후와 운동 전략의 지표—가 기업의 사회적 책임으로 넘어왔다. 한편으로 기업의 사회적 책임은 하나의 자산—기업 시가 총액의 구성 요소 중 하나—을 구성하는데, 이 자산 덕분에 임노동자와 소비자, 공급 업체뿐 아니라 기업 활동에 기여하고 영향을 받는 납세자와 지역 사회도 자신이 투자자의 투기에 종속된 이해 관계자임을 인식할 수 있다. 다른 한편으로 기업의 사회적 책임이 전형적으로 보여 주듯, 이 다양한 범주의 이해 관계자의 운명이 증권화되면서 이들은 자신의 이해 관계가 어떻게 다루어질지를 결정하는 내기bet를 변경하는 것이야말로 자신이 벌이는 공동 투쟁의 관건임을 깨닫게 된다.

모든 이해 관계자가 공유하는 하나의 계급 의식을 구축하는 것은 얼핏 위험천만한 기획처럼 보인다. (고용주들이 '노동 비용'이라고 부르는 것을 구성하는 요소들의 감소를 막으려는) 임노동자와 (가격 상승이 구매력에 미칠 영향을 신경 쓰는) 소비자 사이의 이해 관계 상충은 극복하기 어려운 듯이 보인다. 마찬가지로 천연 자원 추출과 환경 오염 유발 기술로 발생한 생태적 피해에 집중하려는 환경 운동가와 바로 이 부문의 일자리를 지키는 임무를 위임받은 노동 조합 역시 충돌을 빚을 공산이 크다. 일반적으로 말해 이윤을 추구하는 기업에서 상품 가격을 낮추려는 시도는 상이한 범주에 속한 이해 관계자들의 경쟁을 지속시킬 수밖에 없다.

이해 관계자의 연대를 가로막는 장애물들을 과소평가해서는 안 되겠지만, 주주 가치에 전념하는 새로운 기업 거버넌스가 부상하면 그 상대적 중요성은 현저하게 감소한다. 왜냐하면 일단 회사의 주주 가치가 경영자의 주된 관심이 되면 머지않아 이 회사에 이해 관계는 있지만 주식은 없는 모든 경제적 행위자가 피해를 입을 것이기 때문이다. 달리 말해 투자자의 신뢰를 강화하기 위해 고안된 조치들의 사회적, 환경적 영향들 덕분에 다기한 이해 관계자는 다음과 같은 사실을 받아들일 수 있게 될 것이다. 각자의 특수한 이해 관계에 국한해 투쟁하기보다는 자신들의 요구를 하나로 묶어 내는 편이 더 효과적이라는 사실 말이다.

공통의 적대를 확인하는 것은 이해 관계자들의 계급 의식을 구축하는 데 필요한 조건이다. 그렇지만 연대를 동원으로 변환하는 데는 충분하지 않다. 불만의 대상이 같다는 감각이 공동으로 조직된 행동이 효과적이라는 믿음으로 이어지려면 다양한 이해 관계자의 권리를 보호하는 조직들—노동 조합, 소비자 단체, 공정 무역 지지자, '녹색' 운동가—은 특수한 대의들 사이의 연관성을 구성원이 인식할 수 있도록 지원해야 하며, 무엇보다 이런 친화성들이 드러나는 이니셔티브를 추진해야 한다.

기업의 주주 가치를 결정하는 내기에 영향을 미치기 위해 이해 관계자들은 수많은 전투적인 행동 수단을 활용할 수 있다. 여기에는 특정 기업의 상품에 대한 보이콧 요구, 합법성이 의문시되는 관행에 대한 집단 소송, 나아가 대안적인 생산 기술 활용을 촉구하는 캠페인이나 내부 고발자에게서 입수한 부끄러운 면모의 폭로 등이 포함된다. 물론 이런 갖가지 액티비즘은 오래전부터 사회 운동의 레퍼토리 중 일부였다. 따라서 이런 운동들이 발전하거나 성공을 거두기 위해 증권화에 종속된 모든 범주의 이해 관계자에게 공통적인 계급 의식이 출현할 필요는 없을 것이다. 그렇지만 자신이 벌이고 있는 일을 신용 할당을 둘러싼 이해 관계자의 투쟁으로 이해할 때 운동가들은 운동의 내기물과 의의를 완전히 재발견할 수 있게 된다.

예를 들어 이해 관계자 액티비즘stakeholder activism의 틀로 바라보면 노동 환경이 열악한 작업장sweatshop과 연관된 브랜드를 보이콧하자거나 노동력을 가혹하게 착취하는 하도급 업체를 규탄하자는 외침의 일차적인 목표는 소비자의 의식을 일깨우는 것이 아니다.[30] 여기서 운동가들은 이 브랜드의 상품을 소비하는 대중의 감정에 영향을 끼치려 하기보다는 주주는 물론이고 금융 시장 자체의 투기를 표적으로 삼는다.

더 큰 장점도 있다. 기업의 무책임한 관행이 포트폴리오의 가치 평가에 미칠 영향에 대한 투자자의 불안과 기업이 금융가에게 발휘하는 매력도를 끌어올리기 위해 이런 관행에 의지해도 되는지에 대한 경영자의 의구심 사이에서 운동가들이 선순환 관계를 만들어 낼 수 있으니 말이다.

스탠딩 록 원주민 보호 구역Standing Rock Reservation에서 살아가는 시우족Sioux tribe의 투쟁은 이런 전략적 전환의 의미와 가치를 명확히 보여 주는 사례다. 2016년 초부터 다코타 액세스 파이프라인Dakota Access Pipeline 프로젝트를 중단시키기 위해, 적어도 시우족이 거주하는 보호 구역의 수원水原을 위협하는 송유관의 경로를 변경하기 위해 각국에서 수많은 원주민 운동가와 생태 운동가가 모여들었다. 1,770킬로미터가 넘는 길이로 미국 네 개 주를 가로지르는 이 송유관 건설 프로젝트는 막대한 비용이 들어갔고 엄청난 논쟁을 촉발했다. 환경에 미치는 영향도 있었지만 송유관이 지나가게 될 경로에 묘지가 인접해 있던 북미 원주민에게는 이 프로젝트가 모욕으로 다가왔기 때문이다. 시우족과 그 지역을 찾은 동지들의 노력을 중심으로 광범위한 소셜 미디어 캠페인과 운동이 전개되면서 송유관 공사는 오바마 행정부 임기 마지막 몇 주 동안 중단되었다. [하지만] 도널드 트럼프가 취임하고 며칠 후인 2017년 2월 7일 정부 당국은 공사 재개를 허가했다.[31]

2016년 11월 8일 저녁에 대선 결과가 나왔을 때, 다코타 액세스 파이프라인 프로젝트에 맞섰던 운동가들은 야전에서 벌이는 캠페인이나 프로젝트에 대한 유죄 판결을 이끌어 내려는 법정 투쟁으로는 송유관 건설을 막기에 역부족이라는 사실을 깨달았다. 이들의 예감은 얼마 지나지 않아 확증되었다. 아니나 다를까 법원은 이들에게 불리한 판결을 내렸고, 경찰은 공사 재개 허가가 떨어지자마자 운동가들이 투쟁 장소에 쳐 놓은 캠프를 폭력적으로 철거했다. 그렇지만 운동은 무너지기는커녕 투자 철회disinvestment 캠페인이라는 새로운 이니셔티브 덕분에 다시 살아났다. 운동가들이 대중의 공감이나 법원 판결에 전적으로 의지하는 대신 이 막대한 기반 시설 건설 프로젝트의 핵심, 즉 자금 조달을 표적으로 삼았기 때문이다.

이렇게 'DAPL 투자 철회'Defund DAPL 캠페인이 탄생했다. 이 새로운 캠페인은 송유관 건설에 투자한 은행—특히 웰스 파고Wells Fargo와 뱅크 오브 아메리카Bank of America—뿐 아니라 송유관을 공동으로 소유하는 기업들로부터 자금을 회수하도록 개인과 기관 투자자를 설득하려 한다.[32] 이 제안이 나온 지는 얼마 되지 않았지만 성과는 결코 작지 않다. 2017년 이후 이 프로젝트에 발을 담근 회사들에서 수십억 달러의 투자금이 회수되었다. 캠페인 주도자 중 한 명인 북미 원주민 운동가 재키 필더는 이렇게 말한다. "우리에게는 환경적으로 인종 차별적인 프로젝트에 투자하면 (…) 최종적으로 받게 될 계산서에 문제가 생긴다는 것을 기업들에 보여 줄 경제적인 힘이 있습니다."[33]

미국에서 이 운동가들이 거둔 첫 번째 대승은 시애틀 시의회가 DAPL에 투자하는 은행과 연루되어 있다는 이유로 웰스 파고와의 계약을 갱신하지 않기로 표결하면서 이 금융 기관의 금고에서 30억 달러를 빼내 온 사건이었다. 이 최초의 승리에 이어 얼마 후 각국에서 수백 명의 운동가가 시애틀 표결의 주인공들에게 자문을 요청해 왔다. 운동가들은 이 대도시 의회가 이룬 성취가 새로운 모델이 될 수 있다고 믿었고, 이런 대화들이 이어진 끝에 투자 철회 캠페인에 착수하는 기술을 최대한 많은 사람에게 전수하기 위한 '전략 가이드북'과 웹사이트가 제작되었다.[34]

이 가이드북이 출간된 것이 부분적인 원인이 되어 시애틀은 단기간에 하나의 모델로 자리 잡았다. 샌프란시스코, 로스앤젤레스, 뉴욕, 벨링엄, 롤리, 앨버커키, 데이비스, 산타 모니카, 심지어 저 멀리 베를린에서도 운동가들은 시 의회 의제에 DAPL 투자 철회 제안을 포함시키는 데 성공했다. 그 뒤로도 성공 사례는 점점 늘었다.[35] 특히 송유관 건설과 투자에 연루된 기업들에 전체 포트폴리오 중 12억 달러를 투자했던 샌프란시스코의 사례가 주목할 만하다. 샌프란시스코 감독 위원회Board of Supervisors는 DAPL 주도자들을 몰아내기 위한 조치로 도시의 현재 및 미래 투자를 사회적 관점에서 검토할 것을 권고하는 결의안을 채택했다.

'DAPL 투자 철회' 운동은 대서양을 넘어 확산되고 있다. 운동은 베를린뿐 아니라 노르웨이에서도 발군의 성공을 거두었다. 노르웨이의 최대 규모 민간 투자사로 680억 달러에 달하는 자산을 관리하는 스토어브랜드Storebrand가 DAPL 투자를 철회했기 때문이다. 스토어브랜드의 경영자들은 프로젝트와 연관된 세 기업—필립스 66Philips 66, 마라톤 석유 회사Marathon Petroleum Corporation, 엔브리지Enbridge—의 주식 3,480만 달러어치를 매각했다. 노르웨이 은행인 DNB와 투자 회사인 오딘 자산 운용Odin Fund Management도 곧바로 스토어브랜드의 사례를 따랐다. 라플란드의 사미족Sami을 대표하는 사미 의회의 압력을 받은 KLP 연기금도 이 프로젝트에 대한 투자에서 발을 뺐다. 스토어브랜드의 지속 가능성 팀 부서장인 매슈 스미스는 마지못해 인정했다. "투자 철회는 최후의 수단입니다. 기업으로부터 투자금을 회수할 때 당신은 기업이 더 나은 결정을 내리도록 영향력을 행사할 기회를 포기하는 것입니다."[36]

결국 DAPL 건설에 투자된 25억 달러 중 1억 2,000만 달러에 달하는 지분을 소유하고 있던 네덜란드계 은행 ING도 지분을 매각했다고 발표했다. 그리고 송유관 경로를 변경하려는 협상이 불발되자 다시 한번 투자금을 회수했다. ING는 프로젝트와 연관된 기업들의 주식 2억 2,000만 달러어치를 처분한 것은 물론 미래에도 이 기업들과 거래하지 않겠다고 공언했다.[37]

시우족이 시작한 이 캠페인은 특별히 예외적인 사례가 아니다. 화석 연료와 관련해선 특히 그렇다. 투자 운동가들의 단체 아라벨라 어드바이저스Arabella Advisors가 2016년 12월에 펴낸 『글로벌 화석 연료 투자 철회와 청정 에너지 운동』 보고서에 따르면 15개월간 76개국에서 화석 연료 부문의 투자금 50억 달러가 회수되었다.[38] 2017년 3월에는 오스트레일리아의 커먼웰스 은행Commonwealth Bank이 발표한 보고서가 오스트레일리아의 열두 개 석탄 채굴 프로젝트가 투자자 부족 때문에 일시적으로 중단되었다며 우려를 표했다. 그중에는 갈릴리 분지에서 진행된 대규모 석탄 채굴 및 추출 프로젝트—특히 주변 환경을 초토화한—인 알파 콜Alpha Coal도 있었다. 여기서도 사법적 절차를 통해 성과를 내지 못하면서 운동가들은 기업이 아닌 투자자를 겨냥했다. 2014년에 알파 콜 프로젝트의 발기인들은 프랑스 은행인 소시에테 제네랄Société générale에 자금 구성을 개선하고 채굴 프로젝트에 필요한 투자자와 대출을 알아보는 업무를 발주했다. 지구의 벗Friends of the Earth, 아탁Attac, 비지!Bizi! 등 세 단체를 필두로 한 시민들의 강력한 압박이 몇 달째 이어지자 2014년 12월 5일 소시에테 제네랄의 '지속 가능 발전과 기업의 사회적 책임' 부서 책임자는 프로젝트에서 확실히 발을 빼겠다고 발표했다. 착수한 지 9년이 흘렀지만 알파 콜 프로젝트는 여전히 답보 상태에 있다.

고용주 카르텔과 신용 평가사

기업의 사회적, 환경적 책임에 관한 논쟁은 미국과 유럽의 경영 대학원에서 가장 자주 다루어지는 주제다. 일각에는 CSR이 기껏해야 가식에 지나지 않는다고 보았던 밀턴 프리드먼의 추종자들이 있다. 일찍이 1970년의 『뉴욕 타임스』 칼럼에서 프리드먼이 상업 회사commercial firm의 유일한 책임은 이윤 증대를 보증하는 것이라고 주장했다는 사실은 잘 알려져 있다. 반면 CSR의 주창자들은 기업의 모든 이해 관계자, 즉 주주만이 아니라 기업의 원활한 경영에 크게 영향받는 모든 관계자의 요구를 고려하는 경영 형태를 지지한다. 양측의 주장이 모두 어느 정도 구색을 갖추게 되면서 논쟁이 다소 뻔해진 감은 있지만, 『자본주의와 자유』의 저자〔프리드먼〕를 따른 이들이 방어하고자 하는 입장이 역설적이게도 과거 관리 자본주의 학파의 입장과 가장 가깝다는 사실을 짚고 넘어갈 필요가 있다. 왜냐하면 프리드먼의 지지자들은 주주가 선임한 대리인이 아니라 국가 당국과 법이 이해 관계자의 권리를 보장하고 이들을 보호하는 데 관심을 기울여야 한다고 주장하기 때문이다. 이런 입장에서는 기업 거버넌스 영역에 이해 관계자들의 이해 관계를 포함해야 한다고 주장하는 이들이 '대리인 이론'을 더 잘 이해하고 있다. 비록 이 이론을 원래 주장했던 이들은 시카고 대학에서 훈련받고 시카고 학파의 세례를 받았지만 말이다. 실제로 CSR 지지자들에 따르면 기업 경영자가 이해 관계자를 제대로 고려해야 하는 이유는 이런 미덕을 갖추었다고 평가받는 기업을 투자자가 높이 평가하기 때문이다.[39]

여기까지만 놓고 보면 기업의 사회적 책임을 둘러싼 논쟁에 참가하는 양측은 입장은 다르지만 오직 두 종류의 행위자만이 게임에 참가하고 있다고 이해한다는 점에서는 의견이 일치한다. 이들이 검토하는 것은 주주 가치 창출을 위임받은 경영자의 결정과 이런 결정을 두고 이해 관계자와 채권자가 내리는 판단이다. 이해 관계자들과 관련해 말하면 이 논쟁의 관건은 이들의 이해 관계가 외부적인 제약으로 여겨지는지, 아니면 주식의 가치 평가 과정에서 하나의 요소로 여겨지는지 여부다. 하지만 이 두 관점 모두 이해 관계자를 경영자와 투자자 사이에서 벌어지는 추측 게임guessing game의 상대방으로 간주하지 않는다. 따라서 이해 관계자 액티비즘의 과제는 이해 관계자와 그들의 이해 관계를 투기의 대상은 물론이고 주체로도 재구성하는 것이다. 말하자면 여기서 관건은 이해 관계자를 투자자나 경영자와 마찬가지로 기업의 사회적, 환경적 퍼포먼스의 재무적 영향에 베팅할 수 있는 지위로 상승시키는 것이다.

이런 지위가 무엇을 포함하는지를 더 잘 파악하려면 대리인 이론에서 '기업 거버넌스'라 부르는 것의 헤게모니가 유지되었던 조건을 되짚어 볼 필요가 있다. 첫째 조건은 주식 공개 매입(적대적인 경우를 포함해)에 대한 일체의 제약을 제거하고, 나아가 투자 은행가나 투기적인 펀드 매니저 같은 '기업 사냥꾼'에게서 기업을 온전히 지키기 위해 고안된 규제들을 철폐하는 것이었다. 법경제학파가 바랐던 대로 금융 자본주의의 최전선에 선 이들에게 이런 자유가 주어지면서 기업 경영에 대한 하나의 시장이, 즉 주주 가치를 창출하는 데 그리 성공적이지 못한 경영자를 투자자들이 교체할 수 있는 경쟁 체제가 제도화될 수 있었다.

잠재적인 수익이 투자자의 기대에 부응하지 못할 때 해고될 위험만큼이나 CEO에 대한 이사회의 통제권 강화 역시 관리자 계급이 이 새로운 소명을 받아들이게 하는 데 결정적인 역할을 맡은 것으로 드러났다. 여기서도 법경제학파의 관점은 기업 중역에 대한 더욱 철저한 감독을 정당화하는 데 기여했다. 대리인 이론의 지지자들은 실제로 '독립적인'—즉 기업 중역에 충실하기보다는 주주의 이해 관계를 신경 쓰는—경영자를 지명해야만 주주의 무력함을 보상해 줄 수 있다고 주장했다. 주주는 자기 재산의 경영에 영향력을 행사하기에는 수도 너무 많고 분산되어 있다면서 말이다.

회사의 재무적인 퍼포먼스를 우선시하라는 압력을 내외적으로 받기는 했지만, 경영자들이 바람직한 거버넌스의 새로운 기준을 전폭적으로 수용한 것은 자신이 추구해야 하는 목표에 걸려 있는 개인적인 이해 관계 때문이라고 보아야 할 것이다. 자리를 지킬 전망이 점점 더 불확실해진 탓에 경영자들이 주주 가치 추구에 매달린 것도 사실이다. 그렇지만 그보다 주된 이유는 스톡 옵션을 비롯해 자신이 경영하는 회사의 주가와 연동된 소득원 형태로 지급되는 보수의 비중이 늘어났다는 것이다.

결국 직업적 불안정성이라는 채찍과 보너스라는 당근을 통해 새로운 직무가 요구하는 바를 학습하게 된 경영자들은 신용 평가사의 지속적인 가르침 덕분에 더욱 멀리 나아갈 수 있었다. 경영자들은 무디스와 스탠더드 앤드 푸어스, 피치 같은 신용 평가사가 주기적으로 내놓는 등급 평가를 보고 최근에 내린 결정의 성과를 확인할 수 있다. 왜냐하면 이 메이저 3사의 평가는 투자자들이 특정한 사업 프로젝트를 신뢰하게 만드는 데 결정적인 역할을 담당하기 때문이다. 그런데 시간이 지나면서 경영진은 등급 평가자들의 기호에 기업 경영을 맞추는 법, 즉 받을 것으로 예상되는 점수를 바탕으로 이니셔티브를 선별하는 법을 배우게 되었다.[40]

경영자에게 투자자의 기대에 부응하는 조치가 무엇인지 알려 주는 동시에 투자자에게는 경영자가 가치를 높이려 하는 주식의 가까운 미래 전망을 평가하도록 돕는 신용 평가사는 금융 자본주의의 헤게모니를 유지하는 데 전략적인 역할을 맡는다. 이런 이유로 신용 평가사는 이해 관계자 운동이 모델로 삼아야 하는 제도다. 주식의 전반적인 가치 평가에서 기업의 사회적 책임 비중을 늘리려면 투기자가 벌이는 내기의 방향을 전환할 수 있는 신호를 보내야 한다. 좋은 평판이 부여될 만한 프로젝트의 투자 수익성이 높을 것이라는 약속을 내겁으로써, 그리고 무책임한 결정을 내리면 보유 주식에 손실이 발생할 것이라는 공포를 조장함으로써 말이다. 따라서 '대안적' 신용 평가사를 설립하는 것—투자자에게 불확실성을 줄일 지표를 제공한다는 동일한 동기에 기반해 작동한다는 점에서 기존 모델과 같지만, 기대되는 수익을 평가의 기준으로 삼지 않는다는 점에서는 대안적인 성격을 띠는—은 아마 투자자의 불안과 이를 달래고자 하는 경영자의 노력이 맺는 관계에 영향을 미칠 가장 효과적인 방법일 것이다.

물론 '사회적 책임 투자'socially responsible investing, SRI를 지향하는 제도와 지수는 오래전부터 존재했다. 윤리적인 명성을 누리는 기금들은 처음에 감리교(1971년에 창설한 팍스 월드 펀드Pax World Fund)와 가톨릭(1983년에 창립한 기아 퇴치와 발전을 위한 가톨릭 협의회Catholic Committee against Hunger and for Development가 발족한 신용 협동조합Credit Cooperative) 등 종교계와 연계되었으나 이후 수도 늘어나고 종류도 다양해졌다. 팍스 월드 펀드의 사명은 무기를 대량 생산하는 산업들을 피하는 것이었지만 이후의 조직들은 다른 가치를 보증하겠다고 자임하는 기업이나 프로젝트에 자금을 대려 했다. 이런 조직들은 특히 사회권에 주의를 기울이고 '지속 가능한 발전'의 규범을 존중하며 타당한 경영 규칙을 준수하는 기업을 선별해야 한다고 주장한다. 그렇지만 실제로 이런 이니셔티브들은 주로 가능한 최저 비용으로 이윤 추구와 일말의 도덕성을 절충하려 하는 투자자에게 불안을 배출할 길을 열어 주거나 기업들이 사회적 책임 투자 시장에 자리 잡을 수 있도록 지원하는 결과를 가져온다. 즉 통상 사회적 책임 투자로 간주되는 것은 금융 자본주의가 양심의 가책을 떨쳐 버리고자 헐값에 장만한 도구에 지나지 않는다. 가령 사회적 책임 투자의 표준 지수인 MSCI KLD 400 소셜 인덱스의 목록에 등재된 회사들을 보라.

그러나 양심과 수익을 절충하는 틈새를 개척하는 것만이 비금융적인 등급 평가가 제안할 수 있는 유일한 전망은 아니다.[41] 현재 영향력을 발휘하고 있는 금융권 신용 평가사들에 맞서기 위해 전문적인 능력을 끌어모으고 이런 식의 벤치마킹을 촉진하기 위해 자원을 공유하고자 하는 이해 관계자 조직들이 있다면 이들이 생산하고 발표하는 사회적, 환경적 책임 지수가 포괄하는 범위는 〔기존 지수들과〕 매우 다를 것이다. 자신이 평가하는 바로 그 기업들의 자금을 받아먹는 무디스와 스탠더드 앤드 푸어스, 피치는 공정한 심판을 위해 지켜야 할 가장 기본적인 규칙을 위반하는 것으로 악명이 높다. 그렇지만 어쨌든 이 신용 평가사들은 소박하게도 스스로 '의견'opinion이라 부르는 것을 하나의 신탁처럼 보이도록 만드는 데 성공했다.[42] 이 성공의 비밀은 금융 시장이 작동하는 방식에 있다. 즉 이해 관계 충돌 때문에 이 메이저 3사가 내린 평가의 신뢰도가 떨어진다는 사실을 의식하고 있으면서도 투자자는 다른 투자자들이 여전히 신용 평가사의 등급 평가를 신뢰할 것이라고 가정한다. 또 투자자들은 자산 시장의 가치가 투기의 함수라고 여기므로 자신이 볼 때 널리 공유될 것 같은 모든 판단을 그대로 받아들이는 경향이 있다. 투자자들이 너무나 빈번히 서로를 모방하려는 태도를 취하는 나머지 이 태도는 실제로 현실에서 모종의 결과를 만들어 내는 원인으로 작용한다. 이런 상황에서는 평가자들의 작업이 편향되어 있더라도 이들의 평가가 아무 문제 없이 실제 현실에 부합하게 되는 것이다.

신용 평가사의 이런 관행은 투자자들이 지속적으로 보내는 신뢰 덕분에 〔현실과 일치하는 것으로〕 확증되지만, 그럼에도 평가사들은 숱한 오류를 범해 왔고 그중 일부는 비극적인 결말을 초래하기도 했다. 신용 평가사는 단기간에 가치가 상승할 확률이 가장 높아 보이는 주식을 매수하라고 투자자를 부추기는 대가로 돈을 벌기 때문에 이들의 평가는 회계 조작이나 리스크가 큰 자금 운용에 우호적일 수밖에 없다. 따라서 지난 20년 동안 위장 도산으로 가장 큰 파장을 일으킨 기업이 모두 신용 평가사들로부터 최고 평점을 받은 곳이라는 사실은 놀랍지 않다. 그렇지만 윤리 규약의 결핍과 형편없는 성과에도 불구하고 신용 평가사가 자산 운용사에 발휘하는 권위에는 금이 가지 않았고, 그 결과 자신이 평가하는 기관을 위협하는 신용 평가사의 권력도 줄어들지 않았다.

이해 관계자 입장에서는 신용 평가 시장을 지배하는 세 평가사의 영향력이 비난받아 마땅하겠지만—그런데 누구 앞에서 이런 비난을 해야 하는 걸까?—피투자자들은 우선 신용 평가사의 존재와 권력을 참조해 효과적인 액티비즘 형식을 위한 모델을 도출해 내야 한다. 주주 가치가 기업 경영에 미치는 영향력을 상쇄하고자 하는 이들 입장에서 볼 때 다른 투자자에게 느끼는 감정에 기반해 결정을 내리는 투자자의 성향은 주식 가치 상승을 좌우하는 희망과 공포의 조작操作에 참여하라는 하나의 초대장이다.

이런 식의 개입이 전조가 되어 금융 자본주의 자체는 아니더라도 그 선봉장들의 사고 방식에 찬동하는 결과로 이어지는 것은 아닌지 두려워할 필요가 있을까? 만약 그렇다면 이는 19세기 후반에 노동 조합의 전략 상당 부분이 임금 수준을 묶어 두려 했던 고용주들의 담합에 대한 거울상으로 성립했다는 사실을 망각하는 처사가 될 것이다. 실제로 노동 시장에서 투쟁하는 노동자들의 조직이 카르텔이라는 패러다임에서 영감을 받았다면, 사회적 투쟁의 중심이 자본 시장으로 이동한 오늘날 이해 관계자 운동가들이 신용 평가사의 작동 방식을 차용하는 데 머뭇거릴 이유가 없다.

게다가 투자자의 마음을 가득 채운 추측들을 변경하는 데 적합한 투쟁의 기술은 기업 거버넌스의 비금융적 영향을 상대적으로 평가함으로써 다양한 유형의 이해 관계자가 공유하는 조건을 드러내는 것에도 기여할 것이다. 한 기업이 전 지구적으로 남기는 흔적을 평가하는 데—기업 활동이 기후, 소비자 건강, 노동자 고용 조건, 국가와 지방 정부의 예산 등에 미치는 종합적인 영향을 측정하는 데—필요한 조사와 협력은 그 기업 경영의 각종 측면이 맺고 있는 연관 관계를 고스란히 드러낸다. 결과적으로 상이한 관점과 기술을 끌어모아 공통의 신용 할당 지수를 구성한다면 고용법에서 환경 보호, 소비자 보호, 조세 회피에 맞선 싸움에 이르기까지 겉보기에는 서로 동떨어진 전선에서 투쟁하는 운동가들이 연대하고 힘을 키우는 데 도움이 될 것이다.

마지막으로 등급 평가 패러다임을 수용할 경우 이해 관계자 연합은 주주의 권력을 뒷받침하는 시간 형식time frame과 보조를 맞출 수 있다. 포드주의 시대 내내 고용주와 피고용인의 관계는 일시적인 갈등과 일정 기간 지속된 평화 사이를 오갔다. 이 평화는 적절한 절차에 따라 합의되거나 법과 강제적 규제를 통해 명문화되었다. 이렇게 시간을 분절하는 방식은 투자자가 우세를 점하고 있는 오늘날에는 들어맞지 않는다. 주가가 수시로 변동할 수 있기 때문에 오늘날의 시간성은 지속적인 압력의 시간성이다. 이런 압력은 일차적으로는 기업 경영진에게 가해지지만, 경영자는 다시 온 힘을 다해 이를 이해 관계자에게 전가하려 한다.

금융 자본주의가 지배하는 포스트포드주의 시대에 국가 당국은 여전히 상충하는 요구의 균형자 역할을 다하고자 노력하는 심판관으로 행위할 것이라고 기대된다. 특히 신용 공급자의 요구와 정부를 선출한 시민의 이해 관계를 중재할 임무를 맡고 있다고 가정된다. 하지만 실제로 정부는 자국 영토는 물론이고 통화와 채권의 금융적 매력도를 유지하는 데 몰두하기 때문에 유권자의 소망을 채권자의 신뢰에 종속시킨다. 국가의 중재 기능이 퇴조하는 상황에서 더 이상 사회 운동은 공평무사하다고 여겨지는 제3자의 비호 아래 기업 경영진과 협상하면서 요구와 타협을 되풀이하는 것을 자신의 작동 방식으로 삼을 수 없다. 이제 기업 거버넌스에 영향력을 발휘한다는 것은 어떤 보증인 앞에서 경영자와의 일시적인 거래를 시도하는 것이 아니라 경영자를 닦달하는 투자자처럼 경영자를 지속적으로 괴롭히는 것이다. 앞서 살펴보았듯 이는 정확히 신용 평가사들의 작동 방식을 본뜬 새로운 형식의 액티비즘이 성취할 수 있는 범위 안에 있다. 즉 현재 투자자가 행사하고 있는 헤게모니에 도전하려는 피투자자에게는 투자의 위험에 대한 정보를 모으고 '의견'을 내는 것이야말로 자본 할당을 결정하는 끊임없는 투기에 개입하는 가장 효과적인 방법인 것이다.

금융 시장의 상승세를 유지하기 위해 법경제학파가 기업 거버넌스라는 이름으로 고안한 것이 노사 관계를 변형해 왔다. 한편으로 투자자가 가하는 지속적인 압력 때문에 기업 경영진은 더 이상 자신의 직무가 임노동자와 자본 소유자의 상충하는 이해 관계를 계속 조정하는 것이라고 보지 않는다. 노동조합이 흔히 비난하는 것처럼 임금은 자본 수익을 극대화하기 위한 조정 변수adjustment variable로 전락해 버렸다. 그렇지만 다른 한편으로 신용 공급자가 기업 경영자에게 부과하는 경쟁력 기준이 새로운 사회적 투쟁의 주요한 내기물이 되고 있다. 여기서 갈등이 전개되는 주된 장소는 협상으로 노동 가격이 결정되는 시장이 아니라 투기로 주가가 정해지는 시장이다. 이 투쟁의 주인공은 피고용인과 고용주가 아니라 주주와 이해 관계자다. 이들에게 특권적인 대상은 임금이 아니라 기업의 사회적 책임이다. 마지막으로 노동 조합이 사장 카르텔의 전략을 모방해 산업 자본가에게 맞섰다면, 금융 자본주의의 헤게모니를 상대하고 있는 이해 관계자 운동가에게는 신용 평가사가 개발한 가치 평가valuation 기술이 한층 적합한 모델이 될 수 있다.

금융화는 민간 영역에서만 사회적 갈등의 지형을 바꾸어 놓은 것이 아니다. 세금을 걷는 대신 채권을 발행해 예산을 조달하기로 선택하면서 국가 당국도 유권자에게 내건 약속을 지키는 것보다 채권 소유자를 안심시키는 데 더 매달리게 되었다. 그러므로 신용 공급자의 기대는 노동 조합의 협상력만큼 인민 주권의 행사에도 불리하게 작용한다. 다음 장에서는 금융 기관이 정치적 민주주의보다 우선시되는 경향을 저지하는 데도 피투자자 액티비즘이 유효한지 따져 보고자 한다.

2장

정부 정책의 책무*

✱   2장의 영어판 제목은 The Bonds of Governmental Policy다. 다른
장들의 제목이 그렇듯 이 장에서도 지은이는 bond라는 영단어의
다의성을 적극적으로 활용하고 있다. 이 단어는 우선 금융 시장의
맥락에서 각국 정부가 발행하는 '채권'을 의미하지만, 동시에 채권을
발행한 국가가 채권자bondholder에게 지는 '책무', 곧 채무자로서
감당해야 하는 '속박'을 뜻하기도 한다. 나아가 이 장 후반부에 이르면
이것이 채권자에 대한 금융적 책무뿐 아니라 또 다른 책무, 즉 국가가
국민에게 지는 사회적 부채로 확장된다. bond에 담긴 채권, 속박, 의무
등의 의미를 포괄하기에 '책무'라는 단어가 적합하다고 판단해 2장
제목을 '정부 정책의 책무'로 옮겼다.

조세와 부채

금융 자본주의의 헤게모니가 공고해짐에 따라 전후 사회 협약의 핵심이었던 고용주, 피고용인, 국가의 대표자라는 3자 관계가 점차 주주(더 넓게는 투자자), 경영자, 이해 관계자가 상호 작용하는 3자 관계로 대체되고 있다. 이 새로운 배치에서 정부는—최소한 노동과 자본이 빚는 사회적 갈등의 중재자로서는—확실히 부재하는 듯이 보인다. 그렇지만 국가라는 행위자가 완전히 사라진 것은 결코 아니다. 자신들이 주도했던 금융 거래와 금융 공학에 대한 규제를 완화하는 바람에 주주와 이해 관계자를 중재하는 공직자의 역량이 심각하게 훼손된 것은 사실이다. 그럼에도 여전히 공직자들은 채권 시장에서 벌어지는 또 다른 3자 게임의 당사자 중 하나로 참가하고 있다.

사회학자 볼프강 슈트렉이 보여 준 것처럼 오늘날 대다수 선진 공업국 지도자는 이중의 종속이라는 조건 속에서 연명하고 있다. 정치 지도자는 자신을 뽑아 준 유권자에게 서약한 바를 따라야 하지만 동시에 채권자의 변덕도 신경 써야 한다. 유권자의 투표는 정치인의 권위와 급여에 민주적인 정당성을 부여해 준다. 반면 채권자의 선택은 가용한 예산의 규모와 형태를 결정한다. 사실 상황이 이렇게 된 것은 30년이 조금 넘었을 뿐이다.[1] 1970년대 전반기까지만 해도 대서양 양안의 국가들은 대체로 조세 수입과 사회학자 뱅자맹 르무안이 말하는 국가 부채 중 소위 타협할 수 없는 부분nonnegotiable part―
국가가 운영하는 금융 기관들에 예치되어 있는 일정 액수의
자금 혹은 정부가 국가의 중앙 은행으로부터 받은 직접 대출
direct advance―을 통해 재원을 조달해 왔다.[2]

1960년대 후반 전까지 이 같은 재원 조달 방식 덕분에 국
가 당국은 상대적 자율성을 유지할 수 있었고, 그리하여 과도
한 인플레이션을 촉발하지 않으면서도 사회적 평화가 확보
될 수 있었다. 이런 방식은 주로 내수 시장을 위한 대량 생산
과 임노동 계급의 소비에 기초를 둔 활발한 성장 덕분에 유지
되었다. 그렇지만 1970년대에는 (포드주의적 자본 축적 양식
이 한계에 도달해) 스태그네이션이 선진 공업국을 덮치고 (변
동 환율제, 에너지 가격 자유화, 금융 공학의 규제 완화로 인해)
자본 소유자가 압력을 행사할 수 있는 새로운 수단을 손에 쥐
게 되면서 경로 변경이 불가피해졌다.

슈트렉이 주장하듯 선진 공업국 정부들은 처음에는 무엇
보다 1960년대에 만성적으로 빈발했던 노동자와 소수자, 학
생의 저항이 다시 불붙지 않을지 우려했다. 그래서 선출된 정
치인들은 국민 경제의 생산성이 저하하는 와중에도 임금을
물가에 연동함으로써 임노동자의 구매력을 유지하려 했다.[3]
한편 사회적인 긴장 완화의 도구로 인플레이션이 활용되면
서* 포트폴리오의 가치가 하락한 금융 자산 소유자들은 얼마
지나지 않아 참을 수 없는 지경에 이르렀다. 1970년대 중반에

＊ 이른바 자본주의 황금기에는 노동과 자본 사이의 힘 균형이
팽팽하게 유지되면서 인플레이션이 유발되었다. 노조는 지속적으로
임금 인상을 요구했고, 자본은 이 요구를 들어주면서 임금 인상분을
상품 가격에 반영하는 방식으로 대응했기 때문이다.

이르면 예금이 생산적인 투자에 대한 대안으로 투기적인 선택지를 찾을 수 있었다. 고정 환율제를 채택한 브레턴 우즈 시스템이 1971년에 무너졌고, 1973년에는 석유 금수 조치가 시행되어 유가의 변동성이 높아졌으며, 곧이어 대공황 이래 금지되어 왔던 파생 금융 상품이 부활했기 때문이다. 불확실성에 휩싸인 실물 경제로부터 자신의 현금을 지킬 역량이 커진 신용 공급자들은 이제 불만을 표현할 수 있는 위치를 점하게 되었다. 실제로 몇 년 지나지 않아 일종의 투자자 파업의 효과가 입증되었다. 폴 볼커는 1979년에 연방 준비 제도 이사회 의장으로 지명되자마자 연준 정책의 우선 순위를 완전히 뒤집어 버렸다. 임노동자가 아니라 자산 소유자를 달래는 것이 새로운 과제가 되었다. 통화 공급을 감축하기로 한 볼커의 결정은 급격한 금리 상승을 유발했다. 밀턴 프리드먼이 저술한 통화주의 교과서에 근거한 이 모든 행보의 결과로 발생한 충격은 경제 성장률이 하락하던 당시에 케인스주의 정책이 초래한 인플레이션 관련 사태들에 종지부를 찍었고 자산 소유자와 경영자의 불만도 가라앉혔다.[4]

수요를 억제하기 위해 새로운 통화 정책이 고안되자 즉시 미국을 필두로 한 모든 선진 공업국이 지독한 불황의 늪에 빠져 버렸다. 통화주의적 전환의 사회적 충격은 통화주의의 본고장(미국)에서 특히 가혹했다. 부분적으로 이는 대량 실업이 복지국가의 사회 보장 제도에 상당한 부담이 되었기 때문이다. 로널드 레이건이 전례 없는 감세를 통해 국민을 기쁘게 해 주겠다는 선거 공약을 이행하기로 결심하면서 상황의 심각성은 더욱 가중되었다. 서구 임노동 계급이 완전 고용과 적절한 복지 혜택에 너무나 큰 애착을 가지고 있어 화폐와 재정 문제에 대한 신자유주의적 의제를 수용하지 않으리라 확신한 수많은 관찰자는 보수 혁명이 얼마 안 가 좌초할 것이라고 예상했다. 그렇지만 프리드먼과 하이에크의 가장 열렬한 사도들은 1980년대가 끝날 때까지 집권했을 뿐 아니라 공공 재정을 충당하고 운영하는 새로운 기술의 토대를 닦았다. 그리고 다른 모든 OECD 회원국도 곧 이런 재정 운용 방식을 수용했다.

『위기를 자본화하기』에서 그레타 크리프너는 볼커의 통화적 금욕주의와 레이건의 세금 환급tax rebate을 혼합한 정책 패키지가 정치적으로 성공한 원인으로 전 세계 투자자들이 이 정책에 보인 열광을 지목한다. 도처의 유동 자산 소유자들이 높은 투자 수익률과 투자자 친화적인 회계 제도에 매력을 느껴 미국 시장으로 몰려들었다는 것이다. 비록 국내외 자본이 유입되면서 금리는 즉각 하락했지만, 통화주의가 몰고 온 충격 이후에도 자국을 투자자에게 매력적인 장소로 가꾸는 것을 최우선시하려는 그 모든 정부의 결의는 살아남았다. 레이건 행정부와 레이건의 영국 파트너였던 마거릿 대처를 필두로 선진 공업국의 선출직 공직자들은 케인스주의적 재정 정책과 화폐 정책을 모두 폐기했다. 수요를 유지함으로써 완전 고용을 추구하는 대신 이들은 인플레이션에 맞서 싸웠고 (비록 완화해야 할 인플레이션은 더 이상 없었지만) 공급 측면을 중시하는 정책 조치(감세나 시장 규제 완화 같은)를 복원해 경제 성장을 촉진하려 했다.[5]

그러므로 금융 자본에 호의적인 환경을 조성하기로 선택한 1980년대의 정치 지도자 첫 세대는 이미 과거에 사회 복지 프로그램과 공공 사업에 들어갔던 세수의 상당 부분을 포기하는 데 동의한 상태였다. 하지만 성향상 관료제를 맹비난하고 공공 사업을 공격하려 한 이 '혁명적' 지배자들도 사회 갈등 해소라는 복지국가의 본질적인 기능까지 포기할 수는 없었다. 보수 혁명가들은 노동 조합에 맞서고 복지 프로그램을 삭감하며 공공재를 민영화하는 한편, 감세로 줄어든 세수를 금융 시장에서 빌려 옴으로써 시민을 달래는 데 필요한 자원을 유지하고자 했다.

볼프강 슈트렉의 용어를 빌리면 이렇게 '조세 국가'tax state에서 '부채 국가'debt state로의 이행이 일어났다. 신자유주의적 레토릭에도 불구하고 작은 정부라는 고전 자유주의의 이상이 되살아난 것은 아니었다. 선출된 정치인들은 전후 협약을 단순히 위반하기보다는 새로운 사회 협약을 구성하는 데 착수했다. 여기서 통치의 기술은 이전과 마찬가지로 상이한 이해 관계를 조화시키는 것이었지만, 이제 관건은 자국 시민들domestic citizenries의 필요와 이를 충족할 돈을 빌려 주는 국제적인 대부자들international lenders의 요구 사이에서 균형을 잡는 것이 되었다.[6] 이 두 집단의 기대가 상충했음에도 정부는 양자 사이에서 조정이 가능한 공간을 발견했다. 한편으로 연기금, 보험 회사, 뮤추얼 펀드 등의 기관 투자자는 신뢰할 만한 국가가 발행한 장단기 국채 같은 안심 자산으로 포트폴리오를 꾸리고 싶어 했다. 다른 한편으로 그렇게 모인 자금 덕분에 공직자들은 그 전까지는 재정 수입이나 기업의 사회 보장 기여금을 통해 주로 재원을 충당했던 서비스를 제공하고 공공 시설을 유지할 수 있었다. 채무를 이행하는 능력에 대한 대부자의 신뢰를 유지하기 위해 정부는 복지국가가 살아남으려면 일정한 수술이 불가피하다고 시민에게 경고했다.

과세를 정부 부채로 점점 더 대체한 결과 사회 운동이 잦아들고 인플레이션이 진정된 덕분에 통치자들은 가까스로 한숨 돌렸지만 여전히 과제가 산적해 있었다. 왜냐하면 이런 조치를 통해 유권자를 소외시키지 않고서도 투자자를 유인할 수 있게 된 반면, 대출과 감세가 결합해 재정 적자가 급속도로 불어났고 결국 신용 공급자들의 불안 수위가 높아졌기 때문이다. 초조해진 대부자들이 장단기 채권에 등을 돌리는 사태를 피하기 위해 정부들은 예산의 점점 더 많은 부분을 채무 변제에 쓸 수밖에 없었다. 그런데 이런 선택을 내림으로써 이들은 빚을 내 유지하고자 노력해 온 바로 그 정책들을 포기해야만 했다.

1990년대 초에 '부채 국가'의 곤경을 물려받은 정치 지도자들은 여전히 유권자를 달래는 데 진력했지만 채권 소유자가 제기한 요구의 정당성을 의문시하기에는 이미 대출받은 자금에 너무나 많이 의존하고 있었다. 그리하여 이들은 보수혁명을 거치면서 막 자리 잡은 새로운 사회 협약을 유지하기 위해 두 번째 혁신을 감행했다. 불어나는 재정 적자가 채권의 금리를 감당할 수 없는 수준까지 상승시킬 것이기 때문에 또다시 부채로 재원을 조달하는 공약을 통해 재선을 바랄 수는 없다고 계산한 정부들은 가계에 자신이 걸었던 길을 종용함으로써 민간 소비를 지원하기로 결정했다. 달리 말해 정부는 시민이 빚을 지는 역량을 키우고자 했다. 이렇게 개인들의 신용 접근성을 높이는 것이 특권적인 수단으로 자리 잡으면서 국가들은 부채 팽창을 억제하는 동시에 세율도 낮게 유지하고 유권자의 생활 수준도 표면적으로는 그대로 보전할 수 있었다.

1990년대에 미국의 클린턴 행정부나 영국의 토니 블레어 정부 등 '제3의 길' 지지자들이 앞장서 추진한 민간 부채의 급격한 증가 덕분에 일시적으로는 공공 적자의 규모가 억제될 수 있었다. 그렇지만 소비자 신용에 대한 접근성을 높인 조치도 세금보다 대출을 선호하는 정부의 성향까지 바꾸지는 못했다. 실제로 미국에서 9/11 테러가 발발하자 부시 행정부는 민간 부채와 공공 부채를 동시에 급격히 늘릴 수밖에 없었다. 한편으로 조지 부시는 아프가니스탄과 이라크에서 작전을 수행하기 위해 막대한 규모의 자금을 대출받았고, 이는 국방비가 아니라 사회 복지 프로그램과 공적 투자 예산 삭감으로 이어졌다. 다른 한편으로 '테러와의 전쟁'에 대한 미국인의 찬성을 이끌어 내기 위해 미국 정부 기관은 개인들의 신용 접근성을 더욱 높이고자 갖은 애를 썼다.

놀랍게도 2009년 대침체 이후 이어진 부동산과 은행 부문 위기들도 두 바퀴로 굴러가는 이런 정책 기조를 근본적으로 바꾸지는 못했다. 유일한 변화라면 이 이후로 정부가 공공 부채와 민간 부채에 동시적으로 의존하지 않고 번갈아 의존하게 되었다는 것뿐이다. 국가 당국은 리먼 브러더스의 파산 직후 처음에는 민간 은행 시스템의 붕괴를 막기 위해 적자 지출을 활용했고, 다음에는 시민을 재정 긴축 프로그램에 종속시킴으로써 이 구조 작전의 비용을 그들에게 전가했으며, 결국에는 민간 부채 버블이 서서히 팽창하도록 허용함으로써 이런 조치들이 불러올 경기 침체라는 결과를 상쇄하는 식으로 대처했다.

장단기 국채를 발행하는 목적이 줄어드는 세수를 벌충하는 것이라면 소비자 금융에 인센티브를 부여하는 목적은 팽창하는 공공 적자를 억제하는 것이다. 볼프강 슈트렉은 사회적 요구들을 충족하기 위해 서로 결합되어 잇따라 활용된 이두 가지 재원 조달 방식을 '부채 국가'에서 '재정 건전화 국가' consolidation state*로의 이행과 연관 짓는다.[7] 이런 새로운 통치 양식의 실행자들은 안일했던 전임자와 달리 자신은 투자자의 신용을 잃지 않게 관리하면서도 국가가 납세자에게 부과하는 조세와 이후 세대에 지우는 부채의 부담을 경감할 수 있다고 주장한다. 나아가 이들은 공공 재정에 대한 관리를 개선하고 이미 체결된 대출에 대한 이자 지불을 무엇보다 우선시해야 자국의 독립성을 지킬 수 있다고 내세움으로써 재정 건전화 조치들이 필연적으로 수반하는 고통스러운 개혁을 정당화한다.

하지만 재정 건전화 국가는 사실 미래 세대를 부채의 부담에서 해방하는 데 적합한 수단이 아니다. 정치인들은 부채상환을 최우선시하겠다며 금융 시장을 설득하려 하지만, 실제로는 되도록 [금융 시장에서 또 다른] 빚을 내 국가 재정을 확보한다는 선택지를 놓지 않으려 한다. [물론] 국가가 민간 대출에 대한 접근성을 전례 없는 수준으로 높여 마련한 안전 밸브는 긴축 조치들의 사회적 충격을 일시적으로나마 완화할 수 있으며, 이는 신용 공급자의 신뢰를 유지하기 위해 요구되는 것이기도 하다. 그렇지만 리스크가 큰 개인 대출이 집적되어 만들어진 투기 버블들이 끝내 폭발하면 재정 건전화 국가가 채권 소유자에게 얼마나 깊이 의존하고 있는지가 드

---

* '재정 건전화'는 정부 부채를 줄이고 재정 적자를 최소화하려는 정책 기조를 의미한다.

러난다. 왜냐하면 일단 시장이 붕괴하면, 공직자들이 자국 시민에게 스스로 빚을 지라고 꾀면서 아끼려 해 온 것이 무엇이든 그것〔재정 여력〕은 결국 부채에 허덕이는 가구가 아니라 채권자를 구제하는 데 바쳐질 수밖에 없기 때문이다. 게다가 '대마불사'too big to fail[8]의 존재로 여겨지는 금융 기관을 대상으로 한 구제 금융들 중간중간에 투자자를 유치하려는 '재정 건전화 국가들' 간의 경쟁도 벌어진다. 그리하여 자본세와 법인세 인하, 사회 복지 프로그램 및 공공 서비스 예산 삭감, 노동 시장 유연화라는 세 영역에서 끊임없이 한 발짝 앞서 나가려는 시도가 이어진다. 이 세 영역에서 바닥을 향한 경주가 벌어짐에 따라 재정 건전화 국가의 정책 의제는 사실상 유권자의 복지에 투자되었던 자원의 점차적인 고갈을 수반한다. 여전히 명목상으로는 유권자가 주권자이지만 말이다.[9]

정치적 신용 공급자와 금융적 신용 공급자 간의 이런 권력 불균형을 어떻게 이해할 수 있을까? 원칙적으로 일국의 대의 정치인은 대부자와 유권자 모두에게 책임을 져야 한다. 대출에 중독된 정부가 채권 소유자의 신뢰를 잃는 길을 택할 수는 없다는 사실은 이해하기 쉽다. 그렇지만 누가 공직을 맡게 될지가 선거로 결정되는 이상 공직자는 유권자가 보내는 지지에도 종속될 수밖에 없다. 따라서 우리는 무엇 때문에 정치인이 유권자의 열망을—완전히 무시하지는 않더라도 최소한—대부자의 요구에 종속시키는지 따져 보아야 한다. 왜 정치인이 대부자의 요구를, 혹은 마거릿 대처의 유명한 표현을 빌리면 "대안은 없다"는 주장을 받아들이게 되는지를 이해할 필요가 있는 것이다.

주기적인 선거와 끊임없는 가치 평가

선출된 정치인이 통치를 위해 의존해야 하는 두 집단인 유권자 및 채권 소유자와 맺는 관계가 비대칭적이라는 사실은 정치 영역과 금융 영역의 경계가 명확하지 않으며 최소한 일부 유권자 집단은 정치-금융 엘리트가 퍼뜨리는 세계관에 젖어 있음을 입증한다. 별다른 재산이 없음에도 선진 공업국 시민 다수가 과다한 조세 부담을 지는 납세자들과 자신을 동일시하거나(특히 자신의 부채를 상환해야 하는 의무가 과세에 대한 적대감을 부채질하기 때문에) 시장의 분위기를 신경 쓰는 예금자들과 동일시한다(특히 퇴직 연금이나 의료 보험 혜택이 이를 운용하는 연기금이나 보험 회사의 실적에 좌우될 때).

그렇지만 정치인과 자본 소유자의 선택적 친화성도, 자신의 이해 관계와 관련해 중간 계급 시민들이 견지하는 서로 다른 관점도 자유 민주주의 역사에서 새로운 현상은 아니다. 따라서 지배자들 간의 결탁과 피지배자들의 배제라는 구도로는 채권 시장의 신뢰를 유지하기 위해 여론의 불신도 기꺼이 감수하는 정치 지도자들의 전례 없는 성향을 설명할 수 없다. 왜냐하면 국가가 채무를 이행하고 기업 경쟁력을 강화하기 위해 힘써야 한다고 상당수 유권자가 믿더라도, 이런 요구를 그대로 따르는 선출 정치인의 인기는 점점 더 떨어지고 있기 때문이다. 따라서 정치 지도자들이 계속 금융 자본의 영향 아래 놓이는 원인을 이해하려면 투자자 권력(우리는 이미 이들의 권력이 기업 거버넌스에 미치는 영향력을 강조한 바 있다)의 주요한 특징이 바로 이 권력이 행사되는 시간성temporality에 있다는 점을 상기할 필요가 있다.

대의 민주주의의 시민은 투표를 통해 주기적으로 주권을 행사할 권한을 갖는다. 선거가 없는 기간에도 민심이 충분히 헤아려지는 것은 사실이지만, 이들은 선출된 지도자의 임기 동안에는 자신의 이름으로 내려지는 결정에 영향력을 발휘할 방도가 거의 없으며 공약을 저버린 대표자를 소환할 힘은 더더욱 없다. 게다가 최근 수십 년간 각종 제도가 신자유주의로 개혁된─중앙 은행에 부여된 '독립성'부터 법률로 못 박은 재정 적자 상한선에 이르기까지─탓에 선호를 표현할 기회가 생기더라도 유권자는 매우 협소한 범위의 사안만을 논의에 부칠 수 있다.[10]

대부자가 자신의 신뢰를 잃지 않으려 애쓰는 통치자에게 의견을 전달하는 방식은 이와 매우 다르다. 대부자는 국가 채권을 어느 때나 사고팔 수 있기 때문에 유권자와 달리 정치인에게 간헐적으로가 아니라 지속적으로 압력을 행사한다. 여론의 상태를 알려 주는 설문 조사는 차기 선거 캠페인에 활용될 레토릭을 정하기 위해 실시된다. 반면 투자자의 기분은 끊임없는 평가─더 정확히는 예측─의 대상으로, 공공 정책은 예외 없이 이 평가에 보조를 맞출 수밖에 없다. 실제로 시장 일각에서 아주 약간만 회의를 내비쳐도 정부의 대출 역량에 심대한 영향을 미칠 수 있으며, 그리하여 재선을 담보하는 데 필요하다고 여겨지는 자원들을 정치인에게서 앗아 가 버릴 수 있다.

통치란 대개 가장 시급한 리스크를 피하는 것으로 구성되기 때문에 투자자의 바람이라고 여겨지는 것이 늘 유권자의 기대보다 우선시된다. 물론 후자가 완전히 무시당하는 것은 아니지만─특히 주요한 선거 몇 달 전에는─후보들은 신용 공급자를 조금이라도 놀랠 만한 약속은 대체로 삼간다. 따라서 선거 유세 기간에 나오는 공약은 조세 회피나 시장에 대한 규제 완화를 문제 삼기보다는 이민, 복지 프로그램, 공공 사업, 복지 수급 사기 때문에 발생한다고 여겨지는 과다한 비용을 억제하는 데 초점을 맞춘다. 마찬가지로 일자리와 번영을 다시 가져오겠다는 맹세는 일반적으로 교육이나 보건에 대한 공적 투자 같은 수요 부양 조치보다는 공급 측면 인센티브를 통해 달성되는 부의 낙수 효과와 연관된다. 유권자는 자신을 대표하는 정치인에게 외국인의 권리, 공무원의 '특권', 국가가 허락한 실업자의 나태함에 강경한 태도를 취하라고 요구할 수 있다. 그렇지만 투자자 눈에 비친 국가의 매력도를 위협할 수 있는―그리고 바로 그 이유로 2차 시장*에서 국가 채권의 금리를 올릴 수 있는―개혁 조치는 합리적으로 기대할 수 있는 대상이 아니라는 믿음을 강요받는다.

물론 일반적인 기업 경영자나 사업가처럼 정치 지도자도 투자자의 요구에 민감하게 반응할 수밖에 없는 나름의 사정이 있을 것이다. 금융계와 연계된 전직 정치인에게 일시적으로 자리를 보장해 주는 정부와 금융계 사이의 '회전문'은, 주주가 기업 중역에게 보내는 요구 사항과 경고를 장식하는 스톡 옵션만큼이나, '모범 관행'을 확산하는 데 효과적인 것으로 판명되었다.[11] 그렇지만 이런 보상에도 불구하고 정치인이 채권 소유자에게 종속되는 현상은 금융계 내부 서클과의 결탁 때문이기보다는―특히 이런 공모가 공적으로 알려질

* 처음 발행된 증권이나 채권 등이 거래되는 1차 시장과 달리 이미 발행된 주식의 거래가 이루어지는 시장을 뜻한다.

경우 정치인으로서의 인지도에 치명적인 타격을 입을 확률이 점점 더 높아지고 있음을 고려할 때―채권 시장의 지속적인 압력과 투표로 이루어지는 〔정치인에 대한 시민의〕 통제의 '단속적'discrete이고 간헐적인 성격 사이에 존재하는 차이 때문이다.

대부분의 경우 인민의 분노를 문화적으로 낯선 외국인, 구직자 신분을 위장한 복지 수급자, 무책임한 국가 관료에 대한 원한 감정으로 전환시키는 것은 현상 유지에 완벽히 복무한다. 이런 전환으로 극우 대중 선동가들―과도하지만 까닭은 충분히 이해 가능한 〔대중적〕 항의의 대변자로 등극한―이 부분적인 정당성을 확보한 덕분에 주류 정치인이 상스러운 포퓰리스트에 대한 방파제이자 포퓰리스트들이 내건 의제의 '온건한' 집행자로서 자리를 유지할 수 있기 때문이다. 이처럼 대중의 주의를 〔원한 감정 쪽으로〕 돌려 〔극우 포퓰리스트, 주류 정치인, 대중이라는〕 3자 관계를 구성하는 것은 효율적이기는 하나 만병통치약은 아니다. 몇몇 희생양을 지목해도 유권자의 적대감을 진정시키는 데 실패하는 상황이 생길 수 있다. 그렇지만 유권자 대다수가 금융 채권자에게 맞서기로 결의한 후보와 운명을 함께하겠다며 표를 던질 때조차, 자금을 이동시킬 수 있고 그리하여 대출 갱신에 의존하는 국가를 위협할 수 있는 채권자의 권력은 투표함에서 내려지는 심판을 상대적으로 무의미하게 만든다.

지도자는 금융 시장의 명령을 거부하라는 위임을 받고 선출되더라도 얼마 지나지 않아 자신에게 허용된 운신의 폭이 그리 넓지 않다는 사실을 받아들일 수밖에 없게 된다. 전임자가 체결한 부채에서 온전히 벗어날 수도, 자본 유출을 방지할 수도 없는 이 지도자들은 곧 자신이 투자자의 신뢰를 잃으면 종국에는 변화를 약속하며 지지를 얻었던 유권자의 신뢰도 잃게 될까 봐 두려워한다. 이것이야말로 2015년 당시 그리스 총리 알렉시스 치프라스가 사로잡힌 불안의 정체다. 1월에 채권단이 부과한 긴축 프로그램에 저항하라고 당선된 치프라스는 총리 자리에 오른 지 6개월 만에 요란하게 [본인이 표방했던 저항 노선에서] 철수하고 말았다. 심지어 자신이 선거 유세에서 내건 공약들에 대한 인민의 지지가 국민 투표로 확인되었는데도 말이다.[12]

공간의 요새화와 시간의 점유

이론적으로 공공 정책을 뒤흔드는 채권 소유자의 입김을 맞받아치는 두 갈래 길을 떠올려 볼 수 있다. 첫째는 대의 민주주의, 특히 주기적으로 돌아오는 선거에 깃들어 있는 시간성의 효력을 되찾는 것이다. 이 방식은 인민 주권이 가장 견고하게 뿌리내리고 있는 공간과 제도 들을 글로벌 금융 시장이 가하는 지속적인 압력에 맞서서 요새화하는 것이다. 둘째는 안전한 요새를 구축하는 대신 채권자가 장악한 시간을 점유하는 것이다. 이를 위해서는 투자자가 구사하는 끊임없는 괴롭힘의 기술을 모방함으로써 이들이 정부 정책의 우선 순위에 행사하는 영향력에 도전하는 것을 과제로 삼는 전문가들이 필요하다.

첫째 접근의 지지자에게 인민이 대표자에게 위임한 인민 주권을 복원하는 가장 적합한 틀은 국민 국가nation-state다.* 이들이 볼 때 18세기 이래 서구 역사에서 간간이 발발했던 혁명들은 점진적으로 국민을 우리의 운명 공동체로 구축해 왔다. 구성원이 보통 선거권을 활용해 대표를 선출하고, 그리하여 국민 국가가 사회 통합을 보장하고 개인의 자유를 존중하는 역할을 수행하기를 기대하는 그런 공동체 말이다. 이런 기대들이 (세계화에 의해 부분적으로 침식되기는 했지만) 아직 정당성을 상실하지 않았기 때문에 국민 국가를 재구성하자고 주장하는 이들은 인민이 목소리를 낼 더 좋은 영역이 없다고 주장한다.[13]

분명히 인민 주권과 국민 주권의 제휴를 주장하는 좌파들은 우파 국민주의자들과 한패로 묶이지 않으려고 한다. 실제로 이들은 국민주의와의 어떤 친화성도 부인하는 것은 물론이고 자신이 견지하는 입장을 최근 부상하고 있는 국민주의 정서에 대한 최선의 해독제로 내세운다. 외국인을 혐오하는 정치 세력이 점점 더 많은 지지를 획득하는 이유는 자유 무역 협정, 규제받지 않는 금융 시장, 선출되지 않은 초국적 관료제가 국민 주권을 부식시켰기 때문이라면서 말이다. 나아가 이들에 따르면 이민자를 희생양으로 삼는 대중 선동가들의 호소력은 자신이 선출한 정치인에게 보호받지도 못하고 대표되지도 못한다고 느끼는 시민들의 무력감에서 기인한다. 따

✱ 영단어 nation은 '국민'과 '민족' 등으로 경우에 따라 다르게 번역되지만 이 책에서는 대체로 '국민'으로 옮겼다. 포퓰리즘 조류에서 강조하는 national sovereignty(국민 주권)가 국민 국가nation-state를 단위로 삼아 이 국가의 경계를 넘어서는 초국적 차원의 선출되지 않은 권력에 맞서는 구심점이기 때문이다. 또 대표적인 극우 정당인 National Front를 통상 '국민 전선'으로 옮긴다는 점도 감안했다.

라서 이와 대칭을 이루는 방식으로, 외국인 혐오에 기반한 포퓰리즘이 세계화의 희생자들에게 발휘하는 호소력을 억제하려면 국민 국가가 예산과 통화를 통제할 수 있게 해 주었던 도구들, 즉 인민이 자신의 주권을 맡긴 이들에게 통치받고 있다고 느끼게 해 주었던 도구들을 복원해야 한다는 것이 이들의 주장이다.

포드주의 시대의 투쟁과 〔이 투쟁을 통해 이룬 사회적〕 타협의 향수에 젖어 있는―니콜라이 부하린의 표현〔일국 사회주의〕을 빌리면―'일국 민주주의' 주장은 적지 않은 유럽 좌파의 지지를 받고 있다. 특히 그리스 정부가 2015년 7월 협상 테이블에서 유럽 연합 측의 압력에 굴복한 뒤로 그렇다. 그보다 다섯 달 전에 독일 재무부 장관이 그리스 측 협상 파트너에게 일단 조약에 서명하면 "선거로 경제 정책을 바꿀 수는 없다"며 주의를 주었다는 사실은 분명 포스트국민적인 세계 질서하의 민주주의적 전망에 어두운 그림자를 드리우고 있다.[14] 그렇지만 이 일화가 하나의 경고처럼 섬뜩하게 다가오더라도 국민 주권의 회복을 통해 민주주의 제도를 유지하겠다는 생각은 심각한 반론에 직면할 수밖에 없다.

애국주의적 열정은 어떤 상황에서나 변덕스러운 정동이지만 극우가 민주주의적인 레토릭으로 자신의 의제를 장식하는 맥락에서는 더더욱 민주주의의 진전에 도움이 되지 않는다. 유럽과 여타 지역에서 외국인 혐오를 부추기는 이 새로운 부류의 대중 선동가들은 나치나 파시즘 같은 선행 사례의 전철을 밟아 민주주의 제도를 대놓고 무시하기는커녕 자신이 대변하는 문화적으로 동질적인 국민만이 인민 주권이 실현될 수 있는 거처라고 주장한다. 우익 포퓰리스트는 민중

demos에게 적절한 보호와 대표를 되찾아 주기 위해서는 이들이 뿌리내리고 있는 영토를 외국 자본, 상품, 사람의 유입으로부터 차단하고 보호해야 한다고 부르짖는다. 금융과 상업에 대한 보호주의와 이방인에 대한 거부를 구별하려는 입장에 비하면 외국에서 온 모든 것에 대한 이들의 혐오가 겉보기에는 한층 더 일관되기 때문에—적어도 이해하기는 더 쉽기 때문에—자문화 중심적인ethnocultural 국민주의자는 진보적인 경쟁자보다 국경을 요새화하기를 바라는 인민의 희구를 활용하기에 더 유리한 위치에 있다.

물론 국민 주권을 지지하는 좌파는 외국인 혐오 정당들이 이민의 '위험'에 표하는 우려를 들먹이며 애국주의 시장에서 그들에게 맞설 수도 있을 것이다. 심지어 이 좌파는 고용주들이 값싼 외국인 노동력을 활용하는 데 이해 관계가 있고 서구 제국주의가 점점 늘어나는 망명 신청자에게 책임이 있음을 지적함으로써 국경을 더욱 엄격히 통제하자는 자신의 요구를 반자본주의적으로 보이게 할 수도 있다.[15] 하지만 지금까지 이 같은 눈속임은 진보적 도전자의 인기보다는 극우 포퓰리스트의 정당성에 훨씬 더 많은 도움이 된 것으로 드러났다. 이 도전자들은 공포감 조성 전략에 자진해 뛰어들었지만 당연하게도 상당수 좌파 유권자에게 비난을 산 반면, 극우 포퓰리스트들은 착취와 제국주의 전쟁에 대한 비판을 오히려 반기며 이를 자신의 보호주의적이고 고립주의적인 관점에 포함했다.

국민 주권과 초국적 금융의 대립이라는 프레임으로 채권 소유자의 헤게모니에 대한 저항에 접근하는 것은 애초에 윤리적으로 의심스러울 뿐 아니라 정치적인 효과도 분명하지 않다. 국경을 기준으로 금융 흐름을 가로막겠다는 포부를 공허한 선거용 공약이 아니라 자기 진영의 핵심 의제로 삼는 데 성공하는 정치인은 채권 시장에서 배제될 수밖에 없다. 채권 시장은 새로 들어선 정권이 신용 기관과 자본 흐름을 장악하기로 결정하려는 조짐이 보일 때마다 사전 조치를 취할 수 있다. 해당 국가의 장단기 채권에 불리한 방향으로 투기하거나 speculate against 더 근본적으로는 그 국가의 부채를 2차 시장에서 아예 배제해 버리는 식으로 말이다. 이렇게 투자자들은 자신의 대출에 의존하는 인구 집단이 자신에게 우호적이지 않은 대표자를 선출한 용기에 대가를 치르도록 만들 권력을 보유하고 있다.

투자자에게 공격을 받는 정부는 처음에는 유권자—적어도 정부에 권한을 위임한 다수—의 결속을 통해 이득을 볼 수 있을 것이다. 그렇지만 자칭 국민 주권의 옹호자들이 통치하는 인구 집단의 인내심은 얼마 지나지 않아 바닥을 드러낼 것이고, 그러면 이 담지자들은 국민의 저항을 반역으로 간주해 권한을 남용하게 될 가능성이 높다. 이런 식으로 방향을 틀게 되면—그리고 가장 최근에는 베네수엘라에서 그랬던 것처럼 역사는 이런 일이 종종 일어난다는 사실을 말해 준다—처음에는 금융 시장의 협박으로부터 자국의 민주주의 제도를 구제하겠다고 약속하면서 집권한 바로 그 지도자들이 종국에는 민주적인 반대 의견을 자진해 억누르게 된다. 이런 긴급 조치들에 기대는 선출직 정치인은 유동성을 강탈해 가는 채권자로부터 자국을 지키려면 어쩔 수 없다면서 권위주의로의 미끄러짐을 정당화한다. 하지만 어떻게 정당화하든 반대 의견을 탄압하고 시민적 자유를 억압할 공산이 큰 전략은 확

실히 민주주의를 들먹이는 투자자에게 맞서는 데 적합하지
않다.

대의 민주주의가 자신의 속도로 작동하는 힘을 되찾을 수
있는 일종의 안전한 공간을 확보하려 시도하는 대신, 늘 한 발
짝 앞서 나가는 금융의 권력에 도전하는 대안적인 방식은 〔공
직자에 대한〕신용 공급자들의 괴롭힘 기술과 경쟁하는 것이
다. 이 둘째 접근의 관건은 선출직 공직자들이 투자자의 손아
귀에서 벗어날 수 있는 피난처를 확보하는 것이 아니라 금융
시장 특유의 시간성을 점유하는 법을 배우는 것이다. 이 대안
을 실천하는 이들은 인민 주권 영역에서 이루어지는 정치적
행위―선거 캠페인 조직이나 행진 및 시위 계획처럼 불가피
하게 순차적으로 진행되며 정해진 기간에만 수행되는―의
간헐적 성격과 단절하고자 한다.

지속적인 괴롭힘을 목표로 삼는 정치적 액티비즘이 처음
모습을 드러낸 것은 2011년의 거리와 공원 점령 시위였다. 특
히 두드러진 사례는 스페인의 5월 15일 운동과 월스트리트
점령 운동 그리고 월스트리트 점령 운동의 수많은 변종이었
다. 기억해야 할 것은 선출된 정치인과 사기업이 금융 기관의
독재에 종속되어 있다는 사실―그리고 시장이 무너졌을 때
이 종속성이 초래하게 될 비극적인 결과들―을 정확히 겨냥
했다는 점에서 이 운동들이 기업과 정부 권력에 맞선 전통적
인 저항과 달랐다는 것이다. 5월 15일 운동과 월스트리트 점
령 시위에 참여한 이들도 여전히 정치적 대표자들을 걸고넘
어졌다. 그러나 이는 오직 자신들이 정치인―무모하게 사업
을 벌인 은행들을 기소하지 못한 것은 물론이고 이 은행들을
구제하기 위해 국민을 희생시킨―에게 대표되지 못하고 있

다는 느낌을 표현하기 위해서였다. 그렇지만 이와 동시에, 그리고 이들의 운동이 정확히 인민 주권이 위임되는 조건들에 문제를 제기하고자 했기 때문에, 5월 15일 운동과 월스트리트 점령 시위에 참여한 운동가들은 현직 정치인을 끌어내리고 자신을 진정으로 대표하는 참신한 지도자로 교체하더라도 자신이 요구하는 근본적인 변화가 일어날 것이라고는 기대하지 않는다는 견해를 분명하게 밝혔다.

마드리드, 바르셀로나, 뉴욕에서 공적인 공간을 점령하기로 선택한 투사들의 주된 목표는 영토에서 이탈하는 하나의 형식을 확립하는 것, 즉 민주적인 절차로 선출된 정치 지도자가 금융 자본가의 게임에 끌려다니기만 하는 정치체에 분노한 시민들이 탈퇴 의사를 표명할 수 있는 '자유 지대'free zone를 규정하는 것이었다. 앨버트 허시먼의 유명한 표현을 빌리면 5월 15일 운동과 월스트리트 점령 시위의 운동가들은 자신이 '이탈'exit하고 있다며 '항의'voice하려 했다.[16] 하지만 자신만의 고유한 공간을 마련하는 것을 넘어 이 운동가들은 지속되는 하나의 운동movement을, 더 정확히는 의사를 지속적으로 표출할 수 있는 하나의 액티비즘activism을 창안하고자 했다. 주코티 공원에 진을 친 사람들은 월스트리트에 상주하는 적수와 마찬가지로 선출된 대표자가 내리는 결정을 쉴 새 없이 평가하는 권력을 획득하려 했다. 이들의 논리는 이렇게 끊임없는 압력이 없으면 은행들은 자신의 붕괴가 초래할 '시스템 차원의' 파장을 들먹이며 개혁의 대상에서 벗어날 뿐 아니라, 집권한 정치인에게 금융 기관에 대한 구제 금융이 이 제도의 피해자에 대한 보상보다 먼저라는 확신을 주입하게 된다는 것이었다.[17]

거리와 공원 점령자들은 당국의 주의를 붙들어 두고자 노력했지만 결국 정부 정책의 기조를 전환하는 데 실패했다. 금융계의 적수들이 방해받지 않고 순조롭게 괴롭힘 작업을 이어 간 반면, 이 새로운 정치 운동들의 동력은 궂은 날씨, 경찰 진압, 피로, 무엇보다 전업 운동가로 살 수 없다는 불가능성으로 인해 바닥나 버렸다. 그렇지만 금융 기관이 지속적인 액티비즘을 독점하도록 내버려 두지 않겠다는 결의는 5월 15일 운동과 월스트리트 점령 운동의 계승자들이 발전시킨 이니셔티브의 중심으로 남아 있다.

이를 가장 잘 보여 주는 사례는 '모기지론 희생자들의 플랫폼'Plataforma de Afectados por la Hipoteca, PAH이라는 스페인의 퇴거 반대 조직이 벌인 활동, 그중에서도 이 조직 구성원들이 전유한 특정한 괴롭힘 기술이다. 이 기술은 아르헨티나에서 유래했으며 '폭로'를 뜻하는 지역 슬랭인 에스크라체escrache로 불린다. 스페인 부동산 위기가 절정에 이르렀던 2009년 창설한 PAH는 대출 리스크가 상당히 큰데도 그 사실을 숨기고 빚을 지도록 부추긴 바로 그 은행들에 의해 집에서 쫓겨난 충격적일 만큼 많은 사람을 지원하는 것을 목표로 삼았다. '플랫폼'plataforma에 모인 운동가들은 법률 상담과 물질적 부조를 통해 '모기지론 희생자들'afectados por la hipoteca을 지원하는 한편 인도주의 활동 너머까지 활동 반경을 넓혔다. PAH 운동가들은 5월 15일 운동에 함께 참여했던 노동 조합들 및 여타 운동 단위와 연합해 2011년부터 소위 인민 입법 이니셔티브Iniciativa Legislativa Popular, ILP를 기안하기 시작했다. 여기에는 스페인의 퇴거 관련 법률을 개정하고, 이를 바탕으로 모든 임박한 퇴거 조치의 법적 효력 중지를 선언하는 결정을 내리라는 요구가 담겨 있었다. ILP의 핵심 요구 사항은 금융 기관에 저당 잡힌 자산에 대한 압류 이상을 금지하는 '대물 변제' 도입을 의무화하는 것이었다. 미국을 포함한 여타 선진 공업국보다 더욱 가혹한 스페인 법률은 압류한 부동산의 가격이 퇴거 시점에 아직 상환되지 않은 부채 액수보다 적을 경우 은행이 자산 압류를 넘어 추가적인 조치를 취할 수 있도록 허용하고 있었다(그리고 여전히 허용하고 있다).[18]

ILP 청원은 150만 명에 가까운 서명을 받았고 모든 여론 조사에서 스페인 국민 다수의 지지를 받는 것으로 집계되었지만, 2011년 11월 선거로 집권 여당인 인민당Partido Popular, PP이 의회에서 다수 의석을 차지한 뒤 기세가 꺾였다. 처음에 마리아노 라호이가 이끄는 신우파 정권은 ILP가 성공을 거두면서 형성된 여론의 압력을 받아들여 퇴거 관련 법을 최소한으로 개정하기로 동의했지만, 인민당 의원 다수가 표결한 2013년 법안에는 궁극적으로 부채의 완전한 상환을 대물 변제로 대체할 가능성조차 포함되지 않았다. 유럽 사법 재판소와 유럽 인권 재판소 모두 채무 불이행과 퇴거를 규정하는 스페인 법률에 불리한 판결을 내렸음에도 상황은 바뀌지 않았다. 은행 붕괴가 미칠 '시스템 차원의' 파장을 우려한 정부는 고통스러워하는 유권자들을 희생시켜 채무에 허덕이는 은행들의 숨통을 틔워 주었다. PAH 운동가들은 인민당이 금융의 이해 관계에 종속되는 사태를 면밀히 살펴보고는 꽤나 온건한 자신의 개혁 제안에 대중이 보내는 지지로는 정부 관료를 협박하는 금융 기관의 힘을 당해 낼 수 없다는 사실을 깨달았다. 그리하여 ILP를 기획한 운동가들은 자신만의 끈질긴 괴롭힘 기술을 활용해 인민당 소속 의원들에게 잇따른 에스크라체를 감행했다.

에스크라체는 아르헨티나 단체인 이호스HIJOS가 1990년 대 중반에 개발한 전략으로, 목표는 비델라 장군 체제의 부역 자들—특히 '실종자들'los desaparecidos로 알려진 수천 명의 반대 세력을 유괴하고 살해한 죄로 기소당한 관료들—을 사면 하기로 한 카를로스 메넴 대통령의 결정에 이의를 제기하는 것이었다. 이호스 운동가들이 고안한 에스크라체는 두 단계로 구성되었다. 첫째 단계는 사면받은 개인의 주소를 추적해 소규모 운동가 그룹을 집에 파견하는 것이었다. 살인자의 창문 아래서 진행된 둘째 임무는 연설이나 구호, 플래카드, 공중에게 나누어 주는 브로슈어 등을 활용해 사면된 범죄자의 악행을 알리는 것이었다. 운동가들은 표적이 집을 나설 때마다 따라다니면서 물리적 폭력은 일절 가하지 않은 채 그가 저지른 악행을 지치지도 않고 읊어댔다. 독재의 흔적을 지우려는 움직임에 반대해 이호스가 전개한 투쟁에서 결정적이었던 이 스토킹 작전과 지칠 줄 모르고 이어진 '폭로들'outings은 메넴의 실각으로 이어지지는 않았지만 2003년 네스토르 키르치네르가 당선된 이후 실종자들에 대한 진상 조사가 재개되는 데 주되게 기여했다.[19]

스페인에서 거리와 광장을 점거한 운동들이 끝나 갈 무렵에 PAH 운동가들은 에스크라체를 차용해 ILP가 정책으로 채택되지 못하게 막은 인민당 의원과 그들을 주무른 금융 기관을 겨냥했다. 15년 전에 아르헨티나 운동가들이 그랬던 것처럼 PAH는 보수파 의원들의 거주지에 소규모 그룹을 파견해 이들의 움직임을 추적하고 이들이 2008년 이후 스페인에서 매년 발생한 수천 건의 퇴거에 책임이 있음을 최대한 시끄

럽게 상기시켰다. 인민당 의원들에 대한 끈질긴 스토킹에 더해 PAH 운동가들은 여러 은행에서 일련의 연속된 '퍼포먼스'를 조직했다. 이들은 은행 지점에 난입해 춤판을 벌였고, 동행한 가수들도 플라멩코 노래에 맞추어 자신이 침범한 기성 체제establishment의 잘못들을 함께 비난했다.[20]

아르헨티나에서 처음 발전한 에스크라체와 스페인 운동가들이 받아들인 새로운 버전—전자에서는 정부가 군부에, 후자에서는 금융 기관에 종속되어 있음을 폭로한—사이에는 주제와 맥락의 차이만 있는 것이 아니다. 아르헨티나의 경우 운동가들의 개입에서 가장 복잡한 부분은 작전 자체에 선행했다. 즉 사면받은 관료들의 위치를 파악하고 그들이 독재 정권의 범죄에 연루되었음을 증명하는 서류를 정리하는 준비 작업이 단연 이호스의 에스크라체에서 가장 어려운 단계였다. 하지만 스페인에서는 인민당이 ILP를 반대한다는 사실이나 매년 1만 5,000명에 달하는 주민을 퇴거시킬 때 은행이 일익을 담당했다는 사실 모두 잘 알려져 있었다. 따라서 스페인에서 에스크라체를 재연하려 했을 때는 새로이 폭로해야 할 엄청난 사실도, 환기해야 할 기억도 없었다. PAH가 벌인 전투적인 활동의 성패는 오로지 정계와 금융계의 범죄자들을 공공연하게 괴롭힐 수 있느냐에 달려 있었다.

PAH 운동가들은 채권 시장에서 힌트를 얻어 공공 정책을 지속적으로 평가하려 했다. ILP가 누린 대중적 지지에 힘입어 에스크라체는, 거대하지만 단발성에 그칠 수밖에 없는 분노의 표출을 넘어, 부동산 위기를 책임져야 할 기관들을 지원하기 위해 빚을 짊어진 주택 소유자들이 퇴거 대상이 되도록 내버려 둔 정부의 결정에 대한 지속적인 등급 평가rating를 행하는 데까지 발전했다. 잦은 작전으로 적의 신경을 곤두서게 만든 에스크라체 운동 조직가들은 정치적 대표자의 신용 혹은 신용 부족을 결정할 수 있는 채권 소유자의 능력에 대적하고자 했다.

보통 사회 운동은 사람들의 동원을 장기간 유지하기가 어려운 탓에 동력이 소진되는 사태를 맞이하곤 하지만, 에스크라체는 소규모 투사 그룹을 한 번에 몇 시간만 운용하면서 무엇보다 인민당 의원들을 지치게 만들었고 날마다 이들에 대한 불신을 가중시켰다. 실제로 에스크라체는 여당이 ILP 입법을 거부한 후에도, 그리고 거부했음에도 불구하고 계속 '수행'되었다. 궁극적으로 에스크라체를 끝낸 것은 또 다른 법, 즉 2015년 7월 통과되었으며 비판자들은 '함구령'ley mordaza 이라고 부른 시민 보안법이었다. 이 법은 퇴거를 방해하거나 스페인 의회 같은 공공 시설 근처에서 "승인받지 않은 시위"에 참여한 누구에게나 3만에서 60만 유로에 이르는 무거운 벌금을 부과할 수 있게 함으로써 PAH 운동가들이 거둔 성과에 일종의 경의를 표했다.[21]

다소 상이한 맥락에서 미국에서는 월스트리트 점령 운동의 베테랑들이 부채 타파Strike Debt 캠페인을 발족했다. 여기서 두 가지 이니셔티브, 즉 롤링 주빌리Rolling Jubilee, 2012와 부채 콜렉티브Debt Collective, 2014가 나왔다.[22] 부채 타파 운동가들은 고등 교육이라는 공공재에 필요한 돈을 민간 부채에 크게 의존해 마련한 결과로 빚어진 해악들에 맞서 들고 일어났지만, 재정 지원 수급자들에게 시스템의 실체―대학 학위를 받기 위해 빌린 대출을 상환하는 조건에 자신의 존재를 끼워 맞추라고 강요하는―를 알리는 데 그치지 않았다. 이들은

『부채에 맞서는 활동 매뉴얼』출판을 비롯해 내부 고발자로 활약하면서[23] 이에 더해 두 가지 과제에 착수했는데, 하나는 일정 수의 채무 기록을 소각하는 것이었고 다른 하나는 채무 불이행을 정치적 전략으로 전환하기 위해 임계치critical mass에 이르는 규모만큼 채무자를 동원하는 것이었다.

적절한 절차를 거쳐 증권화된, 즉 2차 시장에서 리패키지되고 판매될 수 있는 양도 가능한 채권으로 변환된 학자금 대출은 채무자가 학생 신분을 벗어나더라도 평생 그를 따라다닌다. 이런 일이 흔한 까닭은 엔론이나 리먼 브러더스 같은 기업과 달리 학자금 대출을 받은 개인은 파산을 선언할 수 없기 때문이다. 이와 동시에 상환이 불확실한 대출들을 묶어 놓은 증권—고용 불안 및 이로 인한 대학 졸업장의 가치 하락 때문에 〔상환 가능성이 낮은〕 학자금 대출이 이 범주의 중요한 부분을 차지한다—의 가치는 포트폴리오 소유자들이 의심할수록 하락하는 경향을 보인다. 롤링 주빌리 운동을 시작한 이들은 가격 변동에 촉각을 곤두세우면서 가치가 떨어진 증권들을 사 모으고자 모금을—주로 크라우드 펀딩을 통해—시도했다. 이렇게 획득된 증권들은 대출자를 부채의 부담에서 해방하는 희년jubilee 전통에 따라 상징적인 모닥불 속에서 소각되었다. 롤링 주빌리 운동에 착수한 지 2년이 채 되기 전에 부채 타파 운동은 70만 달러에 달하는 기부금을 모금했고 덕분에 3,200만 달러어치의 부채를 탕감했다.

롤링 주빌리는 2013년 12월 31일에 활동을 종료하고—적어도 활동을 무기한 연기하고—부채 콜렉티브라는 또 다른 이니셔티브로 전환되었다. 커린시언 대학 네트워크Corinthian Colleges Network* 소속인 플로리다주 에베레스트 대학 학생들이 지고 있던 400만 달러어치의 채권을 사들여 소각한 뒤 부채 타파 운동가들은 에베레스트 대학의 고위 관리직이 사기죄로 온갖 소송에 휘말려 있다는 사실을 알게 되었다. 이 대학은 학위 과정을 마치면 일자리를 얻을 수 있다는 따위의 거짓 약속으로 학생을 끌어들였다. 또 학생을 대상으로 한 공적 금융 지원이 한정되어 있다는 사실을 이용해 등록금을 인상하고, 학생들이 대학으로부터 15퍼센트에 달하는 터무니없이 높은 금리로 대출받도록 강요했다. 그런데 법원은 소송들에서 커린시언 대학 네트워크에 파산을 선고했음에도 대학에 사취당한 학생들에게 학자금 대출 상환을 지시했다.[24]

이런 상황에서 부채 타파 운동가들은 채권을 사들여 사기 피해자가 된 학생들의 부담을 덜어 주기보다는 학자금 대출 상환을 집단적으로 거부하는 실질적인 부채 파업debt strike에 학생들이 착수할 수 있도록 지원하기로 결정했다. 처음에 부채 콜렉티브는 에베레스트 대학을 다녔던 학생들이 만나고 교류하는 플랫폼으로 고안되었지만, 학생 부채를 개인적 불행들의 총합에서 정치적 무기로 변환하려 한 것이다. 이 계획의 핵심은 불법적으로 강요된 의무를 따르지 않겠다고 집단적으로 거부하는 학생들의 연대를 활용해 채권자들에게 당신이 소유한 증권의 가치가 하락한 만큼 요구도 줄이라고 설득할 수 있는 강력한 압력 집단을 형성하는 것이었다. 부채 타

✱ 미국과 캐나다에서 운영되었던 영리 대학 법인으로, 학생들을 대상으로 한 사기성 행각으로 논란을 일으켜 2015년에 문을 닫았다. 2022년 7월 미국 교육부는 1995년 개교 이래 폐교하기까지 커린시언 대학 네트워크 소속 대학을 다녔던 학생들의 연방 학자금 대출을 탕감해 주었다.

파 운동은 부채 콜렉티브의 대규모 채무 불이행 위협이 얼마나 강력한지를 국가 당국, 특히 교육부에 체감시켜 이런 부처가 그들 나름의 롤링 주빌리를 운영하게 만드는 것을 궁극적인 목표로 삼았다. 이 목표는 학생에게 과다한 부담을 부당하게 떠넘긴 학자금 부채를 연방 수준에서 탕감하는 방식으로 달성될 수 있을 터였다.

부채 타파 운동의 창립자들은 에베레스트 대학과 커린시언 대학 네트워크에 속한 여타 대학의 사례를 넘어 과거와 현재 학생들의 결집을 촉진하는 것을 과제로 삼았다. 그리고 이 학생들을 채권자의 속박에서 탈출시키기 위해 이들의 수(미국 시민 4,400만 명이 고등 교육을 받기 위해 빚을 졌다)와 총부채(2018년 5월 기준으로 1조 4,800억 달러에 달한)를 활용했다. 부채 타파 운동가들은 채무자가 연합하면 부채 상환에 대한 저항을 하나의 위협으로 전환하는 입지에 올라서게 될 것이며, 이 위협은 '대마불사'의 존재로 묘사되는 금융 기관이 들먹이는 '시스템 차원의 리스크' 못지않게 불온할 것이라고 주장한다.

물론 부채 콜렉티브라는 플랫폼이 지지자를 충분히 규합해 정치적 의사 결정자에게 발휘하는 영향력을 두고 신용 공급자와 겨룰 정도가 되려면 아직 갈 길이 멀다. 마찬가지로 이제까지 롤링 주빌리가 소각한 부채의 양은 학업을 위해 대출에 의존할 수밖에 없었던 4,000만여 명의 삶을 틀 짓고 짓눌러 온 채권의 드넓은 바다에 떨어진 물 한 방울에 지나지 않는다. 그렇지만 부채 타파 운동은 고리의 학자금 대출을 주된 존재 이유로 삼아 온 여러 대학 기관의 범죄 행각을 알리고, 2008년 시장 붕괴를 초래한 서브 프라임 모기지와 금융(학자금) 지원 '버블'의 유사성을 환기하는 데 성공했다. 더욱 중요한 사실도 있다. 채권 소유자들의 거래가 이루어지는 지속적인 투기의 장에 진입하는 데 부채 타파 운동가들이 성공했다는 것이다.

부채 타파 운동은 채무자 학생들의 대규모 채무 불이행이라는 유령을 불러내는 데 만족하지 않고, 몇몇 기관—커린시언 그룹뿐 아니라 ITT 테크, 뉴잉글랜드 예술 연구소New England Institute of Arts에 이르는—에 대항하는 행동에 착수함으로써, 그리고 플랫폼 방문자 수를 운동의 지표로 삼아 그 수가 점점 불어나고 있다는 사실을 홍보함으로써 이 유령에 실체를 부여하려 노력해 왔다. 끊임없이 신용 등급을 평가하는 대출 기관의 방식에서 영감을 얻은 운동가들은 과거와 현재의 학생을 사취한 약탈적 금융 기관에 맞서 학생들의 연합을 동원하고자 할 뿐 아니라 무엇보다도 국가 당국에 끊임없는 압력을 가하려 한다. 금융 지원에 대한 한층 엄격한 규제에 더해 이들은 무상 고등 교육이라는 원칙이 인정받기를 원한다. 이 중 둘째 요구는 교육에 대한 접근권이 공공재에 해당한다는 원칙, 그리고 학자금 대출이 한번 증권화되면 경제 상황 때문에 민간으로 이관될 수 없을지도 모른다는 의심이 불거졌을 때 버블이 터질 가능성에 의해 정당화된다. 무상 고등 교육에 대한 제안이 2016년 민주당 경선 기간에 버니 샌더스의 선거 캠페인에서 핵심적인 역할을 담당했다는 사실—이후 힐러리 클린턴이 당을 장악하고 나서도 비교적 온건한 형태로 민주당 공약에 담길 만큼—은 부채 타파 기획이 촉발한 액티비즘의 파급 효과를 입증해 준다.

포퓰리즘 옹호와 은행 벤치마킹

투자자의 요구로부터 정치적 대표의 영역을 지켜 내고자 하기보다는 금융 시장의 리듬에 맞춰 이 시장의 헤게모니에 도전하려 하는 운동가들은 선거로 뽑은 대표자의 권한을 복원하기보다는 자신이 통치되는 방식에 대응하는 데 주력하는 것으로 보인다. 그렇지만 인민 주권의 표출보다 미셸 푸코가 통치성이라 부른 것의 작용에 우선성을 부여한다고 해서 꼭 선거 정치를 저버리거나 회피할 필요는 없다. 이를 잘 보여 주는 사례가 2009년에 PAH를 공동으로 창립한 아다 콜라우가 2015년 봄 바르셀로나 시장에 당선된 사건이다.[25] 또한 다른 PAH 구성원들은 5월 15일 운동의 정신을 선거 승리라는 의제로 변환하기 위해 2014년 창당한 정당인 포데모스에 합류했다. 미국에서도 비슷한 일이 일어나 월스트리트 점령 운동의 베테랑들이 버니 샌더스의 대선 캠페인에 참여했다. 그렇지만 PAH나 부채 타파 운동가들이 정치인이 되고자 선거에 출마하든 비정부 형태의 정치를 고수하든, 주택 담보 대출 및 학생 부채 액티비즘을 위해 형성된 플랫폼들은 지배자와 피지배자 간의 새로운 관계를 예시적으로 보여 준다. 이 운동가들이 활성화하고자 하는 통치 양식이 무엇인지 파악하려면 2008년 금융 시장 붕괴 이후 잇따랐던 사건들이 어떻게 선진 공업국의 정치 풍경을 바꾸어 놓았는지 돌아볼 필요가 있다.

대침체는 대다수 집권 세력의 입지에 악영향을 끼쳤지만, 특히 중도 좌파 정당에 소속된 정치 세력은 궤멸적인 타격을 입었다. 금융 시장에 대한 규제 완화가 이 위기를 초래했다는 비난이 쏟아졌기 때문에 처음에는 케인스주의에 뿌리를 둔

자유주의 및 사회 민주주의 정치인들이 이득을 챙기기에 유리한 위치에 있는 것처럼 보였다. 하지만 공공 관리라는 신자유주의적 계율을 충실히 따르느라 지난 25년을 허비해 온 이들 대다수는 방향 전환을 추진할 생각이 거의 없었다. 금융 위기 직후 주류 언론에서 전문가들이 이 위기를 대공황에 빗댔을 뿐 아니라 심지어는 투기에 대한 케인스의 비판을 재발견하고 루스벨트의 뉴딜에 찬사를 보냈는데도 말이다.[26]

고삐 풀린 금융 자본주의에 적대적인 분위기가 형성된 와중에도 유리한 고지를 점하지 못한 소위 진보 정치인들은 대중의 분노와 변화의 요구가 한차례 휩쓸고 지나간 후에 선진 공업국 정치 지도자들이 금융 위기를 초래한 자본 축적 체제를 복원하기로 합의했을 때도 처지가 크게 달라지지 않았다. 중도 좌파 정치인들은 조건 없이 금융 기관을 구제해야 할 필요성에 의문을 제기하는 데 실패했을 뿐 아니라—그리고 이제는 긴축 조치를 수반하는 은행 구제 금융 때문에 발생한 손실을 메꾸기로 한 결정을 지지했을 뿐 아니라—라이벌인 중도 우파만큼 확신을 가지고 열정적으로 긴축 재정을 비호할 수도 없었다. 확고한 자기 신념도 잃고 자신의 전통적인 가치를 거스르는 의제를 변호할 열정도 없었기에 명목만 남은 자유주의 및 사회 민주주의 후보들의 정치적 의미는 축소될 수밖에 없었다. 이들은 '구조 개혁'을 지지하는 바람에 핵심 지지층을 잃었고, 보수적인 유권자의 표심을 얻는 방식으로 손실을 만회하지도 못했다. 당연한 말이지만 보수적인 유권자들은 작은 정부와 유연한 노동 시장을 확고하게 부르짖는 정치 세력을 이들을 소심하게 모방하는 세력보다 선호했기 때문이다.

2010년대 초반 이래 가망 없는 내리막길에 접어든 것처럼 보인 중도 좌파 정당들의 쇠퇴는 몇 가지 중요한 차원에서 정치 영역에 영향을 미쳤다. 첫째, 이 정당들이 자신을 전통적인 경쟁자와 구별 짓는 데 실패하면서 후자의 정당성이 강화되었다. 채권 시장이 규정한 매력도의 기준에 맞추어 공공 정책을 조정하는 능력을 보여 준 보수 정당들이 좋건 싫건 '대안이 없다'고 확신하게 된 소위 분별력 있는 모든 유권자에게 유일한 안식처로 여겨진 것이다. 둘째, 유서 깊은 중도 좌파와 중도 우파의 대립, 곧 평등과 연대의 이름으로 착근된 시장을 지지하는 이들과 자유와 효율성의 이름으로 폭주하는 경쟁을 옹호하는 이들의 대립이 퇴조하고 구조를 새롭게 규정하는 또 다른 적대가 부상했다. 국민 정체성의 수호자 대 모든 것을 뿌리 뽑는 세계화의 지지자라는 구도 말이다.[27] 실제로 현재 많은 선진 공업국에서 정치 영역을 양분하고 있는 것은 국민주의적 우익 정당과 신자유주의적 우익 정당이다. 그리고 후자는 점점 더 전자의 외국인 혐오를 모방해 경제 의제에서 잃어버린 대중적 지지를 만회하려 들고 있다.

마지막으로 우익 포퓰리스트가 주류 정치인에 대립하는 유일하게 믿을 만한 반대 세력으로 정립되지 못한 나라들에서 사회 민주주의 정당의 쇠락은 한층 급진적인 좌파 세력이 유의미한 지지자를 확보하거나 되찾을 길을 터 주었다. 기진맥진한 진보 정당에 대한 대안으로 막 등장한 이 대안들은 2011년의 '점령' 운동들에 자극받아 상이한 제도적 형식을 취했다. 일부는 새로운 당을 창당했고, 다른 일부는 기존 정당에 침투해 새로운 목적에 맞추어 그 정당을 개조했다. 또 다른 일부는 각자 특정 쟁점을 중심으로 삼은 사회 운동에 관여하면서 하나의 '시민' 플랫폼에 모여 연합을 형성하기도 했다.[28] 하지만 중도 좌파 조직이 쇠락하면서 생겨난 공간에서 채권 소유자의 헤게모니에 대항해 움트는 중인 이 반대파 진영은 어떤 적수의 전략을 모방할 것인지를 두고 분기하고 있다.

첫째는 아르헨티나 철학자 에르네스토 라클라우가 정교화하고 벨기에 정치 이론가 샹탈 무페가 발전시킨 관점에 기반한 선택지로, 반체제 정서를 전유하려는 우익 포퓰리스트의 시도에 도전하기 위해 좌파의 포퓰리즘적 전환을 촉구한다.[29] 이 입장은 국민주의적인 후보들의 득표가 고질적인 인종주의나 외국인 혐오와는 거의 무관하다는 확신에 근거한다. 이 (라클라우와 무페 등의) 포퓰리즘적 주장에 따르면 출신지와 국경에 집착하는 대중 선동가에게 넘어가는 인민은 단지 자신이 무력해지면서 느낀 분노를 이민자와 소수자에게 투사하고 있을 뿐이다. 자신이 선출했지만 글로벌 금융 세력에 영합하는 정치적 대표자에게 그 분노를 돌리는 대신 말이다. 따라서 좌파 포퓰리스트들은 비록 잘못된 방향을 향할지언정 정당한 이유로 분노한 시민을 경멸하면서 이들의 원한 감정을 부추기는 것이 아니라, 이 적대감을 대중의 불행에 실제로 책임이 있는 지대 수취 금융가에게 대항하는 건전한 봉기로 전환하고자 노력한다.[30]

이런 종류의 포퓰리즘을 수용하자고 촉구하는 정치인과 지식인은 무페가 근래 서구 사회에 영향력을 발휘 중인 "포퓰리즘적 계기"라고 부르는 것을 라이벌인 우파가 명확하게 이해하고 있다고 평가한다.[31] 무페에 따르면 자유 민주주의에 대한 금융 자본주의의 입김이 강해지면서 정치적 토론에 걸린 내기물과 이 토론의 범위가 서로 자신이 투자자를 더 잘 유인할 수 있다고 주장하는 집단들 간의 경쟁으로 축소되어 버렸다. 무페는 민주주의 과정이 이렇게 변질됨에 따라 명백히 임노동자의 처지가 더 불리해졌지만, 사회적 불만의 초점이 전통적으로 좌파의 투지에 불을 붙였던 노동 착취에서 마린 르 펜, 헤이르트 빌더르스, 나이절 패라지, 도널드 트럼프 등의 부류가 지지 기반으로 삼아 온 인민 주권의 억압으로 바뀌었다고 본다. 따라서 무페가 주장하길 좌파는 우선 순위를 조정해 무책임한 엘리트에게서 인민 주권을 탈취해 오는 프로젝트를 우파 포퓰리스트들이 독점하지 못하도록 도전해야 한다.

중도 좌파와 중도 우파가 번갈아 집권하는 탈정치화 시대가 머지않아 끝나리라고 보는 무페는 주류 정치 조직 사이에 널리 퍼진 '대안이 없다'는 합의에 의해 좌절되는 동시에 촉발된 민주적인 요구들을 포착하는 데 성공하는 이들이 미래를 거머쥘 것이라고 공언한다. 무페는 투자자의 지배에 맞서 도래할 저항의 이득을 반동적 대중 선동가들이 독차지하는 것을 막아야 한다고 주장하면서 진보주의자들에게 말하자면 축을 이동시키자고 독려한다. 점차 흐려지고 있는 좌/우 축에 집착하는 대신 '약자들'과 '권력자들'—포데모스의 지도자들은 "카스트"라고, 월스트리트 점령 투사들은 1퍼센트라고 부른—간의 수직적 분할을 더 중시해야 한다는 것이다.

좌우보다 상하의 대립을 앞세우게 되면 중대한 결과들이 뒤따른다. 왜냐하면 '좌파'는 정의상 극우파보다 중도파에 가까운 반면, (정치적 지향은 서로 다르더라도) 처지가 유사한 '약자들' 간의 거리는 이들의 목소리를 박탈하는 기득권층과 이들 전체 간의 거리보다 훨씬 가깝기 때문이다. 약자들의 목소리가 동일한 불만을 토해 내는 것은 아니지만 말이다. 이는 진보적 포퓰리스트들이 우파 포퓰리스트의 선거 승리를 막으려 하면서도 현상 유지의 수호자들〔소위 기득권층을 대표하는 중도파〕과 '반파시즘 동맹'을 맺기를 점점 더 꺼리는 까닭을 설명해 준다. 같은 이유로 진보적 포퓰리스트들은 트럼프 지지자를 '역겨워'하는 이른바 엘리트 계층 유권자보다 외국인 혐오를 퍼뜨리는 국민주의자들을 지지하는 유권자에게 훨씬 더 공감한다. 좌파 포퓰리스트들이 볼 때 후자는 오도된 민주주의자이므로 무시당했다는 이들의 기분을 올바른 방향으로 이끌기만 하면 되는 반면, 전자의 태도에 묻어나는 도덕적 우월감 속에는 현 상태를 지배하고 있는 과두제에 대한 이들의 변치 않는 지지가 숨겨져 있다.

두 종류의 포퓰리즘 운동은 정치적인 대립을 수평축에서 수직축으로 옮긴다는 점에서만 닮은 것이 아니다. 양측 모두 선거 정치 영역을 우선시하기 때문에 좌우파 포퓰리스트들은 신자유주의 엘리트를 자리에서 몰아낼 정도의 헤게모니를 장악할 "하나의 인민을 구성"construct a people—라클라우의 표현—하려 한다. 이와 같은 인민을 구성하려면 정부가 채권자의 요구에 순응하면서 터져 나온 다양한 항의를 결집하고 나아가 이런 불만들을 '우리'와 '그들'을 규정하는 어떤 적대로 응축해야 한다.

처음에는 우익 포퓰리스트들이 국민이라는 구분선을 따라 외국인에 대한 혐오의 정동들을 응축해 구성한 '우리'와 그 진보적 대응물, 즉 차별받는 소수자, 착취당하는 임노동자, 점점 더 정치 체제에서 배제되고 있는 중간 계급이 표명하는 민주적 요구들이 뒤섞이면서 출현할 것이라고 여겨지는 '우리'가 완전히 달라 보인다. 하지만 두 진영이 각각 자신의 인민을 구성하는 방식을 따져 보면 양자의 유사성을 부인하기 어렵다. 왜냐하면 모든 포퓰리즘 운동은 정당성을 결여한 엘리트를 인민의 이름으로 거부하는 데 운동의 성패를 걸 뿐 아니라 자신이 빚어내려 하는 '우리'가 결집할 수 있으려면 이 '우리'의 감정을 표현하고 적수를 지목하며 우선 순위를 표명하는 권위가 믿을 만한 지도자에게 주어져야 한다는 전제를 공유하기 때문이다. 현재 범람하는 반엘리트 물결의 진보적, 반동적 옹호자 모두 권력의 인격화와 이에 수반되는 수직적 조직화를 또 다른 형태의 탈민주화로 간주하기는커녕, 인민의 불만을 대표하는 인간적인 대표자와 금융 자본가의 영향력에 놀아나는 냉혈한 테크노크라트의 대립을 통해 '인민'을 구성하려 한다.

분명 자유주의 제도들은 자본 시장이 인민 주권을 부식하는 것을 막지 못했다. 하지만 좌파의 입장에서 '포퓰리즘적 계기'라는 가설에 기반해 비자유주의적인 전환을 감행하는 것은 위험천만하다.[32] 첫째로 앞서 언급했듯 포퓰리즘적 계기를 시급히 쟁취해야 하고 선거를 통한 국가 권력 쟁취를 우선시해야 한다고 강조하는 좌파 포퓰리스트들은 카리스마적인 리더십과 수직적인 조직화에 다시 정당성을 부여하게 된다. 탈민주화에 맞서는 투사들이 전제적인 권력을 부여받아야 한다는 생각은 효율성이라는 미명하에 정당화되기도 하지만, 논리적으로 미심쩍고 파란만장한 역사—최근 남아메리카 좌파 포퓰리즘이 정실 인사로 얼룩지고 권위주의로 미끄러지면서 다시 반복되고 있는—를 고려할 때 설득력이 없어 보인다.

둘째로 나치 법학자였던 카를 슈미트가 처음 주창한 '우리 대 그들'이라는 레토릭은 반동적 운동의 목표에 더 잘 부합하는 담론 전략이다. 좌우 포퓰리스트 모두 '그들'이 외국 상품과 자본의 자유로운 흐름을 통해 '우리'를 지배하고 있다고 본다. 그렇다면 '아래의 인민'에게 필요한 보호 장치들을 이방인을 포용하는 방향으로 재정비하는 것보다는 사람들의 자유로운 흐름에도 반대하는 것이 주권을 회복하는 더 간편한 방법 아니겠는가. 달리 말하면 '우리, 인민'은 배타적 애국주의를 추가할 때 더 선명해지며, 이는 진보적 포퓰리스트들이 외국인 혐오를 조장하는 라이벌에게서 유권자를 데려오지 못하는 까닭을 부분적으로 설명해 준다.

마지막으로 극우 대중 선동가의 외침에 귀를 기울이는 '약자들'을 놓고 경쟁하는 한 좌파 포퓰리즘 옹호자들은 능동적인 정동과 반동적인 정동의 차이를 간과하거나 더 나쁜 경우에는 고의로 뒤섞어 버리게 된다. 그렇지만 분노와 원한 감정 ressentiment은 적대의 정치antagonistic politics의 정동적 질료다. 원한 감정을 부채질하는 것은 결코 사회적 부정의나 불평등이 아니라, 자격 없는 타자들이 당연히 내 몫이어야 할 것을 향유하고 있다는, 혹은 잘못된 사람들—나와는 다른 이들—이 꼭대기에 있다는 느낌이다. 물론 개개인은 분노의 감정에 의해 [능동적인] 자극을 받는 동시에 [반동적인] 적의에 사로잡힐 수 있다. 그렇지만 능동적인 동기를 반동적인 동기와 구별하는 데 실패하는 정치적 기업가들은 자신이 몰아내고자 하는 반포퓰리즘적 기득권층만큼이나 민주주의 정치체에 해롭다. 특히 이들이 소위 인민 계급의 애국주의를 자신이 '대중과 유리된' 엘리트의 특징이라고 보는 코즈모폴리터니즘과 대립시킬 경우에 그러하다.

물론 긴축에 반대하는 모든 좌파 세력이 사회 민주주의가 퇴조하면서 텅 비어 버린 정치 공간을 점유하기 위해 포퓰리즘적 전환이 필요하다는 데 동의하는 것은 아니다. 이를 잘 보여 주는 사례가 포데모스의 국민적 리더십과 스페인의 여러 지방 정부 수준에서 이 신생 정당과 협력하고 있는 시민 플랫폼들 간의 차이다. 전자는 대부분 라클라우 및 무페와 유사한 관점을 견지하는 학자 출신 정치인으로 이루어져 있으며, 정당성을 결여한 카스트에 대한 거부로 뭉친 인민을 구성해 국가 권력을 차지하려 한다. 반면 후자는 선거에 출마하기 전에 금융 위기가 초래한 몇 가지 결과—PAH 운동가들의 경우에는 퇴거, '마레아'*라는 정당에서 활동한 이들의 경우에는 공중 보건, 교육, 복지 예산 삭감—와 관련된 애드보커시 단체 소속이었던 풀뿌리 운동가들이 주를 이룬다. 최근 선거 정치에 입문한 이 둘째 세력이 금융 자본주의에 대한 경험을 바탕으로 도전하고 또 모방하려는 대상은 반기득권 정서를 능수능란하게 활용하는 우익 포퓰리스트의 능력이 아니라 선출된 공직자를 협박할 수 있는 은행의 역량이다.

라클라우와 무페가 정의한 포퓰리즘적 의제의 지지자들이 자유 민주주의를 무력화하는 금융 기관의 역할을 경시하는 것은 아니다. 그러나 이들에게 글로벌 금융 세력을 저지할 수 있는 방책은 인민에게 위임받은 선출 공직자의 권한이 채

✻ 스페인 갈리시아 지역에서 실시된 2015년 총선을 계기로 만들어진 선거 연합. 스페인어 marea는 '조수', '물결', '대중' 등을 의미한다.

권 소유자의 요구보다 다시 우세해지도록 만드는 것이다. 그러기 위해 이 포퓰리즘의 지지자들은 세계화의 패자로 경험하는 이들이 엘리트에게 갖는 반감을 선거에 나선 후보가 체현해야 하며, 당선된 뒤에는 자신의 대표성을 채권자의 권한에 맞서는 요새로 활용해야 한다고 촉구한다. 반대로 금융 기관에서 실마리를 찾는 운동가들은 진정으로 대표성 있는 지도자를 선출하는 것보다는 선출된 공직자들이 선택을 내릴 때 감수해야 하는 리스크를 평가하는 방식을 수정하는 데 주력한다. 피투자자 정치를 실행하는 이들은 약자층에 대한 극우의 호소력이 아니라 정부 기관의 신용도에 영향을 미치는 유동성 공급자의 능력을 부러워한다.

진보적 포퓰리스트들은 정부 기관을 압박하는 것은 사회 운동의 역할이며, 자신의 접근법이 선거에서 승리하는 데 진력하는 정당의 목적에 유일하게 부합한다고 주장한다. 그렇지만 스페인에서 정부와 연계되지 않은 일부 운동가가 밟아온 궤적은 신용과 불신이 할당되는 영역에 주의를 기울이는 것이 선거에 출마하는 것—그리고 당선되는 것—과 충분히 양립할 수 있음을 보여 준다.[33] 2015년 스페인 지방 선거를 통해 다수의 대도시에서 집권하는 데 성공한 시민 플랫폼들을 여타 진보적 포퓰리즘 운동과 구별해 주는 것은 통치 기술에 대한 이들의 비전이다.

좌파 포퓰리즘이 선출된 지도자에게 그 자리에서 가용한 권력을 활용해 글로벌 채권 시장의 명령으로부터 그가 대표하는 인민을 보호해야 한다고 촉구한다면, 바르셀로나와 마드리드, 라 코루냐의 시정을 운영하는 집단이 옹호하는 통치 양식은 퇴거에 직면한 주택 소유자, 환자, 학생, 환경주의자 혹은 불안정 노동자 등 시민 사회에서 유래하는 대안적인 압력 집단을 양성하는 것을 주된 과제로 설정한다. 시민 플랫폼들이 목표로 삼는 것은 이 집단들의 힘을 키워empower 협박을 일삼는 대부자의 권력과 경쟁할 수 있도록 지원하고, 이로써 자신이 공직자로서 채권자와 운동가의 상충하는 요구를 중재하기 위한 조건을 바꿔 나가는 것이다. 그러므로 이런 접근에 따르면 통치란 금융 기관의 특수 이익으로부터 인민을 수호하는 것보다는 대안적인 특수 이익의 힘을 키워 금융 기관의 영향력을 제한하는 것에 가깝다. 이는 인민 주권의 이름으로 위임된 권한을 이용해 신용 공급자에게 저항하는 것이 아니라, 신용 공급자와 경쟁하는 압력 집단에 대한 선출직 공직자의 책임성을 높임으로써 신용의 장 자체를 재구조화하는 것이다.

채무자 벗어나기와 채권자 따라 하기

G7 회원국들이 은행 구제 금융 비용을 긴축으로 감당하자고 합의한 2010년 이래 부채라는 쟁점이 동시대 자본주의에 대한 비판의 핵심에 위치하게 되었다. 일부 새로운 사회 운동이 민간 부채—주택 담보 대출과 학자금 대출 등—가 초래하는 파괴적인 결과에 주목한 반면, 국가 부채의 '추악한'odious 면모를 드러내기 위해 감사를 청구한 운동도 있었다. 공공 부채는 이 채무를 이행하는 데 필요한 부담금 때문에 시민의 사회권이 침해당하는 경우—이는 국제 공법에 따를 때 채무 탕감을 요구할 수 있는 유효한 근거다—에 추악하다고 간주된다.[34] 두 유형의 액티비즘을 모두 참조하는 데이비드 그레이

버, 앤드루 로스, 마우리치오 라차라토 같은 급진적 지식인은 최근 금융 자본주의가 두드러지는 강세를 보이는 만큼 공격의 초점*이 노동 갈등에서 채권자와 채무자의 관계로 전환되어야 한다고 주장한다.[35]

노동이 아니라 부채를 자본 축적의 주된 연료로 간주하는 사회 비평가들은 일부 차이는 있지만 공통적으로 이윤 추출보다 지대가 우위를 점하게 되었다고 생각하며, 임노동 계급을 달래기 위해 전후 자유 민주주의가 활용했던 정치적 기술이 고갈된 것이 이 상황의 원인이라고 본다. 이 비평가들이 볼 때 1970년대 중반까지 선진 공업국들은 완전 고용을 추구하고, 정기적인 임금 인상을 보증하며, 상대적으로 양호한 복지 혜택(건강 보험, 연금, 실업 보험 등을 포괄하는)을 제공하고, 노동자의 자녀가 고등 교육에 접근할 수 있게 함으로써 불만을 관리했다. 하지만 이렇게 임노동자를 선택적으로 포섭하는 방식은 여성, 그 전까지 하부 프롤레타리아트subproletariat에 머물러 있었던 소수자, 과거 식민지였다가 최근에 독립한 나라에서 건너온 이민자 등이 존 케네스 갤브레이스가 말한 "풍요로운 사회"가 약속한 기회 중 자신의 정당한 몫을 요구하고 나섰을 때 한계에 봉착했다.

얼마 지나지 않아 자본 소유자들은 점점 늘어나는 사회적 긴장 완화 비용을 감당하라는 제안을 용납할 수 없게 되었다. 용납했다가는 이윤이 반토막 날 것이고, 그렇게 되면 생산 수단이 점진적으로 사회화될 것이었기 때문이다. 따라서 투자

＊　프랑스어판에서 이 구절은 "사회 문제la question sociale 분석의 중심"이라고 서술되어 있다.

자들은 변동 환율제 시행, (1973년과 1979년의 석유 파동에 대한 대응이었던) 유가 자유화, 나아가 파생 금융 상품 개발 등 일련의 변화가 진행되면서 손에 들어온 카드들을 활용해 각국 정부에 기조를 변경할 때가 되었다는 사실을 납득시키고자 했다.

레이건과 대처의 보수 혁명을 필두로 각국 정부는 신자유주의적 각본에 따라 새로운 우선 순위를 설정했다. 인플레이션과 씨름하는 것이 완전 고용을 유지하는 것보다 우선시되었고, 물가 안정을 중시한 결과로 발생한 디플레이션을 막는 수단으로 케인스주의적 수요 자극이 아니라 공급 측면 인센티브가 활용되었다. 앞서 살펴본 것처럼 이 새로운 목표들을 추구한 대가는 임금의 끝없는 정체와 사회 복지의 축소였고 이는 전후 사회 협약의 퇴조로 이어졌다. 힘이 커진 자본 소유자들을 달래고자 고안한 정책이 임노동 계급의 불만을 위험 수위까지 높일까 봐 여전히 걱정하던 선진 공업국 지도자들은 공공 부채와 민간 부채를 모두 활용해 새로운 타협을—볼프강 슈트렉의 표현을 빌리면 최소한 시간을 벌buying time 새로운 방식을—모색했다. 즉 이들은 세금을 올리거나 화폐를 발행하는 대신 공공 서비스를 제공하는 기능을 수행하는 데 필요한 자원을 빌렸고, '신용의 민주화'라는 명목하에 시민에게도 동일한 행동을 장려했다. 그리하여 부채가 새로운 사회 협약의 성장 동력이자 긴장을 완화하는 주된 장치가 되었다. 민간 대출—내구재 구매를 위해서든 대학 교육을 위해서든—에 대한 접근성 증대는 포드주의 시기의 직업 전망과 사회 보장 혜택에 비하면 분명히 불안을 유발하는 조치였지만, 그래도 계급 간의 이해 관계를 조정하는 데 대단히 효과적인 것으로 드러났다. 이 조치가 채무자들에게 자신의 운명이 이제 채권 시장의 변동과 긴밀히 연동되어 있다고 학습시켰기 때문이다.

부채 상환 능력에 대한 평판을 얻고 유지하는 데 필요한 희생을 치르기로 동의한 가구들은 자신의 계획을 대부자의 선호에 맞추어야 한다. 그렇지만 자립이라는 신자유주의적인 이상에도 불구하고 대출자들—개별 시민이든 정부든—은 곧 자신에게 기대되는 가치의 목록에 금융적 독립성의 추구가 빠져 있다는 것을 깨달았다. 필요한 돈을 스스로 조달할 전망을 일자리 시장이 마련해 주지 못하는 환경에서 채권자의 기대에 맞추어 살아간다는 것은 부채를 완전히 상환하려고 노력하기보다는 채권자들과 동행해야 한다는 것을 의미한다. 좋은 평판을 얻기 위해 대출자들은 채무의 굴레에서 벗어나고자 애쓰는 것이 아니라 향후 새로운 대출을 신청하는 데 도움이 되는 모종의 신뢰를 확보해야 한다. 그레이버, 로스, 라차라토 등이 현재 금융 자본주의의 헤게모니로 인해 임노동자의 조건이 점차 채무자의 조건으로 대체되고 있다고 주장하는 것도 이 때문이다. 이러한 전환은 대출 덕분에 획득한 자산(대학 학위나 주택 등)과 채권자의 신뢰를 유지하기 위해 필요한 품행(특히 다른 어떤 지출보다도 부채 상환을 우선시하는 태도)에 채권자들이 부여하는 가치가, 쪼그라든 정부가 제공하는 복지 혜택 및 불안정한 일자리를 통해 버는 임금을 합친 것보다 궁핍이라는 리스크를 방지하는 데 결정적인 역할을 하게 될 때 발생한다.

많은 사람이 신용을 활용할 수 있게 만든 조치는 소비자 다수의 구매력을 유지하면서도 채권자들이 소지한 포트폴리오의 가치 상승을 추구할 수 있다는 전제하에 윈윈 전략으로 여겨졌다. 그렇지만 금융 서비스의 소위 '민주화'는 결국 이전의 케인스주의적 사회 협약과 마찬가지로 그레이버가 정확히 "포함의 위기"crisis of inclusion라 부른 것에서 벗어나지 못했다.[36] 금융 기관과 정부—상환 능력이 가장 미약한 인구 집단까지 부채의 거미줄에 옭아매되 이에 수반되는 리스크는 은폐하라는 금융 기관의 요구를 따른—가 갖은 노력을 기울였음에도 서브 프라임 채권 시장의 붕괴는 이 새로운 사회 협약이 처음부터 벗어날 수 없었던 조건이 무엇인지 드러냈다. 대출자들에게 약속된 바(신용 대출을 받아 '중간 계급'의 라이프 스타일을 돈으로 살 가능성)의 실현과 대부자들이 당연시하게 된 수익이 절대로 양립할 수 없다는 조건 말이다.

2008년의 금융 위기가 로스와 라차라토가 각각 "부채의 지배"creditocracy와 "부채에 의한 통치"governing by debt라 부른 체제에 치명적인 손상을 가하지 못했다는 사실은 국가 당국이 이 체제를 온전히 지켜 내는 데 얼마나 집착했는지 잘 보여 준다. 무가치한 자산을 잔뜩 짊어진 금융 기관들과 명백히 불법적인 조건하에서 체결된 채무를 이행할 수 없는 가계들 간의 관계를 중재하라는 요구가 들어오자 정부들은 너나없이 전자의 탐욕을 규탄하고 후자에 공감을 표했다. 그렇지만 정부들이 실제로 우선시한 것은 은행과 여타 신용 공급자를 구제하고 이를 위해 채무자 가계의 자산을 압류할 권한을 이들에게 쥐여 주는 일이었다.

국가 당국이 대출자가 아니라 저당권자를 구하기로 결정한 까닭을 이해하려면 당국이 범죄를 저지른 채권자와 사기당한 채무자를 택할 때 각각 감수해야 할 리스크를 저울질한 과정을 살펴보면 될 것이다. 국가 당국의 추론은 다음과 같았다. 대마불사의 존재인 은행들의 파산은 시스템 전체에 심각한 파장을 불러일으키겠지만, 대출자들은 너무 기진맥진한 나머지 자신을 희생시켜 은행을 구제하더라도 이 부정의에 맞서 들고 일어날 여력이 없다는 것이다. 그런데 부채를 동시대 자본주의의 핵심으로 이해하는 연구자들에게 정부가 이 특수한 국면에 택한 길은 단순히 예외적 상황의 산물이 아니었다. 이는 정부가 하는 일이 무엇이 되었는지를 드러낸 선택이었다. 포드주의 시대에 선출직 공직자는 적정 수준의 임금을 보장받으려면 성실히 일하는 노동자뿐 아니라 이들을 고용할 정도로 이윤율이 높은 회사가 필요하다는 점을 [노동자에게] 설득해야 했다. 이와 대조적으로 오늘날 통치의 핵심은 대출 기한을 갱신하려면 채무를 상환할 수 있도록 평판을 관리해야 할 뿐 아니라 채권자들이 파산하도록 놔두어선 절대로 안 된다는 점을 대출자에게 강조하는 것이 되었다.[37]

임노동에서 부채로 전선이 이동했다고 주장하는 운동가와 사회 비평가 들은 부채가 단순히 자본 축적의 새로운 계기나 지배적인 규율 메커니즘이 아니라고 지적한다. 이들은 채권자의 강세가 자본주의적인 약탈에 저항하는 방식에도 영향을 미친다는 데 동의하면서 채무자들에게 과거의 조직된 노동자를 모방하라고 요청한다. 즉 '채무자'가 자신들의 공통적인 조건을 가리키는 이름이라는 것을 깨닫고, 그런 다음 새롭게 발견한 이 집합적인 의식과 연대를 활용해 신용 공급자에 대한 종속을 정당화하는 규범들을 폭로하고 거부하라는 것이다.

더 구체적으로 말해 이들은 채무자를 사회적으로 일관되

고 정치적으로 의식화된 계급으로 구성하려면 민간 대부자의 고리대금업 관행에 대한 투쟁 및 일부 정부 부채의 추악한 성격을 드러내는 시민의 감사가 병행되어야 한다고 본다. 이 운동들은 채권자 쪽으로 기운 운동장—가령 빚을 갚지 못하게 된 은행은 납세자의 돈으로 구제 금융을 받지만 개인 대출자는 대출 관행 때문에 사기를 당했더라도 파산을 신청하지 못한다는 사실—을 드러냄으로써 채무자의 계급 의식을 생성하는 데 기여할 수 있다. 채무자는 대출자와 대부자에게 적용되는 불평등한 잣대를 찬찬히 살펴보면서 자신들이 공유하는 조건과 연대를 통해 발휘할 수 있는 힘을 인식하게 된다. 과거 혁명적 생디칼리슴이 총파업의 공포를 산업 자본가 및 이들의 이익을 수호한 정부에 각인하려 했듯, 집합적으로 채무를 이행하지 않겠다고 위협하는 것만으로도 채권 시장에 신세 지고 있는 공직자 및 금융 기관에 무시무시한 압력을 가할 가능성이 생긴다.[38]

그렇지만 그레이버, 로스, 라차라토에 따를 때 대출자들은 채무가 곧 도덕적 실패라는, 내면에 너무나 팽배해 있는 의심을 극복하지 않는 한 채무 상태를 무기로 전환할 수 없을 것이다. 『부채, 첫 5,000년의 역사』, 『크레디토크라시』, 『부채 통치』를 쓴 이 저자들은 서브 프라임 시장 붕괴 같은 파멸적인 사태 이후에도 금융 자본주의의 지배가 유지될 수 있는 것이 궁극적으로 채무자의 죄책감—슐트Schuld라는 단어에 잘못, 죄책감, 부채라는 의미가 모두 담긴 독일어에서 잘 드러나는 정신적 구성물psychic formation—때문이라고 믿는다. 이 개념에는 도덕화된 함의들이 짙게 배어 있다. 투자자들이 부채를 무언가를 위한 수단으로 활용할 때만 빼면 말이다. 빌리는 행위가 인격적 결함을 연상시키는 한 빌려준 이의 기대를 충족하는 것은 계속 윤리적 명령이자 구원에 이르는 여정의 일환으로 여겨질 것이다. 따라서 채무자의 해방은 이런 연상의 오류를 폭로하는 데 달려 있다. 마르크스의 경우 노동자들이 자신에 대한 착취가 자신을 노동력의 자유로운 소유자로 간주하면서 성립한다는 사실을 스스로 인식할 필요가 있었던 것처럼 말이다.

그레이버는 대출자들이 금융 시장이 정한 평가 기준으로부터 자유로운 사회성sociality을 구상하기 위해서는 지대 추구적인 채권자와 계약한 대출과 준수해야 한다고 느끼는 책무commitment들—애정, 충실함, 시민성, 심지어는 까닭을 알 수 없는 무언가에 근거하고 있는—을 구분하는 법을 배워야 한다고 주장한다. 유사한 맥락에서 로스는 금융의 헤게모니에 맞서 일어나는 사회 운동의 호소력은 다음과 같은 확신을 확산시킬 역량에 달려 있다고 단언한다. 일상적으로 사람들 사이에서 유대를 창조하는 상호 의무는 전문 대부자 마음대로 계산하고 상환되어야 하는 부채 관계와 다르다는 확신 말이다.[39]

이어 그레이버와 로스는 자신들이 적극 개입했던 월스트리트 점령 운동의 주된 성과 하나가 동료 운동가로서 서로에게 지는 책무와 불충분한 소득의 벌충, 주택 구매, 학업 등을 위해 져야만 했던 부채 상환 의무가 다르다는 점을 참여자들에게 일깨워 준 것이라고 논한다. 이들이 볼 때 주코티 공원의 캠프와 여타 수많은 유사 사례는 전체 인구의 1퍼센트도 안 되는 사람이 수혜를 입는 금융 시스템을 비난하는 데만 몰두하는 토론장이 아니었다. 이 장소들은 이자 낳는 대출의 메커니즘과 상충하며 따라서 이 메커니즘을 폐기하고자 하는 협동과 공유의 방식을 실험하는 장이기도 했다.

그레이버, 로스, 라차라토는 비판의 초점을―노동자에게 그들 자신이 착취당하는 조건을 재생산하도록 강제하는 소외에서 채무자에게 부채 상환 능력을 유지하라고 종용하는 죄의식으로―이동시킴으로써 하나의 자본 축적 양식을 해명하고 있다. 이것은 대부자의 지대 수취가 고용주의 이윤 추출보다 우위를 점하는 양식이다. 나아가 이 저자들은 계산 가능한 부채와 진정한 호혜성의 이율 배반을 강조함으로써 노동운동의 공산주의적 이상을 저버리지 않고 금융화된 자본주의와 단절할 전망을 그려 나간다. 하지만 이들의 접근은 두 가지 점에서 재고할 필요가 있다. 하나는 채권 시장이 빚은 권력 관계를 채권자에 대한 채무자의 직접적인 종속으로 표상할 때 무엇을 새롭게 발견할 수 있느냐는 쟁점이다. 다른 하나는 전적으로 부채 거부에 의존하는 운동 전략이 적절하느냐는 쟁점이다.

부채를 대출자에 대한 대부자의 우위라는 렌즈로만 분석하면 신용 공급자, 거래 가능한 장단기 채권을 발행함으로써 예산의 막대한 부분을 마련하는 선출된 공직자, 채권 소유자에게 재정적으로 매력적인 상태를 유지하기 위한 정부의 시도 때문에 채무가 늘어나기만 하는 평범한 시민이라는 3자 관계의 복잡성을 놓치게 된다. 우선 우리는 2011년의 '점령들' 기간에 파산 위험에 처한 두 행위자를 차별 대우한 정부를 향해 터져 나왔던 분노를 떠올려 볼 수 있다. 정부는 시장에서 통용되지 않는 금융 기관들의 증권을 사들이면서 나머지 '99퍼센트'에 해당하는 시민 개개인의 채무는 면제해 주기를 거부했다. 달리 말해 2008년 위기는 채무자들이 받는 차등적인 대우를 드러냈다. 이는 물론 그레이버와 로스가 마땅히 짚고 넘어간 논점이기도 하다. 각국 정부는 유동성이 바닥난 일부 대출자가 채무를 이행하지 않으면 세계 경제가 위험에 빠진다는 구실로 이들을 구제했지만, 다른 이들은 부채를 갚지 않는 것이 법으로 금지되었을 뿐 아니라 부도덕하다는 이유로 이런 특권을 누리지 못했다.

선출된 대표자들은 금융 시스템의 실패가 드러낸 위험 앞에서 소위 시스템 전체에 영향을 미치는 은행들을 살려야 한다는 결론에 이르렀고 결국 대출자와 대부자의 역할을 맞바꾸었다. 즉 세금을 납부하는 고객들이 '시스템 차원에서' 파산한 채무자들의 신용 공급자가 된 것이다. 이는 정부가 이 구제 작전의 비용을 충당하기 위해 긴축 조치를 활용한 결과 시민이 최종적으로 의지할 수 있는 대부자가 되어 버렸기 때문이다. 처음에 공직자들은 정부의 적자 폭을 늘려 빈사 지경에 처한 금융 기관들의 대차대조표를 정리해 주려 했다. 그런데 구제 금융을 받고 살아나자마자 이 기관들은 자신을 구해 준 정부의 회계 상태에 우려를 표했다. 각국 정부는 자국 채권 소유자들의 신용을 잃지 않기 위해 시민에게서 자원을 끌어왔고, 그 과정에서 복지 프로그램과 공공 서비스에 할당된 금액이 현저히 줄어들었다. 재정 건전화를 투자자의 신뢰를 확보하기 위한 영구적인 조건으로 만듦으로써 정부는 시민에게 은행 시스템 복구에 들어간 비용을 떠넘겼을 뿐 아니라 미래에 또 생길지 모를 재원 조달의 제3자 보증인이라는 지위도 부여했다.

대서양 양안에서 부동산 거품이 폭발한 2008년 여름부터 캐나다의 소도시 이칼루이트에서 G7 회원국이 회동해 긴축 기조로 전환하기로 결정한 2010년 겨울까지의 기간에[40] 결정적인 순간에는 대부자와 대출자의 권력 관계가 일시적으로 역전될 수 있음이 드러났다. '대마불사'의 존재로 여겨졌던 채무자들이 그 모든 공적 지원을 요구하고 받아 내는 동안 정부 기관은 그 부담을 궁극적으로 가계에 떠넘겼기 때문이다. 적자를 제한하는 방침 때문에 발생한 충격을 감내하게 된 이 가계들은 자신이 선출한 정치인들이 어려움에 처한 은행에 빌려주었지만 돌려받지는 못할 대출의 보증인 역할을 맡았다. 물론 개별 시민이 원래 상태를 복원하기 위해 최종적으로 의지할 수 있는 대부자로 동원된 시간은 짧았다. 얼마 후 구제 금융을 받고 살아난 금융 기관들이 사업을 재개할 정도로 자신감을 되찾자마자 이 국면이 끝나 버렸기 때문이다.

다시 은행 문을 연 대부자들은 고객이 줄지어 대기하고 있음을 발견했다. 정부 부채를 정리하기 위해 개별 시민에게 희생이 강요되었기 때문에 임노동자와 사회 복지 수급자 들은 자신의 희생으로 막 되살아난 바로 그 기관에서 새로운 대출을 받아야 하는 처지에 내몰렸다. 다시 말해 금융 위기가 '해결'되자마자 채권자와 채무자는 '정상적인' 관계로 되돌아갔다. 그렇지만 짧은 기간 이어졌던 이 사건은 신용이라는 개념에 내재하는 권력의 양가성을 증언한다. 상황에 따라 신용은 채권자의 특권, 즉 돈을 댈 가치가 있는 프로젝트를 선별할 재량을 나타내기도 하고 다른 지원자를 제치고 재정 지원을 끌어오는 데 성공한 특정 채무자의 매력도를 나타내기도 한다.

맹렬했던 대침체 이후에도 금융 자본의 헤게모니가 큰 갈등 없이 복원되자 채권 시장이 부과한 3자 관계는 또 다른 국면에 접어들었다. 2010년 가을에 대부자들은 조심스럽게나마 가까운 미래를 낙관적으로 전망할 수 있었다. 자신들이 구제 금융을 받았을 뿐 아니라, 이 비용을 충당하느라 [정부의] 재정 적자가 불어나는 바람에 민간 금융 기관에 엄격한 규제를 부과하는 것보다 공공 금융에 대한 채권 시장의 우려를 불식시키는 것이 새로운 풍조가 되었기 때문이다. 정부 부채, 특히 남유럽 나라들의 부채에 투기하는 방식으로 공격을 퍼부으면서 고무된 신용 공급자들은 긴축에 대한 메시지를 보내 자신의 우위를 확고히 할 시점이 왔다고 판단했다. 그 메시지의 내용은 공직자들이 처음에 제안했던 것과 달리 긴축이 예외적인 상황 때문에 불가피하게 시행하는 일시적인 방책이 아니라 공공 정책에 대한 영속적인 접근으로 간주되어야 한다는 것이었다.

투기자를 저지하는 데 필사적이었던 각국 지도자는 그 뒤 '일시적인 노력들'에 대해서는 재빨리 입을 닫아 버렸다. 금융 시스템의 붕괴를 피하기 위해 기울였던 노력이든 국가 기관의 도산을 막기 위해 시민에게 요구했던 노력이든 말이다. 이 지도자들은 긴축을 눈앞에 닥친 위험에 의해 정당화되는 단기 비상 조치로 제안하는 대신, IMF와 OECD, 유럽 연합 집행 위원회 같은 국제 기구 내부에서 정교화된 전문 지식을 근거로 들먹이며 부채 건전화를 항상 최우선시하지 못하는 정부는 사실상 미래 세대의 복리를 위험에 빠뜨리는 것이나 마찬가지라고 주장했다.

사회학자 뱅자맹 르무안에 따르면 2010년 이후에 선출된 대표자들은 오늘날 시민들의 과도한 사회적 요구—그 요구들을 충족하면 재정 정책의 해이가 초래될 것이라는 점에서 과도한―가 자녀 세대를, 그게 아니라면 손주 세대를 끔찍한 운명에 몰아넣을 것이라고 강조하는 전문가들의 말을 앵무새처럼 반복해 왔다.[41] 이 주장에 따를 때 현재의 국가 재정 투입을 '구조적으로' 줄여 나가지 않으면 연금과 실업 수당, 건강 보험, 심지어 교육에 쓰이는 예산의 규모를 유지할 수 없을 것이다. 그리고 기대 수명과 교육 기간이 길어진 탓에 비경제활동 국민의 비율이 계속 증가하고 있는 선진 공업국들은 더더욱 그러할 것이다. 달리 말해 미래의 정부들은 자신이 받아들게 될 계산서 때문에 국민에 대한 책임을 다할 수 없게 될 것이며, 부채 규모가 눈덩이처럼 불어나 자신이 통치하는 영토에 민간 투자를 유치할 수도 없을 것이다.

물론 엄격한 재정 운용을 지지하는 진영에서 자신의 입장을 뒷받침하고자 미래 세대에 대한 염려를 환기하는 것이 딱히 새롭지는 않다. 소위 이런 '상식'이 검증된 적은 없지만 훌륭한 정부라면 자녀에게 결코 빚을 대물림하지 않는 가부장을 본받아야 한다는 주장은 균형 재정 추구를 정당화하는 가장 전통적인 방식이다. 그렇지만 르무안이 강조하듯 최근 강경한 재정 운용 방침을 옹호하는 이들은 사회 복지에 투입되는 자원을 국가 부채의 한 형태로 본다는 점에서 다르다. 긴축 기조를 영구적으로 유지하고자 하는 이들은 현재의 재정 적자가 미래의 시민이 사용할 자원에 미칠 영향을 경고하는 것으로도 모자라 연금, 건강 보험, 공공 교육에 들어가는 예산을 국채로 인한 대출과 함께 국가의 '부채 부담'에 포함해야 한다고 주장한다.[42]

복지국가의 혜택을 부채로 재분류하자는 주장의 원래 의도는 오늘날 선출된 정치인이 유권자에게 내거는 약속을 극적으로 줄이지 않으면 다음 세대 시민에게 필요한 자원을 후임자에게서 빼앗아 올 수밖에 없다고 강조하는 것이다. 따라서 공직자들이 통치 대상인 국민에게 빚진 것과 채권 소유자에게 상환해야 하는 것을 뒤섞는 논변은 정부의 덩치가 위험할 정도로 커져 버렸다는 생각을 여론에 각인하는 것을 목표로 한다.

그렇지만 영구적 긴축의 지지자들은 투표하는 납세자와 이들이 선출한 지도자 사이의 사회 계약에서 비롯하는 책무를 후자가 대출 기관과 계약을 맺으면서 지게 된 의무와 등치시킴으로써 공직자들이 상이한 두 유형의 채권자에게 책임을 진다는 메시지도 전달한다. 그 결과 시민과 채권 소유자의 요구를 뒤섞는 논변이 현 상태의 공공 지출 수준이 유지될 경우 닥칠 파국적 미래에 대한 불안을 유발하고자 고안된 반면, 국가의 '사회적 부채'와 금융적 부채가 같은 본성을 지닌다는 주장은 어느 부채가 우선시되어야 하느냐는 질문을 낳는다. 달리 말해 유권자를 채권자로 표상한다고 해서 국가 재정의 지속 가능성을 담보하기 위해 공공 사업을 민영화하고 사회 복지 프로그램을 대대적으로 감축하자는 논리에 힘이 실리는 것은 아니다. 오히려 유권자의 기대가 대부자의 기대만큼이나 정당성을 부여받게 된다.

각국 정부는 자신이 대표하는 인구 집단의 요구를 자신에게 자원의 많은 부분을 빌려준 기관의 이해 관계에 거의 늘 종속시켜 왔지만, 금융 자본주의의 최근 역사는 정부가 이 양자와 맺는 관계가 결코 간단하지 않다는 사실을 보여 준다. 국가 당국은 때로 개별 시민이 빚을 지도록 부추기거나 상환 의무를 불이행하지 못하도록 금지함으로써 채권자의 요구를 대변한다. 때로는 연대 보증인이 되어 금융 시스템을 재건하는 데 들어가는 비용을 분담해야 한다고 유권자에게 요구함으로써 기관 대부자들을 파산 직전 상태에서 구해 준다. 또 때로는 사회적 권리의 주체와 국가 채권 소유자 모두에게 책무를 다하는 것이 지속 가능하지 않다고 언급함으로써—보통 미래 세대의 안녕이라는 명목하에—전자의 복리를 희생시켜 후자의 신뢰를 유지해야 한다고 주장한다.

채무 불이행에서 혁명에 대한 희망을 찾는 저자들은 채무자에게 새로운 대출을 짊어져야 하는 대출자, 파산한 투기자에 대한 새로운 대출의 보증자, 감가 상각이 일어날 수밖에 없는 돈을 빌려준 대부자 같은 다양한 역할이 맡겨진다는 사실에 그다지 주목하지 않는다. 이들에게 이 모든 시나리오는 어떤 상황이 와도 정부의 중재가 금융 기관을 편든다는 것을 보여 줄 따름이다. 그레이버와 로스, 그리고 이탈리아 오페라이스모operaismo의 계승자인 라차라토와 크리스티안 마라치[43] 등은 채무자들이 운명에서 벗어나려면 이탈defect해야 한다고 주장한다. 이탈은 채무자가 '부채의 지배' 아래서 수탈당하도록 옭아매는 규범을 의식하고 부인하는 것을 수반한다. 라차라토에게는 1970년대 초의 '살쾡이'wildcat 파업*이 주창했던 노동 거부가, 그레이버와 로스에게는 2011년의 공원과 광장 점령에서 나타났던 부채-자유 지대debt-free zone들이 이런 거부의 모델이다. 〔체제 자체에 대한〕 거대한 거부를 지향하든 〔체제로부터의〕 복수의 국소적인 철수를 지향하든—앨버트

---

* 지도부의 인가 없이 노조 조합원들이 벌이는 비공인 파업을 가리킨다.

허시먼의 표현을 차용하면 "항의"하거나 "이탈"하기 위해—'부채에 의한 통치'를 급진적으로 비판하는 이들은 하나같이 채무자가 자신을 예속하고 있는 '부채의 지배' 체제를 활용해 투기에 나서기보다는 지대를 추구하는 대부자의 손아귀에서 스스로를 해방하기 위해 분투해야 한다고 말한다.

신용이라는 관념에서 파생되는 관계 전체를 전적으로 거부하라는 요청은 확실히 비타협적인 반자본주의적 태도에 부합한다. 부채는 자본 축적의 기반인 착취를 대체할 뿐 아니라 상품화된 노동보다도 피해자에게 훨씬 가혹한 희생을 요구한다. 그렇다면 타협할 이유가—타협의 여지도—없지 않은가. 이런 입장을 옹호하는 운동가들은 자신의 조건에 맞서는 채무자의 동원이 과거 노동 조합의 전략에서 실마리를 얻어야 한다고 주장한다. 그런데 바로 이 이유로 '채무 불이행과 이탈'이라는 접근은 다음과 같은 반론에 맞닥뜨리게 된다. 앞서 상기했듯 지난 시대의 노동 조합들은 자신이 처한 조건에 대한 노동자의 거부에만 매진하지 않았다. 노조들은 더 높은 임금과 더 나은 노동 조건, 사회 보험을 위한 투쟁을 효과적으로 전개하기 위해 조합원에게 노동력 거래자로서 운동에 참여할 것을 요청하기도 했다. 따라서 새로운 투쟁이 과거의 투쟁에서 배울 수 있다면, 과거처럼 채무자들이 자신의 조건에 대한 이중적 접근을 받아들이도록 장려해야 한다. 자신의 예속을 영구화하는 죄책감을 인식하고 비난하는 동시에 변덕스러운 채권 시장이 부여하는 다양한 위치를 활용해 신용이 할당되는 양상을 개선하도록 말이다.

부채 콜렉티브의 액티비즘에서 가장 잘 드러나듯 채무자들이 자신의 조건과 맺는 이 두 갈래 관계는 이미 실전에서 활용되고 있다. 저항하는 채무자들의 연합은 한편으로 그레이버와 로스의 촉구에 호응해[44] 자신이 종속되어 있는 부채의 지배 체제를 집합적으로 이해하고 규탄하면서 정체성을 형성해 나간다. 그렇지만 다른 한편으로 이들의 기획에서 가장 중차대한 목표는 자신이 채무 불이행을 감행할 때 발생하는 리스크를―지배자들의 저울에서―채권자들에게 닥쳐올 파산에 버금가는 리스크로 만드는 것이다.[45]

'대마불사'의 존재로 여겨지는 은행들의 위협에서 나오는 힘을 모델로 삼는―이와 동시에 노동 조합 조직들의 파업 예고를 상기시키는―채무 불이행 위협은 채무자들이 대출자로서 활용할 수 있는 수단이다. 그렇지만 이것이 '부채 파업'의 가능성을 부르짖는 운동이 금융 기관과의 관계에서 보다 평등한 권력 균형을 달성하기 위해 써먹을 수 있는 유일한 수단은 아니다. 빚을 진 시민에게 2008년 공황 이후 부여되었던 두 가지 역할 역시 유의미한 지렛대가 될 수 있다. 첫째는 정부가 소위 시스템 전체에 영향을 미치는 은행들의 손실을 사회화했을 때 세금을 내는 가계와 사회 복지 수급자 들이 떠맡아야 했던 제3자 보증인이라는 지위다. 왜냐하면 은행 시스템 붕괴를 막으려는 정부의 요청에 따라 자신이 최종적으로 의지할 수 있는 대부자가 되었음을 깨닫는 순간 채무자들은 신용 공급자가 반드시 지켜야 하는 건전성 규정prudential rule을 조사할 권리를 요구할 수 있게 되기 때문이다.

물론 금융 규제 당국이 은행 구제에 대한 시민의 기여를 인정하면서 이들이 조직한 단체를 "전 세계적인 범위에서 은행 감독의 질을 향상"하기 위해 1974년에 창립한 국제 기구인 바젤 은행 감독 위원회에 보내지는 않을 것이다. 하지만 그레이버와 로스가 채무자의 궁극적인 해방을 위한 심리적 구심점으로 간주하는 채무자에게 죄가 없다는 관점에서 보면, 이들이 신용 공급자에게 의존하기만 하는 것이 아니라 신용 공급자가 연명할 수 있도록 보증을 서고 있음을 채무자에게 알려 주는 전략에는 명백한 이점이 있다. 정부의 긴축 정책을 은행이 고객에게 대출을 받을 수 있게 해 주는 조치로 표상하면 채무자의 지위를 바꿀 수 있는 것이다. 용서를 구하듯 채무 변제를 요청하는 도덕적으로 부족한 개인에서 한층 엄격한 금융 시스템 규제에 기반해 기관 투자자의 안녕에 얼마나 기여할지 결정할 권리를 지닌 너그러운 후원자로 말이다.

마지막으로 사회적 채권자social creditor〔정부에 사회적 부채를 청구할 수 있는 시민〕라는 지위는 정부의 긴축 재정을 영구화하기 위해 고안된 회계의 곡예에서 비롯한 것이지만 정치적으로 재전유할 수 있다. 르무안의 설명에 따르면 실제로 정당한 청구인claimant이라는 자격을 확보한 운동가들은 공공 서비스 이용자에 대한 책무보다 금융 부채를 우선시하는 국가의 경향에 도전할 기회를 획득하게 된다. 민간 대부업체의 대차대조표를 정리할 수 있도록 도와달라는 요청을 고객들이 받게 되는 결정적인 국면에는 민간 대부자와 고객의 관계가 역전될 수 있다. 하지만 이와 대조적으로 정부가 지고 있는 부채의 의미가 받아들여지는 방식이 확장되어 드러나는 대칭성의 축은 다른 기능을 수행할 수도 있다. 채무자 액티비즘은 두 종류의 부채—국가 채권 형태를 취하는 금융적 부채와 정부가 연금, 건강 보험 혜택, 무상 공공 교육 등을 제공함으로써 이행해야 하는 사회적 부채—가 똑같이 정당함을 입증할 수 있다. 달리 말해 선출된 공직자가 시민의 안녕에 투자

한 것과 채권 시장에서 빌려 온 것이 모두 후임자에게 대물림하는 전체 부채에 포함되면, 미래 세대의 '부담'burden이라는 레토릭을 영구적 긴축의 지지자들에게 맞서는 용도로 사용할 수 있다. 왜냐하면 정치 지도자들이 미래를 지키기 위해 어떤 약속은 번복할 수밖에 없다는 주장을 우리가 받아들인다 하더라도, 장단기 국채의 가치를 평가 절하하는 대신 부모 세대에 내건 약속을 어기고 아직 태어나지 않은 아이들을 보호해야 한다는 의견에는 아무 근거가 없기 때문이다.

기업 경영이 주주 가치를 추구할 때와 마찬가지로 국가 당국이 채권 소유자의 신뢰에 강박적으로 주의를 기울이게 되면 자본주의가 빚어내는 사회적 갈등의 장이 재구조화된다. 확실히 자사주에 대한 등급 평가로 명운이 좌우되는 경영자는 피고용인에게 협상의 여지를 거의 주지 않는다. 그렇지만 앞 장에서 살펴본 것처럼 경영자가 투자자의 가치 평가에 종속되면 노동 시장에서 노동 조합의 영향력이 약화되는 동시에 주식 시장 역시 주주와 이해 관계자의 상이한 열망이 대립하는 공간으로 전환된다.

　이와 유사하게 정부가 대부자의 신뢰 유지를 주된 관심사로 삼으면 인민 주권이 부여하는 권한의 범위가 대폭 축소된다. 그렇지만 정부가 자국 채권의 소유자에게 종속되면 유권자가 투표를 통해 내리는 선택의 영향력이 대폭 약화되는 동시에 채권 시장 역시 채권자와 채무자가 적대하는 공간으로 전환된다. 채무자들이 자신에게 부여된 상이한 역할—'대마불사'의 존재에 돈을 빌린 대출자, 최종적으로 의지할 수 있는 대부자, 사회적 채권자 등—을 유리하게 활용하는 데 성공한다면 말이다. 결국 주주와 채권 소유자가 각각 고용주와 선출직 공직자에게 갖는 우위는 이해 관계자와 채무자에게 노동 조직과 민주적 선거의 영향력 상실을 만회하라는 과제를 제기한다.

자립심 고취하기와 활력 잃은 이들 코치하기

대출자, 최종적으로 의지할 수 있는 대부자, 사회적 채권자 등 신용 관계에서 개별 시민에게 부여되는 여러 역할은 모두 액티비즘을 위해 전유할 수 있는 하나의 형식에 속한다. 운동가들은 채무자로서 채무를 이행하지 않겠다고 위협할 수 있다. 보증인으로서는 자신의 복지를 담보로 삼는 것에 반대할 수 있다(적어도 대출 기관들이 개혁되기 전까지). 사회적 채권자로서는 자신이 담당하는 국민보다 금융 부채를 우위에 놓는 국가에 이의를 제기할 수 있다. 이런 역할들은 금융 자본이 부채를 통해 번창하는 것을 막지는 못하지만 피투자자 운동가들이 다양한 각도에서 부채 건전화debt consolidation 정책들에 도전할 수 있게 해 준다. 그렇지만 이렇게 다양한 형태로 채무자의 권력을 강화하기 위해 활용할 수 있는 수단은 아직 논의하지 않았다. 달리 말해 우리는 주식 시장의 이해 관계자 액티비즘에서 기업의 사회적 책임이 차지하는—그리고 노동 시장의 노동 조합에는 임금이 차지해 온—위상을 점하는 것이 채권 시장의 액티비즘에서는 무엇인지를 찾아야 한다. 자본주의적 약탈을 정당화하기 위해 고안되었지만 원래 목적에 반하는 용도로 활용할 수 있는 어떤 메커니즘을 말이다.

한 국가의 채권 소유자 가치bondholder value를 대항 투기의 대상으로 삼을 방법을 발견하려면 다음의 사실을 고려해야 한다. 즉 지배자들은 투자자의 호의를 유지하기 위해 일정한 몫을 〔우선〕떼어 놓지만, 그런 다음에는 여전히 피통치자에게 남은 책무를 다하고자 한다. 그 이유는 현재 정부가 2차 시장에서 자국 국채가 발휘하는 매력도에 주로 관심을 쏟기는 하지만 단순히 투자자를 안심시키는 것에만 만족할 수는 없기 때문이다. 투표에서 경쟁력을 유지하려면 정권은 자신이 장단기 채권에 대한 등급 평가를 유념하고 있는 동시에 자신의 프로그램이 대부자가 부과하는 제약과 자국 시민이 거는 기대를 성공적으로 조정하고 있다고 주장해야 한다.

2차 대전이 끝난 시기부터 1980년대 초까지 선진 공업국 지도자들은―적어도 내국인 백인 남성에게―직업 경력을 보장해 줌으로써 정당성을 확보하고 재선을 도모하고자 했다. 승진할 가능성이 있고 질병, 노화, 실업에 대비한 보호 장치를 갖춘 안정적인 일자리는 전후 사회 협약의 핵심이었다. 그렇지만 결과적으로 포드주의적인 자본 축적 양식이 퇴조하고 케인스주의적인 경기 조정 정책이 폐기되면서 선출직 공직자들은 직업적, 개인적 안정성을 보장하는 대신 다른 책무에 전념하게 되었다. 유권자는 정기적인 임금 인상 및 사회적 권리 보장으로 뒷받침되는 점진적인 계층 상승을 약속받는 대신 개인적인 이니셔티브를 가로막는 관료제의 족쇄를 제거하면 번영이 찾아올 것이라는 유혹에 이끌렸다.

경제 문제에 대한 정부의 과잉 개입이 잘못되었다는 의견은 2008년의 금융 위기 직후 몇 달을 제외하면 지난 40년 가까이 자명한 통설로 받아들여져 왔다. 그렇지만 이 합의가 유지되는 와중에도 약속의 내용은 10년 주기로 조금씩 바뀌었다. 1980년대에 보수 혁명 기획자들은 세금을 감면하고 불필요한 요식 행위를 줄이며 이전에 특수 이익 집단이 향유하던

'특권'을 철폐해 기업가적 시도들을 지원하겠다고 약속했다. 1990년대의 '제3의 길' 옹호자들도 시장을 다시 사회에 착근시키는 데는 거의 동의하지 않았다. 그러나 이들은 전임자가 도입했던 변화를 기정 사실로 받아들이면서도 사람들이 스스로를 도울 수 있도록 도울 책임이 정부에 있다고 강조했다. 유연한 노동 시장을 헤쳐 나갈 수 있도록 사람들을 훈련하고 상업 신용에 대한 접근성을 높인 것이 그 일환이었다. 2000년대—뉴욕과 워싱턴의 9/11 이후—미국과 유럽의 정부 당국은 사람들에게 〔새로운 환경에〕적응하는 능력을 키우라고 계속 설파하는 한편 점점 더 커져 가던 유권자의 불안감과도 씨름했다. 하지만 이 정부들은 임금이 정체되고 복지국가가 쇠락하면서 발생한 불안 자체를 해결하는 대신 테러리즘의 위협을 강조하고 이 위협에 맞서 가차 없고 결국에는 성공적이었던 전쟁을 선포하는 방식으로 대응했다. 마지막으로 2010년대 초 이래 소위 공유 경제가 발달하면서 공직자들은 '플랫폼 자본주의'와 '공유 경제' 등으로 불리는 것이 제공하는 '협력적인' 노동을 개인의 자율성 범위를 확장할 새로운 기회로 선전했다. 계약자 개인과 거래하는 채용 담당자는 고용 계약에 따라오는 의무에 매이지 않아도 되며 동시에 '자유 계약자'free agent*는 임노동에 내재하는 종속에서 벗어날 수

✱ 자영업자, 프리랜서, 독립 계약자, 임시직 노동자 등을 아우르는 범주다. 대니얼 핑크의 조어로 알려져 있으며 그의 저작이 『프리 에이전트의 시대』(석기용 옮김, 에코리브르, 2004)로 소개되어 있으나 이 책은 free agent를 따로 번역하지 않았다. 여기서는 스포츠 시장에서 기존 소속을 벗어난 선수가 선언하는 FA를 '자유 계약'으로 부르는 관행에 근거해 free agent를 '자유 계약자'로 옮겼다.

있다면서 말이다.

몽펠르랭에 모였던 선구자들의 요청을 좇은 1980년대 보수 혁명의 투사들은 케인스주의적 전임자의 주된 목표, 곧 완전 고용과 임금 인상의 동시 추구라는 목표를 폐기했다. 대신 납세자가 노동의 과실을 향유하도록 돕는 데 집권 세력으로서의 역량을 집중했다. 신자유주의 교리에 따르면 사회 복지 프로그램이나 공공 사업의 재원을 마련할 때 세금을 활용하면 일종의 사유 재산 몰수가 발생해 결과적으로는 모두가 피해를 입는다. 나아가 법으로 강제된 재분배는 자립적인 시민이 정당하게 획득한 것을 박탈할 뿐 아니라 적극적인 태도와 열심히 일하고자 하는 재분배 수혜자의 의욕을 감퇴시키고, 이렇게 노동 생산성이 떨어진 이들은 번영에서도 멀어진다. 또한 레이건 행정부와 대처 내각의 의제는 슘페터가 말한 소수의 기업가를 대중의 질시와 태만함으로부터 지키는 것에 국한되지 않았다. 보수 혁명은 부유한 가구와 대기업을 위한 감세의 비평등주의적 성격을 인정하기는커녕 특권에 맞서는 '인민의' 싸움이라는 구호 아래 전개되었다.[1]

보수 혁명이 내세운 특권 계급의 특징은 과거의 귀족과 달리 순수한 혈통이나 재산 규모가 아니었다. 신자유주의적 포퓰리즘이 불을 지핀 '민주적' 분노의 주된 표적은 (일반 이익은 아랑곳하지 않은 채 조합원의 이익에만 연연한다고 비난받은) 노동 조합, (일체의 경쟁에서 면제된 자리를 차지하고 있다며 손가락질당한) 공무원, (동료 시민을 희생시키면서 게으름에 탐닉한다는 경멸의 눈초리를 받은) 실업 수당 수령자였다. 그리하여 노조에 소속된 노동자, 국가 공무원, 구직자는 과거의 귀족만큼은 아닐지언정 성실하게 일하는 납세자에게서 부당하게 이익을 편취하는 존재로 묘사되었다.

신자유주의 이데올로그들은 소위 기생적인 이 집단에 대한 공격을 대중화하기 위해 기꺼이 계급 투쟁 영역에 발을 들였다. 비록 기존의 어휘를 살짝 바꾸기는 했지만 말이다. 국가 사회주의가 참담한 몰골로 쇠락해 가면서 자본가에게 착취당하는 노동자의 대의에 흠집만 내고 있던 1980년대 초에 신자유주의 이데올로그들은 계급 적대를 노동 착취에서 분리한 다음 특권 수혜자가 평범한 납세자를 약탈한다는 식으로 이 적대를 재규정했다. 이렇게 사회적 부정의에 대한 새로운 구상에 바탕해 신자유주의적 포퓰리즘이라는 칼을 휘두른 이들은 자신이 감행한 케인스주의와의 단절이 자본주의의 전설적인 시기로 복귀하는 것보다는 조건들의 진정한 평등을 위한 투쟁을 되풀이하는 것에 가깝다고 여겼다. 오직 진보가 슬금슬금 다가오는 사회주의와 동의어가 되었다는 이유로 스스로를 보수주의자로 부른 신자유주의자들의 주된 목표는 단체 협상과 국가가 베푸는 복지의 차별적 효과로 왜곡된 계몽주의의 혁명적 이상을 되살리는 것이었다.

1세대 신자유주의 지도자들은 실제로는 선진국에서 불평등이 전례 없는 수준으로 치솟게 만든 주범이었지만, 그래도 '특권' 철폐를 담론 전략의 초석으로 삼는 데 성공했다. 그렇지만 납세자를〔조세 부담으로부터〕해방하겠다는 맹세 때문에 1990년대에 접어들어 재정 적자가 발생하자 채권 시장의 불안이 점점 커졌다.[2] 불황의 전망이 점차 가시화되고 부채 건전화가 진행됨에 따라 레이건 행정부와 대처 정권이 대표했던 혁명적 열정은 스러져 갔다. 그리고 다음 국면에 도래한 것은 빌 클린턴의 신민주당이, 영국에서는 토니 블레어의 신노동당이, 독일에서는 게르하르트 슈뢰더의 적록 연정이 주창한 회복 요법restorative therapy이었다.

구래의 자유주의적이거나 사회 민주주의적인 접근과 신자유주의적인 교리 사이에서 제3의 길을 옹호한 이들 다양한 '새로운' 중도 좌파 지도자는 보수 혁명이 파괴한 것을 복원할 마음이 없었다. 그렇지만 그와 동시에 이들은 전임자가 제시했던 상, 즉 기득권이 된 특수 이익 집단과 성실히 일한 몫을 갈취당하는 납세자로 분열된 정치체라는 상을 거부했다. 반대로 새로운 지도자들은 전후 복지국가의 특징이었던 복지 혜택과 보호 장치의 시대가 지나갔다고 여겼기에 이 모든 사회 서비스를 누리지 못하게 된 시민들이 새로운 환경에 적응하도록 도우려 했다. 이때 도움이란 시민들이 제도적으로 보호받는 일자리와 정부 자원 없이도 견딜 수 있도록 독려하고 훈련하는 것이었다.

1996년에 빌 클린턴은 복지 개혁 법안을 발표하면서 무조건적인 부조 프로그램 탓에 의존 상태에 처한 실업자를 내버려 두는 것은 이들을 배려하는 적절한 방식이 아니라고 설명했다. 이 신민주당 대통령은 사람들에게 실업 상태를 탈출할 수단을 쥐여 주기 위해 정부가 맡아야 할 역할은 "그들이 스스로를 도울 수 있도록 돕는 것"이라고 주장했다.[3] 공화당 출신 전임 대통령들과는 반대로 클린턴은 복지에 대한 의존이 카스트 특권이라고 보지 않았다. 그에게 실업자가 시스템을 의도적으로 남용한다는 비난은 부당하고 빗나간 중상모략이었다. 클린턴의 설명에 따르면 기존 복지 체제는 비난받고 개선되어야 마땅하지만 그 이유는 복지 수혜자가 동료 시민에게서 고의로 이익을 취하도록 내버려 두기 때문이 아니었다.

제3의 길 정치인들은 복지 수급 자격을 부여하는 데 지나치게 관대한 문화를 비난하는 대신 무조건적인 부조의 효과를 유독성 물질의 중독성에 비유했다. 이런 비교에 따르면 복지 수당 수급자들은 알코올이나 마약 중독으로 고통받는 사람처럼 〔일정량의 복지 혜택을〕 '복용'fix하지 않으면 얼마 지나지 않아 살아갈 수 없는 지경에 이르고 만다. 일체의 자기 주도성을 상실한 이들은 의존의 악순환에 갇혀 있고, 타인들의 시선에서 느껴지는 경멸 어린 분노는 이 악순환을 더욱 강화할 따름이다. 이렇게 타인들의 눈살을 찌푸리게 하는 낙담한 실업자는 여지없이 자아 존중감을 잃을 것이고, 그렇게 되면 복지 혜택의 끝없는 갱신을 최선의 선택지로 추구할 수밖에 없을 것이다.

그리하여 복지에 의존하는 악순환을 끊는 것이 신민주당 정치인과 대서양 건너편에 있던 동료 들의 최우선 과제로 자리 잡았다. 1997년에 토니 블레어는 전통적인 노동당과 달리 자신의 신노동당은 노동 계급working class의 복지welfare를 보장하라는 위임을 받은 것이 아니라고 강조했다. 블레어의 목표는 '노동 연계 복지'workfare 프로그램을 통해 무노동 계급workless class의 의욕과 고용 가능성을 회복하는 것이었다.[4] 몇 년 후에 독일에서 게르하르트 슈뢰더가 내놓은 개혁 프로그램들도 유사한 목표를 설정했다. 제3의 길을 이끈 이 선구자는 노동 생산성을 복구하고 재정 적자를 제어하는 한편 2003년에는 의회에서 소위 하르츠법Hartz laws을 밀어붙였다. 이 법의 골자는 자질과 아무 관계도 없는 불안정한 저임금 일자리를 받아들이라고 빈곤층을 몰아붙임으로써 이들이 국가가 나누어 주는 부조에 의존하지 않는다는 자부심을 되찾도록 돕는 것이었다.

　20세기 말 이 치료적 리더십의 주창자들은 시민들이 고유의 가치에 대한 자신감을 얻도록 어떤 일이든 하겠다고 주장했기 때문에 활력 잃은 이들을 코치하는 시도에 투자해야 했다. 특히 이들은 교육과 평생 훈련에 새로운 공적 투자를 집중하겠다고 공언했다. 그렇지만 이런 시도가 타고난 영재들이 재능을 발견하고 개발할 수 있게 하는 데 국한된 것은 아니었다. 제3의 길 개혁가들은 모두 시민의 인적 자본이 단순히 타고난 창의성이나 획득한 지식, 어딘가에서 습득한 노하우, 부모에게서 물려받았거나 사교성을 발휘해 얻은 사회적 관계의 문제라고 보지 않았다. 이 개혁가들은 가장 가진 것이 없는 이들조차도―당사자는 물론이고 잠재적인 고용주의 시각에서도―유연성과 가용성을 확실하게 입증해 각자의 가치를 향상시킬 수 있다고 생각했다.[5] 달리 말해 기술들로 구성된 실속 있는 포트폴리오가 없다면 최대한 불안정한 조건에서 장시간 저임금으로 일하겠다고 동의하는 것도 자아 존중감과 타인들에 의한 〔개인의〕 가치 상승이 선순환하는 고리를 만들어 낼 하나의 효과적인 방법이었다. 구매자들이 요구하는 금리와 반비례해 가격이 상승하는 채권처럼, 더 열악한 조건에서 일할 수 있는 정도에 비례해 빈곤한 노동자들의 가치도 더 높이 평가받을 것이었다.

　20세기 말 제3의 길 개혁가들은 어떤 자원을 가지고 있건 모든 개인이 고용 가능성과 존엄성의 최적 비율을 찾는―그리고 양자를 선순환적으로 강화하는―품행을 채택할 수 있다고 주장했다. 정부 차원에서 이루어지는 코칭을 지지한 이들은 이 희망의 메시지를 구체화하기 위해 보수 혁명의 지도자들이 노동자 단체에 품었던 적의를 거두어들이고 노동 조합에 협력을 요청했다. 노동 운동가들은 〔노동자의〕 확립된 권리를 보증하는 오래된 역할을 내려놓고 중도 좌파 정치인의 새로운 신조로 개종하라는 제안을 받았다. 여기서 이들의 새로운 역할은 조합원을 조직해 노동 시장 개혁에 저항하는 것이 아니라 노동자들이 새로운 고용 조건에 적응하도록 돕는 것이 될 터였다. 달리 말해 노동 조합들에는 기존에 수호해 온 조합주의적인 이해 관계와 함께 몰락하는 대신 〔노동자들이〕 고용될 수 있는 상태에 진입하거나 그 상태를 유지할 가능성을 최대한 넓히는 교육 및 동기 부여 프로그램을 주관할 기회가 주어진 것이었다.

마지막으로 노동 조합과 비슷하게 공무원도 부당한 특권을 누린다거나 비효율적이라는 비난에서는 벗어났지만, 제3의 길 의제의 정신과 목표에 맞춰 자신의 직무를 재해석하도록 유도되었다. 공무원 수를 줄여야만 공공 부문의 문제를 해결할 수 있다고 보았던 레이건이나 대처와 달리 겉보기에는 포용적이고 타협적이었던 클린턴과 블레어의 접근은 국가의 피고용인이 자신의 지위와 연계된 각종 혜택의 역효과를 알아차리게 하는 것을 목표로 삼았다. 핵심은 공무원 일자리가 성과와 무관하게 보수가 책정되는 경쟁의 무풍지대로 남아 있으면 이들이 동기를 잃을 뿐 아니라 종종 대중의 분노까지 사게 되리라는 강력한 메시지를 주입하는 것이었다. 이렇게 제3의 길 개혁가들은 공무원이 자아 존중감과 가치 상승의 선순환을 경험하도록 하기 위해 민간 부문의 인적 자원 부서들이 가다듬은 방법을 활용하기 시작했다. 이렇게 바람직한 거버넌스—경영자가 정한 목표를 제때 달성하는지 여부가 승진과 보너스, 나아가 자리 보전까지 좌우하는 시스템—시대의 노무 관행을 특징짓는 등급 평가와 인센티브의 문화가 국가 서비스에도 도입되었다.[6]

1980년대에 보수 혁명가들이 납세자에게 노동의 과실을 누리게 해 주겠다고 약속한 결과 국가 재정을 충당하기 위해 선호되는 방식이 조세에서 대출로 바뀌었다. 볼프강 슈트렉의 용어를 빌리면 조세 국가에서 부채 국가로 이행한 것이다. 그런데 1990년대에 제3의 길 개혁가들은 국민의 고용 가능성을 증진하기 위해 코칭을 시도하면서 재정 건전화 기조로의 전환을 최초로 감행했다. 중도 좌파 정권들이 1990년대에 시행한 구조 개혁의 목표는 재정 적자 감축이었다. 그렇지만 이런 개혁들의 효과는 금융 시장 규제 완화로 인해 상쇄되었다. 이전에 무조건적인 복지에 중독되었던 사람들이 각자의 신용 카드와 은행 계좌로 빚을 낸 덕분에 복지 축소가 초래한 고통에 덜 노출되었기 때문이다. 노동 시장을 전례 없이 유연화한 20세기 말의 '진보적' 지도자들은 피통치자가 새로운 환경에서 어떻게든 살아갈 방법을 찾도록 지원하는 것이 정부의 의무라고 믿었다. 새로운 빚을 떠안은 시민들이 고용 가능성만큼이나 부채 상환 능력을 신경 쓴다는 전제하에 말이다.

몽펠르랭 협회의 이론가들이 고안한 프로그램에 충실했던 1세대 신자유주의 정권들은 법으로 정한 재분배와 리스크의 사회화 때문에 사그라든 능력주의 기풍을 되살리고 확산하고자 했다. 엄격한 사랑tough love과 부의 낙수 효과라는 채찍질이 가해지면 결국 만인이 기업가적인 인간상에 도달할 것이라고 믿으면서 말이다. 냉전 종식 후 첫 10년 동안 활동한 제3의 길 '코치들'은 이와 다른 사회 공학 기법을 발전시켰다. 자신이 내리는 결정의 비용과 편익을 끊임없이 계산하는 자립적인 기업가를 양성하기보다는 자국 시민에게 피투자자라는 조건을—즉 일정 기간 동안 고용주, 대부자, 벤처 자본가의 신뢰를 획득하고 유지하는 능력을 갖춘 남녀라는 조건을—받아들이라고 종용한 것이다. 제3의 길 주창자들이 전제하는 동시에 생산하고자 한 주체는 단기 일자리, 담보 대출, 스타트업 제안서에 대한 자금 지원 등 투자자를 찾아다니는 프로젝트, 곧 잠재적인prospective 피투자자였다. 이런 의미에서 피투자자는 국가의 보호와 기업의 일자리를 통해 안전을 확보했던 포드주의 시대의 전형적인 임노동자와도, 초기 신자유주의 정부들이 빚어내려 했던 자립적인 기업가와도 구분된다.

제3의 길이 취한 접근이 피투자자에게 고용 가능성과 부채 상환 능력을 판정할 권한을 갖춘 관계자 눈에 보다 매력적으로 보이기 위해 노력해야 할 책임을 부과한다면, 이들에게 표를 간청하는 지배자는 이 노력을 지원해야 한다. 여기서 정부에 기대되는 역할은 시민의 지속적인 교육에 투자하고 이들이 계약하는 대출의 보증을 서는 것, 뿐만 아니라 실업 보험을 존엄성을 끌어올리는 일터로의 복귀return-to-work 프로그램으로 바꾸고 금융 기관을 통해 신용 접근성을 높이는 것이다. 1990년대의 '진보주의자들'은 단순히 과거에 중도 좌파가 약속했던 사회적, 경제적 안정성과 신자유주의 이데올로그들이 찬양해 마지않았던 〔개인의〕 이니셔티브 자유화 사이에 위치한 중간 지대를 차지하는 데 머물지 않고 자국 시민의 기대와 채권자의 기대 사이에서 공통의 지대를 확립하고자 했다. 여기서 전자는 미래의 고용주와 대부자에게 비칠 자신의 가치를 상승시킬 수단을 제공받고, 후자는 만인이 인적 자본을 향상시키도록 유인되는 국가에 투자할 기회를 확보하게 될 것이었다. 제3의 길 지지자들은 단순히 세금을 인하하고 노동 시장 규제를 완화하며 지적 재산권을 강화한다고 해서 영토의 투자 매력도가 높아지는 것은 아니라고 강변했다. 그 국가에 거주하는 인구 집단의 추정된 가치도 그만큼 중요하다는 것이었다. 그리하여 새로운 중도 좌파 주창자들은 잠재적인 투자자가 시민의 가치를 더 높이 평가할 수 있게 만들려는 자신의 시도가 재정적으로 책임을 다하는 복지국가의 의제에 해당한다고 주장할 수 있었다.

제3의 길 개혁가들은 교육, 이민, 복지 등의 영역에서 자신이 통치하는 인구의 인적 자본에 투자했다. 학교는 높이 평가받는 기술들을 학생에게 습득시키기 위해 재정 지원을 받았다. 국경은 특허로 출원할 아이디어를 낼 만한 재능을 보유했거나 노동 시장의 유연성을 높이는 데 기여할 유순한 외국인을 받아들이기 위해 개방되었다. 복지 서비스는 구직자가 급변하는 고용 조건에 적응하도록 돕기 위해 평생 훈련 프로그램으로 변형되었다. 이 모든 시도를 통해 공적 투자를 개개인에게 맞추겠다는—즉 정부 서비스를 개인 삶의 궤적에 맞게 조정하겠다는—약속이 신민주당, 신노동당, 그리고 새로운 [독일] 사회 민주당의 정책 의제를 이끌었다. 이것은 선출된 공직자들이 일차적으로는 최선을 다해 자산 증식을 도울 것이라며 정책 대상자에게 내건 약속이었지만, 동시에 국민의 금융적 매력도를 상승시키는 데 몰두하는 국가에만 눈독을 들이는 신용 공급자에게 한 약속이기도 했다.

불안해하는 이들 안심시키기와 신용 잃은 이들 솎아 내기

제3의 길 개혁가들이 표방한 포용성은 성실히 일하는 납세자를 갈취한다고 비난받은 이들에게 보수 혁명가들이 보였던 엄격한 사랑과는 기조상으로도 실질적으로도 확연히 구분되었다. 그렇지만 이들이 보인 공감은 1980년대의 신자유주의적 전환으로 인해 점점 더 심화된 경제 불평등을 저지하기에는 역부족으로 드러났다. 게다가 1990년대 들어서는 임금 정체와 불안정한 일자리가 초래한 불안감을 누그러뜨리기가 더더욱 어려워졌다. 그 이유는 한편으로 냉전이 종식되면서 '자유 세계'의 지도자들이 사회적 긴장을 피하기 위해 소련의 위협을 들먹일 수 없게 되었기 때문이다. 다른 한편으로 레이건과 대처가 활용했던 포퓰리즘적 레토릭을 포기한 클린턴과 블레어는 평범한 사람들이 겪는 어려움을 특수 이익 집단이 누리는 특권 탓으로 돌릴 수도 없었다.

심리적인 측면에서 볼 때 만인의 가치 상승을 돕겠다는 중도 좌파 정권의 노력은 사태를 더욱 악화시켰다. 초기 신자유주의자들이 투박한 능력주의 입장을 내세웠을 때만 해도 사람들은 이를 따를 수도 있고 대놓고 부유층에 치우쳐 있다며 거부할 수도 있었지만, 스스로를 돌보라고 주창한 제3의 길 노선의 대상자들은 상황이 나아지지 않으면 스스로를 탓할 수밖에 없었기 때문이다. 국가가 나누어 주는 부조에 대한 중독을 치료하기 위해 고안된 프로그램들의 본래 의도는 일종의 선순환을 형성하는 것이었다. 자아 존중감을 되찾음으로써 불안정하기 그지없는 일자리 시장과 소비자 신용 시장에서 매력도를 상승시키는 선순환 말이다. 따라서 이를 뒤집어 보면 그런 결과를 내는 데 실패할 경우 자신의 자산 가치를 높이 평가받지 못한 사람들의 자신감과 자아 존중감이 깎여 나가는 정반대 효과가 나타날 수밖에 없었다. 결과적으로 새로운 공적 부조 체제로 인해 광범위한 인구 집단이 불안감에 빠졌다. 그런데 이들로서는 이 불안을 인정하기가 대단히 어려웠다. 그런 인정이 지위와 연계된 보호 장치와 무조건적인 복지 혜택에 대한 고질적인 중독의 징후로 읽히기 쉬웠기 때문이다.

경제 정책을 변경할 수 없었던 국가 당국은 곧 복지와 노동 시장 개혁에 가장 직접적으로 영향을 받은 시민들 사이에서 터져 나온 안전safety에 대한 요구를 해결할 필요가 있음을 깨달았다. 9/11 공격으로 미국만이 아니라 선진 공업국 전반에서 취약하다는 감각이 만연해졌고, 이로 인해 예기치 못하게 안전 보장security*이 최우선 관심사로 등극했다. 알카에다의 위협에 노출된 〔서구〕 정부들은 사회경제적 불평등 증대, 복지 혜택 감소, 민간 대출에 대한 가계의 의존도 상승으로 유발된 불안에 대처하기를 여전히 꺼렸다. 대신 이 정부들은 테러리스트 및 동맹으로 추정되는 세력으로부터 국민을 보호하겠다고 선언해 정당성을 재확보하려 했다. 이 과제는 그리 어렵지 않았는데, 왜냐하면 서구 지도자들이 누그러뜨리겠다고 약속한 두려움은 이 의제를 가장 격렬하게 비방하던 이들의 광신에서 비롯한 것이지 이 지도자들 자신의 의제가 추

✱ security는 사회 보장social security과 국가 안보national security라는 상이한 맥락에서 모두 쓰인다. 지은이가 사회 복지와 국가 안보에 대한 논의를 연결하는 것은 이런 맥락에서다.

진된 결과는 아니었기 때문이다.

'테러와의 전쟁'이 선포되자마자 이 전쟁을 주창했던 이들은 국가 안보에 대규모로 투자하기 위해 재정 건전화 고삐를 늦추기 시작했다. 그렇지만 이런 변화가 쌍둥이 빌딩이 무너지기 전날까지 서구 시민의 삶을 규정해 온 '투자를 찾아다니는 프로젝트'라는 조건의 변화로 이어지지는 않았다. 9/11 직후 몇 주 동안 조지 부시 대통령은 동료 미국인들에게 애국심에는 경제적인 차원도 있다는 신호를 보냈다. 부시는 이들에게 새로운 "악의 축"에 맞서 시작하려 하는 군사 작전을 흔들림 없이 지지해 달라고 주문하는 한편, 테러 때문에 고된 노동과 기도부터 휴가와 특히 쇼핑에 이르는 일상 활동을 포기하지는 말아 달라고 당부했다.[7]

이렇게 미국인들은 노동뿐 아니라 여가 생활과 소비재 구입을 통해 조국을 지원하라는 명령을 받았다. 물론 많은 사람에게 애국적인 쇼핑은 쉽지 않은 일이었다. 알카에다와 실제 동맹군 및 동맹군이라고 추정된 세력에 대한 전쟁 재원을 조달하려 한 공화당 정권은 빠른 속도로 복지 프로그램의 규모와 범위를 한층 줄여 버렸고, 가계 소비를 진작하기 위해 최저임금을 상승시킨다는 선택지는 투자자를 달래려는 점점 커져 가던 욕망과 충돌했다. 그러면서도 미국 대통령은 경제 둔화가 당시 준비 및 진행하고 있던 군사 작전의 대중적 지지에 미칠 악영향을 미연에 방지해야 했다. 그래서 부시 행정부는 최빈곤층 소비자의 구매력을 직접적으로 유지하지 않으면서도 시민 다수가 '미국적 생활 양식'을 이어 갈 수 있도록 신용 접근성을 보증하고자 전례 없는 노력을 기울였다.[8]

부시가 테러와의 전쟁을 벌인 몇 년은 민간 기관에서 대출

받을 자격이 있는 집단과 대출을 받기에는 부채 상환 능력이 부족하다고 여겨져 온 집단을 가르던 전통적인 경계가 허물어진 기간이었고, 이로써 사실상 소비자 신용의 역사에서 하나의 분기점(일각에서는 심지어 금융의 민주화라고 말할 정도로)이 되었다. 국회 의원부터 중앙 은행장, 자본 시장의 작동을 통제하는 규제 당국에 이르는 공공 기관이 백지 수표를 발행해 주었고, 이에 고무된 금융 기관들은 창의력을 발휘해 리스크를 분산하거나 감출 수 있는 각종 기법을 개발하고자 했다. 이어 악성 채무의 증권화가 진척되면서 대부자들은 대출 서비스를 최저 소득층에까지 확대할 수 있었다.[9]

서민층이 신용을 이용해 구매한 내구재의 시장 가치가 증가한 것과 더불어 이들이 금융 시장의 활동에 기여하면서 '테러와의 전쟁' 기획자들은 두 가지 이득을 보았다. 첫째, 소비자 신용이 확대되어 안전하다고 여겨지는 고수익 유동 자산이 늘어나자 투자자 입장에서는 증권화된 부채의 가치가 상승하면서 소생한 경제 부문들에 자금을 재투입해 경기를 부양할 유인이 생겼다. 미국에서 부시의 두 차례 임기 중 첫 6년 동안 부동산 대출이 연 13퍼센트씩 성장할 수 있었던 주된 원인은 수중에 자원이 없는 가구를 대상으로 한 대출─2001년과 2007년 사이에 규모가 일곱 배로 커진 그 유명한 서브 프라임 모기지─이었다.[10] 둘째, 사회학자 콜린 크라우치가 민영화된 케인스주의[11]라고 적절히 이름 붙인 것─상업 신용을 확대하는 형태의 수요 자극 조치─의 결과로 경제가 성장한 덕분에 아프가니스탄 점령과 이라크 침공에 필요한 군사력 증강이 계속 시민의 지지를 받을 수 있었다. 게다가 상환 기한을 늦추기 위해 기존 대출을 다른 대출로 차환refinance할 수 있게 되고 심지어는 이를 장려받기까지 한 채무자들은 경제적으로 불안하다는 느낌을 떨쳐 버릴 수 있었다. 혹은 그게 아니더라도 최소한 정부가 전쟁으로 물리치겠다고 약속한 외부의 적―테러리스트들과 그 자금줄―에게 이 불안감을 손쉽게 투사할 수 있었다.

자유 세계의 생활 방식을 유지하면서 테러와 싸울 것이라는 미국 행정부의 공언에 대한 서구 대중의 지지는 2003년 3월 이라크전이 시작되면서 점차 약화되기 시작했다. 이른바 테러리즘의 온상에 쳐들어가 테러리즘과 싸우겠다는 조지 부시와 토니 블레어의 결정이 처음으로 반대에 직면한 것은 전쟁터에서 발생한 문제들 때문이었다. 사담 후세인이 대량 살상 무기를 보유하고 있다는 주장이 거짓임을 전 세계가 알게 되었을 때 두 지도자의 평판에는 이미 금이 갔지만, 이라크 점령의 '부수적 피해'―민간인에 대한 일상적인 학살부터 조직적인 고문과 용의자 납치까지―가 누적되면서 더더욱 악화되었다. 미국 대통령과 그의 파트너인 영국 총리가 착수한 '충격과 공포'shock and awe 작전이 끔찍한 수렁에 빠지면서, 이들이 규합한 유지 연합coalition of the willing*은 자신들이 소위 테러리스트 친화적인 독재자에게서 해방하려 한 사람들의 민심을 얻는 것은 물론이고 자신들이 민주주의라는 가치를 표방했음에도 민주주의 국가들의 지지를 유지하는 것 역시 힘들다는 사실을 곧 깨달았다.

2004년 3월 마드리드와 2005년 7월 런던에서 발발한 테러

＊ 2003년 미국 부시 행정부가 사용한 표현으로, 이라크 전쟁과 그 이후 국면에서 미국을 지원한 국가들의 연합을 일컫는다.

는 외국에 대한 점령이 제국주의적 성격과 현지에서 자행된 야만 행위에도 불구하고 선진 공업국의 수도를 지키는 데 별 도움이 되지 않는다는 사실을 입증했고, 이로써 이라크 전쟁의 위신은 더더욱 떨어졌다. 무기한으로 추진된 테러와의 전쟁 기간에 대중의 동의를 얻기 위해 고안된 경제 모델이 결국 2008년 서브 프라임 시장의 폭락과 더불어 무너지면서 부시 행정부와 동맹들이 시행한 군사 작전의 정치적 실패는 한층 가중되었다.

금융 위기와 뒤이은 대침체를 겪으면서 선진 공업국 시민들은 자기 조절하는 시장의 효율성을 점점 더 불신하게 되었으며, 악의 축으로 지정된 세력에 일체의 두려움을 투사하는 것이 문제라고 느꼈다. 2008년 11월 버락 오바마가 미국 대선에서 거둔 승리는 이 두 가지 환멸이 반영된 사건이었다. 실제로 오바마 캠프의 근간을 이룬 것은 금융 기관을 규제하고 이라크에서 미군을 철수하겠다는 두 가지 약속이었다. 그렇지만 이 민주당 대통령이—경제적인 사안뿐 아니라 지정학적인 사안에서도—급진적인 변화를 일으키리라는 희망은 금세 사그라들었다.

경제적인 측면에서 뉴딜을 되살린다는 전망—케인스주의자들이 오바마의 승리와 결부시켰던—은 결코 실현되지 않았다. 온건한 수준의 경기 부양 정책을 시행하기는 했지만 새 행정부는 결국 월스트리트의 이해 관계를 메인스트리트의 긴급한 필요에 종속시키기보다는 별다른 대가를 요구하지 않고 금융 부문을 소생시키려 했다. 이미 외상을 입은 금융 기관들에 엄격한 규제까지 가하면 '실물' 경제 회복에 방해가 되지는 않을지 두려워하면서 말이다. 지정학적인 측면에서 오바마는 이라크라는 늪에서 미군을 철수하고 더 넓게는 자유 세계의 적이 존재하고 있거나 통치하는 나라들을 '해방해' 자유 세계를 보호한다는 신보수주의적 외교 정책 기조를 전환하고자 했지만, 대안적인 의제를 구상하는 데, 더 결정적으로는 실행하는 데 이르지는 못했다. 전임자가 이라크와 아프가니스탄 점령지에 초래한 혼돈에 빠져 허우적대는 한편, 아랍의 봄Arab Spring이 진압된 후 이어진 물리적 충돌들은 철수하려는 오바마의 바람을 한층 좌절시켰다. 2011년 미국은 리비아 집권 세력에 대한 영국-프랑스 연합군의 원정을, 2015년에는 사우디아라비아가 예멘의 후치족이 일으킨 봉기 및 이라크와 시리아에서 이슬람 국가Islamic State가 부상하는 것을 저지하기 위해 벌인 항공 작전을 마지못해 지지했다.

오바마의 국내 정책과 대외 정책은 첫 번째 대선 캠페인 기간에 그를 가장 열렬히 지지했던 이들의 기대를 충족하지 못했지만, 이를 계기로 2010년대 선진국 정치 지도자들이 유권자에게 내거는 약속의 내용이 완전히 바뀌었다. 먼저 9/11 테러 이후 '예방적' 침공이 정치적 이익을 거두지 못한 채 막대한 인적, 재정적 비용만 소모했기 때문에 신보수주의적 의제는 벗어날 수 없는 오명을 뒤집어썼다. 일찍이 2003년에 프랑스와 독일 정부가 동맹인 미국과 영국에 경고했듯 '정권 교체' 촉진을 목표로 하는 군사 개입은 이제 그릇된 판단에 입각한 오만으로 간주되었다. 이 새로운 상식에 따르면 과거에 식민화되었던 국가의 국민은 자국 통치자에 대한 평가와 무관하게 외국의 점령을 자신들이 겪는 억압의 해결책으로 반기지 않았다. 현지에서 제국주의적 작전을 달가워하지 않는다고 판단한 서구 열강은 '악의 축'이라는 레토릭이 한데 뒤섞어 온 두 종류의 적을 명확히 분리하기로 결정했다. 즉 이들은 테러리스트 세력이 어디에 있든 자유롭게 추적할 권한이 있다는 입장을 유지하는 한편, 테러리즘을 사주한다는 혐의를 받아 온 정권을 자신에게 우호적인 정부로 교체하는 것은 의제에서 제외했다.[12]

내부에서 이해 관계 충돌을 겪기는 했지만 UN 안전 보장 이사회의 상임 이사국들은 러시아와 중국이 항상 견지해 온 입장을 취하기 시작했다. 그 입장이란 국가로 인정받은 국가에서 집권하고 있는 정부는 민주적 정당성이나 인권 상황과 무관하게 국민 주권의 합법적이고 따라서 〔외부 세력에 의해〕 제거될 수 없는 위탁자로 대우받아야 한다는 것이었다. 그 결과 '국제 사회'international community를 이끄는 일원들이 군사적으로 대응할 수 있는 유일한 적은 비국가 행위자라는 지위를 핵심 특징으로 갖는 테러리스트들로 국한되었다.[13] 이 새로운 독트린은 고립주의isolationism와는 구별되는데, 그 이유는 테러리스트들이 피난처로 삼거나 무력으로 거주지를 확보한 저 멀리 떨어진 국가들에 대한 기습은 허용하기 때문이다. 이로써 주요 군사 열강들은 UN의 공식적인 승인이 없어도 소위 반테러 작전을 수행할 광범위한 자유를 유지할 수 있었다. 그렇지만 이처럼 개편된 테러와의 전쟁은 전제 정권을 없애 버리려 했던 조지 부시와 토니 블레어의 야망과 근본적으로 다르다. 이제 해당 지역의 국가 당국은 테러리스트와 연관되기보다는 강대국을 보조하는 군사력으로, 적어도 테러리스트보다는 덜 사악한 〔강대국의〕 대행자로 여겨진다. 매우 특수한 상황[14]으로 인해 갑자기 실각한 이후 그와 가까웠던 정권들의 후임자가 하나같이 애통해했던 카다피의 사례를 제외하면 말이다.

　제국주의적 캠페인이 자신이 해방하고자 한 인구 집단의 민심을 얻는 데 성공적이지 않을 뿐 아니라 자살 공격 형태로 자국에 보복을 불러온다는 것을 깨달은 선진 공업국 정부들은 국내 안보에 다시 주력했다. 그러자 부시 정권의 국방 장관이었던 도널드 럼스펠드가 "낡은 유럽"—자크 시라크와 게르하르트 슈뢰더가 '유지 연합'에 동참하기를 거부했을 때 붙인 명칭—과 결부시킨 태도가 다시 만연해지기 시작했다. 시라크와 슈뢰더는 중동을 개조한다는 명목하에 위험천만한 군사 개입으로 테러리즘을 박멸하려 하기보다는 다자간 경찰 협력과 더욱 강력한 국경 통제, 나아가 테러리스트의 선동에 취약하다고 여겨지는 지역 소수 집단들에 대한 근접 모니터링 등에 기반한 한층 방어적인 접근을 옹호한 바 있었다.

　〔금융 위기가 발발한〕2008년경에는 민주주의의 제국주의적 팽창으로부터 국토 안보를 분리한다는 의제가 또한 금융 시스템이 입은 손상을 감안해 테러와의 전쟁 규모를 조정하는 문제이기도 했다. 부시 행정부와 영국 파트너〔블레어를 계승한 신노동당 출신 총리 고든 브라운〕에게 적군 전투원의 추적 및 생포와 자국 시민의 자산 가치화는 동시에, 그러면서도 독립적으로—전자는 적자 지출을 통해, 후자는 상업 신용 접근성을 높임으로써—수행할 수 있는 두 가지 소명이었다. 반면 후임자들은 재정적으로 지속 가능한 방식의 테러 대비책을 고안해야 했다. 서구 정부는 금융 기관을 파산에서 구하고 개조된 채권 시장을 긴축 조치로 달래는 일을 우선 순위로 삼는 데 성공했다. 그런데 그 결과 정부들은 〔점령지에서의〕국가 건설에 들어가는 비용을 더 이상 감당할 수 없게 되었다.

이 비용을 감당하려 들었다가는 유권자의 안전을 지키겠다는 약속을 이행할 수 없었기 때문이다.

보다 저렴하게 테러와의 전쟁을 벌일 기회는 아랍의 봄이 발발하면서 찾아왔다. 물론 대침체에 직면한 정치인들은 튀니지, 이집트, 리비아, 바레인, 시리아에서 대중 봉기가 발발하기 전부터 남반구발 이민 억제가 유권자의 고통을 완화하는 데 효과가 있다고 주장해 왔다. 하지만 2011년〔아랍의 봄〕 전까지 이런 주장은 금융 위기 이전부터 외국인 혐오 성향이 뚜렷했던 유권자에게만 먹혔다. 엄격한 비자 발급 정책보다도 침체된 노동 시장이 경제적 이민 의욕을 훨씬 효과적으로 억제하기 때문에 특히 그랬다〔경기가 좋지 않으면 비자 발급 정책과 무관하게 이민이 적고, 그럴 때 외국인 혐오 성향의 유권자를 제외한 나머지는 이민 문제를 심각하게 여기지 않는다는 뜻이다〕. 그렇지만 〔튀니지와 이집트에서〕 벤 알리와 무바라크의 독재가 무너진 데 이어 〔리비아의〕 카다피가 실각하고 시리아 혁명이 진압되면서 대혼란이 찾아오자 난민 지위를 인정받으려는 망명 신청자asylum seeker의 탈출이 잇따랐다. 그리하여 감당하기 어려운 이민 물결이 북반구, 특히 유럽에 위협이 된다는 주장이 상당한 호소력을 갖게 되었다. 게다가 소위 난민 위기가 중동과 북아프리카에서 발생한 물리적 충돌의 생존자들과 주로 연관되어 있었기 때문에 더 강력한 국경 통제와 엄격한 망명법이 곧 반테러 조치의 일환이 되었고, 결국에는 재정적으로 감당할 수 있는 안보 정책의 핵심 부분으로 자리 잡았다.

놀랍게도 서구 정부들은 신보수주의 의제들이 퇴조한 덕분에 갈수록 당당하게 이민자를 문전박대할 수 있었다. 왜냐하면 선진 공업국 세계를 더욱 안전한 곳으로 만들겠다는 약속은 일단 테러리스트들이 근거지로 삼은 지역의 강제적 민주화라는 목표와 분리되고 나자 더 이상 세계적인 차원에서 인권과 인도주의를 촉진한다는 목표와 연계될 필요가 없어졌기 때문이다. 달리 말해 2008년 이후의 지도자들은 감당할 수 없는 제국주의적 망상에 빠졌던 전임자와 다른 방식으로 자국 시민을 보호하고자 했고, 이로써 독재에 맞서는 봉기를 지원하는 것은 물론이고 잔악무도한 독재 정권의 희생자에게 피난처를 제공해야 한다는 의무감에서도 벗어났다(이런 기조 변화의 반례가 적어도 하나는 있다. 2012년 리비아 파병이 '정권 교체'의 지연된 효과였던 것처럼, 2015년 여름 앙겔라 메르켈이 시리아 난민에게 독일 국경을 개방하기로 한 것은 당시 만연하던 〔외국인〕 혐오를 거스르는 결정이었다. 그렇지만 동료 유럽 지도자들과 자신이 속한 보수적인 다수당의 기층 집단이 점점 더 많은 압력을 행사하자 독일 총리는 결국 자신이 내세웠던 '환대' 정책을 축소하는 데 동의했다).

이민을 중대한 위험으로 지목하는 조치는 부채 건전화가 부과한 제약에 맞추어 국가 안보를 조정하는 좋은 기회가 되었고, 이는 서구 정부들이 유권자에 대한 헌신과 채권자에 대한 빚 사이의 관계를 재조정해 온 방식을 전형적으로 드러내 준다. 앞서 논한 것처럼 1990년대에 제3의 길 전사들은 선거 영역에서의 인기와 금융 시장에서의 매력도를 조화시키기 위해 유권자에게 인적 자본 가치를 높일 수 있도록 지원하겠다고 약속했다. 이런 약속은 9/11과 조지 부시가 벌인 전쟁들, 2008년 금융 위기와 뒤이은 대침체를 거치면서도 유지되었지만, 2010년 재정 긴축 기조가 채택된 데 이어 난민에 대한

공포를 국가가 조장하면서 이 약속이 지켜지는 방식은 결정적인 변화를 겪었다.[15]

빌 클린턴과 토니 블레어 같은 20세기 말 지도자들은 의도는 의심스럽지만 부인할 수 없는 언변으로 신용도를 향상시키려 분투하는 이들은 자아 존중감에 기여하는 만큼이나 국가 경쟁력에도 기여하는 셈이라고 공언했다. 그런 의미에서 이들의 고용 가능성을 촉진하고 부채 상환 능력을 보증한다는 목표는 정치적 대표자들이 받아들여야 할 의무이자 충족해야 할 이해 관계였다. 오늘날 정부들 역시 유권자에게 기울이는 노력이 투자자 마음에 들도록, 또한 투자자에게 기울이는 노력이 국민 마음에 들도록 관심을 쏟고 있다. 그렇지만 금융 위기의 여파로 정부는 아동을 교육하고 이주민을 받아들이며 실업자에게 동기를 부여하는 공적 프로그램을 유동성 공급자들이 높이 평가하리라고 온전히 확신할 수 없게 되었다. 공직자들은 여전히 국민의 인적 자본 가치를 상승시키는 것이 유권자를 소외시키지 않으면서도 채권자의 기대를 충족할 최선의 선택지라고 확신하지만, 이 목표를 제3의 길을 초기에 주창했던 이들과는 상당히 다른 방식으로 추구한다. 즉 이들은 교육, 직업 훈련, 선별적 이민 수용을 통해 자신이 관장하는 인구 집단의 가치화를 도모하지 않으며 그 대신 즉각적으로 가치가 상승할 가망이 가장 적은 개인들을 투자자의 시야 밖에 내버려 두는 데 주력한다.

정부는 채권자의 가치 평가를 받기에 적합한 거주자를 갖추기 위해 갖가지 기술을 따로 혹은 한꺼번에 활용한다. 소위 가치 상승이 불가능한 인구 집단이 자국의 금융적 매력도에 미치는 부정적 영향을 줄이는 효과적인 방법 하나는 복지 혜택 신청자의 수급 자격 기준과 통제 양식을 변경해 실업자,[16] 병자, 장애인 노동자 등을 명부에서 지워 버리는 것이다.[17] 또한 국가 당국은 영토 거주 조건을 수정해 즉각 가치가 상승할 자원이 없는 이민자를 몰아내고 부유한 외국인이나 조세 도피처를 물색하는 초국적 기업을 유인하는 데도 무척 적극적이다. 어떤 경우에는, 특히 대침체 시기에는 정부가 나서 국민, 그중에서도 내수 시장에서 충분히 높은 등급 평가를 받지 못하는 기술을 습득한 젊은 대학 졸업자의 해외 이민을 활발히 장려하기도 했다.[18]

시장의 기대에 부응하지 못하는 거주민을 사라지게 해 영토의 가치를 향상시키려 한 시도는 특히 유럽에서 정부 부채 위기와 난민 유입에 대한 대응으로 성행했다. 그런데 정도는 다를지언정 선진 공업국 전역에서 동일한 관행을 확인할 수 있다. 가령 오스트레일리아가 이민자에게 보인 냉대는 모든 나라를 통틀어 으뜸일 것이다. 도널드 트럼프가 당선된 이후의 미국 역시 단연 주목할 만한 사례다. 인구 집단의 1인당 인적 자본human capital per capita 비율을 높이기 위해 신용 잃은 이들the discredited을 솎아 내면 이중의 이익을 거둘 수 있다. 점점 더 인내심을 잃어 가는 대부자를 기쁘게 할 수 있으며, 이민을 치안상의 리스크와 뒤섞음으로써 예산 건전화가 부과한 제약 내에서 국가 안보 사안들을 조정할 수 있는 것이다.

불안정 노동자와 자유 계약자

관할 영토의 금융적 매력도를 유지하기 위해 정치 지도자들은 가치 있는 자산을 보유하지 못한 듯 보이는 시민과 거주민

denizen의 기술에 투자하기보다는 이들을 없애 버리거나 적어도 숨기는 데 주력해 왔다. 오늘날 정부들은 자국의 1인당 인적 자본 가치를 높이기 위해 분자〔인적 자본의 총량〕를 늘리기보다는 분모〔인구 규모〕를 줄이려 한다. 그렇지만 경쟁력 있는 비용으로 인구의 신용도를 상승시키기 위해 고안된 이런 사회 정책에 양적인 차원만 있는 것은 아니다. 신용 잃은 이들을 솎아 내는 기획은 다양한 형태—장애 지원 프로그램에 대한 접근성을 제한하고, 구직자를 실업 통계에서 제외하며, 대다수〔이민 및 망명〕신청자에게 거주지나 피난처를 제공하기를 거부하고, 어떤 경우에는 청년 졸업자에게 해외로 나가라고 압력을 가하는 등—를 취하는 한편, "사람들이 스스로를 도울 수 있도록 돕겠다"던 오래전 빌 클린턴의 약속을 새로운 목적에 맞추어 되살리는 것이기도 하다.

소위 신경제의 선구자들은 이미 1990년대부터 롤 모델로 대우받았다. 토니 블레어의 말을 차용하면 "무노동 계급"을 포함한 만인은 "무언가를 쟁취하려는 의지를 되찾기 위해" 긍정적인 에너지와 혁신 정신으로 벤처 자본을 유치한 스타트업 창업자들을 본받아야 한다는 것이었다. 그러나 실제로 제3의 길 정부들이 상대했던 잠재적인 피투자자 대다수는 갈수록 유연해지는 노동 시장에서 살아남기 위해 임시직 일자리temporary job를 구하고, 복지 개혁과 사회 복지 프로그램 삭감으로 줄어든 혜택을 메꾸기 위해 갱신 가능한 민간 대출을 찾아다니는 임노동자였다. 좌파 진영의 비평가들이 강조했듯 신노동당과 신민주당의 코칭이 주된 대상으로 삼은 집단은 앞선 신자유주의 개혁이 빚어낸 '프레카리아트'였다. 1990년대에 접어들어 탄생한 개념인 프레카리아트는 불안정한 일자리가 주로 공급되고 사회 복지 혜택은 줄어들며 노동 조직은 약화되는 암울한 상황에 던져진 원자화된 임노동 계급을 가리킨다.[19]

이와 대조적으로 20여 년이 지난 현재 투자자의 자금을 찾아다니는 피투자자의 프로젝트를 대상으로 한 공공 정책들은 더 이상 이 프로젝트들을 급여를 받는 일자리로 간주하지 않는다. 이렇게 통치의 관점이 변화한 주된 원인은 임노동자 대비 자영업자 비율의 증가가 아니었다. 1994년에서 2014년까지 독립 계약자independent contractor의 비중은 프랑스, 영국, 네덜란드 같은 일부 선진 공업국에서 살짝 높아졌지만 미국에서는 사실 조금 줄어들었고, OECD 회원국 전체를 놓고 보면 여전히 경제 활동 인구의 15퍼센트 이하다.[20] 임노동 계급의 경향적 퇴조라는 가설의 타당성을 뒷받침하는 주된 근거는 통계가 아니라 '플랫폼 자본주의'가 부상했다는 진단이다. 플랫폼 자본주의는 국가의 통치와는 거의 무관하며 오히려 전통적인 의미에서 시민의 '고용 가능성'을 촉진할 책임을 정부에게서 면제해 주는 체제다.[21]

하나의 회사에서 경력을 시작하고 마무리하는 관행은 포드주의 시대의 유물로 20년 전에도 드물었다. 보유하고 있는 자본을 구성하는 부분 중 즉각적으로 가치가 상승할 수 있는 '핵심 사업'core business에 집중하라는 참을성 없는 주주의 압박에 직면한 기업들은 (하청, 임시적 채용, 생산 비용이 낮은 곳으로의 이전을 통해) 생산 활동을 외주화했을 뿐 아니라 조직 내부도 개편하려 노력했다.[22] 앨프리드 챈들러가 묘사한 것처럼 산업 자본주의 황금기의 전형이었던 수직 통합된 법인의 피라미드형 구조는 모듈형 조직에 자리를 내주었다. 포드주의적 기업이 견고한 위계와 전문 기술, 고용주의 헌신에 의존했다면, 이를 계승한 모듈형 기업은 상대적으로 자율적인 단위들로 구성된다. 각각의 단위는 마감 기한이 정해져 있고 임시로 꾸려진 팀이 진행하는 프로젝트에 주력하며, 이 때문에 '모듈'의 결과가 투자자의 기대를 충족하지 못하면 쉽게 분리되거나 해체된다.[23]

임금이 높은 기업의 일자리마저 평생 직장보다는 프로젝트 중심의 기간제 고용으로 굴러가게 되자 포스트포드주의적 노동 시장은 갈수록 양극화되었다. 일부 노동자는 수요가 많은 기술을 보유한 덕분에 고용주를 바꿀 수 있었던 반면 다른 노동자는 잦은 이직과 불규칙성이라는 무거운 부담을 고스란히 짊어져야만 했다. 종종 장기간의 실업 상태에 처하는 프레카리아트 집단 일원들은 사실상 승진의 전망이라곤 찾아볼 수 없는 임시직 일자리에만 접근할 수 있게 되었다. 이들은 유연성과 가용성이 자기 계발 전문가와 제3의 길 코치들이 예고했던 해방을 가져다주는 대신 자신의 고용 가능성을 구성하는 전제 조건으로 확고하게 자리 잡아 가고 있음을 서서히 깨달았다.[24]

포드주의에서 포스트포드주의로의 변화만큼이나 획기적인 사건인 플랫폼 자본주의의 도래는 또 다른, 어쩌면 한층 '파괴적일'distuptive〔자본주의의〕변형을 촉발하고 있다. 제럴드 데이비스가 『사라져 가는 미국 기업』에서 논한 것처럼 흔히 '우버화'라고 불리는 현상이 진행됨에 따라 일자리 자체가 체계적으로 줄어들고 과업―(말하자면) 건 단위로 판매되는 서비스―의 거래에 기반한 경제가 출현하고 있기 때문이다.[25] 이 멋진 신세계를 '공유'sharing 경제나 '협력'collaborative

경제라는 용어로 상찬하는 이들은 우버 같은 플랫폼이 출현하면서 시장에 대한 애덤 스미스의 비전이 궁극적으로 실현되었다고 이야기한다. 이들에 따르면 서비스 제공자와 수요자가 소위 '중개인' 없이도 만날 수 있는 이 가상 인터페이스들에서는 전례 없는 수준으로 중개가 사라진다. 운전 기사와 함께 차로 여행하든, 집으로 배달을 주문하든, 컴퓨터 관련 문제를 해결하든, 잠시 머물 숙소를 찾든, 웹사이트를 디자인하든, 건축 계획을 도면으로 그리든, 심지어는 믿을 만한 의사에게 진단받고 약을 처방받든 말이다.[26]

그렇지만 우버나 태스크래빗TaskRabbit, 에어비앤비, 아마존 메커니컬 터크Amazon Mechanical Turk, 업워크Upwork 같은 플랫폼이 연결을 촉진하면서 벌어들이는 막대한 지대는 이들이 보이지 않는 손의 디지털 의수義手가 아님을 명확히 드러내 준다. 게다가 몇몇 플랫폼 회사는 단순히 사용자에게 만나고 협상할 공간을 제공하는 것이 아니다. 고전 자유주의자들이 구상했던 시장은 상인과 고객이 자유롭게 거래에 임할 수 있는 중립적 공간으로 기능했지만, 이런 디지털 인터페이스들은 실제로는 노동 과정을 모니터링하며 플랫폼을 이용하는 서비스 제공자에 대한 보수를 정해 놓는다. 가령 우버가 운행을 허가한 운전 기사는 빡빡한 통제에 종속되며 플랫폼 알고리즘에 내장된 선호[되는 선택지]들에 순응하라는 압력을 받는다. 주행 경로는 GPS의 지시를 따라야 하고 주행의 효율성, 가용성, 승객과의 상호 작용은 체계적으로 평가되어 택시 호출 서비스 '업계'fleet에서 자격 유지 여부를 결정할 때 이용된다.[27]

결국 시장에 대한 스미스의 비전에서 '협력 경제'가 계승한 것은 인터페이스를 소유한 회사와 서비스 제공자가 맺는 상업적인 관계—임금 관계와 반대되는—뿐이다. 서비스 제공자의 서비스를 통해 부를 키우는 플랫폼에서 이 제공자들은 우버 기사들의 사례에서 드러나는 것처럼 거의 아무 재량도 누리지 못할 때조차 피고용인이 아니라 개인 계약자로만 고용된다. 우버화의 지지자들은 이런 상업 계약이 계약을 맺은 이들을 완전히 해방하지는 못해도 불안정한 일자리가 불규칙하게 공급되는 상황에 대한 반가운 대안이라고 주장한다. 이들의 논리에 따르면 임금 생활자와 달리 스스로를 고용한 서비스 제공자는 고용주가 정한 노동 시간에 따를 필요 없이 언제 어떤 조건에서 일할지를 직접 통제할 수 있다. 시간 활용 방식에 형편없는 등급이 매겨지면 계약 종료가 앞당겨질 가능성이 크다는 사실로 인해 이런 자유의 이점이 사라져 버리더라도 말이다.

하지만 대부분의 경우 플랫폼과 '파트너십' 관계를 맺는 불안정한 노동자는 노동 조건의 개선을 경험하기는커녕 임노동에 따라붙는 제약과 자영업에 수반되는 리스크가 뒤섞인 상황에 처한다. 공유 경제에 만연한 등급 평가 체계는 임금 노동에 내재하는 종속 이상으로 억압적인 한편 '파트너들'이 서명한 계약의 상업적인 성격 덕분에 플랫폼은 사회 보장 기여금을 납입해야 하는 고용주의 의무를 면제받기 때문이다. 이런 속임수는 우버의 전매 특허이기도 하다. 다수의 법원이—심지어는 고용주가 준수해야 하는 최소 노동 시간 자체를 의무화하지 않은 '0시간' 일자리가 존재하는 나라인 영국에서조차—이 속임수를 알아보고 우버 사이트에 가입한 기사들을 실질적인 피고용인으로 인정하라고 강제하는 판결을 내렸을 정도로 말이다.

가장 뻔뻔한 플랫폼들이 이 같은 어려움을 겪기는 했지만 '긱 경제'gig economy*—'협력' 경제나 '공유' 경제보다 더 정확하고 왜곡이 덜한 표현—는 어쩔 수 없이 가까운 미래에 급속히 확산될 것으로 보인다. 긱 경제에서 가장 큰 성공을 거둔 사례들은 회사(더 정확히는 그 회사의 주식)의 이름으로 결정을 내릴 권한을 갖는 '주인'과 회사의 자본 가치를 증식하라며 위임받은 다수의 '대리인' 사이에 체결된 상업적 계약들의 맞물림으로 구성되어 있으며, 이는 법경제학파의 교리에 부합한다.

제럴드 데이비스에 따르면 법학자 로널드 코스는 1937년에 이미 시장을 지속적으로 활용할 때 발생하는 '거래 비용' 때문에 선택의 여지가 없을 때만 기업가가 고용주가 된다고 주장했다.[28] 신자유주의적 사고—특히 법경제학 교리의 핵심에 해당하는 기업 대리인 이론agency theory of the firm—의 이 선구자가 보기에 애초에 회사들이 정기적으로 (단위별 서비스 구매보다는 고용 계약을 통해) 노동자들을 고용해야 했던 까닭은 과업별로 가격을 협상하기가 현실적으로 어려운 데다 비용도 발생하기 때문이었다. 그리하여 「기업의 본성」의 저자[29]는 임노동 관계가 자본가에게 늘 차선책이었다고 주장한다. 즉 가격 메커니즘 때문에 생겨나는 거래 비용이 사라지면 기업가들은 정해진 기간 동안 서비스 제공자와의 고용 계약을 유지하는 대신 더 나은 계약 조건을 찾으러 시장으로 돌아

* 한 차례 공연을 위해 일시적으로 모였다가 흩어지는 재즈 음악가들의 모임을 일컫는 '긱'에서 비롯한 명칭이다.

가리라는 것이다. 코스의 주장은 다음과 같이 이어진다. 산업 발전으로 고용이 필수적인 것이 되었지만 고용주는 갈수록 많은 부담을 짊어졌다. 자신의 존재가 점점 대체 불가능해지고 있다는 점을 이용해 임노동자들이 더 많은 보수와 더 폭넓은 보호를 요구했기 때문이다.

그렇지만 1937년의 코스도 1970년대의 대리인 이론가들도 그 파급력을 상상할 수 없었던 정보 통신 기술 덕분에 아마존 메커니컬 터크나 업워크 같은 플랫폼은 시장 가격 메커니즘을 경유할 때 발생하는 거래 비용을 극적으로 줄이는 데 성공했다. 이런 플랫폼을 활용하는 기업은 피고용인을 고용할 필요도, 하청업자를 쓸 필요도, 심지어 임시직에 의존할 필요도 없이 하나의 과업 수행에 지원한 수많은 후보를 경쟁에 붙일 수 있다. 무엇보다 기업은 인터페이스에 지불해야 하는 지대를 제외하면 다른 비용 없이 쉬지 않고 같은 과정을 반복할 수 있다. 이런 이유로 플랫폼 자본주의가 부상하면 고용 계약이 사라지면서 서비스 제공자와 구매자 사이의 순수하게 상업적인 관계에 기반한 파트너십이 일반화될 수도 있다고 추정된다.

물질적인 형태의 상품을 운송할 때 수반되는 제약과 3D 프린터의 상대적으로 높은 비용 때문에 이 새로운 경제 모델은 비경합재nonrival goods, 즉 대부분의 경우 무형의 재화로서 복제하는 데 비용이 들지 않으며 복수의 사용자에게 소유되고 소비될 수 있는 재화 부문 너머까지 확산되지는 못하고 있다. 자원 채취 산업이나 제조업, 농업에는 여전히 임노동자의 노동이 필요하다. 그렇지만 가장 반복적인 일들이 점점 더 자동화되고 있는 상황이기 때문에, 하나의 과업을 수행하고 그에 대한 보수를 지급하는 것 외에는 어떤 상호 의무도 지지 않고 임시적인 일gig을 수행하는 기간에만 결합하는 파트너들의 세계가 도래했다는 주장은 기업 경영이나 공공 정책에 영향을 미칠 정도로 충분한 설득력을 확보했다.

긱 사회가 유력하다는 전망은 '자영업자'의 조건에 입법자와 공공 정책 결정권자 들이 표하는 더 많은 관심으로 이어지고 있다. 그렇다면 우리는 신자유주의를 창시한 이들의 꿈―1950년대에 빌헬름 뢰프케가 "탈프롤레타리아화된"이라고 표현한 사회에 대한 꿈―이 실현되고 있다고 생각해야 할까? 우리는 1974년 노벨 경제학상 수상자인 프리드리히 하이에크가 사회주의를 방지하는 데 필수적이라고 간주한 전환을, 즉 이전에 임노동 계급의 지위와 심리를 지니고 있었던 이들이 일반화된 기업가로 변모하는 현상을 목도하고 있는 것일까? 2008년 프랑스 행정법에 도입된 '1인 기업가'auto-entrepreneur라는 지위는 신자유주의에 대한 1979년 강의에서 시카고 학파 경제학자들이 빚고자 하는 주체가 "자기 자신에 대한 기업가"라고 보았던 미셸 푸코의 분석을 뒷받침하는 하나의 예시인가?[30] 기술 혁신과 경영 혁신에 적응하기 위해 최근에 이루어진 이 입법은 분명 1947년에 몽펠르랭 협회를 창립한 이들의 구미에 들어맞는 것 같다. 그렇지만 오늘날 '자유 계약자'와 그 존재 양식을 꼼꼼히 들여다보면 이들의 주된 서식지인 자본주의적 플랫폼이 기업가라는 조건을 점진적으로 보편화하고 있다고 주장하기는 어렵다.

단위별 서비스 제공자―태스크래빗에서 DIY 재능을, 에어비앤비에서 아파트를, 리프트Lyft나 우버에서 자동차를, 업워크에서 모델 제작 기술을 '공유'하고 싶어 하는―의 자영업자 지위는 이들이 임노동이 표상하는 종속 관계에서 자유로운 동시에 이 관계를 통해 보장되어 온 것들을 누리지 못하고 있음을 의미한다. 이런 이중의 측면에서 우버화된 계약자들은 신자유주의적 주체의 전형처럼 보인다. 임노동이라는 조건에 내재하는 굴레에서 해방되어 있지만 동시에 그 조건이 함축하는 보호 장치 역시 결여하고 있기 때문이다. 이들의 신세는 일거리나 예금에 전적으로 좌우되는 것처럼 보인다. 그렇지만 실제로 긱 일자리를 찾아다니는 사람들은 무언가를 스스로 해내는 능력보다는 성공적으로 형성한 연결망에 의존한다. 더 정확히 말해 이들이 소유한 자원에 대한 착취와 이들이 노출된 리스크에 대한 보장 모두 이들이 축적하는 데 성공한 신용에 좌우된다.

한편으로 고객을 찾는 데 성공하기 위해 서비스 제공자는 '공유'하려는 기술이나 자산을 적절한 인터페이스에서 광고해야 한다. 그렇지만 자유 계약자가 성공적으로 자기 자신을 마케팅하려면 최초 고객들이 서비스를 높이 평가해 우호적인 평점을 주어야 한다. 독립 계약자가 점수, '좋아요', 친구, 팔로워 등으로 표현되는 디지털 평판을 쌓는 데 주력하는 것도 이 때문이다. 다른 한편으로 임노동이라는 조건과 연계된 혜택들이 부재하는 상황에서 평판 자본reputational capital—과거 대출을 꾸준히 상환해 왔음을 입증하는 적절한 신용 점수를 포함해—의 축적은 일종의 자영업자로서 긱 일거리를 찾아다니는 사람들이 은행업자와 민간 보험사의 신뢰를 획득하는 길이기도 하다. 그러므로 이 모든 것을 고려할 때 서비스 제공자가 활동을 이어 나갈 가능성은 신자유주의 이데올로그들이 기업가적 에토스의 핵심으로 내세우는 자립보다는 후원자sponsor─고객이건 자금줄이건─의 가치 평가에 훨씬 더 많이 좌우된다.

긱 경제가 상대하는 전형적인 인간상은 일종의 자영업자이지만,〔1980년대〕신보수주의 혁명이 손짓했던 이윤을 추구하는 (그래서 부채와 세금을 참지 못하는) 기업가와는 구분된다. 오히려 이들은 그 이후 10여 년간 제3의 길 개혁과 레토릭이 빚어낸 신용을 추구하는 피투자자라는 형상에 들어맞는다. 직업적, 사회적 연결을 촉진하기 위해 개발된 디지털 인터페이스가 도래하고 확산되어 피투자자들의 다양한 자원이 다차원적인 포트폴리오에 통합됨으로써 '투자를 찾아다니는 프로젝트'라는 1990년대의 비전이 완성된 것이다. 플랫폼은 사용자에게 서로 연결될 수 있는 장소를 열어 주는 동시에 지속적으로 등급이 평가되는 자산들의 특정한 집합을 제공한다. 플랫폼 사용자는 평판 자본을 이루는 수많은 구성 요소와 마찬가지로 이 자산들도 결합하고 상호 참조하며 관리할 수 있다.

이런 측면에서 협력 경제의 세계적 권위자를 자처하는 레이철 보츠먼의 예언은 시사적이다. 『내 것이 당신 것이다』[31]의 이 공저자는 2010년 테드 강연에서 가까운 미래─그는 이 미래를 확실히 낙관한다─에 사람들이 가꾸어야 할 주된 자원은 평판 자본이 될 것이라고 주장한다.[32] 보츠먼은 머지않아 모두가 일종의 페이스북 하이퍼페이지를 갖게 될 것이며, 이 페이지에는 친구, 연인, 멘토, 채권자, 소비자, 서비스 제공자의 다양한 평가가 나란히 게시될 것이라고 상상한다. 그리고 이렇게 공개된 포트폴리오는 거기 전시된 개인의 매력도와 신뢰도를 평가하는 것은 물론이고 평판 가치의 변화를 평가해 그가 과업을 수행하기에 적합한지, 그에게 맞는 신용 한도는 얼마인지, 그가 친밀한 관계를 맺을 만한 사람인지 판단할 수 있게 해 줄 것이라고 보츠먼은 덧붙인다.

확실히 보츠먼은 자신이 예언하는 이런 메커니즘이 프라이버시 보호를 비롯한 각종 문제를 초래한다는 사실을 잘 알고 있다. 그렇지만 그가 보기에 과다한 노출로 인한 불이익은 각 개인이 자기 프로필을 관리할 권한을 확보하면 상쇄될 것이다. 평판을 조사하려는 타인에게 노출되는 페이지만 재정비해도 충분히 곤란한 상황을 피할 수 있지 않을까? 그것이 더 보기 좋은 품행이나 회사에, 혹은 필요한 경우에는 긍정적인 후기를 획득하기 위해 투자하는 것을 의미하더라도 말이다.[33] 주가 하락을 막기 위해 자사주를 매입하는 회사나 채권 소유자를 달래기 위해 양적 완화를 활용하는 중앙 은행처럼, 플랫폼 자본주의가 발달하면서 생겨난 〔자기 자신에 대한〕 개인 자산 관리사들은 자신의 평판 자본에 투기하라는, 더 정확히는 자신의 평판 자본에 대한 투기에 불을 지피라는 요청을 받는다.

물론 주창자들이 열광한다고 해서 현재 형태의 '협력 경제'가 앞으로도 전망이 밝다는 보장은 없다. 그렇지만 임노동이라는 조건의 붕괴, 적어도 임노동 사회의 임박한 퇴조는 다수의 선진 공업국에서 적지 않은 싱크 탱크 보고서의 주제가 되거나 어떤 경우에는 이미 공공 정책에 영향을 미칠 만큼 실질적인 현상으로 간주되고 있다. 이제껏 정부들은 대체로 긱 경제에 자유 방임으로 일관해 왔다. 때로는 도덕적인 이유로 유보적인 태도를 보였지만 말이다. 정치인들은 노동이 우버화되면서 나타난 공포를 의식하고 있지만 동시에 우버와 아마존, 여타 플랫폼 기업이 창출한 경제 활동 기회를 놓칠까 봐 불안해하고 있다. 그래서 정부는 플랫폼들이 서비스 제공자에게 부과한 '파트너십'에 쏟아지는 강도 높은 비판에 기꺼이 합류하고 심지어는 고용 관계를 뻔뻔스럽게 부인하는 관행에 책임을 물은 법원 판결에 동의를 표하면서도, 파트너십 관계를 활용하는 것을 규제나 입법 조치로 금지하지는 않으려 조심한다.[34]

그렇지만 이렇게 관망하는 태도가 언제까지고 유지될 것 같지는 않다. 왜냐하면 선출된 정치인 입장에서 플랫폼의 노동 관행을 판단할 책임을 법원에만 맡기면 스스로 설 자리를 잃는 꼴이 되기 때문이다. 정치인은 약탈적인 공간들이 승소하면 이들을 방치하고 공모했다는 비난에 직면하게 될 것이고, 파트너십을 고용 계약으로 재정의하라는 판례가 나오면 긱 경제를 좌우하는 거대 기업들이 자국 영토를 버리고 떠나는 모습을 바라보고만 있어야 한다. 따라서 국가 당국이 지금과 같은 수동적인 태도에서 벗어나 몇몇 싱크 탱크 보고서가 지시한 방향대로 긱 경제를 지원하는 입장을 취할 것이라고 예상할 수 있다.

앞으로 다가올 개혁은 노동의 우버화라는 만연한 현상에 대한 국민의 불안을 잠재우는 것을 목표로 삼으면서도 주요 플랫폼이 떠나지 않도록 주의하는 두 갈래로 진행될 공산이 크다. 한편으로 정부는 승차 호출이나 음식 배달 회사에 고용되기 위해 자영업자 상태로 남아 있어야 한다는 사실에 분노하는 서비스 제공자—운전 기사나 배달 기사 등—의 불만을 받아들일 것이다. 법원이 점점 더 강하게 요구하는 것과 달리 상업 계약을 고용 계약으로 전환하라고 강제할 수 없는 상황에서, 국가 당국은 독립 계약자에게 실질적인 피고용인이 누리는 권리와 보호 장치를 약간 보장하는 정도로 균형을 잡고 있는 것처럼 보인다. 플랫폼 기업들은 사업을 다른 나라로 옮기겠다고 협박함으로써 이런 조정에 저항할지도 모른다. 그렇지만 어느 나라로 가더라도 온건한 수준의 개혁 입법보다 엄격한 규제를 명하는 법원 판결을 맞닥뜨리게 될 것이라는 두려움 때문에 결국 한층 노동을 보호하는 방향으로 파트너십을 체결하게 될 것이다.

다른 한편으로 임노동자 역시 지위 변화를 경험할 것이다. [고용] 유연성이 공공 정책의 바탕으로 자리 잡은 이후 지배적인 노동법 경향을 따라 추가적인 개혁을 지지하는 이들은 시장의 진화에 적응하기 위한 또 다른 입법을 주문하고 있다. 이들의 주장에 따르면 점점 더 많은 노동 인구의 경력이 복수의 일자리—연속적으로 혹은 누적적으로 종사하는 기간제나 파트 타임 일자리—는 물론이고 실제 고용과 긱 노동의 교대 내지는 혼합으로 구성된다. 이처럼 이런 임시직 노동자들이 나날이 '자율적'으로 변해 가는, 최소한 단일한 고용주에게 점점 덜 종속되는 상황에서는 이 노동자들의 지위와 결부된 권리와 자영업자에게 보장될 새로운 보호 장치를 계속 명확히 구분할 필요가 없다는 것이다.[35]

궁극적으로 개혁가들은 파트너십과 불안정한 고용 계약 모두를 직업 활동professional activity이라는 단일한 체제로 대체하는 길을 열고자 한다. 시민의 가치화를 촉진하는 데 신경 쓰면서도 국가의 '사회적 부채'를 경계하는 채권 시장을 상대해야 하는 정치 지도자 입장에서는 모든 임시직 노동자를 부분적인 자영업자라는 지위로 포괄할 경우 이중의 이익을 거둘 수 있다. 먼저 회계학적 측면에서 보장들을 표준화하면 선출된 공직자들이 '더 적은 비용으로 더 잘하기'to do better with less—채권 소유자들이 틀림없이 높이 평가할 구호—위해 노력하고 있다는 메시지를 전달할 수 있을 것이다. 그렇지만 재정 건전화와 관련된 긍정적인 효과를 넘어 더 중요한 측면은 포스트임노동이라는 조건이 부상하면 공직자들이 자국 시민에게 내걸었던 약속을 수정할 수 있게 된다는 것이다. 이렇게 되면 모든 사람이 가치를 상승시킬 수 있도록 돕겠다는 약속을 번복하지 않으면서도 더는 유권자에게 협의의 고용 가능성을 책임질 필요가 없기 때문이다.

여기서 임노동자와 독립 계약자가 단일한 법적 보장 체제에 통합되는 것이 그 자체로 퇴행적이지는 않다는 사실을 짚고 넘어갈 필요가 있다. 오히려 전자가 쟁취했던 보호 장치와 후자—스스로 선택해 자영업자가 된 경우—가 누려 온 자율성을 결합하면 고용에 수반되는 종속과 서비스를 판매하는 다수의 자유 계약자가 처한 불안정한 조건 모두를 개선할 지위를 구성할 수도 있을 것이다. 그렇지만 사회 개혁이 유동성 공급자의 바람을 수용하는 방향으로 수립되는 상황에서, 도래하고 있는 단일한 직업 활동 체제가 임시직 노동자에게 '윈윈'이 될 가능성은 지극히 낮다.

종속에 대한 보상과 상호 의존성에 대한 후원

20년 넘게 선진 공업국 정부는 채권자가 평가하는 유권자의 매력도를 높이도록 돕겠다고 맹세함으로써 양측의 신뢰를 동시에 유지하려 했다. 시민이 신용도를 상승시키도록 유인하는 기획은 이미 확장세에 접어들었던 파생 상품 시장이 가구들에 빚을 지라고 부추긴 1990년대에 제3의 길 정치인들에 의해 처음 기틀이 잡힌 이후로 공공 정책에 꾸준히 영향을 미쳤다. 그렇지만 정부가 자신의 소임을 다하는 방식은 진화해 왔다. 특히 지난 10년 동안 그랬다. 앞서 언급한 것처럼 국가별로 1인당 인적 자본 가치를 최적화하는 기획은 숙련된 기술이 있거나 순종적인 혹은 두 가지 특성을 모두 갖춘 이민자를 받아들이고 이들의 교육과 직업 훈련에 투자함으로써 '분자'를 늘리는 식으로도 이루어졌지만, 금융적으로 매력적이지 않다고 여겨지는 집단을 실제로 내쫓거나 통계에서 지움으로써 '분모'를 줄이는 식으로도 진행되어 왔다. 게다가 공공 정책은 가치를 상승시킬 유인을 가질 만한 개인들의 고용 가능성조차 더 이상 촉진하려 하지 않는다. 플랫폼 자본주의와 그 경제적 모델이 출현한 덕분에 이제 정부는 정책 수혜자에게 평판을 뒷받침하는 자산 포트폴리오를 한층 효과적으로 관리할 수 있게 해 주는 자원들만 제공하면 된다.

국가 당국이 시민의 가치화를 지원하는 까닭은 상호 보완적인 두 가지 집착 때문이다. 첫째는 긴축이라는 약속에 대한 집착이다. 이 집착은 "사람들이 스스로를 도울 수 있도록 돕겠다"던 빌 클린턴의 맹세와 "무노동 계급"에 동기를 부여하겠다고 한 토니 블레어의 노력에도 어느 정도 깔려 있었지만, 2010년대 초 이래 부채 건전화가 맹렬한 기세로 귀환하면서 훨씬 더 강화되었다. 정부를 사로잡은 둘째 집착은 자신의 긴축으로 인해 [복지 혜택이 줄어든 시민들 사이에서] 발생한 적대감으로부터 스스로를 지키는 것이다. 이에 대응하기 위해 정부는 보통 자격 없는 복지 청구인들 때문에 발생하는 부담을 강조하며, 그리하여 국적, 인종, 순종적인 태도, 유연성 같은 '자산'을 기준 삼아 신용 추구자들을 차별하는 시도를 대중 친화적인 행보로 치장한다. 이때 대중은 뿌리와 피부색 덕분에 가치가 높다고 평가받을 수 있어 감격하는 백인 '토박이들'이다.

1990년대 제3의 길 지도자들은 모든 교환의 세계화를 찬양했다. 자본과 재화, 그만큼은 아니지만 사람의 자유로운 이동은 평화로운 하나의 '국제 사회'를 건설하는 데 필수적이며, 이 사회 안에서 각국은 기술 융합과 문화 혼합에 의지해 더욱 성공적으로 투자자의 선호를 얻기 위한 경쟁에 돌입할 수 있을 것이라고 간주되었다. 그렇지만 20여 년이 지난 지금 주류 정치인들은 장벽 없는 하나의 세계가 도래했다고 선언하려 들지 않는다. 대다수 정치인은 아랍의 봄 실패와 그 귀결들—난민 유입과 테러리즘의 재발 등—을 활용해 국경 통제를 강화했을 뿐 아니라 자신의 경제적 애국주의를 전시하고 자국 시민에게 국민 정체성을 인적 자본의 소중한 요소로 재평가하라고 부추겨 왔다. 오늘날 정부들은 자본 이동을 규제할 의향이 거의 없는 한편, 규제받지 않는 금융의 운동을 바람직한 코즈모폴리턴적 질서—유동성, 상품, 사람이 국경을 넘나들며 자유롭게 이동하는—의 한 차원으로만 보지는 않으려 주의한다. 반대로 정부들은 이민자의 침입에 대한 두려움을 조장하고 일부 경우에는 보호 무역주의를 복원하자고 부르짖음으로써 금융 시장에 고질적으로 의존한다는 대중의 비난에서 벗어나려 애쓰고 있다.

풍요롭고 평화로운 세계화에 대한 찬사는 이제 한물간 것이 되었지만, 선출된 정치인은 다수의 득표를 잃지 않으면서도 시장의 신뢰를 유지하려면 신용도 높은 국민들이 각자의 인적 자본에 투자하도록 이끌어야 한다고 믿는다. 이들의 시각에서는 이것이야말로 유권자와 투자자 모두 합의할 수 있는 약속이다. 유권자의 경우 포드주의 시대 내내 안정적인 고용의 기반이었던 강력한 경제 성장이 재개될 것이라고 기대하지 않으며, 투자자의 경우에도 국민이 채용자 및 대부자에게 평가받는 매력도를 높이도록 돕겠다는 정부의 다짐은—이 다짐이 만인의 고용 가능성을 보증하겠다는 약속과 무관하다면—채권 소유자들이 지지할 수 있는 사회 정책에 해당하기 때문이다.

이런 측면에서 공직자들이 국민 1인당 인적 자본 가치에 기울이는 관심은 경영자들이 기업의 사회적 책임에 보이는 관심과 유사하다. 두 경우 모두에서 통치(경영)governing의 핵심은 금융적 후원자에게 자금이 가치 있는 자산에 투자되고 있다고 설득하는 것이니 말이다. 1장에서 보았듯 주주 가치를 추구하는 데 능숙한 CEO들은 사회적, 생태적 책임을 다하면 유감스럽지만 미래 배당액이 줄어들 수밖에 없다는 의견이 투자자의 심기를 건드릴 것이라는 사실을 잘 알고 있다. 주주의 신뢰를 유지하려면 이런 도덕적인 행위들이 추가 비용이 아니라 바람직한 거버넌스의 목표인 주식 가치 상승의 중요 요소로 인식되어야 한다. 달리 말해 기업 경영자는 자신이 회사의 신용 유지를 위해 임명된 이상 자사의 긍정적인 평판(피고용인의 권리, 환경 보전, 소비자 건강, 윤리적 준칙 등과 관련해)을 신경 쓰는 것이 자신의 필수적인 소임이라고 주장해야 한다. 이런 조건에서만 CSR(기업의 사회적 책임) 라벨을 얻는 데 들어간 돈이 건전한 투자가 된다.

채권 시장의 신뢰 유지를 최우선시하는 선출된 공직자 역시 자신이 내세우는 사회 정책이 모두에게 유리하다고 선전해야 한다. 한편으로 합리적인 금리로 대출받기 위해 자국 영토에 기업 친화적인 환경을 조성하려면 이들은 다음의 과제를 처리해야 한다. 즉 과세를 최소화하면서 엄격한 예산 계획을 수립해야 하고, 노동 시장의 유연성을 계속 강화해야 하며, 민간 부문의 재산권을 보장해 주어야 한다. 그러나 다른 한편으로 정부들은 이런 조치로 선거에서 역효과가 발생하지 않도록 국가 경쟁력이 시민의 생산성에 좌우된다는 사실을 투자자에게 설득하고자 최선을 다해야 한다. 그래서 정부가 인적 자본을 훈련하고 유지하는 프로그램들을 홍보하는 것이다. 이 프로그램들은 비용이 별로 들지 않으며, 나아가 인구 집단의 금융적 매력도를 증대시키는 기술, 유연성, 가용성을 생산하기 때문에 매력적이라면서 말이다.

우리는 '바람직한' 거버넌스에서 CSR이 기업 주식 가치의 한 측면으로, 따라서 주식 시장에서 벌어지는 투기에 도움이 되는 자산으로 간주되기 때문에 이해 관계자 액티비즘이 자신의 목적에 맞게 CSR을 전유해야 한다고 주장했다. 사회적, 환경적 책임을 다하지 않는 회사의 주식에 불리한 방향으로 투기하기 위해 말이다. 나아가 이 책 전반에 깔린 유비 추론을 따라가 보면 임노동자를 준독립적 서비스 제공자로 대체하려는 입법 개혁 역시 운동가들이 전유할 수 있다는 결론에 이르게 된다. 달리 말해 이해 관계자들이 무엇이 CSR로 셈해질 수 있는지를 정의하는 주주들의 권력에 도전해야 하는 것처럼, 시민은, 더 낮게 표현하면 사회적 채권자들은 정부가 고용에 기반한 보호 장치와 복지 혜택의 매력적인 대체물이라고 금융적 채권자들에게 선전하는 것, 즉 인적 자본 가치의 상승이라는 유인을 표적으로 삼아 투기해야 한다. CSR을 전략적으로 재전유하고자 할 때와 마찬가지로 여기서 관건은 단순히 시민에게 스스로를 가치 있는 자산으로 구성된 포트폴리오로 만들라고 부추기는 공공 정책의 퇴행적인 성격을 비난하는 것이 아니다. 피투자자를 동원하려면 고용 계약을 파트너십으로 대체하는 움직임 기저에 깔린 논리를 폭로해야 하지만, 사회적 채권자들이 전개하는 액티비즘의 핵심은 결국 자산 가치화와 신용 할당의 조건을 변경하는 것이다.

모든 임시직 노동자를 단일한 지위로 포괄하려는 개혁 프로젝트들은 금융 시장의 기대를 충족하기 위해 고안되었고 지금도 그렇게 운영되고 있다. 이 프로젝트들은 자율성이 적정 수준의 리스크 보장과 결합될 수 있는 조건을 어렴풋하게나마 보여 주기는커녕 1980년대 이래 임노동자의 삶을 점점 더 불안정하게 만든 과정이 새로운 국면에 진입했다는 징후를 드러내고 있을 따름이다. 그리고 실제로 다수의 노동 조합은 노동법 개혁이 진행되는 주류 흐름을 경계하고 있다. 소위 개혁주의적 노동 조직들—1990년대 제3의 길 지도자들이 부과한 코칭 역할을 받아들여 노동 시장의 변화에 구성원이 적응하도록 돕는 것을 사명으로 삼은—을 제외하면, 노조 지도자들은 이전 세대가 쟁취한 사회적 권리를 최대한 보존하고 자신이 보기에 임노동 사회의 퇴조에 내재하는 현상인 노동의 우버화에 저항하는 데 힘을 쏟고 있다.

그런데 현재 진행 중인 임노동 조건의 악화에 대한 노동 운동의 비난이 아니라 우버화된 노동자들이 벌이고 있는 운동을 찬찬히 들여다보면, 이들이 자본주의 플랫폼의 약탈적인 관행에 분노하는 한편 전후의 〔사회 협약이 설정했던〕 피고용인 지위를 복원하는 데는 관심이 없다는 것을 알 수 있다. 물론 지금까지 운전 기사나 음식 배달 기사 들은 시위와 소송을 통해 자신의 서비스를 고용 관계로 재분류하고자 했다.[36] 그렇지만 이런 행동은 성공적일 때조차도—대부분의 경우 성공적이었다—〔그 자체로 추구해야 할〕 전략적인 목표보다는 〔다른 목적을 달성하는 데〕 반드시 필요한 전술적인 행보에 가깝다. 달리 말해 긱 경제의 노동자들은 최소한의 권리와 보호 장치를 얻어 내기 위해 파트너십으로 위장한 일자리의 합법성을 두고 시비하지만, 그렇다고 해서 이들의 궁극적인 목표가 임노동 계급에 동화되는 것은 아니다.

이런 맥락에서 프랑스 배달 기사들의 조합을 조직한 제롬 피모의 제안은 중요한 의미를 지닌다. 프랑스의 인터넷 신문『메디아파르』에 실린 인터뷰에서 이 자전거 배달 운동가는 우버화에 저항하는 다른 이들처럼 자신과 동지들의 노동을 임금을 지불받는 고용으로 재분류해 달라고 요청하기 위해 법원으로 향했다고 설명한다. 다른 나라들과 마찬가지로 프랑스에서도 집까지 배달하는 플랫폼들은 자신이 채용하는 사람에게 1인 기업가로, 즉 독립 계약자로 등록하라고 요구하기 때문이다.[37] 그런데 피모의 말은 여기서 끝나지 않는다. 이 사안을 법정으로 끌고 간 목적은 단순히 분개한 배달 기사들을 위한 보상을 얻어 내는 것이 아니었다. 오히려 이는 다분히 상징적인 행위였는데, 법원 판결이 우호적으로 내려지면 푸드 테크 산업*의 표리부동을 폭로할 수 있기 때문이다. 그렇지만 이런 판결이 선례로 남으면 배달 기사가 지속적인 일자리가 되기 어려워질 수 있다.

실제로 피모에 따르면 상품을 집까지 배달하는 플랫폼들은 비난받아 마땅한 관행을 일삼으면서도 대부분 적자에 시달리고 있다. 스타트업 모델을 충실히 따르는 이 플랫폼들은 전체 시장을 장악한다는 전망으로 투자자를 유인함으로써 매력도를 높이지만, 바로 이 이유로 또한 투자자에게 장기간 적자가 나더라도 인내심을 가지고 기다려 달라고 양해를 구한다. 가치 평가액valuation은 매우 높지만 적자 규모도 엄청난 거대 카풀 기업들도 이런 경우에 해당한다. 실제로 2017년에 우버는 45억 달러, 리프트는 6억 달러의 적자를 기록했다. 피고용인으로 인정되는 이들이 사실상 없음에도 이미 위태로운 긱 경제 플랫폼들의 상황을 고려할 때, '파트너들'을 임노동자로 재분류함으로써 발생하는 추가 비용은 투자자의 인내심을 바닥낼 소지가 크다.

그렇다면 우리는 자전거 배달 기사와 하이브리드 운전 기사의 요구를 지지하는 판례법이 상처뿐인 승리Pyrrhic victory 만을 거두었다고 결론 내려야 하는가? 전혀 그렇지 않다. '마음 편히 먹어'Take Eat Easy라는 회사가 파산하면서 운동에 나선 피모와 벨기에 동료들에게 '고용주'의 실패는 자신의 지위와 활동을 재발명할 기회였기 때문이다. 이들은 법원이 푸드 테크 기업이라는 포식자에게 배달 기사를 고용하도록 강제해 이 회사들이 파산 가능성에 직면하면 이제까지 비어 있던 공간을 점유할 기회가 배달 기사에게 생긴다고 주장한다.

✳ 식품 생산과 가공, 유통, 서비스를 아우르는 식품 산업에 정보 통신 기술이 접목되면서 부상한 산업 분야다. 이 부분에서 언급하는 배달 앱, 수요 기반on-demand 서비스 외에도 스마트 팜, 대체육 등이 포함된다.

더 정확히 말하면 사법의 이름으로 최후의 일격을 당한 이 회사들을 배달 노동자들이 경영을 도맡고 소득을 나누는 협동조합으로 대체할 가능성이 생긴다는 것이다. 벨기에의 싱크탱크인 해키스탄Hackistan이 제안했듯 우리는 또 배달 기사와 식당 들을 연결하는 새로운 조직을 상상할 수 있다. 생각해 보면 플랫폼들의 성공 비결은 자신이 촉진했다고 자랑스레 떠벌리는 탈중개화disintermediation 아니던가.[38] 이 플랫폼들이 제공하는 기능의 본질이 서비스 제공자와 구매자를 연결하는 것이라면, 인터페이스 사용자들이 플랫폼의 주주에게 종종 과다한 지대를 지불하는 대신 자신의 목적을 위해 플랫폼을 인수하는 시나리오도 기술적으로나 법적으로나 충분히 구상해 볼 수 있다.

배달업계 밖으로 눈을 돌려 보면 이런 협동조합 사이트들이 이미 현존함을 확인할 수 있다. 800여 명의 운전 기사가 소유해 경영하는 콜로라도주 덴버의 녹색 택시 협동조합Green Taxi Cooperative은 기존 택시업계는 물론이고 우버와도 경쟁하고 있다.[39] 더 최근의 사례로 프랑스의 쿱사이클Coopcycle이라는 단체는 노동자들이 소유하는 가정 배달 협동조합만을 대상으로 "고객이 주문한 음식을 자전거로 배달받을 수 있게 해 주는" 소프트웨어를 개발해 왔다.[40] 개인들 간의 숙소 대여나 전자 상거래 부문 같은 '공유 경제'의 다른 부문에서도 유사한 시도들을 찾아볼 수 있다. 두 부문의 대표적인 사례로는 마르세유의 협동조합인 '북쪽의 호텔'Hôtel du Nord[41]과 독일 플랫폼인 페어몬도Fairmondo[42]가 있다.

물론 협동조합 운동은 오랜 역사를 자랑한다. 협동조합 운동이 자본주의에 저항하는 양식으로 유효하냐는 문제는 운동 초기부터 격렬한 논쟁의 대상이었지만—마르크스는 프루동에 반대해 시장 경제가 확장되면서 상호 부조 운동이 좌초하고 말 것이라고 주장했다—플랫폼 자본주의가 도래하는 계기였던 바로 그 기술들이 협동조합 운동에 새로운 생명력을 불어넣어 주었다고 보아야 하지 않을까. 우버, 딜리버루 Deliveroo, 태스크래빗, 아마존 메커니컬 터크 같은 약탈적인 디지털 인터페이스는 임노동이라는 조건을 약화하는 데 결정적인 역할을 담당하고 있다. 동시에 이런 인터페이스들의 작동 양식이 만들어 낸 서비스 제공자와 사용자의 세계는 자신의 주민들이 서로 연결되고 네트워크를 이루면서 각자의 거래를 관리할 수 있게 해 준다.

전략적인 측면에서 프랑스와 벨기에의 배달 기사 운동가들이 예시한 사회적, 정치적 의제는 산업 시대에 혁명적인 노동 조합들이 취했던 접근법을 반향하고 있다. 끊임없이 임금을 줄이지 않는 한 자본주의적 모험들이 얼마 못 가 무너질 것이라고—마르크스가 "가장 중요한 정치 경제학 법칙"이라 부른 이윤율의 경향적 저하로 인해—확신했던 국제 노동자 협회(제1인터내셔널)(1864~1876)의 구성원들은 더 높은 임금을 위해 협상을 벌인다고 해서 임노동을 정당화하는 것은 아니라고 주장했다. 오히려 이들은 자신을 착취하는 자본가와의 협상을 자본주의의 최종 위기를 앞당길 적절한 수단으로 보았다. 마찬가지로 우버화에 직면한 배달 노동자들이 자신의 활동을 고용으로 재분류하라며 법원에 요구할 때 이런 행동의 전략적 목적은 임노동자 지위를 획득하는 것이 아니라 독립 계약자를 채용하는 경제 모델에 입각한 기업들의 몰락을 앞당기는 것이다.

오늘날 독립 계약자들은 19세기 하반기의 공산주의적 산업 노동자만큼이나 결연하게 착취자의 약점을 공략하고 있지만 열망하는 바는 전임자와 다르다. 하나의 투쟁 끝에 따라올 결과에 대한 상상은 대체로 이 투쟁이 상대하고 있는 통치 양식에 따라 달라진다. 그렇기에 플랫폼 자본주의의 폐허에서 싹을 틔워 나갈 새로운 협동조합 생태계는 산업 자본주의의 최종적인 소멸을 목표로 삼았던 생산 수단의 집단화와는 거리가 멀다. 이와 동시에 연구자이자 운동가인 트레보어 숄츠가 "플랫폼 협동조합주의"라고 부르는 것은 1970년대 사회 운동들이 품었던 자주 관리라는 이상과 몇 가지 측면에서 닮아 있다.[43]

임시직 플랫폼 노동자들이 벌이는 투쟁은 역사도 오래되지 않았고 여전히 주변적인 지위에 머물러 있다. 따라서 아직은 이런 투쟁이 무엇을 의미하는지, 그 파장이 어디까지 미칠지 평가하기 어렵다. 특히 자신이 현존하는 우버화된 (노동) 조건과 보장된 고용 계약 모두에 대한 대안이라고 생각하는 협동조합이라는 장소를 이들이 실제로 구현할 수 있느냐는 측면에서 그렇다. 현재 단계에서 '플랫폼 협동조합주의'의 지지자들이 마주한 주된 도전은 그것의 경제적 모델이라는 문제다. 왜냐하면 소위 협력 경제를 지배하는 자본주의적 기업들과 경쟁하기 위해서는 협동조합 인터페이스들이 스스로를 실질적인 피투자자로, 즉 투자할 가치가 있는 프로젝트로 구성해야 하기 때문이다. 그럴 수 있으려면 운영에 필요한 자금을 모을 정도로 매력적이어야 하며, 그뿐 아니라 자신의 존재를 알리고 평판 자본을 높여 줄, 소비자와 파트너로 이루어진 후원 네트워크를 구축해야 한다.

긱 경제의 주된 자금줄은 '유니콘'—10억 달러 이상의 가치가 있다고 평가받는 스타트업을 가리키는 명칭—을 키우는 데 혈안이 된 벤처 자본가다. 벤처 자본가들은 이미 존재하는 필요를 충족하거나 문제를 해결하는 것이 아니라 프로젝트를 통해 창출하고 정복할 수 있는 시장을 상상해 내는 데 탁월한 '선구자들'visionaries을 찾아다닌다. 스타트업 창업자들이 자신에게 투자한 벤처 자본가를 다정하게 지칭할 때 쓰는 낯뜨거운 표현을 빌리면 '앤젤 투자자'business angel들은 다음과 같은 사실을 너무나 잘 이해하고 있다. 아직 표출되지 않은 수요를 경쟁자를 물리칠 만큼 거대한 범위에서 충족할 비용 효율적인 방법을 개발하려는 시도는 주주에게 인내심을 요구한다는 점을 말이다. 유니콘을 양성하려면 투자자는 장기간의 적자를 감수해야 할 뿐 아니라 자신이 키우는 유니콘이 수익을 낼 때까지 배당금 분배도 미루어야 한다. 어느 스타트업이 독점이라는 원대한 야망을 품고 있을 때 이 스타트업이 자신에 대한 신용을 유지하려면 반드시 수입 공개를 거부해야 하기 때문이다.[44] 그렇지만 동시에 벤처 자본가는 자신이 '천사처럼' 마냥 기다릴지언정 바보는 아니라는 사실을 확실히 못 박아 두려 한다. 그래서 이들은 자신의 자금이 해당 기업이 지향하는 '비전'에만 오롯이 쓰이도록 요구한다. 대체 가능한 서비스 제공자들의 임금과 복지 혜택을 희생시키는 한이 있더라도 말이다.

협동조합 형태로 운영되는 플랫폼에는 벤처 자본가가 매력적이라고 느낄 만한 특성이 전무하다고 봐도 무방하다. 첫째, 노동자가 소유하는 이 플랫폼들의 최우선 관심사는 플랫폼 운영에 관계된 모든 당사자의 복리다(반대로 앤젤 투자자는 노동 비용 최소화가 자신의 관대함에 감사를 표하는 적절한 방식이라고 간주한다). 둘째, 플랫폼 입장에서는 우버화된 '파트너들'을 [최소한의 보수만 지불해 값싸게] 활용하지 않고 이들과 이익을 공유할 경우 비용 부담이 더 크기 때문에, 협동조합 형태의 플랫폼이 명맥을 유지하려면 [기존의 약탈적 플랫폼이 징수하던] 중개료를 폐지해야 한다. 디지털 인터페이스들이 '선구적인' 야심을 드러낼 수 있게 해 주고 이로써 벤처 자본을 유인할 수 있게 해 주는 중개료 말이다. 셋째, 협동조합 형태의 플랫폼이라는 경제적 모델의 특성상 전 지구적인 시장 지배를 추구하기보다는 지역 내에서 평판을 구축할 수밖에 없기 때문에 초기에는 많은 수입을 기대할 수 없다. 앞서 살펴보았듯 이는 벤처 자본가가 높이 살 특성이 아니다.

그렇다면 이는 디지털 협동조합은 벤처 자본이 할당되는 기준에 부합하지 않기 때문에 우버화의 유효한 해답이 될 수 없다는 뜻일까? 플랫폼 협동조합 운동이 자본주의적 적수들과 나란히 혹은 이 적수들을 패퇴시키면서 뿌리를 내릴 가능성을 부정하기 전에 다음의 사실을 상기할 필요가 있다. 즉 임노동의 품으로 돌아가지 않으면서도 강제된 자기-고용[자영업]을 벗어나고자 분투하는 운동가들이 투자를 추구하는 프로젝트의 담지자인 **피투자자**라는 범주에 속한다는 사실 말이다. 이렇게 보면 피투자자들이 기획하는 이니셔티브의 운명은 일차적으로 자신을 후원할 역량이 있는 개인과 기관의 신뢰를 얻을 수 있느냐 여부에 달려 있다. 물론 금융적, 도덕적 측면에서 양호한 신용도가 성공적인 모험venture의 연료인 것은 사실이다. 하지만 그렇다고 해서 현재 채권자들이 가치 상승 가능성이 있다고 여기는 특성을 갖추고 있어야만 성공할 수 있는 것은 아니다. 실제로 유니콘 육성 전문가들은 누구보다 먼저 다음과 같은 점을 지적할 장본인이다. 스타트업 창업자가 '파괴적' 혁신가로 변하려면 앞선 기업들이 품었던 것과 동일한 기대를 충족하는 것이 아니라 자본을 끌어들이는 법칙을 변경해야 한다고 말이다.[45] 협동조합적 플랫폼에 '파괴'를 실행할 자원이 있는가? 즉 이 플랫폼들은 신용이 할당되는 조건을 바꿀 수 있는가? 이 질문에 긍정적으로 답할 앤젤 투자자는 거의 없겠지만—그렇지만 다시 한번 말하건대 파괴란 정의상 대다수 관찰자가 예측할 수 없는 것이다—우리는 이 싸움에 승산이 있다고 주장하려 한다.

첫째, 경제적 지속 가능성을 따져 보면 디지털 시대의 협동조합 운동은 이전에 브장송의 시계 제조업체 립Lip, 1973~1977* 이나 바르셀로나의 가전 회사 누막스Numax, 1977~1979 등에서 이루어진 자주 관리 실험을 결정적으로 제약했던 약점에서 자유롭다. 두 사례 모두에서 노동자들은 생산과 경영을 장악함으로써 공장 폐쇄를 피하려 했지만 충분한 자금을 모으지 못해 결국 일자리를 지키는 데 실패하고 말았다.[46] 그렇지만 과거 포드주의 시대의 선배들과 달리 오늘날의 협동조합

---

* 립의 노동자들은 1973년 4월 공장이 폐쇄될 위기에 직면하자 자신의 요구를 관철하기 위해 파업을 시작한 뒤 공장을 점거하고 시계 생산을 스스로 재개했다. 1974년 노사가 협상안을 체결하면서 기업은 정상화되었으나 노동자들의 요구는 수용되지 않았다. 그렇지만 이후에도 유사한 방식의 파업이 프랑스의 몇몇 공장에서 전개되었으며, 이들이 보여 준 실험적 시도는 자주 관리 이념을 실현한 사례로 여겨진다. 다음의 글을 참조하라. 오창룡, 「1960~70년대 프랑스의 자주 관리 운동과 프랑스 사회당의 자주 관리 노선」, 『진보평론』 24, 2005, 244~265쪽.

적 플랫폼은 자본 도피에 덜 취약하다. 서비스 부문에 주력하면서 인터넷에 접근할 수 있는 인구 집단을 대상으로 삼기만 한다면 상대적으로 저렴한 기술을 통해 소비자와 바로 만날 수 있는 것이다. 따라서 벤처 자금의 유입이 없더라도 훌륭한 어플리케이션과 최소한의 투자금—어떤 경우에는 크라우드 펀딩을 통해 조달되기도 하는—만 미리 확보하면 프로젝트에 착수하기에는 충분하다.

둘째, 사회 관계망을 구축하는 디지털 약탈자들의 권력과 경쟁하는 데 있어서도 협동조합이 반드시 불리한 것은 아니다. 플랫폼 이용자들이 볼 수 있는 상호 교차 등급 평가cross-referenced rating 시스템은 우버나 아마존, 태스크래빗의 선호가 반영된 품행 기준을 강화하는 대신 다른 목적에 쓰일 수 있기 때문이다. 이용자와 〔서비스〕 제공자가 평점을 받기도 하지만 동시에 주기도 한다는 점, 그리고 모두가 열망하는 신용이 투기의 대상이라는 점을 감안할 때 상호 교차 등급 평가는 우버화된 존재들이 전유하고 타인들—자신에게 서비스를 제공받는 소비자, 자신의 기술을 홍보하는 동시에 〔자신의 기술로〕 대체하고 싶은 공간인 사이트, 추천하고 싶은 자산을 가진 동료—의 평판에 영향을 미치기 위해 활용할 수 있는 하나의 자원이다.

아마존 메커니컬 터크에 가입한 독립 계약자들 사이에서 급성장하고 있는 액티비즘은 이처럼 등급 평가의 장에 정치적, 경제적으로 투자하는 상이한 방식을 명확하게 보여 준다. 에세이스트 폴 햄프턴이 전해 주는 바에 따르면 메커니컬 터크 노동자들이 첫 번째로 시도한 투쟁 이니셔티브는 터콥티콘Turkopticon이라는 이름의 제3자 서비스third-party service* 형태를 취했다. 2013년에 개시한 이 서비스의 목적은 악성 구매자 목록을 만들고 남용 사례를 비난함으로써 (서비스) 제공자들이 온당하게 평가받을 수 있게 하는 것이었다. 다음으로 2015년에는 터콥티콘의 경험을 바탕으로 보다 원대한 목표를 품은 다이너모Dynamo라는 단체가 등장했다. 이 단체는 서비스 구매자가 준수해야 할 관행을 규약으로 정리해 터콥티콘의 업무를 공식화하고, 아마존 CEO에 대한 불만을 광범위하게 공개해 더 나은 처우를 보장받고자 했다. 이 최초의 캠페인은 실패로 끝났지만—[아마존 CEO] 제프 베이조스는 [아마존 메커니컬 터크에서 일하는] 터커들의 요구를 받아들이기는커녕 사이트 접근 비용을 인상하는 방식으로 이들이 보인 대담함을 처벌했다—다이너모 운동가들은 보복을 견디면서 다른 전략을 구상했다. 플랫폼 소유주의 대응에 분노한 운동가들은 터커들이 들리지 않는 불만을 모아 '항의'하기보다는 '이탈'해 고객 네트워크를 그러모아 스스로 협동조합 플랫폼을 창립하는 방식으로 AMT에 맞서야 한다는 아이디어를 내기 시작했다.[47]

아직 발아 단계에 있는 이 시도가 알려 주는 것처럼 긱 경제의 노동자 연합체들이 산업 시대 노동 조합의 족적을 그대로 따르는 것은 아니다. 이 연합체들은 더 나은 노동 조건을 얻어 내기 위해 자신의 서비스를 판매하는 플랫폼을 압박하

✻ 정부나 기업 등 서비스를 제공하는 기관이 직접적으로 관여하지 않고 다른 이해 당사자(가령 비영리 기관 등)가 운영을 전담하는 서비스를 가리킨다. 이 경우에는 서비스 제공자들을 통제하는 AMT가 아니라 이 기관 외부에서 서비스 제공자의 권익을 위해 운영되는 서비스를 뜻한다.

기보다는 약탈적인 인터페이스들이 즐겨 활용하는 등급 평가 체계를 전유해 자신의 비용으로 자신만의 신용을 구축하려 한다. 어쨌거나 디지털 인터페이스에서 사이트 이용자는 다른 이용자의 과업 수행에 대가를 지불할 때만 후자의 등급을 평가할 수 있다. [서비스] 제공자와 고객이 자신들의 경험을 평가하게 되면, 계약을 통해 수행되는 과업은 여기 연루된 모든 당사자—플랫폼 소유주를 포함해—의 소득뿐 아니라 신용에도 기여한다. 따라서 트레보어 숄츠가 말한 것처럼 우리는 상이한 활동(배달, 여객 운송, 주택 임대차, 나아가 농업, 디자인, 공정 무역 등등)에 종사하면서 다른 협동조합 구성원들과 우선적으로 [거래] 관계를 맺는, 노동자 소유 조직들로 이루어진 생태계에 기반한 플랫폼 협동조합 운동을 도모해 볼 수 있을 것이다. 이때 네트워크에 참가하는 각 협동조합의 구성원들은 상호 후원을 통해 파트너들의 평판과 경제적 생존 가능성에 기여하게 될 것이다.[48]

마지막으로 경영을 맡고 과실을 나누며 자신의 직업 활동에 대한 평판을 쌓아 나가면서 서비스 제공자들은 이 생태계의 발전을 잠재적으로 대중적인 정치적 대의로 내세울 수 있다. 어떤 조건에서 국가 당국이 자본주의적 플랫폼에 대한 협동조합주의적 대안을 지지하게 될지 이해하려면 자본주의적 플랫폼의 전략을 살펴볼 필요가 있다. 앞서 확인한 것처럼 유니콘을 꿈꾸는 스타트업은 벤처 자본가의 주의를 끌기 위해 이제까지 고려되지 못했던 수요의 보고寶庫를 제시하며 판로를 개척할 알고리즘을 발견했다고 주장한다. 투자자가 관심을 보이면 스타트업은 이 시장을 창출하고 정복하기 위해서는 수익이 발생하지 않는 상대적으로 장기간의 투자가 꼭 필요함을 입증해야 한다. 빠르게 성장하는 스타트업의 경우 대차대조표상의 적자가 주가 상승으로 귀결되는 경향이 있으므로 벤처 자본가는 기꺼이 참고 기다려 준다. 그렇지만 벤처 자본가는 자신의 자금이 독점 시장을 구축하는 데 투자되고 있다는 느낌을 받아야 한다. 앞서 언급했듯 노동 비용 삭감은 앤젤 투자자들이 요구하는 '진정성'의 주요 증거 중 하나다. 그런데 투자자에게는 자신이 키우는 이 스타트업이 영업하는 도시나 국가의 규제와 세금을 회피하기 위해 최선을 다하는 것도 그만큼 중요하다. 자본주의 플랫폼이 자국 영토에 진출하는 것에 국가 당국이 종종 양가적인 태도를 취하는 것도 이 때문이다.

한편으로 정부가 투자자에게 매력적인 환경을 조성하는 데 열의를 보이고 있기 때문에 국가와 지방 자치 단체 수장들은 플랫폼 자본주의가 일자리 시장의 유연성에 기여한다며 환영한다. 그러나 다른 한편으로 이들은 긱 경제의 거인들이 전문적으로 사용하는 조세 회피 전략에 분노하며, 일부 '공유' 사이트가 지역 사회에 초래하는 사회적으로 부정적인 파급 효과와 애로 사항—예를 들어 에어비앤비가 부동산 가격에 미치는 파장—도 잘 알고 있다. 나아가 공직자들은 이런 탈중개화를 일으키는 장본인들이 '파괴'disrupt하려는 경제 부문이 입는—에어비앤비로 인해 관광업이, 우버로 인해 수송업이, 아마존으로 인해 소매업이—충격 역시 우려한다.

선출직 공직자들이 플랫폼 자본주의의 선봉을 내쫓는 경우는 극히 드물지만, 독점을 향한 약탈적인 유니콘 기업의 야심을 좌절시키는 것이 공직자의 이해 관계에 부합한다고 설득할 수는 있을 것이다. 물론 부채 건전화라는 족쇄를 찬 국가와 지역, 도시가 세금으로 자금을 마련해 막대한 벤처 자본이 투입된 전 지구적 플랫폼에 대적하기를 기대하기는 어렵다. 그렇지만 플랫폼 협동조합 운동의 지지자들은 조세 회피를 방지하고 플랫폼 운영 과정에서 발생한 부정적 외부성의 책임을 플랫폼에 묻는 규제 틀이 확립되어야 한다고 주장할 수 있다. 자본주의적 플랫폼이 재정적 기여, 환경 보전, 도시 계획, 노동 관행과 관련해 한층 엄격한 규제를 준수하게 만든다면, 이 플랫폼들의 금융적 매력도가 위험에 처하지는 않겠지만 적어도 지역 협동조합에는 서비스 가격이나 품질 측면에서 경쟁해 볼 기회가 생길 것이다.

일부 도시는 이미 이런 길을 걷고 있다. 시장과 그의 팀이 대체로 사회 운동 출신인 바르셀로나의 시 정부는 규제 권한을 발동해 교통, 에너지, 통신 등 주요 경제 부문에서 서비스 제공자 협동조합의 발전을 촉진하고 있다. 진보적인 이 선출직 공직자들은 협동조합을 지원함으로써 조세 도피처에 근거지를 둔 약탈적인 인터페이스들에 탈중개화—공급 사슬에서 중개상들을 빼 버리는 것—역할을 온전히 넘기지는 않겠다는 의사를 확고히 드러내고 있다. 그와 동시에 노동자가 소유하고 자주 관리하는 벤처 기업의 등장을 돕기로 선택하는 것은 전통적으로 좌파와 동일시되었던 경로, 즉 공공 사업과 공공 서비스, 임노동 보호를 사회 정책의 핵심으로 삼는 노선에서 이탈하는 것이다.[49]

협동조합 친화적인 규제의 지지자들에게 이런 조치의 목적은 단순히 임시직 노동자의 프로젝트를 위한 틈새를 창출하는 것이 아니다. 이는 잘해 봤자 이른바 사회적 연대 경제social and solidarity economy, SSE의 적당한 확장에 그칠 뿐이다.

211

긱 경제 운동가들은 국가가 보증하는 임금 보장과 사회 복지 혜택이 노동자의 복리를 좌우했던 전후 사회 협약을 복원하는 것보다 협동조합 운동을 부활시키는 것이 우버화에 맞서는 더 적합한 대안이라고 믿기에, 자신의 요구를 정부에 대한 새로운 정치적 관여의 한 가지 청사진으로 이해한다. 협동조합적 플랫폼을 주창하는 이들은 단순히 착취적인 채용 관행에 맞서 법에 명시된 혹은 법의 테두리 내에서 보장되는 보호를 요구하기보다는 국가 당국에 자기 이니셔티브의 '인큐베이터'로 행동하라고 촉구한다. 궁극적으로 이들은 자신의 플랫폼을 위한 '플랫폼'을 정치적 대표자들이 제공해 주기를 원한다. 정부가 시장 메커니즘을 대신하거나 약탈자에 대한 방어막이 되기보다는 이제 막 발을 뗀 협동조합 생태계의 경쟁력 향상을 촉진하는 방향으로 행동해야 한다는 것이다.

임노동자와 피투자자

임노동이 일련의 긱 일거리로 녹아 없어지는 상황에서 협동조합적 플랫폼을 옹호하는 이들은 독립 계약자의 극악한 자율성에 안주하지도, 과거 임노동자가 경험했던 보상을 동반하는 종속을 복원하고자 분투하지도 않는다. 대신 이들은 상호 후원 관계와 자신에게 유리한 규제에 입각한 수평적인 상호 의존 체제를 지속시킬 수 있는 기반을 마련하려 한다. 이런 주장은 분명 특정 범주의 임시직 노동자―대부분 도시에서 일하며 최신 기술에 친숙한 청년―에게 호소력을 발휘하고 있지만, 플랫폼 협동조합 운동의 사업 모델뿐 아니라 이 운동의 발전이 수반할 사회적 상상이나 정치적 의제가 어디까지

뻗어 나갈 수 있을지는 세세한 검토가 필요한 문제다. 이 질문에 대한 답은 '노동의 종말'이 임박했다는, 적어도 임노동 사회가 퇴조했다는 널리 퍼져 있지만 여전히 논쟁적인 주장을 믿는지 여부에 주로 좌우된다.

고용 기회가 불가피하게 줄어들고 있다는 선언을 하나의 우화에 불과한 것으로 여기는 쪽은 대체로 좌파 진영이다. 마르크스주의자, 포스트케인스주의자, 조절 학파[50] 성원 등 일군의 이단적 경제학자는 소위 임노동이 결정적인 위기를 맞았다는 이야기가 노동 조건이 계속 악화하는 상황에서 금융 자본주의의 책임을 희석하기 위해 고안된 이데올로기적 산물이라고 이해한다. 이들이 볼 때 점점 심화하고 있는 노동 시장의 유연성과 분절화는 결코 기술 진보와 세계화의 불가피한 결과가 아니다. 물론 이들도 정보 통신 기술과 로봇 공학, [해외] 숙련 노동자의 공급 같은 요인이 결합해 양극화─시장에서 높이 평가받는 기술 덕분에 안정적인 지위를 누리거나 (상향) 계층 이동을 자유롭게 선택할 수 있는 소수와 기간제 계약직에서 파견업체 및 긱 노동의 초단기 일거리에 이르는 일시적이고 불안정한 일자리에 만족해야 하는 점점 증가 중인 다수 사이의─를 촉진하고 있다는 사실을 부정하지는 않는다. 그렇지만 다수의 진보적 경제학자에 따르면 분절화된 노동 시장은 경제적 진화에 관한 유사 자연 법칙의 산물이 아니며 투자자의 기대가 고용주의 선택을 좌우하기 때문에, 즉 투자자가 성과를 판단하는 기준은 고용주가 기업을 운영하면서 자산 대비 노동의 비율을 줄이는 능력이기 때문에 일어나는 현상이다.[51]

우리가 아는 노동이 종말을 고할 것이라는 예언을 비판하는 좌파들은 공공 정책이 채권자의 이해 관계에 종속되는 것을 정당화하는 데 이런 예언이 복무한다고 비난한다.〔예언에서 말하는〕이런 징후가 보인다고 주로 주장하는 정통 경제학자들은 일자리 시장을 가르는 이질적인 두 가지 분할선이 있다고 이야기한다. 하나는 높이 평가받는 소수와 대체 가능한 다수를 가르는, 불가피하게 늘어나고 있지만 경제적으로 정당화되는 분할이다. 다른 하나는 보호받는 노동자와 주변화된 노동자를 가르는, 시대에 뒤떨어져 있으며 정당화되지 않는 분할이다. '내부자'로 불리는 보호받는 노동자들은 유연성의 이점이 아직 알려지지 않았던 시기에 획득한 이익을 향유해 왔다고 간주된다. 무엇보다 공무원과 종료가 까다로운 무기 계약을 체결한 노동자가 이에 해당한다. '외부자'로 불리는 임시직 노동자들은 미래가 없는 일자리로 내몰릴 뿐 아니라 노조의 조합주의와 종신직 일자리가 마련한 안전 지대들에도 발을 붙이지 못한다.

채권자의 신뢰를 유지하는 데 몰두하는 선출된 정치인은 이런 구도를 활용해 상당한 이득을 챙길 수 있다. 내부자들이 누리는 보장된 지위 때문에 외부자들이 어려움을 겪는다고 외치면서 국가 당국은 외부자에 대한 지원과 침식되고 있는 내부자 보호 장치를 한데 묶는 조치를 정당화할 수 있다. 심지어는 기존 사회권을 무효화하는 조치를 공정성을 기하는 행위로 포장할 수도 있다. 주주의 요구 때문에 악화하고 있는 노동 조건을 보완할 사회 복지 프로그램을 확대하는 대신, 부채 건전화 정책을 시행하는 바람에 발생한 피해를 내부자의 '특권' 탓으로 돌리면서 평등이라는 미명하에 바닥으로의 경주를 이끌어 갈 수 있게 되는 것이다.[52]

진보적 비판자들이 볼 때 노동 시장 분절에 대한 이런 지배적인 시각은 이데올로기적인 동기에 따른 것일 뿐 아니라 특정한 정치적 목적을 지니는 것이다. 내부자가 아직 향유하고 있는 혜택들이 정당화될 수 없고 시대에 뒤떨어진 반면 세계화의 승자와 패자 간에 점차 벌어져 가는 격차는 정당하고 좁힐 수 없다는 주장은 직업 활동이라는 단일한 지위에 임노동자와 독립 계약자를 모두 몰아넣는 프로젝트를 선전한다는 의도를 담고 있다. 이런 공통의 조건이 확립되더라도 대체 불가능한 소수에게 주어지는 보수나 보장에는 큰 타격이 없겠지만, 임시직 노동자들은 (준)우버화된 상태에 영원히 갇혀 버릴 것이다.

따라서 이단적 경제학자들은 임노동 사회의 퇴조라는 떠들썩한 이야기가 정통 경제학자들의 견해와 달리 사기업, 정부, 구직자가 적응해야 하는 불가피한 과정에 대한 정확한 기술이 아니며, 금융 자본의 우위와 그 전제 조건들을 공고히 하려는 정치적 목적에 의해 추동되는 명제라고 주장한다. 반대로 말하면 이들이 볼 때 투자자 독재에 저항하려면 투자자가 기업 경영, 국가 운영, 개인의 삶에 발휘하는 영향력을 이 세계의 불가항력적인 흐름으로 착각해서는 안 된다. 그러므로 이런 저항은 다른 방식으로 기업을 경영하고 국가를 통치한다면 후기 포드주의의 특징이었던 임노동 사회를 복원하지는 못할지라도 최소한 현대화된 버전을 제안할 수 있음을 논리적으로 함축한다. 달리 말해 일자리 부족이라는 신화를 일소하려면 경영자는 주주 가치를 추구하느라 임노동자의 이해 관계를 희생시키는 관행을 멈추고, 선출된 정치인은 유권자의 복리를 채권 시장의 승인에 종속시키는 처사를 중단하며, 경영자와 정치인 양자가 보다 균등하게 리스크에 대한 보장을 제공하고 일자리를 나눔으로써 점증하는 불평등에 맞서는 데 동의하면 된다는 것이다.[53]

전후 사회 협약을 구성했던 노동 조건과 복지 급여가 실제로 복원될 수 있는지와 무관하게, 이런 전향적인 변화를 밀어붙일 역량과 의지를 갖춘 사회적 행위자가 존재하느냐는 질문이 제기될 수 있다. 기업 경영에서 내려지는 결정을 바꾸는 것을 주된 임무로 삼고 있는 노동 조합의 경우 주주가 기업의 계획에 행사하는 입김 때문에—혹은 앞서 살펴보았듯 주식 시장에서 이루어지는 투기가 노동 시장에서 진행되는 협상보다 우위에 서면서—영향력을 상당 부분 상실했다. 마찬가지로 유권자는 원칙적으로는 대표자에게 집단적 의지를 부과할 권한을 여전히 누린다고 여겨지지만, 자신들의 주권이 채권 시장에서 이루어지는 국가 부채에 대한 가치 평가에 종속되어 있다는 사실을 감안해야 한다. 게다가 갈수록 노동 조건이 불안정해지는 상황에서 유권자의 우선 순위는 이 불안정성을 상쇄하는 유일한 수단이 된 민간 신용에 접근할 수 있는 조건에 의해 점진적으로 변하고 있다. 상대적으로 안정적인 보호를 제공했던 과거의 임노동 사회를 복원하는 기획을 지지하는 이들의 정치적 무기력만이 이 기획의 실현을 가로막는 장애물은 아닌 것이다. 그 지지자의 수가 점점 줄어들고 있는 것 역시 문제다.

노동의 종말이라는 레토릭을 비판하는 진보주의자들은 투자자의 기대가 기업과 공직자 및 개별 시민의 품행에 미치는 영향력이 멈출 수 없는 기술 진보 흐름과 그것의 피할 수 없는 사회경제적 결과들에서 비롯하는 것이 아님을 상기시킨다는 점에서 확실히 옳다. 금융의 위력이 모든 경제적 행위자의 관심과 선택지를 지배할 수 있게 된 것은 무엇보다 30년이 넘는 세월 동안 좌파와 노동 조합이 정치적 패배를 겪어왔기 때문이다. 하지만 그렇더라도 역사를 되돌릴 수 있다는 희망에 근거해 사회 운동을 갱신하려는 전략이 유효한지 따져 볼 나름의 이유들이 있다.

임시직 노동자들에게 임노동이 퇴조하고 있다는 이데올로기적 언술을 거부하고 이전 세대의 요구를 되살리라고 권고하기보다는, 정치인, 초국적 기업 경영자, 심지어 투자 은행가에게도 적용되는 피투자자라는 조건을 액티비즘 관점에서 전유하는 방향을 채택하라고 제안하는 것이 더 효과적이지 않을까? 적어도 이것이 이 책에서 개진하고자 한 제안이다. 비록 이 대안적인 전략의 핵심 내기물은 더 이상 임노동자의 권리 쟁취—자본주의의 최종적 위기를 앞당기기 위해서건 단순히 노동자의 처지를 개선하기 위해서건—가 아니지만, 우리는 이 내기물이 노동 운동가들이 임노동이라는 조건— 운동가들이 노동자에 대한 착취를 가능하게 하는 주체성 형식이라고 비난하면서도 동시에 더 많은 임금, 한층 짧은 노동일, 보다 안전한 노동 환경, 한결 나은 복지 혜택을 협상하기 위해 받아들였던 조건—과 맺었던 이중의 관계를 다른 방식으로 반복하고 있다고 주장해 왔다.

지난 수십 년간 신자유주의 개혁들이 자기도 모르는 사이에 족쇄를 풀어 버린 자본 축적 체제는 금융 버블을 팽창시키고 불평등을 조장하면서도 〔이전의 체제만큼이나 굳건히〕 유지될 수 있는 것으로 입증되었다. 이 놀라운 회복력을 고려할 때, 투자자가 헤게모니를 장악하는 길을 열어 준 정책들(통화 인플레이션을 자산 가격으로, 수요 자극을 공급 측면 인센티브로 대체한)이 우발적이었다는 사실을 강조하더라도, 그리고 작금의 경향(특히 노동의 운명과 관련된)을 되돌릴 수 없다는 선언이 우화에 불과하다고 폭로하더라도 피투자자들이 자신의 조건에 맞서도록 동원하기는 어려울 것이다. 법인과 자연인 모두에게 신용을 개선하라는 명령이 내려진 세계에서 채권자의 등급 평가 권력rating power에 도전하려면 일차적으로 신용도가 정의되고 분배되는 조건을 변경하기 위한 대항 투기가 필요하다.

물론 투자를 통해 맺는 관계는 비대칭적이지만 이미 우리는 사실상 모든 경제적 행위자가 투자자와 피투자자의 기능을 번갈아 맡는다고 주장해 왔다. 가령 헤지 펀드 매니저는 주주의 신뢰에 기대는 한 피투자자며, 협동조합의 동료와 소비자는 자신이 지지하는 프로젝트의 평판 자본을 증진시킨다는 점에서 투자자로—더 정확히는 후원자로—행동한다. 앞서 우리는 피투자자의 세 유형을 차례로 검토했다. 주주가 가치 있다고 여기는 것을 제공하는 데 전념하는 기업, 채권 시장에서 평가하는 정책의 매력도에 강박적으로 집착하는 정부, 후원받을 여지가 높은 품행을 전시하려 하는 개인을 말이다. 세 경우 모두에서 최우선시되는 목표는 신용 추구다. 이제 우리가 앞서 정의한 피투자자 액티비즘의 관점에서 보면, 투자를 찾아다니는 프로젝트의 마지막 유형과 다른 두 유형 사이에는 중요한 차이가 있다.

기업의 사회적, 환경적 무책임에 불리한 방향으로 투기하거나 국가 채권 소유자가 긴축 재정의 리스크를 중요하게 평가하도록 만들고자 하는 운동가들의 캠페인은 자신이—기업의 관행을 등급 평가하는 이해 관계자로서 혹은 채무를 이행하지 않겠다며 국가를 위협하는 시민으로서—관련되어 있지만 완전히 당사자는 아닌 프로젝트를 표적으로 삼는다. 반면 협동조합으로 스스로를 조직화하는 서비스 제공자 단체는 다른 피투자자들에 대한 가치 평가에 영향력을 행사하는 데 간접적으로만 관심을 둔다. 물론 이 단체들 역시 자신이 활동하는 부문을 지배하는 자본주의 플랫폼의 평판에 타격을 가하려 하고 이를 위해 국가 당국에 한층 엄격한 규제를 요구하지만, 주된 포부는 그들 자신의 이니셔티브의 신용을 개선하는 것이다.

분명히 자신이 직접 경험하는 우버화 흐름에 맞서 조직화하는 임시직 노동자만이 자신의 프로젝트에 대한 평가에 의존하는 사회 집단은 아니다. 선진 공업국이 임금 정체와 세수 감소를 각각 벌충하기 위해 민간 대출과 공공 대출에 갈수록 기대게 되면서, 어쩔 수 없이 점점 더 많은 구성원의 번영과 때로는 경제적 생존이 대부자, 보험업자, 잠재적 구인업체는 물론, 소위 자격 없는 복지 수급자 단속을 임무로 삼고 있는 정부 기관이 부여하는 평판 자본에 좌우되는 상황이 빚어졌다. 기업은 점점 더 불안정해지는 일자리를 제공하고 핵심 활동을 제외한 모든 것을 외주화함으로써 노동 비용을 절감하겠다고 맹세하며, 국가는 공무원 수를 줄이고 (공공) 사업을 민영화함으로써 예산을 건전화하고자 노력한다. 이런 환경에서 자유 계약자들은 임노동과 그에 수반되는 보호 장치의 가장자리로 밀려난 전형적인 피투자자로 등장한다. 바로 그렇기 때문에 자유 계약자들의 운동이 궁극적으로 겨냥하는 바는 소위 내부자—여전히 건강 보험, 복지, 연금 지급 등이 고용 계약에 딸려 오는 노동자들—가 누려 온 일련의 보장이 아니라는 사실을 특별히 짚고 넘어갈 필요가 있다.[54]

피고용인들이 전통적으로 제기해 온 요구를 포기하는 것이 바람직한 전략이 아니라는 회의론자도 있다. 특히 임노동의 임박한 종언이 지나치게 과장되었다고 보는 이들이 그렇다. 심지어 이들은 자기 사업체를 차린다는 전망을 키워 가는 임시직 노동자들이 모두가 기업가라는 신자유주의적 이상을 받아들이는 것 아니냐는 의심을 품기도 한다. 피투자자 정치는 모든 차원—이해 관계자 액티비즘, 사회적 채권자로서의 요구, 협동조합 운동의 부활—에서 실험적인 상태로만 존재하고 있기 때문에 그 잠재력과 타당성에 대한 평가는 투기의 문제다. 이 말이 뜻하는 모든 의미에서 말이다. 포스트임노동 액티비즘의 구체적인 운명과 관련해 아직 다루지 않은 핵심 질문은 이 운동이 우버, 에어비앤비, 태스크래빗, 아마존 메커니컬 터크 같은 디지털 인터페이스에 가입한 서비스 제공자 외에 다른 범주의 집단들을 동원할 수 있느냐는 것이다.

우버화라는 전망은 이미 플랫폼 자본주의 영역을 넘어 광범한 직업군에 스며들고 있다. 노동의 임시직화casualization가 고등 교육과 연구 분야에서 점점 확산되고 있고, 프리랜서로 일하는 관행이 문화 산업[55]에 만연해 있으며, 수많은 저널리스트, 번역가, 디자이너, 공예가가 도급 계약으로 보수를 받는다.[56] 이 새로운 직업 환경의 특징인 고립과 취약성을 상쇄하는 방안으로는 프리랜서 단체를 형성하는 데 관여하는 것이 공공 혹은 민간 기관에 더 많은 종신 고용 계약을 요구하는 것보다—현실적일 뿐 아니라 바람직하다는 의미에서—유망해 보인다.

일자리 불안정성에 대해 협동조합이라는 대안이 부상한 것은 이 대안이 각종 재단으로부터 점점 더 많은 주목을 받고 있을 뿐 아니라 크라우드 펀딩 플랫폼이 급속히 발전한 덕분이기도 하다. 물론 후자는 벤처 자본이나 은행 대출, 금융 시장과 경쟁할 여건을 갖추고 있지도, 노동자 소유의 사업에만 초점을 맞추고 있지도 않다. 그렇지만 이런 플랫폼들이 활기를 띠는 현상은 자금을 조달할 수 있는 새로운 거점을 개발해 기관 투자자가 지배해 온 기존의 신용 할당 체제를 바꾸고자 하는 욕망이 널리 퍼져 있음을 입증한다. 전문적인 유동성 공급자(기존 투자자)들이 시야에 들어온 프로젝트를 선별하는 방식을—그리고 이들의 가치 평가 기준이 공적 자금과 일자리를 찾는 데 미치는 영향을—고려할 때, 참여 금융(대안적인 자금 조달 및 평가 방식을 활용하는)의 급속한 성장과 포스트임노동 운동가들이 환호하는 상호 의존성이라는 이상이 밀접하게 연관되어 있다고 봐야 하지 않을까.

고용주와 정부가 채권자에게 종속된 상황이 확실히 진화한 협동조합 운동이 최근에 부상하게 된 요인 중 하나이기는 하지만, 협동조합이라는 경로를 탐색하고자 하는 임시직 노동자들의 의도는 더 이상 시장 주변부에 자급자족적인 공동체를 건설하는 것도, 국가의 지원을 피하는 것도 아니다. 적어도 처음에 이들은 공공 정책에 영향을 미쳐 자신이 선택한 시장에서 협동조합 플랫폼이라는 사업 모델의 경쟁력을 향상시킨다는 온건한 목표를 품었다. 그리하여 자신이 선출한 대표자(정치인)가 규제를 통해 자신에게 기울어진 운동장을 조성하고, 자신의 특정한 필요에 맞추어 리스크 보장 메커니즘을 조정하기를 원했다. 포스트임노동 운동가들은 임금을 받는 일자리에 결부된 사회적 보호 장치—포드주의적 사회 협약하에서 규범이 되었던—를 유지하는 대신 보편적이고 무조건적인 보장들을 요구한다. 이런 요구들에서 예고된 '촉진 국가'enabling state*—복지국가가 아니라—(라는 기획)는 협동조합 운동이 다른 두 종류의 사회적, 지적 운동—각각 국가의 보호 기능과 규제 기능을 재고하고자 하는 이들이 지지하는—과 공명하고 있음을 보여 준다.

이 두 운동 중 전자의 흐름은 자율성과 안정성의 결합을 목표로 삼는 '보편' 혹은 '기본'소득을 지지한다. 기본소득 메커니즘을 만들어 내려는 목적은 수령자를 고용 기회에 대한 주주의 가치 평가 및 사회 복지 프로그램에 대한 채권 소유자의 영향력에서 해방하는 것이다.[57] 임금을 받는 일자리에 종사하거나 그런 일자리를 찾는다는 조건으로 복지 혜택에 접근할 수 있게 하는 것이 아니라 많지는 않지만 무조건적인 수입원을 보장해 줌으로써 말이다.

밀턴 프리드먼이 옹호한 것으로 유명하며 그의 몇몇 추종자—뿐만 아니라 일부 실리콘 밸리 거물—가 최근 다시 소생시킨 아이디어인 부의 소득세negative tax와 달리 진보적 버전의 보편소득은 건강 보험, 연금, 여타 복지 급부를 희생시켜

✱ enabling state는 사회 복지학자 닐 길버트가 제시한 개념으로, 각종 사회적 급부를 단순히 수동적으로 지급하기보다는 시민들이 능동성을 발휘할 환경을 조성하는 것을 국가의 역할로 상정한다. 국내에서 이 개념은 '능력 개발 국가'로 번역되었으나(닐 길버트, 『복지국가에서 능력 개발 국가로: 미국 사회 복지의 이해』, 김영화, 임성욱, 공정원 옮김, 한울, 2001), 이 책에서는 국가에 맡겨진 역할의 포괄성을 표현하기 위해 '촉진 국가'로 옮겼다.

사회 안전망을 단일한 수당으로 환원하는 것이 아니다. 보편소득 지지자들이 생각하는 목표는 이미 확립되어 있는 권리들을 소액의—프리드먼이라면 나태함을 조장하지 않을 정도로 적어야 한다고 덧붙일 것이다—급료와 맞바꾸는 것이 아니라 선택지를 넓히고 그 사이에서 고민할 수 있는 수단을 사람들에게 제공하는 것이다. 이들의 추론에 따르면 한숨 돌릴 기회를 확보한 기본소득 수령인은 자기 삶에 대한 가치 평가에 더 많은 영향력을 행사할 수 있을 것이다. 고용주의 사회보장 기여금을 대체하는 수단으로 활용되지 않는 한에서 보편소득은 임노동과 자영업이 단일한 직업 활동 지위로 수렴되는 흐름에 대한 대안이 될 뿐 아니라 협동조합 같은 프로젝트를 구체화하고 개시할 일종의 금융적 기반을 임시직 노동자에게 마련해 줄 것이다.

기본소득만큼 협동조합 운동과 공명하는 또 다른 흐름은 '커먼즈'commons[58]라는 개념을 중심으로 한 연구와 사회 실험이다. 공산주의communism와 일정한 친연성이 있지만 이 용어는 생산 수단의 집합적인 전유가 달성되는 최종 단계보다는 오늘날 정부가 시민에게 제공한다고 자부하는 특정한 종류의 지원들을 재전유하는 것을 가리킨다. 일단 채권 시장의 압력에 종속되자 정치 지도자들이 안정적인 일자리 보장이라는 약속을 고용 가능성이라는 약속으로 바꿔치기하는 식으로 대응했다는 사실을 상기해 보라. 그러다 고용 가능성 보장조차 이행하기에 너무나 값비싼 서약이 되자 지도자들은 시민이 자산을 가치화할 수 있도록 돕겠다는 다소 느슨한 약속을 택했다. 레토릭이 어떻게 바뀌든 대출, 고용, 해고 관련 규제는 변함없이 완화되었지만, 정부들은 여전히 시민에게 책임을 다하겠다고 공언하고 있다. 모두는 고사하고 성실하게 일하며 자격을 갖춘 이들에게조차 직업적 안정성을 보장하지 못하고 있음에도 정부는 여전히 사람들에게 신용을 향상시키는 데 필요한 자원에 쉽게 접근할 수 있게 해 주겠다고 약속한다. 커먼즈를 옹호하는 이들은〔자신들이 주장해 온 커먼즈라는 테마가 정부의 의제와 직접적인 연관을 맺고 있다는 점에서 동요할 법한데도〕이런 새로운 의제에 휩쓸리지 않고 정부 측의 언어를 활용해 정부 측의 주장에 맞서기에 적합한 위치에 있다. 왜냐하면 커먼즈 액티비즘은 정확히〔정부가 활용하는〕―공기, 물, 토지, 지식 같은 자원에 대한 접근을 포함한―접근성accessibility이라는 영역에서 작동하기 때문이다.

실제로 커먼즈주의자들은 '인클로저'에 반대하면서 어떤 접근권에 대한 인정을 요구한다. 이 접근권은 때로는 법적으로 특정인이 전유하고 있는 영역(울타리, 특허권, 지적 재산권 등으로 보호받는)으로의 침입을 정당화하고, 때로는 전유될 수 있는 것의 범위를 엄밀하게 구획한다. 따라서 커먼즈를 되찾자는 요구는 사적, 공적 소유권의 영역 내에 혹은 그 영역과 나란히 어떤 새로운 재산 체제를 제도화하는 것이 아니라 접근권을 하나의 도구로 활용해 재산권의 범위를 한정하고 행사를 제약하려는 것이다. 그러므로 자원 접근성을 높이는 데 필요한 조치를 제도화하라고 입법자와 정부 기관에 촉구하는 것―소유주들의 특권을 희생시켜서라도― 은 커먼즈주의자의 액티비즘에서 필수적인 부분이다. 이런 개혁들은 본성상 벤처 자본의 투자를 받는 프로젝트와 보다 적은 자금으로 이런 프로젝트에 도전하는 이들 간의 기울어진 운동장을 바로잡는 데 기여할 것이며, 따라서 협동조합 운동의 발전에 필요한 규제 환경의 핵심 요소이기도 하다.

무조건적인 생계 소득, 필수 자원에 대한 제한 없는 접근, 노동의 우버화에 대한 협동조합주의적 대응의 지지자들이 늘 협력하는 것도, 심지어는 서로의 주장에 모두 동의하는 것도 아니지만, 이들은 모두 포스트임노동 운동가들이 이루는 일관된 성좌constellation의 일부분이다. 지금까지 이런 대의들이 주로 도시에 거주하며 대학 교육을 받은 프레카리아트에게 호소해 온 것은 사실이다. 그렇지만 마르크스가 '자유로운 노동자'를 도래할 혁명의 주인공으로 꼽았을 때(산업 임노동자로 이루어져 있던) 프롤레타리아트는 오늘날 임시직 노동자가 그런 것처럼 민중 계급 가운데 소수에 지나지 않았음을 기억할 필요가 있다. 물론 역사적인 유추가 언제나 예측에 도움이 되는 것은 아니지만 오늘날 싹트고 있는 서비스 제공자들의 액티비즘과 19세기 하반기 노동 운동의 투쟁을 비교해 보면 적어도 상대적으로 주변적이고 힘을 잃은 집단들을 사회 변화의 주체로 상정하는 것이 반드시 틀린 방향은 아님을 알 수 있다. 자본주의가 어디를 향하고 있는지를 이 집단들이 알려 주는 듯이 보일 때는 더더욱 그렇다.

그리고 사실 이것이야말로 많은 좌파가 보편적 기본소득을 제도화하고, 재산권을 제한하며, 협동조합 운동을 부활시키자는 요청을 수상쩍어하는 이유이기도 하다. 자본주의의 변화에 맞추어 자본주의 비판의 의제를 일신하기를 꺼리는 이들 좌파는 그 대신 개량된 복지국가가 제공하고 피고용인을 보호하는 고용 계약에 따라오는 적정 수준의 사회 안전망을 복원하기 위해 싸우자고 동료 진보주의자들에게 촉구한다. 이들이 볼 때 금융 자본가들이 초래한 사회적, 환경적 재난과 그들이 매력도를 부여하는 기준에 저항하려면 이 자본가들이 없애려 노력하는 것을 보존해야 한다. 그것이 이미 돌이킬 수 없이 사라져 버렸다는 그들의 말을 그대로 받아들이지 않으면서 말이다. 좌파의 현대화aggiornamento를 비난하는 이들 좌파 대부분은 임금이 노동자 착취에 내재하는 요소라는, 따라서 임노동의 쇠락이 곧 해방이라는 마르크스의 설명에 반대하지 않는다. 그렇지만 새로운 자본 축적 체제가 임금을 받고 일하는 피고용인을 독립 계약자로 대체하는 경향이 있기 때문에, 이들은 자신이 궁극적으로 철폐하고자 하는 바로 그 조건을 다시 부활시키라고 요구하는 역설적인 상황에 처하게 된다.

반면 포스트임노동 운동가들은 채권자가 헤게모니를 잡으면서 자신이 맡게 된 역할을 다하는 데 어떤 거리낌도 없다. 이 운동가들의 입장은 임노동자가 임노동이라는 조건과 맺는 양가적인 관계를 강조하는 또 다른 마르크스 독해와 공명한다. 마르크스에 따르면 산업 자본주의의 기저에서 작동하는 자유주의적 인간학이 노동자에게 동일시하도록 유도한 것은 자신의 노동을 최적의 가격에 판매함으로써 효용을 극대화하는 거래자였다. 이런 식의 동일시는 노동이 창조한 잉여 가치에 대한 자본주의적 수취를 규범화하고 정당화한다는 점에서 소외를 발생시키지만, 동시에 노동 운동에 의해 전유되자 '자유로운 노동자들'이 협상력을 높이고 지금은 빼앗겨 버린 일련의 사회적 권리를 획득할 수 있게 해 주었다. 지난 30여 년간 노동 운동이 경험한 패배의 핵심 원인은 금융화된 자본주의가 이제는 효용 극대화를 추구하는 노동 거래자를 그다지 필요로 하지 않는다는 사실에 있다. 앞서 살펴보았듯 투자자는 신용을 추구하는 프로젝트에만 관심을 둔다. 그렇다면 포스트임노동 운동가들이 다루고자 하는 질문은 〔신용을 추구하는 프로젝트라는〕 이 새로운 주체성 형식이 저항을 일신하고 새로운 열망을 북돋는 기반이 될 수 있느냐는 것이다.

잠재적인 피투자자〔라는 주체성〕는 채권자의 기대가 빚어낸 산물이지만 그렇다고 해서 현재의 자본 축적 체제를 구성하는 톱니 바퀴이기만 한 것은 아니다. 물론 피투자자를 종속시키는 다양하고 지속적인 등급 평가는 이들에게 매력도의 적절한 기준을 학습시키려 하며, 이들이 그 기준에 맞추어 삶을 영위하고 희망하는 바를 설정하도록 압박하려 한다. 그런데 신용 공급자들이 가치 상승 가능성이 있다고 여기는 것들 때문에 일정하게 제약되기는 하지만 피투자자들은 여전히 모종의, 말하자면 등급 평가를 받는 행위성rated agency을 부여받고 있다. 이 행위성 덕분에 이들은 자신의 평판 자본에 투자할 수 있을 뿐 아니라, 뜻이 맞는 다른 피투자자들과 함께 어떤 자산이 가치 상승 가능성이 있다고 인정되어야 하는지, 그리하여 누가 신용할 만하다고 여겨질 자격이 있는지에 투기할 수 있게 된다. 마찬가지로 과거의 노동 운동은 임노동자에게 부여된 조건, 즉 자신의 이해 관계를 추구하고 효용을 극대화하는 존재라는 조건을 전유하고 재구성하는 데 성공했다. 노동자가 자신의 이해 관계를 추구하려는 동기에 따라 움직인다고 전제하면서도 노동 운동가들은 정치적 요구와 산업적 쟁의를 통해 이해 관계란 사회 변화와 무관한 개인적인 것이 아니라 계급 갈등의 역사에 의해 규정되는 집합적인 것임을 입증했다.

피고용인과 피투자자는 각자의 조건을 전략적으로 전유한다는 점에서 유사하지만, 이런 유비를 따라가다 보면 양자가 상대하는 적수, 이들의 결집을 촉진하는 불만, 투쟁으로 성취하고자 하는 목표가 꽤나 다르다는 사실도 알 수 있다. 달리 말해 사회적, 정치적 열망들의 내용은 당면한 과제가 무엇인지에 따라, 이런 열망들을 구체화하게 될 주체성 형식이 무엇인지에 따라 달라질 수밖에 없다. 사회주의와 공산주의가 자유로운 노동자들의 꿈이었다면, 포스트임노동 사회에 대한 자신만의 비전을 상상하고 구축하는 것은 이제 피투자자 운동가들 몫이다. 밑그림을 그려 나가는 과정에서 이 운동가들이 선배 운동가들의 유토피아보다는 가치 상승 가능성이 있는 프로젝트들의 경험에서 더 많은 영감을 받고 있다는 것은 결코 놀라운 사실이 아니다.

코다

자본주의의 황금기 내내 기업은 지속적으로 유지되는 이윤율을 성공과 동일시했고, 국민 국가의 정부는 경제 성장에 집착했으며, 개별 시민은 자신의 이해 관계를—개인적 사안으로 여기든 계급 연대를 결속하는 요소로 여기든—추구할 것이라고 기대되었다. 그렇지만 금융 기관이 지배적인 세력으로 등극하면서 새로운 우선 순위가 등장하기 시작했다. 기업은 자사 주식의 등급 평가에 목을 매고, 공직자는 채권 소유자의 신뢰를 유지하기 위해서라면 물불을 가리지 않으며, 가계는 보유하고 있는 자산의 가치에 주로 관심을 기울인다.

전체적으로 볼 때 자연인과 법인 모두 실현되지 않은 자본 이득 창출을 수입 극대화보다 우선시한다. 경제적 행위자들이 이런 새로운 기대들을 충족하도록 유도되면서 사회적 갈등의 내기물 역시 이에 맞추어 전환되어 왔다(적어도 이 책은 그렇다고 주장해 왔다). 과거의 노동 운동이 주로 노동자가 창출하고 자본 소유자가 전유하는 잉여 가치의 재분배를 놓고 투쟁했다면 오늘날의 투쟁은 신용 할당에 초점을 맞춘다.

현재의 자본 축적 체제에서 수익 창출이 가치화에 좌우된다고 주장하는 것은 신자유주의적 개혁의 극악한 효과들을 바라볼 때 흔히 통용되는 두 가지 전제를 문제 삼는 것이다. 비판자들에 따르면 신자유주의적 개혁은 개인주의의 부정적인 측면을 심화해 사람들이 고립된 채로 각자 알아서 앞가림하도록 강제할 뿐 아니라, 사실상 모든 활동 영역을 '경제화'함으로써 삶 자체를 순수하게 공리주의적인 평가들에 종속시킨다. 이런 두 갈래 비난은 신자유주의 개혁가들이 공언했던 의도에 대해서는 타당하다. 그렇지만 이 개혁이 실행되는 과정에서 발생한 예측되지 않은 결과들을 고려한다면 현실에 부합하지 않거나 적어도 현실을 부분적으로만 담고 있다고 할 수 있다.

물론 계급 의식의 희석—빌헬름 뢰프케가 "탈프롤레타리아화"라고 부른 것—은 신자유주의 사회 공학자들이 고안한 의제의 핵심 신조였다. 통상적인 논의들이 기업 경영자와 공직자가 이들의 처방을 수용한 역사적 사실을 자신의 이해 관계를 추구하는 개인—자기 자신의 진취적인 정신을 믿고 희소한 자원을 둘러싼 치열한 경쟁에 뛰어들 수밖에 없는—을 빚어내는 기획과 결부 짓는 것도 이 때문이다. 그렇지만 신자유주의 개혁가들이 관리 자본주의, 노동 조합, 복지국가를 잇따라 공격한 결과로 투자자가 헤게모니를 쥐게 되자 [실제로는] 신용도가 각종 사회경제적 기획의 주된 대상으로 자리 잡았다.

신용할 만하다고 여겨지면 대출을 받을 수 있고, 벤처 자본의 투자를 유치할 수 있으며, 관심과 물질적 지원, 신뢰, 여타 형태의 공감이 따라온다. 그렇지만 어떤 이점leverage을 제공하는지와 무관하게 신용은 정의상 타인에 의해서만 공여될 수 있다. 신용은 자립적인 개인이 받을 자격이 있는 모종의 보상보다는 [누군가와] 접속하고 공유하는 우리 능력의 함수에 가깝다(페이스북 CEO가 끊임없이 공언하는 것처럼).[1] 물론 모든 신용이 사회적 신용이라는 자명한 사실을 감안한다고 해서 우리가 살아가는 금융화된 자본주의 세계가 더 나아지지는 않는다. 그렇지만 이윤을 추구하는 기업가가 차지했던 자리를 신용을 추구하는 자산 관리사가 대체하면서, 잠재적인 피투자자가 자기 힘으로 성공하는 능력을 통해 자기 프로젝트의 매력을 확보해야 한다는 통념적인 전제도 흔들리게 되었다.

신자유주의 통치 양식은 사회적 유대를 약화한다는 혐의와 함께 피통치자가 자신의 실존을 순수하게 경제적인 방식으로만 그리도록 몰아간다는 비판을 받아 왔다. 물론 신자유주의 개혁가들이 의도했던 것 역시 이처럼 사람들이 삶을 하나의 사업처럼 다루는 것이기는 하다. 시카고 학파 경제학자들은 모든 인간 행동을 개인 선호의 상대 가격*과 이용 가능성에 의해 결정되는 선택들로 정확하게 묘사할 수 있다고 주장했고, 그 연장선상에서 유권자가 자신의 효용을 극대화하도록 도와야 한다고 정부에 촉구했다.[2] "알루미늄 시장이든 아이디어 시장이든 경쟁 시장은 독점 시장보다 소비자 선호를 효과적으로 만족시킨다"(게리 베커)[3]라는 전제하에 공공 정책의 목표는 모든 사람의 선택지가 정확하게 가격이 매겨지고 비교될 수 있는 환경을 조성하는 것으로 상정되었다.

정부 기관은 사회적 상호 작용과 정치 캠페인을 최적화된 쇼핑 경험으로 전환하라는 신자유주의적 요구에 충실하고자 했지만, 노력의 결과가 애초의 계획에 부합하지는 않았다. 포트폴리오의 가치 상승―오늘날 기업, 국가, 개별 시민이 추구

＊ 하나의 재화가 다른 재화와 교환되는 비율.

하리라고 기대되는— 은 베커와 동료들이 진척하려 했던 인간 삶의 경제화라는 목표와 일치하지 않는다. 오히려 포트폴리오의 가치 상승[이라는 현상]은 자기 이해 관계의 추구와 이해 관계와 무관한 추구를 나누었던 오랜 경계가 해체되었음을 드러낸다. 달리 말해 금융 자본의 영향력이 커지기는 했지만 기존에 가치를 측정할 수 없었던 영역이 줄어들고 그만큼 거래 가능한 상품 영역이 확장되는 현상은 생겨나지 않았다. 오히려 더 이상 경제적 관심과 비경제적 관심이 대립하지 않는 문화가 도래했다.*

이미 언급한 것처럼 가치 상승은 여러 방식으로 이루어진다. 자금 지원, 평판, 신뢰는 모두 나름의 방식으로 신용도를 드러낸다. 금융 시장, 신용 평가사, 협력 경제의 플랫폼, 소셜

✱ 이 부분에는 이 책의 논의를 예비하는 지은이의 2007년 논문 "S'apprécier, ou les aspirations du capital humain", *Raisons politiques* 28, pp.11~31의 논지가 축약되어 있다. 이 글에서 지은이는 자유주의와 신자유주의가 작동하는 데 필요한 '인간의 조건'에 대해 논한다. 그에 따르면 자유주의적인 인간의 조건은 자유로운 노동자free laborer다. 자유로운 노동자라는 형상은 노동력 상품과 같이 양도 가능한 것과 존엄이나 주권처럼 양도 불가능한 것, 혹은 경제적 이해 관계의 논리를 따르는 영역과 따르지 않는 영역의 분할 위에서 성립한다. 반면 신자유주의적인 인간의 조건은 인적 자본human capital이다. 오늘날에는 생산과 재생산을 아우르는 삶의 모든 활동이 인적 자본의 가치 변화에 연관되기 때문에, 동시대 자본주의를 진단하는 데 있어 경제적인 것과 비경제적인 것의 대립을 상정하고 후자가 전자에 종속되거나 정복되었다는 입장을 취하는 것만으로는 불충분하다는 것이 지은이의 주장이다. 이는 투자, 투기, 신용 등 금융의 논리를 거부하기보다는 어떻게 전유할지를 고민해야 한다는 이 책의 논의로 이어진다. 해당 논문의 내용 및 이 책과의 관계에 대해서는 말미에 실은 「미셸 페어와의 인터뷰」와 「옮긴이 후기」참조.

네트워크는 모두 신용을 측정하는 사업이다. 그렇지만 우리는 평가 등급이 상품의 교환 가치를 둘러싼 협상의 현재 상태를 표현하는 가격이 아니라는 사실을 명심해야 한다. 등급 평가는 오히려 프로젝트—집합적일 뿐 아니라 개인적인, 금융적일 뿐 아니라 도덕적인—의 매력도에 대한 투기의 동학을 구성하는 하나의 요소다.

다시 말하지만 신자유주의적 개혁이 빚어내려 한 효용을 극대화하는 기업가와 그 개혁의 결과 실제로 탄생한 투기하는 피투자자 간의 괴리가 그 자체로 위안을 주지는 않는다. 그렇지만 이 개혁이 비경제적 열망을 경제적 열망으로 환원하는 대신 두 열망 사이의 구분선을 사실상 흐려 놓았다는 사실을 강조할 필요가 있다. 그래야 신용의 우위를 되돌려야 할 저주가 아니라 정면으로 마주해야 할 과제로 다루자고 주장할 수 있기 때문이다. 단도직입적으로 말해 누가 어떤 이유로 높이 평가받을 만한지 결정할 권한을 투자자가 독점하지 못하도록 막으려면 신용도를 둘러싼 경쟁에 뛰어들 필요가 있다.

2016년 미국 대선은 투기적인 신용 할당이 정치적으로 얼마나 중요한 문제인지를 비극적인 방식으로 보여 주었다. 도널드 트럼프는 평범한 미국인에게 일자리와 더 높은 임금을 보장해 주겠다고 약속하는 것을 넘어, 핵심 지지층의 포트폴리오를 구성하는 가장 중요한 요소의 가치를 높이 평가하겠다고 맹세해 이들에게서 굳건한 지지를 얻어 냈다. 이 공화당 후보는 자신이 집권하면 백인 남성 총기 소지자가 애국자로서 혹은 애국자와 함께 진정으로 가치 있는 자산이 될 것이라는 메시지를 설득력 있게 전달했다. 예전에 트럼프의 고문으로 활동한 스티브 배넌의 표현을 빌리면 트럼프는 자기 지지

층의 "시민권 가치"citizenship value를 상승시키는 데 전념했고 여전히 그러하다.[4]

그렇지만 외국인 혐오를 일삼는 포퓰리스트들이 신용 재할당을 통해 사회 변화를 꾀하려는 유일한 존재는 아니다. 사실 '흑인의 생명은 중요하다'Black Lives Matter와 '미투'#MeToo, '우리의 생명을 위한 행진'March for Our Lives* 등 이 미국 대통령의 의제에 맞서는 가장 활발한 운동 역시 사람들의 인적 자본을 구성하는 특성과 품행의 가치 평가에 초점을 맞추고 있다. 이 운동들에 참여하는 운동가는 당연히 경찰의 관행이나 일터 환경, 임금 격차, 총기 규제와 관련된 구체적인 개혁에도 관심을 쏟는다. 그렇지만 일차적으로 이들은 자신만의 등급 평가 시스템을 만들어 내고 유포함으로써 '토론의 규칙을 바꾸려' 한다. 이들의 목적은 제도적 특권과 젠더 규범, 법적 잣대나 강력한 로비가 비호해 온 관행들의 신용도를 떨어뜨릴 discredit 뿐 아니라 이런 관행들이 평가 절하하는depreciate 생명들의 가치를 재평가하는 것이다.

여성, 소수자, 외국인에 대한 백인 남성의 분개를 무책임한 엘리트를 향한 정의로운 분노로 전환하려 하는 좌파 포퓰리즘 전략과 달리 '흑인의 생명은 소중하다', '미투', '우리의 생명을 위한 행진' 모두 도널드 트럼프가 상승시키겠다고 약속한 "시민권 가치"의 다양한 측면에 맞서는 투기를 당당하게 실천하고 있다. 상징적인 차원을 신경 쓰다가 실질적인 내용을 놓치지도 않고, 표면적으로 나타나는 증상에만 치우쳐

---

* 2018년 3월 24일 미국 워싱턴 D.C.를 비롯한 수백여 곳의 도시에서 총기 규제를 요구한 시위.

구조적 불평등을 외면하지도 않는 이 운동들은 도덕적, 사회적, 금융적 신용의 할당이 사회적 투쟁의 결정적인 내기물이 되었다는 사실을 이해하고 있다.

파클랜드 고등 학교에서 발발한 총기 난사 사건의 생존자로 우리의 생명을 위한 행진의 대변인인 데이비드 호그와 현재 집권 중인 극우 정당의 주요 인사이자 폭스 뉴스의 라디오 프로그램 진행자인 로라 잉그러햄이 트위터에서 잠시나마 대립한 장면이 이를 전형적으로 드러내 준다.[5] 잉그러햄은 호그가 단순히 형편없는 성적을 투덜대기 위해 총기 규제 액티비즘에 뛰어들었다고 주장하면서 그의 평판 자본을 훼손하려 했다. 이에 호그는 반론하는, 혹은 말마따나 투덜대는 대신, 그저 로라 잉그러햄의 라디오 프로그램에 후원하는 기업 목록을 공개하고는 '팔로워들'에게 이 기업들에 접촉해 달라고 요청했다. 며칠 후 호그가 트윗으로 공개한 열두 곳의 광고주 중 열한 개 회사가 라디오 쇼에 대한 후원을 철회하면서 잉그러햄은 일주일 동안 휴방할 수밖에 없었다. 물론 이 사건은 하나의 일화에 지나지 않지만 이 열일곱 살 소년은 동시대 투쟁에서 신용이 얼마나 중심적인 위상을 점하고 있는지를 능수능란하게 드러내 보였다. 피투자자 운동가들에게 적합한 슬로건은 아마 '또 다른 투기는 가능하다'another speculation is possible일 것이다.

2018년 4월, 파리/뉴욕에서

감사의 말

이 책은 프로젝트를 시작한 이래 웬디 브라운, 주디스 버틀러, 에릭 파생, 오렐리 윈델스가 지치지 않고 아낌없이 도움을 준 덕분에 탄생할 수 있었다. 이들의 지속적인 검토와 꼼꼼한 조사가 내 논지를 명료하고 풍부하게 만들어 주었다.

또한 이반 애셔, 윌리엄 캘리슨, 자크-올리비에 샤롱, 멀린다 쿠퍼, 조너선 크래리, 핼 포스터, 카를레스 게라, 안드레아스 구레위치, 블라디미르 구레위치, 대니얼 헬러-로즌, 토머스 키넌, 가엘 크리코리앵, 조너선 레비, 파비안 무니에사, 라모나 나다프, 알렉산드라 외저, 마사 푼, 폴 프레시아도, 카밀 롭시스, 에밀리 로자먼드, 크리스티앙 살몬, 켄들 토머스, 그리고 에얄 와이즈먼이 건네준—대개 결정적인 순간에— 관심, 비평, 제안에서도 도움을 받았다.

프랑스어 원본과 관련해서는 위그 잘롱에게 깊이 감사드린다. 그는 내가 기억하는 것보다 더 오래전부터 완전히 다른 책을 기대해 왔지만, 초고를 읽고는 데쿠베르트 출판사에서 출간하는 것에 동의해 주었다. 유난히 까탈스러운 저자를 흔들림 없이 견뎌 준 편집자 레미 툴루즈에게도 감사를 전한다.

영어판과 관련에서는 (그레고리 엘리엇의 철두철미한 번역 이후) 원고의 여러 수정본을 면밀히 읽고 편집하고 개선해 준 윌리엄 캘리슨, 존 북스 편집자인 라모나 나다프, 버드 바이넥과 피터 살린스에게 한없는 감사를 표한다. 존 북스에서 일하는 친구이자 파트너들, 즉 내 사정을 헤아리면서 이 프로젝트가 원활하게 진행되도록 이끈 미건 게일, 이 책을 세상에 선보이는 일을 맡아 준 카이라 시몬과 제러미 왕-아이버슨, 그리고 다시 한번 감탄스럽게 표지를 디자인해 준 줄리 프라이에게도 끝없는 사의를 표해야 할 것이다. 훌륭한 작업을 활용할 수 있게 허락해 준 막스 데 에스테반과 다네 아네시아두에게도 깊이 감사드린다.

골드스미스 런던 대학교의 이리트 로고프, 에얄 와이즈먼, 수전 슈플리, 프린스턴 대학교의 핼 포스터와 대니얼 헬러-로즌, 바르셀로나 독립 연구 프로그램Programa de Estudios Independientes, PEI의 폴 프레시아도, 시카고 대학교의 조녀선 레비, 파리 국립 고등 광업 학교의 파비안 무니에사, 브라운 대학교의 아디 오피어 등 진행 중이던 작업을 발표할 수 있도록 기꺼이 초대해 준 동료와 친구에게도 감사드리고 싶다.

마지막으로 매일 나를 이해해 주고 힘이 되어 준 어맨다 베이, 라슬로 페어, 밀레나 페어, 그리고 가보르 페어에게 이 책을 바친다.

미셸 페어와의 인터뷰[*]

작업의 궤적: 통치 양식의 계보학

민서 첫 질문은 당신의 작업 궤적에서 이 책이 차지하는 위치입니다. 이 책과 관련해 당신이 최초로 발표한 작업은 「자신의 가치를 상승시킨다는 것, 혹은 인적 자본의 열망」[†]이라는 논문일 텐데요. 그 논문을 포함해 이 책을 집필하기까지의 경위를 들려주시면 좋겠습니다.

미셸 신자유주의와 금융화에 대해 작업하기 시작한 것은 2000년대 초중반이었던 것으로 기억합니다. 민서 씨가 말한 논문이 이 주제를 다룬 첫 글이고요. 저는 철학자이기 이전에 경제학자로 훈련받았고, 그 경험이 제 연구 방향에도 영향을 미쳤다고 생각합니다. 이런 관심들이 1980년대 후반에 진

✱ 이 인터뷰는 2022년 9월 말에 지은이와 나눈 화상 대화를 정리한 것이다. 인터뷰는 약 네 시간 동안 영어로 진행되었다. 지은이의 지적 궤적, 구상 중인 기획, 새로운 정세에 대한 의견 등을 중심으로 대화를 나누었으며, 독자들이 이 책에 담긴 논의의 맥락과 의의를 더 분명하게 파악하는 데 도움이 되리라 판단해 책에 수록하기로 결정했다. 친절하고도 정성스럽게 답변해 준 지은이에게 감사의 말을 전한다.

† Michel Feher, "S'apprécier, ou les aspirations du capital humain", *Raisons politiques* 28, 2007, pp. 11~31. 이 논문은 2년 뒤 영어로 번역되었다. "Self-Appreciation; or, The Aspirations of Human Capital", trans. Ivan Ascher, *Public Culture* 21.1, 2009, pp. 21~41.

행한 초기 작업들에 이미 담겨 있었던 것 같아요. 그중 하나가 에릭 알리에와 함께 쓴 「자본의 광채」라는 글이었습니다.[*] 어떤 의미에서는 신자유주의를 고찰하는 글이었지요. 그때는 신자유주의라는 단어 자체는 쓰지 않았던 것 같지만요.

본격적인 작업에 돌입해 발표한 글이 2007년에 프랑스어로 쓴 그 논문입니다. 이 글은 생명 정치에 대한 푸코의 강의록을 읽고 받은 영향의 산물이기도 하지요. 그 전에도 저는 어떤 의미에서는 푸코의 영향을 받은 푸코 연구자였어요. 신자유주의를 연구하기 전에 성과 섹슈얼리티 관련 작업을 했으니까요. 그렇지만 『생명 정치의 탄생』을 읽고 나서 신자유주의에 대해 작업하기 시작했지요. 그 작업의 주제는 신자유주의적 주체, 혹은 신자유주의의 도래와 연관된 주체성 유형이었고요.

이 책에서 명시적으로 언급하지는 않았지만 제 사유와 작업의 출발점은 다음과 같은 의미에서 푸코적입니다. 즉 타인들을 통치하기 위해, 그들의 행위에 대해 행위하기 위해, 그들의 품행을 수정하기 위해서는 그들이 어떻게 스스로의 품행을 조직하는지, 혹은 그들이 어떻게 스스로를 통치하는지를 알아야 한다는 것입니다. 타인들을 통치하기 위해서는 그들이 스스로를 통치할 수 없다는, 혹은 그들이 통치되어야 한다는 전제가 필요합니다. 그러니까 모든 통치 양식은 모종의 도덕적 인간학moral anthropology을 자신의 상관물로 삼는다는

[*] Eric Alliez and Michel Feher, "The Luster of Capital", trans. Alyson Waters, in Michel Feher and Sandford Kwinter eds., *Zone* 1/2, 1986, pp. 314~359.

것이지요.

이게 무슨 뜻일까요? 타인들을 통치하기 위해서는 그들이 스스로를 통치할 수 없으며 그들에게 도움이 필요하다는 점을 분명히 해야 한다는 것입니다. 이로부터 두 가지 귀결이 따라옵니다. 첫째, 사람들이 스스로를 통치할 수 없다는 점을 정당화하려면 그들에게 모종의 부정적인 성향이 있다고 상정해야 합니다. 이들이 타율적이며 누군가의 도움 없이는 스스로를 통치할 수 없다고 말이지요. 이런 부정적인 성향은 통치의 필요성을 함축하지만, 통치의 가능성을 시사하지는 않기 때문에 충분하지는 않아요. 이들에게 발전시켜야 할 긍정적인 성향도 있다고 전제될 때 비로소 이들은 통치 가능한 존재가 될 수 있습니다. 그러므로 이런 도식적인 수준에서, 통치 양식과 연관된 모종의 인간의 조건 혹은 도덕적 인간학이 항상 존재하는 것이지요.

푸코처럼 일종의 통치 양식의 역사 내지 계보학을 구성하기 위해 초점을 맞출 수 있는 몇 가지 주제가 있습니다. 첫째는 사람들을 통치하기 위해 활용하는 기술이고, 둘째는 사람들의 구원이나 역능화, 건강 증진 등과 같은 통치의 목적이며, 셋째는 통치 양식이 입각하고 있는 도덕적 인간학입니다. 저는 셋째 주제에 착목했고 첫 결과물이 2007년 논문이었어요. 푸코가 생명 정치 강의에서 시카고 학파와 게리 베커를 다루면서 논한 '인적 자본'이라는 주체성 형식을 출발점으로 삼아 신자유주의적 주체의 초상을 그려 내고자 한 것이지요. 인적 자본이라는 관념을 C. B. 맥퍼슨 등이 정의한 자기 소유적self-possessed 주체,[†] 즉 자기 자신은 양도할 수 없지만 동시에 의지에 따라 처분할 수 있는 소유물을 가지고 있는 자유주의적 주체라는 관념과 대비하면서요. 마르크스가 비판적으로 논의한 것처럼 자유주의적 주체는 노동이건 자본이건 의지에 따라 처분할 수 있는 사물을 소유하고 있으며, 동시에 법적으로 생명과 재산을 보호받고 합법적으로 체결한 계약을 존중하는 존재입니다. 그래서 노동 계급은 자유로운 노동free labor의 주체라는 지위를 부여받게 됩니다. 핵심은 이러한 기존의 주체성이 시카고 학파의 인적 자본이라는 관념을 중심으로 발전한 신자유주의적 주체로 전환되었다는 것이지요. 이게 제 작업의 첫째 아이디어였어요.

작업을 진행하면서 한편으로는 하이에크, 시카고 학파, 독일의 질서 자유주의 학파 등 신자유주의자들의 이론을, 다른 한편으로는 1980~1990년대에 집권했던 정부들이 신자유주의 이론을 실행하는 과정을 살펴보았는데, 그러면서 신자유주의 이론과 실천 간에 틈이 있다는 사실에 주목하게 되었습니다. 주체성에 관심을 둔 제가 볼 때 신자유주의 이론가들은 특정한 주체가 이미 존재한다고 가정하는 동시에 공공 정책을 통해 이 주체성을 강화하고 발전시키려 했습니다. 물질적 소득이든 정신적psychic 소득이든 자신의 소득을 극대화하려는 이해 관계의 주체라는 상을 말이지요. 이 주체는 만족을 극대화하려는 동기에서 합리적인 선택을 내리고 갖가지 형태로 예산을 계획합니다.

그런데 각국에서 신자유주의 정권이 들어선 이후 실제로

† C. B. Macpherson, *The Political Theory of Possessive Individualism: Hobbes to Locke*, Clarendon Press, 1962(『홉스와 로크의 사회 철학: 소유적 개인주의의 정치 이론』, 황경식, 강유원 옮김, 박영사, 2010).

주조하고 발전시킨 주체성 유형은 신자유주의 이론가들이 기획했던 이런 유형과 굉장히 달랐습니다. 달리 말해 금융화를 통해 실제로 현실화된 것은 신자유주의자들이 이론화했던, 소득으로 셈해지는 자신의 만족을 극대화하는 주체가 아니라 자신의 가치에 대한 평가를 극대화하는 주체였지요.

금융화는 이윤의 형태로 발생하는 수입보다 자본 이득 추구가 우선시되는 현상을 의미합니다. 이런 특징은 경제학의 세계는 물론 주체성의 측면에서도 나타났습니다. 인적 자본이라는 개념은 여전히 유효하지만, 이제 사람들은 자신의 인적 자본을 가능한 한 최대의 이윤을 뽑아내는 일종의 공장이 아니라 최대한 가치를 높이 평가받아야 하는 자산 포트폴리오로 간주합니다. 그리고 개개인이 자신의 인적 자본과 맺는 관계의 차이는 이들이 자신을 응시하는 방식, 곧 자신의 실존을 조직하는 전략의 차이로 이어지지요.

이것이 저 에세이에서 민서 씨가 옮긴 책으로 이행한 과정이라 할 수 있어요. 책이 이 논문의 연속선상에 있는 것이지요. 원래 이 책은 프로젝트의 시작이 아니라 끝이 되어야 했어요. 제가 진행하던 프로젝트는 두 가지였습니다. 하나는 여전히 진행 중인 아주 긴 프로젝트인데, 말하자면 주체성의 계보학을 세 국면에 걸쳐 구성하는 것입니다. 첫째는 아우구스티누스를 중심으로 한 중세 서구의 주체성, 둘째는 18세기의 데이비드 흄과 애덤 스미스에서 19세기로 이어지는 자유주의적 주체성, 셋째는 금융화를 계기로 부상한 것으로 보이는 신자유주의와 그 이후의 주체성 형식이지요.

또 다른 프로젝트는 이 상이한 주체성 유형이 자신이 종속되어 있는 정치적 레짐에 저항할 때 이 주체성을—거부하기보다는 전복하는 방식으로—전유하는 양상에 대한 또 다른 계보학입니다. 통치의 계보학과 병렬되는 저항의 계보학이라 할 수 있겠지요. 그러니까 이 책은 프로젝트의 마지막 부분이에요. 신자유주의 이후의 국면에서 금융화된 통치가 어떻게 다른 종류의 운동에 의해 전유되고 전용되며 전복될 수 있는지를 다루고 있으니까요.

인적 자본의 세 국면

민서 자세히 답변해 주셔서 감사합니다. 제가 던지고 싶었던 몇몇 질문에 대한 답을 자연스럽게 미리 들려주신 것 같아요. 다른 인터뷰[*]에서 당신이 인적 자본과 시카고 학파에 대한 푸코의 생명 정치 강의를 읽고 난 뒤 이 강의가 영국에서 대처가 집권하기 직전에 이루어졌고[†] 푸코가 분석했던 것은 현실에서 작동하는 신자유주의 통치성보다는 주체성에 대한 신자유주의 이론가들의 기획이라는 사실을 깨달았다는 부분이 인상 깊었거든요. 이는 다른 통치성 논의에도 시사하는 바가 크다고 생각합니다. 『돌연변이 신자유주의』에 실은 글에서도 당신은 "현실 신자유주의"actually existing neoliberal-

[*] "Left Melancholy, Neoliberalism, and the Investee Condition: An interview with Michel Feher, author of *Rated Agency: Investee Politics in a Speculative Age*", *Public Seminar*, 10 May 2019, https://publicseminar.org/2019/05/left-melancholy-neoliberalism-and-the-investee-condition/.
[†] 대처가 총리 자리에 오른 것은 1979년 5월이고, 생명 정치에 대한 푸코의 콜레주 드 프랑스 강의는 1979년 1월에 시작해 1979년 4월에 끝났다.

ism라는 표현을 사용해 신자유주의 이론가들의 구상과 이 구상이 물질화된 현실 간의 낙차를 지적하기도 했지요.[‡]

이 책이 프로젝트의 시작이 아니라 끝이 되어야 했다고 하셨는데요. 골드스미스 런던 대학에서 강의하셨을 때는 인적 자본의 경제적 삶뿐 아니라 정치적 삶과 사회적 삶까지 다루었던 것으로 기억합니다.[§] 책에서는 논하지 않았던 이 주제들을 이후 작업에서 더 발전시킬 생각이신가요?

미셸 그러고 싶어요. 지금은 이 〔주체성의 계보학에 대한〕 방대한 프로젝트의 일부이자 2007년 논문의 문제 의식과도 연결된 다른 작업을 마무리하고 있습니다. 인적 자본의 세 시대 혹은 세 국면을 살펴보는 짧은 책이지요. 인적 자본을 이론화했던 작업들을 연구하면서 인적 자본의 전前신자유주의적 국면이, 짧지만 중요한 국면이 있었다는 것을 발견했습니다. 물론 인적 자본의 이론적 기원을 애덤 스미스나 그 이후의 경제학자들에게서 찾을 수도 있다는 주장은 아니에요. 이 주장 자체가 틀린 것은 아니지만 이에 대해서는 이미 작업들이 나와 있어요. 제가 말하고 싶은 것은 인적 자본이라는 개념이 1960년대 초반에 미국에서 사용되기 시작했지만, 그 연원은 공화당과 자유 시장 근본주의자들이 아니라—비록 이후에는 그렇게 되었지만—린든 존슨의 위대한 사회Great Society와

[‡]   Michel Feher, "Disposing of the Discredited: A European Project", in William Callison and Zachary Manfredi eds., *Mutant Neoliberalism: Market Rule and Political Rupture*, Fordham University Press, 2019, pp. 146~176.

[§]   이 강의 시리즈는 다음의 웹사이트에서 들을 수 있다. https://www.gold.ac.uk/architecture/projects/michel-feher/.

빈곤과의 전쟁War on Poverty, 심지어 존 F. 케네디의 뉴 프런티어New Frontier*에서 찾을 수 있다는 것입니다. 그러니까 신자유주의적이기보다는 후기 자유주의적late-liberal이라고 불릴 만한 인적 자본 관념이 존재했어요. 우리는 모두 엄청난 가능성을 가지고 있고 이 가능성을 활짝 꽃피우기를 열망하는 개인이지만, 그럴 수 있으려면 부모, 교사, 치료 전문가와 정부는 물론 직장 상사와 회사까지 거들어야 하며 그 이유는 단순히 우리에게 좋아서가 아니라 이들에게도 도움이 되기 때문이라는 것입니다. 즉 이렇게 개인들이 가능성을 실현할 수 있도록 지원하면 이들은 더 생산적이고 충실한 존재로 거듭날 것이고, 그렇게 되면 이들도 타인에게 공감하고 그들이 가능성을 꽃피우도록 돕게 된다는 의미에서 일종의 윈윈이라는 것이 이런 인적 자본 관념의 논리였어요.

이렇게 후기 자유주의적 국면에서 인적 자본은 일차적으로 개인이 삶의 목표로 삼는 것이지만 동시에 〔사람들을〕 보살피는caring 사회의 엔진이기도 합니다. 게리 베커와 시카고 학파의 여타 일원은 이런 인적 자본 상을 전유하려 했습니다. 이들의 논리는 다음과 같아요. '맞습니다, 성장을 비롯한 여러 목적에 중요하기 때문에 마땅히 인적 자본에 투자해야 합니다. 그렇지만 인적 자본의 효율성을 극대화하기 위해 필요한 것은 〔국민을〕 지원하는 국가나 피고용인을 신경 쓰는 기업주가 아니라 시장입니다. 따라서 사람들이 적절한 방식으로 선택하고 자신을 개발할 수 있는 시장이 보편화되어야 합

✱ 1960년 7월 케네디가 대통령 후보 수락 연설에서 사용한 표현으로, 빈곤 철폐를 주요한 기조 중 하나로 삼았다.

니다.' 이것이 인적 자본의 둘째 국면, 푸코가 신자유주의적 통치 형식 및 시카고 학파와 연관 지어 분석했던 가장 유명한 국면입니다.

오늘날까지 이어지고 있는 셋째 국면도 있습니다. 이 국면은 1990년대에 미국의 클린턴 대통령과 영국의 블레어 총리가 밀어붙인 소위 제3의 길 통치에 대응합니다. 이 국면에 나타난 인적 자본은 첫째 국면과 둘째 국면의 기묘한 종합이라 할 수 있어요. 여기서 인적 자본의 목표 혹은 열망은 후기 자유주의적 형태에서처럼 지원을 받아 자아를 실현하는 것도, 신자유주의적 형태에서처럼 개인이 스스로 예산을 짜서 만족을 추구하는 것도 아닙니다. 이 국면에서 인적 자본이 목표로 삼는 것은 레버리지(미래의 기대 수익을 염두에 두고 자본을 차입해 투자하는 것)를 통한 가치 상승leveraged appreciation, 다시 말해 인적 자본을 구성하는 자산들의 가치 상승입니다.

이 전환이 1990년대에 일어났는데 물론 처음부터 예정되었던 것은 아닙니다. 이 전환은 클린턴이 1960년대 후기 자유주의적 입장으로의 조심스러운 회귀처럼 보였던 의제를 내걸고 제3의 길 이데올로기를 설파하며 선거에 나서면서 이루어졌습니다. 그 내용은 다음과 같습니다. 시장은 훌륭하고 중요하지만 무능하다, 만물이 서로 연결된 세계화된 세상을 살아가는 우리가 가지고 있는 국가적 자산은 오직 사람뿐이다, 따라서 사람에게 투자하는 것이 정부의 목표이자 의무일 뿐아니라 정부의 이해 관계에도 부합한다, 운운. 이렇게 인적 자본에 대한 공적 투자가 다시 한번 중요한 사안이 된 것이지요. 그러니까 1930년대의 뉴딜이나 1960년대의 위대한 사회와 달리 시장이 경제를 관할하게 내버려 두어야 하지만, 인적 자본 개발에는 정부가 개입해 지원해야 한다는 것입니다. 인적 자본이야말로 국가를 특별하게 만들고 국가에 특별한 부를 가져다줄 것이라는 근거에서요.

그러니까 로버트 라이시*처럼 제3의 길 노선에 비판적인 자유주의자야말로 실은 이 노선을 표방한 정치 세력이 집권하기도 전에 그 이데올로기의 기틀을 닦은 지식인이었던 셈입니다. 라이시는 인적 자본에 대한 대규모 투자가 얼마나 중요한지를 설파한 사람입니다. 클린턴은 인적 자본에 대한 대규모 투자를 공약으로 내걸어 대통령이 되었지만, 당선되자마자 당시 재무부 장관이던 로버트 루빈이 클린턴에게 이렇게 말했습니다. '다 좋은데 나쁜 소식이 하나 있습니다. 우리는 인적 자본에 대한 이 정도 대규모 공적 투자를 감당할 수 없습니다. 하지만 좋은 소식도 있습니다. 금융업계가 인적 자본 개발을 담당하게 하면 당신이 선거 공약으로 내걸었던 결과를 똑같이 실현할 수 있다는 겁니다.' 그 결과 금융업계가 교육에 필요한 재원을 조달하는 학자금 대출 같은 아이디어가 후기 자유주의 및 초기 제3의 길의 꿈을 민영화된 수단을 통해 실현하는 방식으로 선전되었습니다.

여기서 주체성이 전환되는 것을 관찰할 수 있습니다. 주체들이 민간 투자자를 유인하려면 고유의 자산을 개발해 자신을 매력적으로 만들어야 하고, 자신의 미래 가치를 상승시키는 데 필요한 돈을 빌리기 위해 노력함으로써 자신의 가치 상승을 레버리지해야 하니까요. 이 셋째 국면의 인적 자본은

✱ 클린턴 행정부에서 노동부 장관을 역임한 경제학자.

여전히 동시대적인 인간의 조건에 해당합니다.

그러니까 현재 작업 중인 이 짧은 책에서는 포스트신자유주의적 조건의 계보학을 개략적으로 그리려 합니다. 이 조건을 인적 자본의 세 국면―전신자유주의적 국면, 이미 충분히 이론화된 바 있는 엄밀한 의미의 신자유주의적 국면, 그리고 1990년대에 민주당이 재집권했을 때 내걸었던 공약이 실현된 결과 완전히 새로운 주체성 형식이 발명된 셋째 국면―중 (마지막에 해당하는) 하나로 다루면서 이 조건의 출발점인 1990년대를 집중적으로 분석하는 것이지요. 인적 자본에 대한 이 짧은 책은 앞서 언급한 3부작 프로젝트, 즉 중세의 아우구스티누스적 조건, 자유주의적 조건, 신자유주의와 그 이후의 조건에 대한 프로젝트의 일부가 될 예정입니다. 이런 작업들을 진행하고 있어요.

민서 인적 자본의 세 국면에 대한 이야기를 들으니 2007년 논문에서 인적 자본이라는 신자유주의적 조건을 어떻게 전유할지를 다루었던 부분이 떠오릅니다. 당신은 덴마크의 유연 안정성flexsecurity 개념을 비롯해 스칸디나비아 국가들의 노동 조합이 채택한 노선이 '자신의 가치 상승'을 위해 필요한 조건이 무엇이냐는 질문을 제기했고, 이는 다름 아니라 '노동 연계 복지'workfare가 기반하고 있는 주체성 형식을 활용한 것이었다고 주장하셨는데요. 노동 운동 일각의 이런 입장을 복지국가에 대한 배신으로 보거나 따라가야 할 대세로 추수하는 다른 좌파들과 대비시키는 논지가 굉장히 논쟁적이라고 생각했는데, 책에는 이에 대한 논의가 많이 없다는 인상이었습니다.

미셸 사실 해당 부분에서 그런 입장을 취한 걸 굉장히 후회하고 있어요. 사후적으로 지울 수만 있다면 그렇게 하고 싶어요. 사실상 제가 거기서 (긍정적인 시선으로) 묘사하고 있었던 것은 정확히 제3의 길 유형의 인적 자본이었습니다. 흥미롭고 급진적이라고 생각해 속았지만 실은 전형적으로 신자유주의적인 제3의 길 전략이었던 것이지요. 그렇지만 제가 그 논문에서 가닿으려 했던 지점은—이 책에서는 더 성공적이었길 바라는데—급진적 저항을 위해 우리에게 부과된 조건을 어떻게 전유할 수 있느냐는 질문이었어요. 그 부분에서 든 예시는 상당히 부적절했다고 생각합니다. 이 책에서 든 사례들이 훨씬 적확하고 유망하다고 봐요.

과거와 현재의 '사회 문제': 시대 구분의 논리

민서 맞아요. 저도 이 책이 인적 자본이라는 조건을 어떻게 정치적으로 재전유할 것인지를 논하고 있다고 느꼈습니다. 조금 뒤에 이 전유라는 전략의 정치적 전망에 대해 질문할 생각인데, 그 전에 책 제목에 관해 묻고 싶습니다. 이 책의 프랑스어판 부제가 '새로운 사회 문제에 대한 에세이'essai sur la nouvelle question sociale인데요. 작년에 우리가 대화를 나누었을 때 당신은 '사회 문제'social question라는 표현이 영어권 독자에게 익숙지 않아 영어판에서는 부제를 변경하고 본문에서도 이 표현을 계급 갈등class conflict이나 유사한 구절로 바꾸었다고 했지요. 그런데 제 생각에는 사회 문제라는 개념이 특정한 방식으로 시대를 구분하는 당신의 논지, 그러니까 산업 자본주의-포드주의-조직된 노동 조합-사회 민주주의적 복지국가 등이 구성했던 하나의 역사적 계열과 그 이후의 신자유주의적 국면을 구분하는 당신의 논의 방식을 효과적으로 드러내고 있는 것 같습니다. 당신의 논의는 각각의 역사적 국면에서 제기된 정치적 질문과 이 질문에 응답하는 과정에서 창출된 정치 형식이 무엇인지를 다루고 있으니까요.

이를 전제하고 질문하면 상이한 통치 양식이 작동하는 이 두 시대를 구분하는 기준은 무엇일까요? 저는 이 기준들이 때로는 통치의 대전제로 부과된 도덕적 인간학, 때로는 실천적 관점에서 좌파가 느꼈던 정치적 불안과 불만, 때로는 경제적 관점에서 자본 축적 양식과 연관된다고 느꼈습니다. 물론 이 세 요소가 서로 무관하지는 않지만 각각 작동하는 차원과 지속되었던 지평은 다르니까요. 만약 이 중 가장 결정적인 기준이 있다면 그건 무엇일까요?

미셸 프랑스어권에서 사회 문제question sociale라는 개념은 매우 명확한 의미를 내포하고 있지만 영어권, 특히 미국에서는 그렇지 않습니다. 프랑스에서 '사회 문제'의 의미는 이렇게 정리할 수 있을 것 같아요. 사회 문제는 서열의 차이, 즉 귀족과 평민의 근본적인 지위 차이가 명백했던 사회가 프랑스 혁명을 기점으로 원리상으로는 만인이 (적어도 모든 시민이) 평등하지만 자본주의가 초래한 계급 간 분열로 인해 불평등이 존재하는 사회로 이행하면서 출현했습니다. 이런 과정에서 이해 관계가 대립하는 두 집단, 즉 고용주와 피고용인, 자본 소유자와 임노동자, 혹은 자본과 노동이라는 두 계급이 구성되었지요. 물론 두 계급에 속하지 않는 사람도 있지만 마르크스는 근대 자본주의 사회의 구성이 근본적으로는 두 계급으로 양극화될 것이라고 전망했어요. 그렇기에 프랑스에서 사회 문제라는 표현은 계급이라는 쟁점을 가리킵니다. 이

것이 문제question인 이유는 모든 시민의 표면적이고 형식적인 평등과 자본주의가 작동하면서 갈수록 극복하기 어려워지는 두 계급의 격차라는 모순을 어떻게 봉합할 것이냐는 물음과 관련되어 있기 때문이지요.

그러니까 제가 사회 문제라는 표현을 활용해 '새로운 사회 문제'를 이야기한 까닭은 좌파, 특히 비판적 좌파가 일반적으로 받아들이는 테제, 곧 동시대 자본주의가 금융 자본에 의해 통치되고 있다는 테제에서 제 논의가 출발하기 때문입니다. 산업 자본주의가 여전히 우세한 것은 말할 것도 없고 이에 입각한 고용주와 피고용인의 관계도 사라지지 않았지만, 다시 말해 기존의 사회 문제가 사라진 것은 아니지만 새롭게 출현한 사회 문제가 있다는 것이지요. 금융 자본의 우세가 의미하는 바는 금융화된 자본주의라는 게임의 규칙에서는 고용주가 아니라 투자자가 지배적인 행위자라는 것입니다. 그렇다면 결국 핵심 질문은 투자자가 돈을 벌기 위해 상대하는 대상이 누구냐는 것이에요. 그 대상이 바로 피투자자입니다. 새롭게 부상하고 있는 사회 문제는 고용주-피고용인 관계에서 제기되는 기존의 사회 문제를 제거하거나 완전히 대체하지 않습니다. 어떤 경우에는 기존의 사회 문제가 여전히 새로운 사회 문제보다 우세합니다. 그렇지만 새로운 계급 투쟁은 이전의 계급 투쟁을 제거했기 때문이 아니라 주된 등장 인물이 투자자와 피투자자로 변화했다는 점에서 〔이전의 계급 투쟁으로 환원될 수 없는〕 나름의 고유성을 지니고 있으니 이 새로운 계급 투쟁을 사고해 보자는 제안이 책에 담긴 논지의 전반적인 골조입니다.

그러니까 구조적인 수준에서 보면 투자자-피투자자 관

계에도 고용주–피고용인 관계와 유사한 긴장이 존재합니다. 형식적으로는 평등하지만 실제로 양자 사이에는 특정한 권력 관계가 존재하는 것이지요. 그럼에도 새로운 관계는 이전의 권력 관계와 다릅니다. 투자자가 피투자자에게 기대하고 행하는 것이 고용주가 피고용인에게 기대하고 행하는 것과 다르니까요. 이는 곧 투쟁의 성격 역시 다를 수밖에 없음을 함축합니다. 저항이 항상 저항하고자 하는 권력에 내재한다면, 피투자자에게 기대할 수 있는 저항과 액티비즘의 종류 역시 피고용인의 경우와 완전히 같을 수는 없겠지요.

민서 기존 사회 문제와 새로운 사회 문제 간의 관계를 어떻게 설정할지를 매우 상세하게 설명해 주신 것 같습니다. 이걸 들으니 당신이 예전 인터뷰[*]에서 두 사회 문제에 중점적으로 제기되는 물음을 대비했던 게 떠오르네요. '당신이 판매하는 노동력 상품의 공정한 가격은 얼마인가' 즉 '무엇이 공정한가'라는 질문과 '무엇이 가치 있는가valuable' 혹은 '무엇이 신용할 만한가creditworthy'라는 질문의 대비 말이지요. 그렇다면 당신이 활용하고 있는 신용credit이라는 개념의 다양한 내포에 대해 질문해 볼 수 있을 것 같습니다. 신용은 금융적이면서도 도덕적인 개념이고, 동시에 투자자가 활용하고 할당하는 것이지만 피투자자가 투자자에게서 자원을 끌어오는 수단이기도 하니까요. 당신이 활용하고 있는 신용 개념에 대한 이런 독해가 맞는다면 기존의 사회 문제에서 신용에 대

[*] William Callison, "Movements of Counter-Speculation: A Conversation with Michel Feher", *Los Angeles Review of Books*, 12 July 2019, https://lareviewofbooks.org/article/movements-of-counter-speculation-a-conversation-with-michel-feher/.

응하는 등가물은 무엇일까요?

미셸 이윤profit이라고 봐야 할 것 같습니다. 산업 자본주의는 일반적으로 이윤을 내면서 굴러가니까요. 두 계급은 산업 생산의 결과물을 판매해 발생한 수입을 임금과 이윤, 재투자 등으로 어떻게 분배할지를 놓고 투쟁합니다. 그런 의미에서 기존 사회 문제는 수입의 분배를 중심으로 제기됩니다. 더 높은 임금 및 더 나은 노동 조건과 노동자가 생산한 제품을 판매해 실현하는 이윤의 극대화 사이의 갈등이지요.

신용을 둘러싼 투쟁은 다릅니다. 금융화된 기업은 자신이 생산한 제품을 실제로 판매해 얻는 수입보다 자본 이득에 더 관심이 많으니까요. 즉 이들에게 중요한 건 투자자에게 자신의 가치가 어떻게 매겨지느냐how they are valued는 것입니다. 이런 우선 순위 변화가 흥미로운 까닭은 자본가들이 작동하는 방식을 변화시키기 때문입니다. 이제까지 우리는 자본주의 사회의 기업이 노동자를 고용하고 원자재를 구입해 만든 상품을 팔아 이윤을 남기는 존재라고 이해해 왔지요. 따라서 자본주의에 대한 비판은 이윤이 비용으로 산입되는 요소 중 하나인 임금 노동에 대한 착취를 통해서만 발생한다는 사실에 입각해 있었습니다. 그러니까 임금 노동은 자본주의 기업이 존재하는 목적론teleology이자 투쟁의 장이었습니다. 금융화된 기업들에서는 이 목적론이 역전됩니다. 여기서 경영자가 무엇을 생산하고 얼마나 많은 사람을 고용하며 어떤 원자재를 구입할지를 결정하는 기준은 이윤이 아니라 투자자의 눈에 비친 회사의 매력도입니다. 그러니까 이윤을 극대화하기 위해 투자자에게서 돈을 걷는 것이 아니라 잠재적인 투자자로부터 얻을 신용을 극대화하기 위해 이윤을 계산한다는 것이지요. 주주 가치 추구가 정확히 이에 해당합니다. 주주 가치 추구는 이윤 추구와 달라요. 여기서 진짜로 추구되는 것은 실현되지 않은 자본 이득이고, 이는 회사의 주가가 올라갈 것이라는 다른 투자자들의 예상에 기반합니다.

금융화된 자본주의에서 기업들은 이처럼 이윤이 아니라 신용의 극대화를 궁극적인 목적으로 설정하고 작동합니다. 이렇게 되면 신용이 화두가 되고, 피투자자 관점에서 보면 회사의 신용도를 둘러싼 투쟁이 과제가 됩니다. 달리 말하면 노동자를 착취하고 오염을 유발하는 값싼 원자재를 쓰는 것과 사회적이고 생태적인 책임을 다하는 것 중 어느 쪽이 회사의 신용도를 높이느냐와 관련된 문제겠지요.

물론 산업 자본주의하의 기업에서 더 높은 임금을 위해 아무리 투쟁하더라도 그 기업의 성격이 자본주의적인 한 착취를 종식하지 못하는 것과 마찬가지로, 기업이 사회적, 환경적 책임을 다하더라도 자본주의적인 한 신용을 추구하는 것 역시 약탈적이라는 사실은 변하지 않습니다. 그렇지만 사회적 투쟁의 역사가 말해 주는 것은 착취나 여타 형식의 약탈을 제한하려는 시도는, 그리고 체제 자체를 변혁할 가능성은, 자본주의 생산 양식이 부과한 지위를 전유하는 데서 생겨난다는 것입니다. 그리고 이 저항의 형식은 항상 자본주의 기업들이 작동하는 방식 내부에 존재합니다. 그러니 제 주장은 기업의 목적이 이윤에서 신용으로 바뀌었다면 〔투쟁의〕 전략과 내기물 역시 이에 맞추어 바뀌어야 한다는 것이지요. 이상이 이 책에서 제가 피투자자 액티비즘이 신용과 맺는 관계를 다루면서 말하고자 했던 바고요.

민서 두 시기를 구분하는 기준이 무엇이냐는 질문에 자본 축적 양식을 중심으로 답변해 주신 것 같아요. 하지만 이런 변화가 도덕적 인간학과 어떤 관계를 맺고 있는지에 대해 조금 더 질문드리고 싶습니다. 당신이 이 책의「코다」부분에서 스티브 배넌의 '시민권 가치'를 언급한 부분이나 신용도라는 주제의 점증하는 정치적 중요성을 논한 다른 글을 보면서 당신에게 신용이 경제적인 것과 비경제적인 것의 구분을 넘어서는 주제라는 인상을 받았거든요. 당신의 2007년 논문도 따지고 보면 기존에 좌파가 입각해 왔던 문제 설정, 즉 경제적인 것과 그 외부의 분할에 입각한 소외라는 문제 설정이 이런 구분을 넘나드는 인적 자본이라는 주체성이 부상하면서 어떻게 퇴조하는지를 다루고 있으니까요. 즉 새로운 사회 문제에서 이윤과 등가적인 위상을 점하는 신용이 경제적인 영역에 머물지 않는다면, 이윤/신용이라는 대쌍이 산업 자본주의와 금융 자본주의의 상이한 자본 축적 방식에 대응한다고만 말할 수 있을까요? 순전히 경제적인 범주인 이윤과 달리 신용은 경제적인 범주와 그렇지 않은 범주의 구분을 무화하니 말이지요.

　　미셸　신용이라는 관념은 두 가지 차원에서 풍부한 의미를 품고 있어 제 논의에서도 중심적인 위상을 점합니다. 첫째, 민서 씨가 언급했듯 신용은 누군가에게 해 주는 대출loan 혹은 자금 지원funding이에요. 하지만 신용도creditworthiness의 척도이기도 하지요. 신용은 채권자가 '주는' 것이지만, 동시에 대출이나 주목을 유인하는attract 역량 혹은 권력이기도 합니다. 즉 신용은 제공되는 것이자〔자원을〕끌어당기는 능력이라는 이중성을 띠고 있다는 점에서 양방향으로 작동합니다.

　　둘째, 신용은 금융적인 동시에 도덕적입니다. 달리 말해 신용도를 갖춘 존재가 되면 돈을 빌릴 수 있는 것은 물론이고 여타 형태의 비경제적인 투자를 해도 되겠다는 신뢰도 획득하게 되지요. 이것이 신용 개념이 제게 중요한 이유입니다. 가치 상승appreciation 개념 역시 그렇지요. 가장 먼저 생각해 볼 수 있는 것은 더 나은 등급을 부여받을 때 가치가 상승하는 주식의 경우입니다. 그렇지만 그 외에도 갖가지 사회적, 정신적 형식으로 발생하는 가치 상승이 있지요.

그러니까 금융이라는 경제적 영역에서 이윤과 신용의 대쌍을 상정할 수 있다면, 정신적 영역에서는 만족과 가치 상승의 대쌍을 대응시킬 수 있겠지요. 한 경제학자[어빙 피셔]는 심리적 이윤을 이야기한 적이 있습니다. 이 경제학자에 따르면 소득에는 금융적 소득과 정신적 소득이 있어요. 이 둘은 구별되어야 하지만 어찌 되었건 둘 다 소득이지요. 이것은 무엇을 의미할까요? 신자유주의 경제학자들은 개인의 삶을 각자가 실행하는 투자의 연속으로 간주합니다. 개인의 삶에서 이루어지는 모든 선택은 소득을 극대화하기 위해 예상 이득과 손실을 계산하면서 이루어지는 투자라는 것이지요. 이런 관점에서는 쾌락, 만족, 화폐, 물질적 재화, 혹은 게리 베커의 말대로라면 문학에 대한 더 나은 취향—물론 이는 만족의 극대화라는 매우 공리주의적인 이해 방식에 따른 것이지만요—이 모두 소득에 포함됩니다.

신용과 관련해 극대화해야 하는 것은 만족이 아니라 가치입니다. 가치 상승 역시 금융 영역과 비금융 영역 모두에서 작동합니다. 금융 영역에서 당신의 자산이 잠재적인 투자자에게 높은 평가를 받으면 돈을 빌릴 수 있겠지요. 그런데 이에 더해 당신이 가진 미덕이나 취향 등[통상적인 의미에서는 금융의 영역에 속하지 않는) 다른 대상도 높이 평가받을 수 있어요. 그러니까 자유주의 및 신자유주의적 주체가 만족을 추구한다면, 제가 소묘하려 한 주체성은 가치를 높이 평가받으려 노력합니다.

자유주의 및 신자유주의적 주체의 두뇌가 작동하는 방식은 예산 계획budgeting입니다. 경제적인 영역은 물론 비경제적인 영역에서도요. 신자유주의 경제학자가 볼 때 뇌는 소득을 극대화하기 위해 비용과 편익을 산정하는 장치입니다. 반면 금융화된 자본주의 관점에서 볼 때 뇌가 작동하는 방식은 예산 계획보다는 레버리지입니다. 매력도를 극대화하기 위해 어디서 무엇을 빌릴 수 있을지를 살펴보는 것이 주를 이루니까요. 기업이 판매 수익이 아니라 자본 이득을 극대화하려 노력하는 것과 똑같은 이치지요. 여기서 개인이 극대화하려 노력하는 것은 만족이 아니라 매력도입니다. 매력도를 극대화하기 위해 만족을 조절하는 것이지 그 반대가 아니에요. 즉 향유하기 위해 매력적인 존재가 되려는 게 아니라, 자신을 가장 매력적인 존재로 만들 수 있는 종류의 향유를 선택하는 것이지요. 여기서 주체성의 전환이 일어나는 것입니다.

민서 이 답변을 들으니 신용도의 정치politics of creditworthiness라 부름직한 흐름을 주제로 당신이 쓴 다른 글들이 생각납니다. 신용 평가 및 이에 따른 자원 할당이 어떻게 금융 영역에 국한되지 않는 주요한 정치적 현상으로 부상하고 있는지나,[*] 1인당 인적 자본human capital per capita의 가치를 계산하는 논리가 유럽의 이민 정책에서 어떻게 작동하고 있는지를[†] 다룬 글들 말이지요.

통치의 조건을 전유한다는 것

민서 신용이라는 개념의 중요성을 포괄적으로 설명해 주신 것 같습니다. 이번에는 이 책을 관통하며 2007년 논문에서부터 이어지는 것으로 보이는 당신의 정치적 입장에 대해 다소 일반적인 질문을 드리겠습니다. 말하자면 권력과 통치성에 대한 하나의 테제, 즉 모든 통치 레짐은 이 통치에 대한 저항이 일어날 가능성을 배태하고 있다는 푸코주의적인 테제인데요. 결국 이 책도 금융화된 자본주의 특유의 통치 양식을 어떻게 전유할지에 대한 논의로 볼 수 있다고 생각합니다. 통치성이 기반하는 조건, 특히 주체성을 전략적으로 전유하는 것과 이 조건을 일정하게 받아들이는 과정에서 귀결될 수 있는 의도치 않은 투항을 어떻게 구별할 수 있을까요?

조금 더 구체적으로는 이렇게 이야기해 볼 수 있을 것 같아요. 먼저 책에서 구분하는 두 정치적 국면 중 과거에 존재했지만 돌아갈 수는 없는 어떤 정치적 성좌, 가령 노동 조합-사회 민주주의-좌파 정당의 계열과 관계했던 진보 정치의 전략이 있습니다. 단순화의 위험을 무릅쓰고 표현하면 이런 전략은 '민주주의적 자본주의'에서 자본주의를 제어하고 일정하게 조건 지었던 민주주의적 요소, 곧 경제적 노동자이자 정치적 시민인 사람들의 '수'의 논리에 기반하고 있었다고 표현

∗　Feher, "The Political Ascendancy of Creditworthiness", *Public Books*, 9 January 2019, https://www.publicbooks.org/the-political-ascendancy-of-creditworthiness/.

†　Feher, "Disposing of the Discredited", in *Mutant Neoliberalism*. 이 논리에 대해서는 이 책 178~179쪽도 참조하라.

할 수 있을 것 같아요. 이들은 당신의 표현대로 자유주의적 조건, 즉 노동력 상품을 자유롭게 판매하는 임금 노동자라는 지위를 일정하게 전유했지만, 이 전유의 전략이 가능했던 것은 결국 일정하게 동원할 수 있었던 '수'—조직된 노동자 혹은 유권자의—에 기반했기 때문이 아닌가 싶습니다.

반면 이 책에서 논의하는 정치—옮긴이인 저는 이 정치를 '투자(회수)의 정치'politics of (dis)investment라고 표현하고 싶은데요—는 자원(구체적으로는 화폐)의 흐름을 어떻게 조절하고 어디로 물꼬를 터 줄 것이냐는, 이 모든 자원을 어디에 얼마만큼 투자하거나 어디서 얼마만큼 거둬들일 것이냐는 쟁점을 중심으로 회전하는 듯 보입니다. 그렇다면 동원할 수 있는 자원의 양quantity이 중요할 텐데, 이 '양'의 논리는 '수'의 논리와 사뭇 다르다는 생각이 들었습니다. 범박한 표현을 빌리면 민주주의가 1인 1표의 원리인 반면 자본주의는 1달러 1표의 원리로 작동하는데, 자원의 양이라는 관점에서 저항의 정치가 시장을 능가할 수 있을까요? 당신의 유비를 따라 말하면 노동 조합이 고용주 카르텔을 모방했듯—그리고 그 과정에서 자유주의 시민 사회의 인간학을 변형했듯—이 책의 영어판 제목이기도 한 등급 평가를 받는 행위성rated agency이 신용 평가사rating agency를 모델로 삼는 것이 가능할까요? 가능하다고 해도 성공이라 할 만한 결과를 낼 수 있을까요? 우리가 시장의 논리를 따르면서 시장을 앞설 수 있을까요?

미셸 솔직히 저도 잘 모르겠어요. 피투자자 액티비즘은 아직 발아 단계에 있습니다. 동시에 여기저기서 조금씩 승리를 거두고 있기도 하지요. 몇 안 되는 일시적인 승리지만 초창기 노동 조합이 거두었던 소수의 승리도 일시적이었어요. 그러니까 매우 초기 단계라고 봐야 할 것 같고, 제가 성공을 보증할 수는 없겠지요.

또 하나 언급할 점은 제 믿음은 방법론적인 것에 더 가깝다는 것입니다. 제가 볼 때 게임의 판도를 뒤집는 저항들은—항상 그렇다고 할 수는 없겠지만—대부분 전략적 전유의 결과처럼 보이거든요. 다시 말해 전략적 전유의 유효성은 우리에게 부과된 조건을 약간 개선할 수 있다는 데 있지 않습니다. 조건의 국소적인 개선을 위해서라면 전략적 전유 말고 다른 길들을 택할 수 있겠지요. 하지만 조건에 급진적으로 도전하기 위해서라면 전략적 전유가 불가피합니다.

그렇지만 음… 잘 모르겠어요. 우선 혁명적이었던 19세기 노동 조합들은 임금을 인상하면 이윤을 증가시켜야만 하는 자본주의 체제를 마비시킬 수 있으리라는 믿음을 가지고 있었습니다. 비록 엇나간 믿음이기는 했지만요. 그러니까 이윤을 제한하면 이 광범위하고 역동적인 과정이 정체되고 교란되며 종국에는 붕괴할지도 모른다는 논리였지요. 이것이 그들이 걸었던 내기예요. 이 내기는 성공하지 못했지만, 어쨌든 여기에는 전략적 전유가 주어진 상황을 변혁하기보다는 개선하는 데 그치는 시도만은 아니라는 논리가 깔려 있었지요.

조건을 전유하는 전략을 택하지 않을 때 제기되는 또 다른 난점도 있습니다. 이렇게 되면 우리에게 부과된 조건에 다른 조건의 이름으로 도전하기 위해서는 진실되고 진정하며 실재적인 인간의 조건에 대한 명확한 이상이 필요해진다는 것입니다. 이러려면 청년 마르크스가 그랬듯 진실된 인간의 조건은 무엇인지, 우리가 회복해야 하는 초역사적이고 근본적인 조건은 무엇인지에 대한 낭만주의적인 관념이 있어야 해요. 이는 마땅히 영원한 목표로 삼아야 할 최종적인 도덕적 인간학에 대한 믿음이고, 제게는 잃어버린 진정성에 대한 희구에 가까워 보입니다. 매우 19세기적인 믿음이지요.

그렇지만 푸코처럼 유명론적 역사주의nominalistic historicism라는 입장을 취하면, 우리에게 정의로운 사회의 기틀이라는 이유로 마땅히 돌아가야 할 초역사적인 인간의 조건 같은 것은 존재하지 않게 됩니다. 대신 이미 주어진 요소들, 우리에게 부과된 조건에 내재하는 요소들과 함께 작동하는 한층 매력적인 주체성 형식을 구성해 내야만 하지요. 일종의 실용적이고 역사주의적인 비전의 형태로요. 태초에 근원적인 공산주의가 있었지만 갖가지 불운한 일이 뒤따랐고, 따라서 어떤 식으로든 잃어버린 황금기로 회귀해야 한다는 것은 대단히 낭만주의적인, 어떤 의미에서는 굉장히 기독교적인 비전이에요. 이런 그림은 푸코의 접근을 따르는 제 관점에 부합하지 않습니다. 왜냐하면 저는 필연적으로 도달해야 하는 종점 따위는 부재하는 채로 그저 권력 관계와 저항 관계를 통해 발명된 주체성에 관심을 가져 왔으니까요. 이것이 최종적인 투쟁final struggle이 아닌 영구적인 전투perpetual battle에 대한 푸코의 모델이었지요.* 이 모델에서 권력의 양태는 항상 권

* "이런 미시 물리학에 대한 연구는 몸에 행사되는 권력에 대해 다음과 같은 점들을 가정하고 있다. 권력은 하나의 소유물로서가 아니라, 하나의 전략으로서 이해되어야 하며, 권력이 발생시키는 지배의 효과는 소유appropriation에 의해서가 아니라 배열, 조작, 전술, 기술, 기능 등에 의해 이루어진다는 것이다. [······] 우리는 그 권력 속에서 소유할 수 있는 어떤 특권을 찾아내기보다는, 오히려 항상 긴장을 내포하고 있고, 항상 활성화되어 있는 관계망을 찾아내야 한다. 그리고 거래를 조절하는 계약이나 영토의 정복보다는 영구적인

력과 저항의 게임을 통해 변화하고요.

제가 옳다고 단언할 수는 없지만 어쨌든 이것이 제가 통치와 주체성 양식에 접근하는 인식론적이고 미학적인 입장입니다. 주체성이 권력과 저항의 상호 유희를 통해 창출되며 돌아가야 할 근본적인 인간의 조건에 입각하고 있지 않음을 받아들인다면 우리는 어떻게 사회적 투쟁을 이해해야 할까요? 이것이 제 작업을 이끌어 나가는 하나의 질문입니다.

투자의 정치

민서 통치의 조건을 분석해 전유하고 재발명해야 한다는 논지에 공감하는 사람으로서, 결국 당신이 이야기하는 새로운 정치적 전망은 열려 있는 것 같아요. 그야말로 앞으로 권력관계 게임이 전개되는 양상에 따라, 그 과정에서 창안될 전략적 실천의 성패에 따라 달라질 것 같습니다. 그러고 보니 당신이 쓰는 대항 투기counter-speculation라는 용어도 푸코의 대항 품행counter-conduct을 상기시키네요.

여기서 다시 한번 당신이 구사하는 '투자'investment라는 개념 역시 이런 이중성과 관련이 있다는 것을 짚고 넘어가고 싶습니다. 금융적 투자뿐 아니라 프로이트 및 들뢰즈와 가타리가 이야기하는 리비도 투자나 욕망의 투자와 관련된, 통속적인 의미와 구별되는 또 다른 용례가 사회 이론에 있으니까

전투la bataille perpétuelle를 권력의 모델로 삼아야 한다." 미셸 푸코, 『감시와 처벌: 감옥의 역사』, 오생근 옮김, 나남, 2003, 57~58쪽. 번역은 일부 수정, 원어 병기와 강조는 추가.

요. 당신이 의도했는지는 모르지만, 신용이라는 관념이 광범위한 것과 마찬가지로 투자의 대상 역시 정동, 평판, 신용 등 협의의 경제적 영역에 한정되지 않는다는 점에서 당신의 책이 투자의 정치를 다루고 있다고 읽을 수 있을 것 같습니다. 물론 누군가는 '투자의 정치'라는 말 자체에 알레르기 반응을 보일 수도 있겠지만요. 당신은 투자의 문법을 전유할 정치적 가능성과 방향성을 암시하고 있지요.

미셸 정말 훌륭한 지적입니다. 제가 시도하는 바도 경제적인 세계와 그렇지 않은 세계에서 모두 사용될 수 있는 개념을 찾는 것이니까요. 제가 특정 유형의 좌파, 특히 프랑크푸르트 학파식의 비판과 분기하는 지점 중 하나는 동시대 자본주의의 전개를 경제적인 것이 비경제적인 것을 침범하기보다는 양자의 경계가 흐려지는 과정으로 바라본다는 것입니다. 그러니까 우리에게는 진실된 감정이 있었는데 경제학 제국주의 때문에 이 실재가 이윤이나 이해 타산 같은 경제 논리로 환원되고 말았다며 개탄하는 입장은 제게 굉장히 수구적인 비판처럼 들립니다. 이런 비판은 좌우파 모두에게서 발견됩니다. 좋았던 옛 시절에는 우리에게 진정한 가치와 존중이 있었던 반면 근대 세계는 물질적 이해 타산에 기반하고 있다는 식의 매우 보수적인 비판은 어떤 의미에서 굉장히 짜증스러워요. 그런데 흥미로운 것은 신용의 시대에는 자산과 가치 상승이라는 현상이 경제적 영역과 비경제적 영역에서 동시에 존재한다는 바로 그 사실이지요. 경제적 영역과 비경제적 영역을 구분하는 흐름은 현실의 일부인 동시에 이런 현실을 비판하는 사유의 전제이기도 했습니다. 한편에는 이해 관계의 영역, 곧 생산, 교환, 경제의 영역이 있고 다른 한편에는 지적인 삶, 가정, 무조건적인 사랑과 같이 이해 관계와 무관한 영역이 존재한다는 사고 방식이지요. 이는 자유주의적 자본주의에 대한 비판뿐 아니라 자유주의적 자본주의 자체가 기반하고 있는 전제 아닐까요? 이렇게 되면 이해 관계와 무관한 영역을 지켜 내는 방식으로 투쟁해야 한다는 아이디어는 잠재적으로 반동적이고 문제적인 것이 되지요.

반면 금융화된 자본주의에서 무시무시할 정도로 흥미로운 지점은 경제적인 것과 비경제적인 것의 경계가 흐려지는 현상입니다. 따라서 후자에 대한 전자의 제국주의적인 정복, 혹은 추하고 냉혹한 전자에 맞서 자신의 영토를 넓혀 나가려는 후자의 영웅적인 투쟁을 강조하는 대신 전자와 후자의 대립 구도가 이제 적절치 않다고 이야기할 필요가 있습니다. 더는 작동하기 위해 이런 구분을 필요로 하지 않는 소름 끼치고도 흥미로운 세계에서 사유해야 하는 것이지요.

민서 보존해야 할 어떤 규범적 준거를 가지고 현재 상황을 타개할 활로를 찾는 발상의 문제점에 대한 당신의 지적에 공감합니다. 다만 제가 질문드리고 싶었던 부분은, 만약 산업 자본주의 시대에 일종의 내재적 비판 및 전유의 전략이 작동했다면, 오늘날 그 등가물은 무엇이며 얼마나 유효할 수 있겠느냐는 것이었습니다. 답변 와중에도 살짝 나왔지만, 당신이 책에서 제시한 주장 중 하나는 노동 운동의 급진적 분파든 개혁적 분파든 임금 협상을 통해 이윤율의 경향적 저하를 유도해 위기를 촉진하려 했다는 것인데요. 당신의 유비를 따라가 보자면 금융화된 주체성을 전유하는 정치에서 이에 대응할 만한 메커니즘은 무엇일까요? 시스템을 한계까지 밀어붙일 만한 전략이 있다면 그것은 무엇일까요?

미셸 음, 제 생각에는 다른 방식으로 유비가 이어져야 할 것 같습니다. 제가 급진적 생디칼리슴 예시를 든 것은 전유 전략이 반드시 개혁주의로 귀결되지는 않는다는 것을 말하기 위해서였어요. 한계를 향해 밀어붙이는 전술이 〔금융화된 자본주의에서도〕 틀림없이 통하리라고는 할 수 없을 것 같아요. 신용을 재구성해 〔기존 금융 자본의 방식과는〕 다른 활로로 유통되게 만드는 전략은 이와 꽤 다릅니다. 이건 운동이 표적으로 삼는 체제의 성장 동력 및 한계에 대한 문제는 아니니까요. 포트폴리오는 공장처럼 작동하지 않기 때문에 포트폴리오의 작동을 방해하는 것은 공장의 작동을 사보타주하는 것과 다르지요. 그래서 그런 식으로는 유비를 확장할 수 없을 것 같아요. 왜냐하면… 당신 말처럼 이 유비를 〔과거에 유효했다는 이유에서 기계적으로〕 확장한다면 지금은 발아하는 단계에 있지만 앞으로 유효성이 입증될 새로운 운동 형태를 포착하기 힘들 테니까요.

이해 관계자 자본주의와 ESG 투자의 부상

민서 저는 그 부분이 정말 재미있었습니다. 과거 운동가들의 행적에서 계승해야 할 것은 내용이 아니라 방식이라는 것, 그 방식은 다름 아닌 현존하는 인간의 조건을 급진적으로 전유하는 것이라는 주장이 설득력 있게 다가왔어요.

지금까지 당신의 기획 전반과 이 책의 주된 문제 의식 그리고 그 함의에 대해 이야기를 나누었다면, 이번에는 최근의 정치적 국면과 관련된 질문을 드리고 싶습니다. 현실을 이론화하는 작업의 시간성은 현실에서 전개되는 정치의 시간성과 다른 만큼, 당신 책이 처음 프랑스어로 출간된 2017년과 증보를 거쳐 영어로 발표된 2018년 이후 일어난 정세적인 변화를 짚어 볼 수 있을 것 같아서요. 저는 특히 ESG 투자*의 부상에 주목하고 있습니다. 2020년 초에 세계 경제 포럼에서 (이 포럼의 창립자이기도 한) 클라우스 슈바프가 "이해 관계자 자본주의"stakeholder capitalism를 이야기했는데요. 이는 이 책에서도 언급하는 유명한 1970년 칼럼에서 밀턴 프리드먼이 주주와 이해 관계자 중 주주를 우선시해야 한다고 주장한 이래 통용되어 오던 정설을 거스르는 것처럼 보입니다. 기후 리스크를 계산하고 가치화하며 증권화하는 일련의 흐름은 어찌되었건 기후 위기를 진지하게 받아들이는 자본 측의 대응처럼 보이기도 하지요. 이는 기존에 운위되던 기업의 사회적 책임 담론과는 다소 구분되는 측면이 있다고 생각하는데요. 이런 변화를 어떻게 봐야 할까요?

미셸 그렇죠. 두 가지를 이야기해 볼 수 있을 것 같아요. 확실히 자본 소유자들, 특히 대규모 자본을 소유하고 있는 이들 사이에서 (기후 위기에 대한) 특정한 공감대가 형성되고 있는 것처럼 보입니다. 이해 관계자 자본주의를 열렬히 주장하는 대표적인 인물은 블랙록Blackrock의 CEO인 래리 핑크입니다. 핑크는 세계에서 가장 힘이 센 인물 중 한 명이기 때문에 급진적인 변화를 반길 만한 사람이라 하기는 힘들겠지요. 그렇지만 핑크는 기성 시스템에 벌어지고 있는 변화를 이해할 만한 감수성이 있고, 이 변화를 놓치지 않고 전유하는 능력을

＊ ESG는 environmental, social, governance의 약어로 환경, 사회, 거버넌스 등과 같은 비재무적 요소를 고려하는 투자를 일컫는다.

보여 주고 있어요. 두 가지가 특히 흥미롭습니다. 하나는 이해 관계자 자본주의뿐 아니라 래리 핑크가 대표하는 자산 관리사asset manager 자본주의의 발전입니다. 자산 관리사들은 무엇을 사고팔지에 대한 유행을 선도하는 집단으로 현재 실질적으로 세계를 지배하고 있지요. 2008년 금융 위기 당시에 골드만 삭스가 자본주의를 이끄는 존재였다면 지금은 블랙록이 그렇습니다. 여기서 이 주제에 대해 깊이 있게 논의할 수는 없겠지요. 그렇지만 이는 제가 책에서 다루지 못한, 현재 부상 중인 새로운 자본주의 모델에 해당해요.

이 주제의 최고 전문가는 벤저민 브론이에요. 민서 씨가 이 주제에 관심이 있다면 그가 쓴 논문들을 읽어 보라고 권하고 싶네요.＊ 브론에 따르면 자산 관리사들은 근본적인 변화를 수반하지 않는 이해 관계자 자본주의 혹은 녹색 자본주의를 발명할 가능성을 확보하려 합니다. 다시 말해 그린 워싱을 완전히 새로운 차원으로 밀어붙여 세련된 지배를 도모하려는 것이지요. 이런 지향은 2018년에 노벨 경제학상을 수상한 경제학자〔윌리엄 노드하우스〕가 취하는 접근과 공명하는 지점이 있습니다. 생태와 환경 분야 경제학의 거두인 이 경제학자에 따르면 UN이 설정한 것처럼 〔산업 혁명 이전보다 평균 온도가 상승하는 폭을〕 1.5도나 2도로 제한하는 것은 명백히 비현실적이지만 4도 정도는 해 볼 만한 목표입니다. 환경 문

＊ 예를 들어 다음을 보라. Benjamin Braun, "Asset Manager Capitalism as a Corporate Governance Regime", in Jacob S. Hacker, Alexander Hertel-Fernandez, Paul Pierson, Kathleen Thelen eds., *American Political Economy: Politics, Markets, and Power*, Cambridge University Press, 2021, pp. 270~294.

제를 진지하게 받아들이는 최고의 경제학자들이 이렇게 이야기하고 있는 것이지요. 이런 의미에서 이 경제학자는 학계의 래리 핑크 같은 인물입니다. 이들이 주장하는 바의 핵심은 확실히 기후 변화가 일어나고 있고 엄청난 불평등을 포함해 심각한 결과를 초래하겠지만, 우리는 이런 파국적 결과를 제한하고 관리해 〔위기를 계기로 촉발될 수 있는〕 혁명을 방지할 수 있다는 것이지요. 즉 이 행성 자체를 유지할 수는 없더라도 행성이 남아 있는 한 자본주의는 유지할 수 있다는 것입니다. 이것이 이들이 생각하는 조정moderation, ESG, CSR입니다. 그렇지만 동시에 이들은 2008~2009년의 은행들처럼 조급해서는 안 되며 보다 장기적인 게임에 뛰어들어야 한다고 말합니다. 이 행성이 반드시 두 세대 혹은 세 세대 뒤까지 남아 있어야 하며, 그동안에는 적당한 이윤율과 자본 이득이 지속적으로 보장되어야 한다는 거예요. 그러니까 이게 자본주의의 주류 혹은 바이든 진영이 이야기하는 자본주의라고 할 수 있겠네요.

그런데 이 진영은 전 세계 트럼프주의자들의 공격에 시달리고 있습니다. 가장 강력한 적수는 이전에 블랙록의 파트너였던 블랙스톤Blackstone입니다. 블랙스톤은 코크 형제를 비롯해 공화당의 급진적인 의제를 후원하는 이들과 한편이지요. 이들이 볼 때 래리 핑크는 '깨어 있는'woke[†] 적수예요. 이들은 대규모 화석 연료 거래를 방해하는 어떤 시도도 불법화하는 주 단위 법률을 통과시키려 하는 세력이기도 합니다. 미국

[†] 미국에서 정치적 올바름을 비롯한 진보적 대의를 주창하는 이들을 경멸하는 의미로 사용되는 표현.

의 일부 주에서는 이런 변화가 일어나고 있어요. 이들의 전략은 기본적으로 세계가 멸망하기 전까지 가능한 모든 이윤을 축적하는 것입니다. 왜냐하면 시간이 흐를수록 자신들이 원하는 백인 우월주의white supremacy가 힘을 잃을 테니까요. 그러니까 남은 시간이 많지 않고 지금 당장 가능한 최대의 자본 이득을 긁어모아야 하니 래리 핑크 같은 치들이 벌이고 있는 기나긴 게임은 잊어버리라는 것이지요. 이들은 래리 핑크를 이해 관계자 자본주의를 대표하는 인물이자 사회적 책임에 〔쓸데없이〕 주력하는 자유주의자로 몰아붙이고 있습니다. 그러니까 이는 블랙록 대 블랙스톤의 대립 구도이자 미국 민주당 대 공화당의 대립 구도이기도 하지요.

이런 의미에서 우리는 자본주의의 새로운 국면에 진입하고 있습니다. 이 국면이 어떻게 전개될지는 더 지켜봐야 할 테고, 아마도 이런 변화로 제 책은 시대에 뒤떨어진 작업이 되겠지요? 제게는 좋지 않은 소식이지만… 새로운 뭔가를 쓸 수도 있겠죠.

민서 저는 이해 관계자 자본주의의 부상에도 불구하고 당신의 논의가 유효하다고 봅니다. 피상적으로는 이런 변화가 이 책의 논의와 어긋나는 것처럼 보일 수 있겠지만, 당신이 책에서 개진한 논의가 부상하고 있는 투쟁의 장과 내기물을 포착했다고 생각하거든요. 그 투쟁이 지금 전개되는 다중적인 위기 국면에서 갈수록 선명해지고 있는 것 같고요.

녹색 자본주의의 논리 혹은 기후 금융이라는 장이 작동하는 방식은 경험적인 연구를 통해 앞으로 더 밝혀져야 할 것이고, 이건 저를 포함한 다른 연구자들 몫이겠지요. 이 차원과 별개로 당신의 작업은 이런 변화를 이해할 수 있는 언어와 이 변화가 진행되는 정치적 지평에 대한 통찰을 제공해 준다고 생각합니다. 그래서 지금 우리가 이야기한 변화들 때문에 당신의 연구가 시의성을 잃을 것 같지는 않아요.

우파 포퓰리즘에 대해

민서 이제 곧 인터뷰를 마무리해야 할 것 같은데요. 작년에 『좌파와 좌파의 것들』이라는 책을 내셨지요.✱ 제가 옮긴 책과 이 책이 어떤 관계를 맺고 있는지 질문해도 될까요? 책의 핵심적인 주제는 아닐 수 있지만 좌파 포퓰리즘에 대한 당신의 비판과 연속선상에 있는 것 같아 흥미로웠거든요.

미셸 그 책은 프랑스 정치 지형에 초점을 맞춘 책이라 얼마나 관심이 있을지 모르겠네요. 이 책에서 저는 좌파 진영 내부에 존재하는 세 가지 문제적인 경향을 지적했어요. 첫째 경향은 좌파 유권자에게는 별다른 관심을 기울이지 않으면서 화가 나 극우의 유혹에 휩쓸리는 사람들을 자기 편으로 삼으려는 태도입니다. 사람들이 화가 나 있다면 화낼 대상만 바꾸면 되는 걸까요? 그리고 이민자나 무슬림이 아니라 은행가에게 화를 내야 한다고 이들을 설득하는 데 성공하면 이들이 우리 편이 될까요? 제게는 이런 식의 사고 방식이 불행히도 엄연히 다른 두 가지, 즉 분노indignation와 원한 감정resentment을 혼동하는 것처럼 보입니다. 제 생각에 사람들은 자신이 왜 화가 났고 누구에게 화가 났는지 알고 있어요. 이들을 그저 아무 생각 없이 잔뜩 화가 나 있는, 언제나 시스템을 공격할 준

✱ Feher, *La gauche et les siens*, AOC, 2021.

비가 된 사람으로 취급하는 태도는 문제가 있습니다. 이들도 세계에 대한 나름의 상을 가지고 있거든요. 그 상이 극우의 비전이고, 그래서 사람들이 극우에 표를 주는 것이지요. 그래서 제게는 이들을 끌어당기기 위해 좌파의 의제를 구부리는 것이 실수처럼 보였습니다.

또 다른 문제적인 경향은 좌파의 영역을 확장하기 위해 중원으로 나아가야 한다는 사고 방식입니다. 일종의 연성 신자유주의neoliberal light 노선을 채택하면 신자유주의를 싫어하는 사람은 경성 신자유주의neoliberal heavy를 택하느니 자신을 선택할 테고, 좌파 유권자 중〔급진적 좌파의 전망에〕그리 낙관적이지 않은 사람도 자신이 취하는 굉장히 중도적인 접근을 받아들일 것이라고 생각하면서요. 그렇지만 중도파와 좌파를 잇는 가교 역할을 하는 대신 이들은 둘 사이에 낀 상태로 아무것도 얻지 못하고 있습니다. 그 결과가 얼마나 허무했는지는 지난 대통령 선거〔2022년 5월 프랑스 대선〕에서 한때 주류에 속했던 정당이 거둔 득표율〔1.75퍼센트를 득표한 사회당〕로 드러났지요.

셋째 경향은 좌파가 전성기의 모습으로 돌아감으로써 다시 강해질 수 있다는 사고 방식입니다. 여기서 과거의 모습은 두 가지 잘못된 요소―이 두 요소는 필연적으로 서로를 수반하지는 않지만 일정한 관계를 맺고 있습니다―로 구성됩니다. 하나는 좌파가 강했던 시절에는 젠더, 섹슈얼리티, 인종 등에 '한눈팔지' 않고 계급에만 집중했다는 생각입니다. 좋았던 옛 시절로 돌아가자는 입장인데 이게 얼마나 잘못됐는지는 더 설명할 필요도 없겠지요. 다른 하나는 자신에게 익숙한 유형의 자본주의로 돌아가려는 시도입니다. 그러니까 현존하는 금융화된 자본주의에 비해 명백하게 마르크스주의적인 규범에 따라 작동하는 것처럼 보였던 산업 자본주의 시절, 자본주의 황금기와 전후 사회 협약의 국면으로 돌아가자는 주장이지요. 말하자면 어떻게 맞서 싸워야 할지를 우리가 익히 아는 자본주의로 회귀하자는 입장입니다. 이 두 요소는 금융화되고 디지털화된 동시대 자본을 상대하기 위해 무엇이 필요한지를 새롭게 사고하기보다는 향수에 빠져 과거를 희구하는 두 가지 방식이라 할 수 있어요. 2021년에 출간한 책에서는 이런 세 경향에 대해 경고하고자 했습니다.

지금은 이 작은 책의 첫 부분을 다루는 또 다른 짧은 책을 마무리하는 중입니다. 이 새로운 책은 유권자들이 극우파에 표를 던지는 현상을 분석하고 있어요. 그 과정에서 이들이 단순히 선정적인 미디어에 세뇌되었기 때문에, 혹은 중도 우파, 심지어 때로는 중도 좌파가 극우의 레토릭이나 해결책을 받아들이는 것에 불안감을 느끼기 때문에, 아니면 신자유주의 개혁이 노동 계급을 좌파와 결속시켰던 과거의 연대를 해체해 버렸기 때문에 이들이 극우를 지지하는 것은 아님을 진지하게 고찰하려고 했습니다. 물론 각각의 설명이 완전히 틀린 것은 아니에요. 선정적인 극우 미디어가 분명히 활개 치고 있고, 중도 우파뿐 아니라 중도 좌파도 현실에서 극우의 의제를 꺼내 들곤 하지요. 우리가 일work이나 노동labor과 맺는 관계가 신자유주의적 개혁 때문에 근본적으로 달라졌다는 것도 사실이고요.

그렇지만 이런 질문도 던져 봐야 합니다. 극우에 투표하기로 마음먹은 사람들은 극우의 비전에서 뭘 발견한 걸까요? 이 사람들이 극우에 던진 표를 단순히 이들이 느끼는 고통이나 그에 대한 반응으로 환원하는 대신 이들이 극우에 투표할 때 얻는 쾌락에 조금 더 초점을 맞추어야 하지 않을까요? 인종주의와 외국인 혐오가 확산되는 것에 이들이 느끼는 쾌락이 아니라, 유망해 보이는 어떤 세계관을 발견했을 때 느끼는 쾌락 말이지요. 저는 이 사람들이 극우의 비전에서 매력을 느끼는 부분이 무엇인지 찾아내고 싶어요. 이것이 현재 제가 작업하고 있는 작은 책입니다. 그리고 아까 이야기한 책도 작업 중이에요. 민서 씨가 번역한 이 책과 보다 밀접하게 연관된, 인적 자본의 계보학에 대한 책 말이지요.

민서 미래를 내다볼 수는 없겠지만 그 책은 언제쯤 나올까요?

미셸 일단〔극우 정치를 다루는〕첫 책을 마무리할 생각이에요. 인적 자본 관련 책은 한 장을 더 써야 해서 잘은 모르겠어요. 아마 내년 상반기가 되지 않을까 해요.

맺음말

민서 얼마 안 남은 것 같은데요? 작업 속도가 정말 빠르신 것 같습니다. 제가 준비한 마지막 질문은—사실 당신이 방금 프랑스 좌파 정치에 대해 설명해 주신 것과도 연관되어 있다고 생각하는데—당신이 작업해 온 방식 혹은 작업해 온 주제들의 성격에 대한 질문이라고 할 수 있겠어요. 당신의 작업이 학술적이면서도 현재 전개되고 있는 사건들과 긴밀히 호흡하고 있다는 인상을 받았거든요. 어떤 의미에서 당신의 작업은 늘 지금 여기서 벌어지고 있는 정치적 동학 및 활동하고 있는 정치 세력에 대한 가장 현재적인 평론이기도 한 것 같습니다. 지면 성격이나 길이에 따라 그런 측면이 두드러지는 정도는 다르겠지만요. 그래서 당신이 스스로의 작업 스타일 내지 작업 성격을 어떻게 규정하는지 궁금합니다.

미셸 제가 답할 수 있으면 좋겠어요(웃음). 스스로를 심리학적으로 너무 깊게 들여다보고 싶지는 않지만, 일종의 가면증후군imposter syndrome이 있는 것 같아요. 저는 제가 사이비 철학자나 사이비 사회 과학자, 사이비 정치 평론가라는 사실이 밝혀질까 봐 두려워요. 그러니까 〔이런 복수의 입장에서〕여러 겹으로 일종의 사기fraud를 치다 보면 제 정체가 밝혀질 위험도 줄어들겠지요. 여러 가지 생각이 드네요. 한편으로 저는 현재에 관심이 있고 평론가가 될 수 있겠다는 일종의 오만도 있습니다. 동시에 저는 평론가들을 그다지 좋아하지 않고 이들이 피상적이라고 생각해요. 특출한 경우도 드물게 있지만요. 그러니까 깊이 없는 평론가가 될지도 모른다는 두려움이 더 진중한 사상가가 되라며 저를 떠미는 것 같아요. 작업할 때 깊이 들어가는 것이 더 재미있기도 하고요. 그렇다고 다른 쪽을 포기하고 싶지는 않습니다. 이런 의미에서 왔다 갔다 하는 것이지요. 훌륭한 평론가이자 연구자여서가 아니라 결함 많은 평론가이자 연구자라서요.

민서 정말 겸손하신 것 같아요.

미셸 겸손하게 행동하는 사람이 오히려 굉장히 오만한 경우가 많으니 너무 믿지는 마세요(웃음).

민서 옮긴이로서 제 마지막 소회를 전하자면, 당신의 책을 번역하는 과정은 여러모로 충만한 경험이었습니다. 번역 과정 내내 이 작업이 매우 동시대적이라는 인상을 받았거든요. 당신의 말처럼 정치 평론과 학술 작업은 각각 고유한 시간 지평을 가지고 있는데, 당신의 분석은 학술적인 시간 지평에 입각해 있으면서도 정치 평론의 성격도 띠고 있는 것 같아요. 이론적 분석과 정치적 평론이 서로 영향을 주고받으면서 하나의 유기적 전체를 이루고 있다고 할까요. 저 개인적으로는 당신이 쓴 이 책을 읽고 옮기면서 변화하는 것과 변화하지 않는 것이 혼재된 세계에서 사회 이론가가 무엇을 어떻게 사유해야 하는지를 볼 수 있었던 것 같습니다. 이 책은 동시대성과 팽팽한 긴장 관계를 유지하고 있지만, 당신의 논의에서 이 동시대성은 시시각각 쇄도하는 현재가 아니라 이론적으로 재구성된 역사의 일부처럼 보이거든요.

마지막으로 이 말도 하고 싶습니다. 이 책의 첫 문장에서 당신은 우울증이 언제나 좌파의 전유물이었던 것은 아니었다고 이야기하고 있지요. 이 우울증에서 벗어날 가능성과 방향성을 찾는 것이 당신의 목표고 책 전체에 걸쳐 이것들을 설득력 있게 제시하고 있다는 점에서 이 책은 읽는 이에게 무언가를 일깨워 줄 뿐 아니라 에너지도 주는 것 같습니다. 물론 이는 이 책이 정치와 권력에 대한 푸코주의적 접근이 무엇을 성취할 수 있는지를 훌륭하게 예시하고 있다는 사실과도 연관되겠지요. 그런 의미에서 당신의 작업은 어떤 일이 일어나고 있고 무엇을 할 수 있는지를 주의 깊게 숙고해 보라고 독려하는 초대장 같아요.

미셸 참 따뜻한 말이네요. 정말 고맙습니다.

옮긴이 후기

'신자유주의의 죽음'이 운위되던 때가 있었다. 2008년에 월스트리트발 금융 위기가 발발하고 전례 없는 규모의 구제 금융이 시행되면서 사회 운동가들은 물론 미국 대통령과 교황조차도 실물 경제(메인스트리트)를 경시하는 이른바 '카지노 자본주의'하에서 작동해 온 금융의 투기적인 성격을 성토했다. 2011년 가을에는 월스트리트를 '점령하라'는 운동이 출현했고, 스스로를 '99퍼센트'로 내세운 점령자들은 (연초 아랍에서 벌어진 일련의 시위에 참가했던 이들과 함께)『타임』으로부터 "저항자들"protestors이라는 칭호를 부여받으며 2011년 올해의 인물에 꼽히기도 했다. 월스트리트 앞 주코티 공원에 운집한 점령자들은 월스트리트 같은 "상징적인 장소를 점령해 그곳에 자신들이 살고 싶어 하는 모습의 작은 사회를 건설하려 시도했다".✳ 야영을 이어 나가며 토론부터 식사와 놀이에 이르는 활동을 함께한 이들은 금융이 지배하는 세계가 아닌 '또 다른 세계가 가능하다'another world is possible는 메시지를 송신했다. 이는 월스트리트를 포위함으로써 대안의 가능성을 공간적으로 현시하려는 시도였다.

한때 이러한 도전을 마주했지만 신자유주의는 오늘날에

✳ 시위자 쓰고 그림,『점령하라』, 임명주 옮김, 북돋움, 2012, 24쪽.

도 여전히 죽지 않은 것처럼 보인다. 기능하는 경제 시스템으로서든 정치적 정당성을 부여받은 이념으로서든 말이다. 시간이 흘러 점령자들은 해산했고, 2008년 경제 위기의 진앙이었던 금융의 위세는 더욱 등등해졌다. 국가의 재정 지출을 둘러싼 논의는 재무 건전성이라는 논리에 의해 제약되고 있으며, 그렇게 발생한 국가 부채의 감소는 가계 부채의 증가를 초래하곤 한다. ESG 금융의 유행에서 드러나듯 기후 위기처럼 동시대 시스템이 직면한 위험 역시 새로운 투자의 계기로 번역되는 실정이다.

고삐 풀린 금융의 운동은 월스트리트 같은 제도권 금융을 넘어 일상으로도 깊숙이 스며들었다. 월스트리트의 큰손들을 비난하던 99퍼센트 중 적지 않은 이가 투자자 대열에 합류했다. 출근해서도 주식 거래 어플리케이션에서 눈을 떼지 못하는 직장인, 부동산 시세와 24시간 춤추는 암호 화폐 그래프에 신경을 곤두세우는 사람, 노동 소득이 아니라 자산 소득으로 '경제적 자유'를 쟁취하겠다는 FIRE('금융적 독립, 조기 은퇴'Financial Independence, Retire Early)족, 2021년 이슈로 부각되었던 공매도 연장 금지 '운동' 등이 보여 주듯 금융의 영향력은 월스트리트라는 공간을 가뿐히 넘어선 것 같다. 그렇다면 우리는 예측 불가능한 투기가 횡행하는 금융이 이 세계를 포섭해 버렸다며 냉소할 수밖에 없는가? 금융 자본주의에 외부란 없다며 탄식을 거듭하다 정치적 우울로 침잠할 수밖에 없는가?

이 책의 지은이 미셸 페어는 단호하게 그렇지 않다고 답한다. 금융의 전일적 지배가 관철되는 듯이 보이는 지금도, 아니 지금이야말로 금융에 대항하는 정치가 가능하다는 것이다. 금융을 외부에서 포위했던 2011년의 점령자들이 금융과는 다른 논리에 입각했다면, 이 새로운 정치는 금융 내부에서 금융을 통해 작동한다. 지은이는 이 정치를 전개해 나가는 주인공을 '피투자자'investi, investee로 호명한다. 그는 피투자자들이 동시대의 금융 자본주의가 작동시키고 활용하는 투기, 신용 평가, 가치 상승, 인적 자본 등의 논리를 배격하기보다는 이러한 논리가 통용되는 장에 뛰어들어야 한다고 주장한다. 여기서 한때 점령자의 모습으로 금융 자본주의에 맞섰던 저항의 주체는 금융 자본주의의 문법을 가장假將하는 투기자의 형상으로 귀환한다. 하지만 금융의 논리를 경계하고 지양하고자 해 온 이들 입장에서는 금융 자본주의가 배양하는 주체인 피투자자를 금융에 맞서는 정치의 주인공으로 내세우자는 제안이 의아하게 다가올 것이다. 「옮긴이 후기」에서는 이처럼 도발적으로 들리는 주장을 이해하는 데 도움이 될 만한 몇 가지 맥락을 제시하고자 한다.

1

우선 이 책이 한국에 처음 소개되는 미셸 페어의 저작이므로 그의 이력과 관심사를 간단히 소개할 필요가 있어 보인다. 1956년생인 페어는 벨기에 태생의 철학자이자 사회 이론가로 유럽과 영미권에서 주로 활동 중이다. 1985년에 인문, 사회과학 분야 출판사인 존 북스Zone Books를 설립해 현재까지 공동 편집자로 일해 오고 있다. 2007년에는 프랑스 이민 정책과 관련된 모니터링 그룹인 세트 프랑스-라Cette France-là를 창립하고 공동 창립자이자 대표를 지냈다. 제도권 학계의 경계

내에 머물지 않고 다양한 방식으로 활동을 벌여 온 연구자인 만큼 그의 저술 작업도 동시대의 정치적 쟁점이 되는 사안들과 밀접한 연관을 맺어 왔다. 일례로 2000년에 출간한 『무력하도록 고안되다: 국제 사회의 시대』*Powerless by Design: The Age of the International Community*에서는 1990년대 중후반의 르완다 대학살이나 코소보 전쟁 등을 배경으로 삼아 대서양 양안의 '진보' 정치인들이 탈냉전 국제 질서에서 취한 탈이데올로기적인 입장과 그 딜레마를 분석했다.

또한 2007년에는 통치의 주체가 아니라 통치가 행사되는 방식이 주요한 쟁점으로 떠오른 정치의 장소들, 이를테면 인도주의적 원조, 환경 보호, 인권 침해 모니터링에 이르는 활동을 '비정부 정치'nongovernmental politics라는 개념으로 포착한 동명의 공저서를 편집했다. 나아가 2021년에는 오늘날 좌파 정치의 일부 분파가 지향하는 정치의 문법과 그 귀결을 비판적으로 검토한 『좌파와 좌파의 것』*La gauche et les siens*을 출간하기도 했다(이 책의 내용에 대해서는 본서에 수록한 「미셸 페어와의 인터뷰」를 참조하라). 그 외에 세트 프랑스-라의 일원으로 프랑스 이민 정책을 다룬 『위로부터의 제노포비아: 후안무치한 우파의 선택』*Xénophobie d'en haut: le choix d'une droite éhontée*, 2012과 『불법 체류자들과 지사들: 성과 문화에 대한 초상』*Sans-papiers et préfets: la culture du résultat en portraits*, 2012 작업에도 참여했다.

이번에 소개하는 책과 가장 직접적으로 연관되는 지은이의 작업은 2007년 발표한 「자신의 가치를 상승시킨다는 것, 혹은 인적 자본의 열망」*이라는 논문이다. 본서가 이 글의 논지를 수정하고 발전시키고 있기 때문에 이 글을 먼저 살펴보면 유용할 것이다. 이 글에서 지은이는 동시대 자본주의의 통치 합리성을 분석하고 이에 대한 저항의 전망을 모색한다. 특히 그는 신자유주의가 작동하기 위해 상정되어야 하는 인간 주체 형상, 즉 신자유주의의 인간학에 주목한다. 이 인간학을 그는 "신자유주의적 조건"neoliberal condition이라고 부른다.

지은이가 말하는 신자유주의적 조건은 자유주의적 조건과 구별된다. 그는 노동력 상품에 대한 마르크스의 논의에 의지해 '자유로운 노동자'free laborer를 자유주의적 조건에서 작동한 주체성 형상으로 제시하고 이 형상이 걸어왔던 정치적 궤적을 스케치한다. 우선 '자신의 노동력을 판매하는 거래자로서 이해 관계를 추구하는 개인'이라는 자유주의적 인간학은 계급과 무관하게 만인이 평등하다고 전제한다. 물론 이는 노동에 대한 자본의 착취를 뒷받침하는 하나의 허구이며, 자본은 이를 바탕으로 자신의 운동을 개시할 수 있었다. 그런데 노동 운동가들은 이 전제를 단순히 받아들이거나 전적으로 거부하는 대신 계급이라는 집합적 차원에서 전유함으로써 이른바 단체 협상의 기술을 발전시켰다. 이들은 임노동 관계라는 게임에 뛰어들어 더 많은 임금과 더 나은 노동 조건을 얻어 내기 위해 싸웠고, 때로는 더 나아가 자본의 이윤율에 위기를 초래하려 시도했다. 그런 점에서 '자유로운 노동자'라는 주체성은 자본주의적 착취를 가능케 하는 전제일 뿐 아니라 이 착취에 맞선 운동가들이 전유해 운동을 전개할 수 있는 계기였다.

※ Michel Feher, "S'apprécier, ou les aspirations du capital humain", *Raisons politiques* 28, 2007, pp.11~31.

자유로운 노동자가 자유주의적 조건이라면 지은이가 푸코의 통치성 분석을 원용해 신자유주의적 조건으로 제시하는 것은 '인적 자본'human capital이다. 인적 자본은 테어도어 W. 슐츠와 게리 베커가 고안한 개념으로, 초기에는 교육이나 훈련 같은 '투자'를 통해 향상되는 노동 생산성과 여기서 비롯하는 수익을 계산함으로써 정부나 개인이 내리는 의사 결정을 이해하기 위해 활용되었다. 하지만 이후 인적 자본의 구성은 교육 수준과 기술, 지식과 건강은 물론 이에 영향을 미치는 심리적 특질, 유전적 형질, 식습관과 성생활에 이르는 외견상 비경제적인 요소들까지 포괄하게 되었다.

　이 경제학자들이 상정한 인적 자본은, 비록 고려되는 투입(교육, 양육, 타인들의 영향, 영위하는 생활 양식)과 산출(화폐적 수입은 물론 갖가지 만족)의 종류는 늘어났지만, 신고전파 경제학이 내세웠던 효용과 장기적 이윤을 극대화하려는 합리적 소비자라는 모델과 결정적으로 단절하지는 않았다. 그렇지만 현실의 인적 자본은 투자에 대한 수익의 극대화보다는 자신의 '가치 상승'을 추구한다는 것이 지은이의 주장이다. 장기적인 투자에 대한 수익 최적화보다는 단기간에 배당금을 늘림으로써 주가 상승을 우선시하는 기업 거버넌스와 마찬가지로 말이다. 따라서 베커와 합리적 선택 이론이 상정했던 공리주의적 주체와 구분되는 신자유주의적 주체는 만족을 극대화하기보다는 자신의 가치에 대한 높은 평가(를 통한 가치 상승)를 극대화하기 위해 자신의 품행을 전략적으로 계산한다.

　지은이는 '자유로운 노동자'와 마찬가지로 '인적 자본' 역시 정치적으로 전유할 수 있는 인간의 조건이라고 본다. 그렇기 때문에 그는 이 개념이 인간의 복잡성을 경제적 합리성으로 축소하는 과소 진술이라고 반박*하기보다는 현실에서 작동하는 인적 자본이라는 주체성의 열망을 진지하게 받아들이자고 제안한다. 이 노선은 신자유주의가 상품의 논리를 만물에 적용하는 시장 근본주의이며, 그 결과 시민이 거주하던 공적인 영역마저도 시장화되어 소비자만이 살아가는 세계가 도래했다는 식의 입장과는 결을 달리한다. 여기서 저항의 의미는 상품화와 시장화의 흐름에 맞서 경제적 이해 관계로 환원되지 않는 다른 열망들을 강조하는 것이 아니라, 자신의 가치를 상승시키려는 인적 자본의 열망과 보조를 맞추면서 이 가치를 평가하는 지배적인 조건과 양식을 재구성하는 것이 된다.

이렇게 2007년 논문은 새로운 인간의 조건이 제기하는 정치의 가능성과 방향성을 제시했지만, 현실의 정치적 지형에 대한 경험적 분석이나 이 조건을 전유할 수 있는 구체적인 실천의 사례들은 간략하게 언급하는 데 그치고 있었다. 이 글이

---

* 가령 인간이 이해 관계만으로 움직이는 호모 에코노미쿠스라는 함의에 맞서 이타적으로 활동하는 인간의 모습을 발굴함으로써 대응하는 입장이 이에 포함될 것이다. 이런 입장은 경제적 영역과 비경제적 영역을 실체적으로 구분하고 후자를 토대로 전자의 제국주의적 전횡에 맞서야 한다는 폴라니적 구도와도 공명한다. 이러한 구도의 함의 및 정치적 효과에 대한 비판적 논의로는 다음을 참조하라. 김주환, 「신자유주의 사회적 책임화의 계보학」, 『경제와 사회』 96, 2012, 210~251쪽; 김성윤, 「사회적 경제에서 사회적인 것의 문제」, 『문화 과학』 73, 2013, 110~128쪽. 또한 이런 반박에 대한 베커 본인의 반응을 살필 수 있는 글로는 다음을 보라. 게리 베커, 프랑수아 에발드, 버나드 하코트, 「게리 베커와 자본주의 정신」, 강동호 옮김, 『문학과 사회』 107, 2014, 401~439쪽.

멈추었던 지점에서, 이 글이 품고 있던 논지를 확장하는 책이 바로 『피투자자의 시간』이라 할 수 있다.

2

이 논문 이후 10년 만에 나온 『피투자자의 시간』은 다음의 문장으로 시작한다. "우울이 언제나 좌파의 전유물이었던 것은 아니다." 순항하는 신자유주의 앞에서 무기력에 시달리는 좌파에게 지은이는 이 무기력이 반세기 전 어느 쪽에 있었는지를 상기시켜 준다. 동구권에 사회주의 체제가 엄존하고 이를 의식한 대서양 양안의 자유주의적 통치에도 사회주의적 요소가 포함되었던 시절, 신자유주의의 비조들이야말로 우울증을 앓고 있었다는 것이다. 그렇지만 국가 사회주의가 퇴색하고 복지국가가 자본의 반격에 맞닥뜨리기 시작한 1970년대 중반 이래 우울증은 좌파의 질병이 되었다. 이 우울을 우파쪽으로 되돌려 보내기 위해 지은이는 묻는다. 반세기 전 우파는 '현실 사회주의'라는 명칭으로 사회주의라는 프로젝트가 담지했던 이상과 이 프로젝트가 물질화된 현실의 간극을 지적했다. 그렇다면 신자유주의라는 이념과 오늘날의 "현실 신자유주의"actually existing neoliberalism✳ 사이에서도 간극을 확인할 수 있지 않을까?

지은이는 이 간극을 신자유주의와 금융화의 차이에서 찾

✳ Feher, "Disposing of the Discredited: A European Project", in William Callison and Zachary Manfredi eds., *Mutant Neoliberalism: Market Rule and Political Rupture*, Fordham University Press, 2019, p.151.

는다. 흔히 신자유주의와 금융화는 사이좋게 동행하는 것으로, 때로는 동의어로까지 여겨지지만 지은이에 따르면 둘은 명확히 구분될 필요가 있다. 신자유주의가 몽펠르랭에 모인 일군의 지식인이 세계의 병리를 진단하고 내놓은 이념적 처방이라면, 금융화는 이 처방을 현실로 옮기는 과정에서 도래한 정치 경제적 프로그램이다. 전자가 만물을 경영하면서 이윤을 극대화하는 자기에 대한 기업가self-entrepreneur를 전범적 주체로 내세운다면, 후자가 촉진하고 생산하는 주체는 금융 흐름을 유인하기 위해 신용도를 관리하는 포트폴리오 매니저로서 잠재적인 '피투자자'다. 신자유주의를 넘어서는 정치의 전망은 이념으로서의 신자유주의가 현실화되는 과정에서 실제로 존재하게 된 피투자자라는 정치적 주체성의 전모를 파악하고, 이 주체성의 레짐에서 가능한 운동 형식을 모색하는 것에 달려 있다.

투자받는 자 혹은 피투자자의 전형적인 얼굴은 자신의 프로젝트가 유망하다고 알림으로써 '앤젤 투자자'나 신용 보증 기금으로부터 자금을 끌어내기 위해 평판과 신용을 관리하는 스타트업에서 찾아볼 수 있다. 그렇지만 별점 평가에 신경 쓰지 않을 수 없는 플랫폼 노동자, 신용 등급에 노심초사하는 가계, 금융 시장의 평판에 따라 등락하는 주가와 함께 부침을 거듭하는 기업, 연구 계획서를 써서 장학금을 받으려는 학생, 무디스나 스탠더드 앤드 푸어스를 비롯한 신용 평가 기관의 등급 조정일마다 낯빛이 바뀌는 국가에 이르는 다양한 층위의 주체들 역시 다르지 않다. 지은이는 이 다양한 범주의 집단에 공통된 피투자자라는 주체성이 정치적 예속의 조건일 뿐만 아니라 저항의 계기를 품고 있다고 본다. 새로운 적대의 양

식을 기존의 사회 문제와 구별되는 또 다른 사회 문제로 읽어
내는 지은이에게 피투자자라는 주체성은 새로운 통치성이
작용하는 접면이자 특유한 정치적 예속과 저항의 가능성이
교차하는 장소다.

이 책의 영어판 제목인 Rated Agency: Investee Politics in
Speculative Age는 이런 지은이의 입장을 절묘하게 표현하고
있다. 이 제목은 피투자자가 예속된 신민이지만 이 예속을 가
능케 하는 조건에 기반해 특정한 역량을 행사할 수 있는 주체
이기도 하다는 양가성을 드러낸다. '등급 평가를 받는 행위성'
정도로 직역될 수 있는 rated agency는 무디스나 스탠더드 앤
드 푸어스, 피치 같은 신용 평가사를 일컫는 rating agency를
뒤집은 표현이다. 즉 이는 금융 자본주의에서 생명과도 같은
신용 등급을 판정하며 군림하는 신적인 존재에 의해 평가받
는 이들을 일컫는다. 그러나 agency라는 단어는 신용 평가사
에 의해 평가받는 이들이 발휘할 수 있는 행위 능력을 가리키
기도 한다.* 신용 평가사 같은 등급 평가의 주체=투자자가 행
위 역량을 독점하고 있는 것이 아니라, 이들로부터 평가와 투
자를 '받는' 피투자자에게도 가능한 정치의 공간이 존재한다
는 것이다.

이처럼 이 책이 2007년 논문의 논지를 확장하고 있는 하
나의 지점은 금융화된 자본주의가 생산했지만 이에 도전할
수 있는 정치적 주체성의 조건과 내용을 이론적으로 정교화

＊ agency에 대응하는 프랑스어 단어 agence는 '대리점'이나 '은행
지점' 등을 뜻하는 말로, 영어와 달리 '행위 능력'의 의미가 없다.
영어판 제목은 영단어 agency의 특유한 의미를 활용한 작명이다.

하고 있다는 것이다. 다른 한편으로 이 책은 논문에서는 찾아볼 수 없었던, 이 같은 주체성이 작동하는 구체적인 통치와 정치의 현장을 분석하고 있다. 「들어가며」에서 신자유주의와 금융화의 간극을 제시한 후 지은이는 세 장에 걸쳐 기업 거버넌스, 국가 통치, 개인 품행의 영역을 다룬다. 1장 「기업 거버넌스의 이해 관계」는 기업 거버넌스라는 장의 작동 방식과 내기물이 어떻게 바뀌어 왔는지를 추적한다. 금융화의 영향으로 고용주에 의한 이윤 추출보다 투자자에 의한 신용 할당이 자본 축적에서 더욱 우세를 점하게 되었다. 이에 따라 저항의 원리 역시 생산 비용의 계산에 근거해 피고용인인 임금 노동자가 벌이는 집단적 협상에서 리스크 평가에 바탕한 여러 이해 관계자의 대항 투기로 변형되고 있다는 것이 지은이의 주장이다.

2장 「정부 정책의 책무」에서는 20세기 중반 이래 자본주의 국가들이 조세 국가에서 부채 국가를 거쳐 재정 건전화 국가로 이행해 왔다는 볼프강 슈트렉의 관찰에 기초해 논의를 전개한다. 금융의 헤게모니에 종속된 국가의 통치는 주기적인 선거에 참여하는 유권자의 심판이 아니라 금융적 채권자의 끊임없는 가치 평가에 더 많이 좌우된다. 간헐적으로 이루어지는 투표의 시간성을 상시적으로 작동하는 금융 시장의 시간성이 압도하고 있는 것이다. 지은이는 이런 상황에서 좌파 정치의 전략 역시 변화가 불가피하다고 진단한다. 그에 따르면 초국적 금융의 논리에 맞서 선거 정치를 통해 일국 민주주의가 구현되는 공간을 요새로 삼기보다는 은행을 벤치마킹해 국가 통치에 영향을 발휘하는 시간을 점유해야 한다. 또한 국가가 금융적 채권자에 종속된 상황을 변화시키기 위해 또 다른 채권자, 즉 시민으로서 자신에 대한 책무를 다하라고 국가에 요구할 수 있는 '사회적 채권자'라는 지위를 활용해야 한다.

3장 「개인 품행의 가치 상승」은 산업 자본주의 시기의 주된 노동 형태이자 운동의 준거였던 임금 노동이라는 틀로 포착할 수 없는 새로운 고용 및 노동 형태(플랫폼 자본주의, 공유 경제, 협력 경제, 긱 경제 등)가 부상하고 있다는 진단에서 출발한다. 이제까지 존재해 왔던 노동의 '종말' 혹은 '해체'가 운위되는 상황에서 취할 수 있는 하나의 방향은 사회적, 산업적 시민권의 전제였던 기존의 노동자성을 수호하거나 복원하는 것이다. 이와 달리 지은이는 플랫폼 자본주의가 부상하며 형성된 정치적 조건, 즉 상호 의존성과 신용도가 한층 중요해지는 상황을 활용해 노동과 사회 보장을 재구성하자고 주장한다. 그가 제시하는 대안 하나는 약탈적 플랫폼들에서 '이탈'한 서비스 제공자들이 자신의 이니셔티브를 추구할 수 있는 플랫폼 협동조합을 구축하는 것이다. 이 책에서 줄곧 강조해 온 대로 지은이는 이런 액티비즘이 약탈적 플랫폼들의 신용을 떨어뜨리고 자신의 신용도를 높임으로써 신용이 할당되는 조건을 변경할 수 있다고 전망한다. 그리고 기본소득과 커먼즈 운동을 이러한 피투자자 액티비즘과 공명하는 정치적 기획으로 제시한다.

이 책은 상이한 이론적 조류와 정치적 현장을 종횡무진 누비지만 논의의 골조는 대단히 간명하다. 금융화된 자본주의에서 통치의 방식, 주체성의 조건, 저항의 전략을 산업 자본주의의 경우와 구별하는 것이다. 이를 잘 드러내는 것이 예외 없이 'A와 B' 구조로 짜여 있는 각 장의 절 제목이다. 이 짝

패에서 A의 자리에는 지은이가 역사적, 논리적 의미에서 산업 자본주의 시대의 계열에 속하며 동시대에는 시효를 다했다고 보는 관점, 주체, 시도 등이 위치해 있다. 반면 B의 자리에는 금융화된 동시대 자본주의를 이해하고 유효한 비판과 운동을 전개하기 위한 개념이 놓인다. 물론 A의 유효성이 완전히 사라진 것도 아니고 B가 다수를 차지한 것도 아니다. 하지만 마르크스가 주목했던 프롤레타리아트가 당대에는 소수였지만 부상하는 집단이었던 것처럼 B 계열 역시 자본주의의 변화를 그려 내기 위한 개념들로 구성되어 있다. 지은이의 표현을 차용해 말하자면 '현실 자유주의'의 조건을 전유한 주체들의 운동이 '산업 자본주의-자유로운 노동자-노동 조합-포드주의-복지국가-일국적 케인스주의-전후 사회 협약' 등으로 이어지는 계열을 성취해 냈다면, 현실 신자유주의적 조건을 읽어 내고 비판의 전망을 열기 위해서는 새로운 이론적 개념과 정치적 실천의 성좌가 필요한 것이다. B에 속하는 어휘들은 이 성좌를 진단하고 운동의 방향을 제시해 주는 지도를 구성한다고 할 수 있다.

3

서두에서 소개한 이력에서도 드러나지만 지은이는 늘 동시대에 새롭게 부상하는 흐름과 대화하며 작업해 왔다. 이 책에서도 최근 전개된 여러 운동 사례가 등장한다. 각 장에서 제시되는 사례 중 주요한 것만 꼽아도 미국의 '다코타 액세스 파이프라인 투자 철회 운동'Defund DAPL, 스페인에서 좌파 포퓰리즘과 경쟁했던 '모기지론 희생자들의 플랫폼'PAH의 에스크라체 운동과 바르셀로나의 협동조합 운동, 미국의 롤링 주빌리Rolling Jubilee와 부채 콜렉티브Debt Collective가 조직한 부채 파업 운동, 프랑스와 벨기에의 협동조합 플랫폼 등이 있다. 지은이의 논의에서 이 피투자자 운동들은 단순히 경험적 현실에 앞서는 이론을 적용하기 위한 사례가 아니다. 이 운동들의 문제 의식과 출현 배경, 그리고 전개 과정에서 나타난 쟁점이 지은이의 이론화를 추동하는 계기이기도 하기 때문이다.

한편 이 책에 등장하는 풍부한 액티비즘 사례는 논지에 구체성을 부여해 주지만, 바로 그 이유로 논지를 이 사례들에 지나치게 결부시키는 독해를 부추길 위험도 있다. 하지만 책에서 설명한 운동들이 전개 과정에서 변질되거나 실패하더라도 반드시 그가 제기한 질문과 해답 들이 유효성을 잃는다고 말할 수는 없다. 지은이의 목표는 특정한 운동 전략이나 정파적 입장을 대변하는 것이 아니라 변화하는 자본주의에 조응하며 부상하고 있는 운동 흐름을 자신이 고안한 개념으로 포착하는 것이기 때문이다. 따라서 지은이의 논지를 특정한 사례들과 등치하는 순간 우리는 어쩌면 이론에 과다한 기대를 품는 동시에, 혹은 그러한 기대를 품는 바람에, 이론으로부터 너무 적은 것만을 얻게 될지도 모른다.

물론 이는 공연한 노파심에서 비롯한 사족일지 모른다. 왜냐하면 옮긴이 개인적으로는 지은이가 전개한 논의가 오히려 최근의 변화들과 강하게 공명한다고 느꼈기 때문이다. 가령 2020년 이후 다보스 포럼에서는 '이해 관계자 자본주의'stakeholder capitalism가 화두로 부상했고, ESG 투자 역시 증권가의 유행이 되었다. 이 외에도 블랙록을 포함한 대형 자산 운용사들의 선택적 투자 철회, 빠르게 가열되고 있는 탄소

세와 탄소 국경세 입법 논의 등을 염두에 둔다면 주주/이해 관계의 대쌍을 통해 기업 경영과 관련된 정치를 논하는 1장의 내용이 보다 생생하게 다가올 것이다. 2장을 읽으면서는 재정 건전성을 둘러싼 정치적 갈등이나 노동 가능 인구를 대상으로 한 사회적 급부를 확대하자는 정책 논의에 지속적으로 출몰하는 인적 자본 투자의 논리를 떠올릴 수도 있을 것이다.＊ 또한 임노동자라는 주체성의 변천을 다루는 3장에서는 플랫폼 노동의 부상을 계기로 활발하게 논의되고 있는 플랫폼 협동조합 및 기본소득과 연관된 논의를 마주할 수 있을 것이다. 물론 이것들은 어디까지나 특정한 관심사를 가진 연구자로서 옮긴이가 주목했던 사례일 뿐이며, 독자들은 각자의 문제 의식에 따라 다르게 이 책을 읽을 수 있을 것이다.

4

후기를 마치기 전에 책에서 주요하게 활용되는 몇 가지 개념어의 의미와 번역에 대해 짚고 넘어가고자 한다. 첫째는 '투자'로 번역한 investment다. 국문으로 '투자'의 가장 일반적인 용례는 미래의 수익을 기대하며 주식을 비롯한 금융 자산에 자금을 투입하는 것이다. 그러나 책에서 invest의 의미망은 여기에 국한되지 않는다. 미래의 인적 자본에 투자하는 것을 골자로 삼는 사회 투자 국가social investment state나 20세기 사

＊ 조민서,「실업과 현금 지급의 사회 정치: 서울시 청년 수당을 중심으로」, 서울 대학교 석사 학위 논문, 2019; 조문영, 조민서, 김지현,「안전의 열망과 기여의 의지: 경기도 청년 기본소득 수령자들의 서사」,『한국 문화 인류학』54.1, 2021, pp.307~358.

회 민주주의 국가들에서 사회 정책의 생산적 성격을 강조하며 활용했던 투자적 사회 정책 같은 기조에서 볼 수 있듯 그 의미는 투입 대비 산출을 기대하는 다른 경우로 확장되기도 한다. 뿐만 아니라 금융과는 무관한 일상에서 invest는 시간, 노력, 관심 등을 목적어로 취하기도 한다.

이러한 용례에서 드러나듯 invest는 모종의 에너지 흐름을 어딘가에 던져 넣는in-vest 행위를 지칭한다. 투자의 정치라는 말을 쓸 수 있다면, 그것은 자금은 물론 자금의 행방을 좌우하는 평판, 신용, 정동의 흐름을 특정한 방향으로 이끌고 제어하는 정치일 것이다. 이해 관계자로서 주가에 영향을 미치며 기업의 행위를 운동의 목적에 부합하는 방향으로 유도하려는 투자 철회 운동(1장), 임계치에 다다를 때까지 부채를 결집해 채무 불이행을 선언함으로써 채무자 상태로부터의 이탈defection을 감행하는 시도(2장), 자금과 시간, 노동력이 흐르고 순환하는 플랫폼 형태로 운용되는 협동조합에 대한 사고(3장) 등이 모두 이에 포함될 수 있다. 이처럼 지은이가 말하는 투자는 일차적으로는 금융적 투자를 가리키지만 이에 국한되지 않는 비금융적 투자까지 포괄하는 개념이다.

둘째는 '투기'로 옮긴 speculation이다. 이는 몇 가지 이유로 번역 시 가장 고민한 단어 중 하나다. 하나의 이유는 이 말이 포괄하는 행위의 범위와 관련된다. 일상적으로 한국어 '투기'는 '부동산 투기로 돈을 벌었다'는 문장에서처럼 '투자'와 대비되는 비합리적이고 부도덕한 경제 행위를 지칭한다. '투자자'와 '투기꾼'이라는 표현은 있지만 '투자꾼'이나 '투기자'라는 말은 사용되지 않는다. 특히 '투기'라는 표현의 부정적인 뉘앙스는 투기가 도박적인 행위라는 인식에서 기인하는 것으로 보인다. 이 문제를 해결하는 방편으로 '추측'이나 '예측' 같은 번역어를 고려하기도 했지만, 이 책의 의도에 부합하려면 일상에서 부정적으로 통용되는 도박의 뉘앙스를 다분히 함축하는 '투기'가 오히려 적합하다고 판단했다. 지은이는 금융적 투기의 도박적 성격을 문제 삼고 합리적 투자와의 구별을 유지하기보다는, 투기의 도박적 성격이 열어 주는 정치의 가능성을 적극적으로 활용하고자 하기 때문이다.

셋째는 appreciation이다. 이 단어는 '고마워하다', '인정하다', '가치를 알아보다(평가하다)' 등으로 옮겨지는 동사 appreciate의 명사형이다. 따라서 이를 '가치 평가'로 옮길 수도 있겠지만 몇 가지 이유에서 '가치 상승'으로 번역했다. 첫째, 지은이는 appreciation을 '가치 하락', '가치 손실', '감가 상각' 등을 뜻하는 depreciation과 짝지어 활용하고 있다. 둘째, 금융, 투자, 가치, 신용의 문제를 다루는 이 책에 자주 등장하며 주로 '(가치) 평가'로 옮긴 evaluation이나 valuation과 구분할 필요가 있었다. evaluation과 valuation에서 이루어지는 평가와 달리 appreciation은 ('그런 노력은 평가할 만하다'는 문장이 그렇듯) 대상에 대한 긍정적인 평가를 함축한다. 여기서 appreciation이라는 말은 누군가가 대상의 가치를 알아보고 인정하며, 그 과정에서 그 대상의 가치가 수행적으로 상승한다는 의미를 내포한다. 마지막으로 appreciation의 대상은 일차적으로 주식이나 채권 등 금융 상품의 가격이지만, 3장 제목에서 볼 수 있듯—나아가 앞서 소개한 2007년 논문에서도 볼 수 있듯—이 책에서는 개인적 수준의 자아self와 같은 금융 외적 존재들까지 아우른다. 이런 점들을 감안해 '가치 상승'이라는 번역어를 채택했다.

지은이는 이 외에도 상이한 의미가 병존하는 로망스어 (영어나 프랑스어) 어휘의 특징을 십분 살려 특정한 단어에 대한 독자의 도덕 감각과 상식을 설득력 있게 뒤흔들면서 논지를 전개한다. 가령 각각 기업과 국가, 개인을 다루는 세 개의 장 제목부터—투자나 투기와 마찬가지로—기본적으로는 금융 시장의 규칙과 연관되지만 더 확장적인 의미를 동시에 함축하는 개념들을 중심으로 조직되어 있다. stake, bond, appreciation은 금융 시장에서 쓰이는 용례대로라면 각각 '이해 관계', '채권', '주가 상승'을 뜻한다. 그렇지만 논의가 진행되면서 이 단어들의 의미는 '내기물', '책무', (피투자자의) '가치 상승'으로 확장된다. 이처럼 지은이는 하나의 단어에 깃든 여러 연관된 의미를 적극적으로 활용해 논지를 펼친다. 이를 염두에 두고 읽는다면 지은이의 기획, 곧 금융 내적 논리를 통해 금융에 대한 정치를 전개한다는 아이디어가 더욱 실감 나게 다가올 것이다.

5

여러 차례 수정한 이 글이 곧 읽히게 될 것이라고 생각하니 두렵고 초조한 마음이 앞선다. 처음으로 한 권의 책을 번역하면서 독자이기만 할 때는 알지 못했던 번역의 의미와 지난함을 체감할 수 있었다. 시간과 곁을 내어 준 많은 분이 있었기에 가능한 일이었다.

우선 사회 이론을 통해 세계를 관찰하고 기술하는 작업의 의미를 가르쳐 주신 김홍중 선생님. 지치지 않는 비판적 사회과학자의 모습을 일깨워 주고 번역 작업의 중요성을 체감하게 해 주신 조문영 선생님과 이승철 선생님. 특히 번역을 주선해 주신 이승철 선생님 덕분에 이 책과 이토록 깊게 만날 수 있었다. 책의 논지를 소개하고 의견을 청취하는 소중한 자리를 마련해 주신 '정치경제연구소 대안'의 선생님들. 함께 공부할 수 있어 늘 다행이라는 생각이 드는 동료들. 그중에서도 번역에 대한 본인의 경험과 옮긴이의 고민을 나누어 준 김정환, 자기 일처럼 번역문을 읽고 의견을 들려준 전경모, 번역이 막힐 때마다 독려해 준 유민수, 경제와 금융 관련 문헌의 세계로 친절하게 안내해 준 한솔에게 깊은 감사를 전한다. 언제나 예상치 못했던 각도로 예리한 지적을 건네는 이희우 평론가, 원문의 미묘한 뉘앙스를 이해하는 데 도움을 준 위스콘신 대학교 사회학과 대학원의 제임스 로젠버그James Rosenberg에게도 감사드린다.

무엇보다 지은이 미셸 페어에게 감사를 표하고 싶다. 번역 저본으로 삼을 텍스트 선정 과정부터 구체적인 문장 수준에서 마주한 어려움을 해결하는 단계에 이르기까지 지은이는 언제나 옮긴이의 요청과 질문에 성실히 응답해 주었다. 또한 번역을 마무리하고 가졌던 인터뷰에서도 옮긴이가 준비한 여러 질문에 진솔하고 자세하게 답변해 주었다. 작업 일부를 표지 이미지로 사용할 수 있도록 흔쾌히 허락해 준 막스 데 에스테반에게도 감사의 인사를 전한다.

마지막으로 리시올 출판사 편집부에 진심으로 감사드린다. 편집부에서 집요하고 꼼꼼하게 번역에 대한 의견을 나누어 주어 작업이 외롭지 않았고, 학업과 병행하느라 작업이 지연되었음에도 아낌없이 격려해 준 덕택에 번역을 계속해 나갈 힘이 났다. 무언가를 우리말로 옮겨 공론장에 소개하는 일의 가치를 체감하는 첫 경험을 리시올 출판사와 함께할 수 있어 다행이다.

하고많은 분에게 과분한 도움을 받았지만, 그럼에도 불구하고 번역과 관련된 모든 오류는 전적으로 옮긴이의 책임이다. 옮긴이에게 그랬듯 모쪼록 이 번역서가 독자 여러분에게 즐거운 독서 경험을 선사하길 바란다.

들어가며 ___ 정치적 낙담의 여정

1 좌파와 우울의 선택적 친화성에 대해서는 Enzo Traverso, *Left-Wing Melancholia: Marxism, History, and Memory*, New York: Columbia University Press, 2017을 보라. 좌익의 우울증을 떨쳐 내자는 요구에 대해서는 Wendy Brown, "Resisting Left Melancholy", *Boundary 2* 26.3, 1999(「좌파 멜랑콜리에 저항하기」, 강길모 옮김, 『문화 과학』 101, 2020, 255~267쪽)를 보라.

2 Sigmund Freud, "Mourning and Melancholia"(1915), *The Standard Edition of the Complete Psychological Works of Sigmund Freud*, vol. 14, London: Vintage, 2001(「슬픔과 우울증」, 『정신 분석학의 근본 개념』, 개정판, 윤회기, 박찬부 옮김, 열린책들, 2020). 우울증, 애도, 정치에 대해서는 다음을 보라. Judith Butler, *The Psychic Life of Power*, Stanford: Stanford University Press, 1997, pp. 167~198(『권력의 정신적 삶: 예속화의 이론들』, 강경덕, 김세서리아 옮김, 그린비, 2019, 241~282쪽); Butler, *Precarious Life: The Powers of Mourning and Violence*, London: Verso, 2004, pp. 19~39(『위태로운 삶: 애도의 힘과 폭력』, 윤조원 옮김, 필로소픽, 2018, 46~73쪽).

3 Joseph A. Schumpter, *Capitalism, Socialism, and Democracy*, New York: HarperPerennial, 2008(『자본주의, 사회주의, 민주주의』, 변상진 옮김, 한길사, 2011), 특히 2부 '자본주의는 생존할 수 있는가' 및 1947년판과 1949년판의 「서문」, 그리고 부록으로 수록된 「사회주의를 향한 행진」을 보라.

4 여기서 슘페터의 주장은 1932년 저작인 Adolf A. Berle and Gardiner Means, *The Modern Corporation and Private Property*, New Brunswick: Harcourt, Brace and World, 1991의 유명한 테제와 공명하고 있다.

5 특히 2008년 금융 위기 이후 많은 작업이 신자유주의 아이디어들의 궤적—1938년에 열린 전기적인 월터 리프먼 학술 대회Walter Lippmann Colloquium에서 처음 정식화되고 1980년대에 접어들면서 각국 정치 지도자의 상식으로 자리 잡은—을 다룬 바 있다. 그중 주목할 만한 작업으로는 다음을 보라. Philip Mirowski and Dieter Plehwe eds., *The Road from Mont Pelerin: The Making of the Neoliberal Thought Collective*, Cambridge, MA: Harvard University Press, 2009; Daniel Stedman Jones, *Masters of the Universe: Hayek, Friedman, and the Birth of Neoliberal Politics*, Princeton: Princeton University Press, 2012(『우주의 거장들: 하이에크, 프리드먼 그리고 신자유주의 정치의 탄생』, 유승경 옮김, 미래를소유한사람들, 2019); Angus Burgin, *The Great Persuasion: Reinventing Free Markets since the Depression*, Cambridge, MA: Harvard University Press, 2012; Jamie Peck, *Constructions of Neoliberal Reason*, New York: Oxford University Press, 2010; Pierre Dardot and Christian Laval, *The New Way of the World: On Neoliberal Society*, trans. Gregory Elliott, London: Verso, 2017(『새로운 세계 합리성: 신자유주의 사회에 대한 에세이』, 오트르망 옮김, 그린비, 2022); Serge Audier, *Néo-libéralisme(s): Une archéologie intellectuelle*, Paris: Grasset, 2012; Christopher Payne, *The Consumer, Credit and Neoliberalism: Governing the Modern Economy*, London: Routledge, 2012. 다른 책들은 신자유주의 합리성의 놀라운 회복력을 규명하려 시도해 왔다. 특히 Colin Crouch, *The Strange Non-Death of Neoliberalism*, Cambridge: Polity, 2012(『왜 신자유주의는 죽지 않는가』, 유강은 옮김, 책읽는수요일, 2012); Philip Mirowski, *Never Let a Serious Crisis Go to Waste: How Neoliberalism Survived the Financial Meltdown*, London: Verso, 2013; Wendy Brown, *Undoing the Demos: Neoliberalism's Stealth Revolution*, New York: Zone Books, 2015(『민주주의 살해하기』, 배충효, 방진이 옮김, 내인생의책, 2017); 브라운의 작업에 빚지고 있는 Pierre Dardot and Christian Laval, *Unending Nightmare: How Neoliberalism Undoes Democracy*, trans. Gregory Elliott, London: Verso, 2018을 보라.

6 이 신자유주의자 무리에는 오스트리아, 스위스, 프랑스 출신

회원들, 라이어널 로빈스, 마이클 폴라니, 그리고 마거릿 대처의 견해를 조형하는 데 결정적인 역할을 한 존 주크스 등 중요한 영국 회원들도 속해 있었다. 콘라트 아데나워(1945~1957)와 루트비히 에르하르트(1957~1963) 정부에 지대한 영향을 행사한 독일 질서 자유주의자ordoliberal들로는 발터 오이켄, 빌헬름 뢰프케, 알프레트 뮐러-아르마크, 프란츠 뵘 등이 있었다. 밀턴 프리드먼과 함께 시카고 학파 2세대를 구성한 유명 인사로는 조지 스티글러, 애런 디렉터, 게리 베커 등이 있었다. 또한 공공 선택 연구 센터Center for Study of Public Choice의 창립자인 제임스 뷰캐넌과 고든 털록, 법경제학 프로그램Law and Economics Progran('법에 대한 경제학적 분석'으로도 알려진)의 창립자인 로널드 코스와 리처드 포스너 역시 몽펠르랭 협회의 가장 영향력 있는 회원으로 꼽힌다. 이들은 시카고 학파 경제학자들에게 배웠거나 영향을 받았다.

7 신자유주의의 길을 개척한 이들은 보통 본질적으로 자유주의적인 의제를 완고하지만 온건하게 옹호하는 입장을 취했다. 그러나 가끔은 다소 위험한 구별을 시도하기도 했다. 가령 칠레의 아우구스토 피노체트 정권에 대한 적극적인 지지와 자신의 자유주의적 신조를 어떻게 조화시켰느냐는 질문을 받았을 때 하이에크는 민주주의가 전체주의적인 노예의 길을 닦지 못하도록 막기 위해서는 자유주의자들도 권위주의적인 수단을 마음껏 활용할 수 있어야 한다고 주장했다.

8 일찍이 1938년 리프먼 학술 대회에서 '신자유주의'는 향후 몽펠르랭 협회를 창립할 회원들이 자신이 느낀 바를 묘사하기 위해 채택한 단어였다. 그러나 스스로를 '구휘그파'Old Whig라고 부르길 즐겼던 하이에크와 동료들은—1951년 논문("Neoliberalism and Its Prospects", *Farmand*, February 17, 1951, pp.89~93)에서 신자유주의를 주장한 밀턴 프리드먼을 제외하면—그 뒤 이 단어와 자신을 동일시하지 않았으며, 이후 몇 년 동안 이 단어를 거부하면서 진정한 자유주의의 수호자를 자처했다. 1980년대에 '신자유주의적'이라는 단어는 로널드 레이건과 마거릿 대처의 '보수 혁명'과 그 의제의 틀을 잡은 이들이 제도화한 체제의 특성을 파악하기 위한 논쟁적인 개념으로 좌파 진영에서 다시 등장했다.

9 Michel Foucault, *The Birth of Biopolitics: Lectures at the*

Collège de France 1978~1979, ed. Michel Senellart, trans. Graham Burchell, New York: Palgrave Macmillan, 2008, pp.129~158〔『생명 관리 정치의 탄생』, 오트르망 옮김, 난장, 2012, 189~227쪽〕.

10 하이에크는 느슨한 재정 정책에 대한 최선의 방어책을 새로운 종류의 양원제에서 발견했다. 그에 따르면 자유주의 사회와 그 사회주의적 안티테제의 차이는 전자가 개개인에게 공동의 규칙을 따르도록 하면서도 그들이 스스로 목적을 정의하고 성취하고자 시도하도록 허용하는 반면, 후자는 구성원에게 개인의 선호와 무관한 공통의 목표를 좇으라고 요구한다는 것이다. 이어 하이에크는 자유주의적 정치체의 유권자에게는 그들 자신의 선택에 따라 삶을 영위할 시민적 권리를 보존하는 것이 대표자를 선출하는 정치적 권리를 행사하는 것만큼이나 중요하다고 덧붙인다. 따라서 이처럼 자유의 두 근본 차원이 갈등을 빚지 않도록 방지하기 위해 이 오스트리아 경제학자는 두 자유를 각각 지키는 임무를 서로 다른 두 의회assembly에 위임하자고 제안했다.

먼저 '입법 의회'Legislative Assembly의 임무는 모든 사람이 사적으로 정의한 목표를 추구할 때 따라야 하는 보편적인 규칙의 설립이었다. 이러한 규칙들은 반드시 모두에게 똑같이 적용되고, 국가의 대리인을 포함한 그 누구도 타인에게 특정한 목표를 부과하지 못하게 막을 것이었다. 다른 한편 하이에크가 '통치 의회'Governmental Assembly라 부른 것은 입법 의회가 정의한 규제 틀 속에서 세수와 차입금 등 공적 재원을 관리하고 할당하는 권력과 책임을 부여받게 될 것이었다. 통치 의회는 서로 경쟁하는 정당에 속한 선출된 대표자들로 이루어지지만, 한 가지 측면에서 "기존 의회"와 결정적으로 다를 것이었다. "입법 의회가 정한 올바른 행동 규칙에 구속되기 때문에 〔…〕 그것〔통치 의회〕은 입법 의회가 정한 규칙에 직접적이고도 필연적으로 부합하는 지시만을 시민 개개인에게 내릴 수 있다." Friedrich Hayek, *Law, Legislation and Liberty*, vol. 3, *The Political Order of a Free People*, Chicago: Chicago University Press, 1979, p.119〔『법, 입법 그리고 자유』, 민경국, 서병훈, 박종운 옮김, 자유기업원, 2018, 636쪽〕.

하이에크는 인민 주권이 자유주의에 반하는 방식으로 발현될 가능성을 억제하는 데 전념하면서도 자신이 자유주의적인 법의

지배라고 이해한 바가 권위주의적인 방식으로 실행되어야 한다고
선뜻 옹호하지는 못했다. 그래서 그는 [사회주의적 정치체에서처럼]
법에 따라 공통의 목표를 추구하는 선출된 대표자에게 유권자가
종속되는 사태를 방지하려면 그런 통치 권력의 남용에 맞서는 입법
업무를 민주적으로 선출된 또 다른 단체에 배타적으로 일임해야
한다고 주장했다. 오스트리아의 동료들만큼 이상적인 모델에
의지하지는 않았지만, 질서 자유주의 경제학자들 역시 민주주의적
과잉에 맞서는 헌법적 보호의 필요성에 공감했다. 이들은 자신이
대중 선동 정책이라고 본 것에 정부가 관여하지 못하도록 막기 위해
재정 적자를 금지하거나 제한하는 이른바 황금률을 앞장서 옹호했고,
이 황금률은 이후 유럽 제도들의 핵심적인 요소로 자리 잡았다.

　　11 독일 질서 자유주의자들은 적자 예산을 금지하는 개헌과
함께, 물가 안정을 유일한 목표로 삼으라고 헌법으로 위임받은
'독립적인'―유권자 및 그들의 대표자에게 책임을 지지 않는―중앙
은행 제도를 옹호했다. 결국 독일에서 '사회적 시장 경제' social
market economy의 설계자들은 과세나 지출 같은 선출직 공직자의
이니셔티브를 입법 조치로 제한해야 하며, 금리 결정 같은 이들의
전통적인 특권을 이른바 비정치적 기관에 넘겨야 한다고 주장했다.

　　한편 밀턴 프리드먼도 대의 정부들이 자유주의에서 탈선하지
말아야 한다고 단호하게 역설했지만, 그는 유럽 신자유주의자들이
취한 접근이 지나치게 엄격하고 번거롭다고 보았다. 프리드먼의
생각으로는 중앙 은행장들이 금리를 조작하는 대신 시중에 유통되는
화폐량이 정기적으로 늘어나도록 보장한다는 목적에 충실한 화폐
정책을 실행한다면, 이 은행장들이 발신하는 신호만으로도 시장
가격의 변화를 충분히 방지할 수 있었다. 추가적인 개헌―특히
감세에 방해가 되는 '황금률'의 경우―에 떨떠름했고 연방 준비
제도 이사회의 역량을 (이 기관이 우선 순위를 올바르게 설정했다는
전제하에) 신뢰한 이 시카고 학파 지도자는 자신이 내세운
통화주의가 선출된 정치인이 앞서 말한 재정 규율을 유지하도록
만드는 충분히 효율적이고 신중한 정책 도구라고 믿었다.

　　12 하이에크는 공공 행정 기관과 사기업 중 어느 쪽이 서비스를
공급하는 데 적합한지 판정하려면 소비자의 관점을 취해야 한다고
주장했다. 그리고 이러한 관점에서 그는 정부 기관이 일반적으로 두

가지 이유 때문에 최적의 공급자가 아니라고 강조했다. 정부 기관은 무소불위의 독점을 누리기 때문에 소비자의 욕구를 신경 쓸 유인이 없으며, 납세자의 돈으로 재원을 조달하기 때문에 투자자의 요구를 충족하고자 애쓸 필요도 없다는 것이다. 하이에크는 『법, 입법 그리고 자유』에서 적절한 보상이 부재하는 공공 부문은 비효율적일 수밖에 없다고 결론지었다. 따라서 그에게 공공 부문 규모와 범위의 과감한 축소는 기업뿐 아니라 좋은 정부라면 마땅히 봉사해야 하는 국민을 위한 것이기도 했다.

동시에 하이에크의 입장은 자유 지상주의와도 달랐다. 그는 소비자의 선택과 투자자의 수요가 서비스 가격을 떨어뜨릴 가능성이 낮을 때―다르게 표현하면 모두에게 서비스를 공급하는 것이 사람들에게 구매 여부를 선택하게 하는 것보다 저렴하다는 것이 드러날 때, 혹은 조세 수입으로 서비스 공급 재원을 마련하는 것이 민간 투자를 끌어들이는 것보다 더 현실적인 방안임이 확인될 때―국가가 서비스를 제공해야 한다고 믿었다. 그렇지만 그가 보기에 이 두 조건이 충족되는 경우는 상대적으로 드물었다. 그중에서 그가 언급한 것은 "폭력, 전염병 혹은 홍수와 눈사태 같은 자연적인 힘으로부터의 보호, 근대 도시에서 생활할 수 있게 해 주는 여러 편의 시설, (통행 요금을 부과할 수 있는 몇몇 장거리 고속 도로를 제외한) 대부분의 도로, 도량형 마련, 토지 등기와 지도, 통계부터 시장에 나오는 재화와 서비스의 품질 보증에 이르는 각종 정보 제공"이었다. Hayek, *Law, Legislation and Liberty*, vol. 3. p. 44(『법, 입법 그리고 자유』, 551쪽).

13   규제에 대한 신자유주의적 접근은 다음의 유명한 글에서 처음 제시되었다. Ronald Coase, "The Problem of Social Cost", *Journal of Law and Economics* 3, October 1960, pp. 1~44. 코스의 표적은 국가가 규제를 위해 개입하는 형식이었다. 당시 널리 받아들여진 이 형식은 피구세Pigouvian tax라 불렸는데, 이는 『후생 경제학』The Economics of Welfare의 저자인 영국 경제학자 아서 피구의 이름을 딴 명칭이다. 피구에 따르면 두 경제적 행위자 사이의 계약에 따른 거래가 제3자에게 유해하다고 판명되어 그로 인한 사회적 비용이 사적 이익을 상쇄할 때는 공권력이 시장 가격이 자생적으로 형성되는 과정을 변경할 권한을 부여받아야 한다.

환경 오염은 피구가 의미한 바를 보여 주는 교과서적인 사례였고 지금도 여전히 그러하다. 일찍이 1920년대에 피구는 환경에 유해한 기술을 활용하면 상품 생산자는 생산 비용에, 소비자는 소매 가격에 각각 만족하겠지만, 오염의 희생자들, 나아가 사회 전반이 피해를 감당해야 하기 때문에 이런 피해를 책임져야 할 산업 기술에 과세하는 것이 정당하다고 주장했다. 겉으로 볼 때 피구세의 목적은 피해를 입은 제3자에 대한 보상이다. 그러나 실제 목적은 오염을 유발하는 생산 과정의 비용을 엄두도 낼 수 없을 정도로 올려 생산자들이 대안적인 해결책을 모색하도록 부추기는 것이다.

그러나 로널드 코스는 피구세가 사람들의 행동을 이끄는 원칙으로 옳지 않으며 실제로도 거의 모든 경우에 불필요하다고 생각했다. 코스의 논문 「사회적 비용 문제」는 외부성을 평가하고 가격을 산정하는 피구의 방식에 의문을 제기하면서 시작한다. 코스는 오염을 유발하는 공장 근처에 사는 사람들이 부정적인 영향을 받더라도, 이들이 겪는 고통이 피구세로 인해 징벌받는 생산자의 다양한 이해 관계자가 입게 될 피해―[생산 수단] 소유자의 경우 손해, 소비자의 경우 더 높은 가격, 노동자의 경우 일자리 상실의 위험 등―보다 꼭 더 큰 것은 아니라고 주장했다. 따라서 만약 피구 자신의 논리에 따라 시장 관계가 규제받지 않을 때 발생하는 사회적 비용이 정부의 개입으로 실현되지 못하는 편익을 초과할 때만 정부가 가격 메커니즘에 개입할 자격이 있다면, 특정 세금이 도입될 때 직간접적으로 영향받는 모든 당사자가 어떤 영향을 받을지 조사하기 전에 그 세금을 도입하는 것은 현명하지 못한 처사가 될 것이다. 따라서 코스는 대다수 경우에 과세의 파급 효과와 [제3자가 겪게 될] 잠재적인 번거로움을 간과할 때 발생하는 파급 효과를 포괄적으로 비교하기란 불가능하기 때문에 이런 사안에 있어 더더욱 신중할 필요가 있다는 결론에 도달한다.

동시에 법경제학 프로그램의 이 주도자가 아무것도 하지 말자고 한 것은 아니다. 그의 목적은 피구세의 장점을 의문시해 자유 방임을 촉진하는 것이 아니라 근본적으로 새로운 접근을 정당화하는 것이었다. 이 접근에서는, 하나의 법칙으로서, 부정적 외부성의 소위 피해자와 생산자 간의 사적인 거래가 [정부를 비롯한 제3자의] 재량에 따른 조치―서로가 만족할 만한 결과가 도출되지 않을 경우에 한해 구상되는—보다 선호할 만한 것으로 여겨진다. 공적인 결정을 사적인 거래로 대체하는 것이 경제적으로 효율적이라고 보기에는 거래 비용이 지나치게 높을 뿐 아니라, [제3자가 겪을] 번거로움 때문에 빚어지는 갈등이 늘 거래 가능한 권리들에 대한 협상으로 이어지지는 않는다는 반론도 있었다. 이에 대한 대답으로 코스는 이런 문제를 완화하는 데 보탬이 될 개혁들—외부성을 둘러싼 논쟁을 계약으로 해결하는 관행을 일반화하기 위해 국가가 인센티브들을 인가하는 것과 거래 가능한 요구의 영역을 넓히기 위해 사유 재산권 정의를 확장하는 것—을 촉구했다.

14 Wilhelm Röpke, *The Social Crisis of Our Time*, Chicago: Chicago University Press, 1950, pp. 218~222.

15 몽펠르랭 협회의 다양한 회원은 집을 소유하지 않은 임노동자가 공공 주택과 임대료 규제를 지지하며, 따라서 재정 규율과 부동산 시장에서의 가격 메커니즘을 존중하지 않는 후보를 선거에서 선호하는 경향이 있다는 데 동의했다. 반면에 집을 소유한 노동자와 피고용인은 자신의 자산 가치가 얼마나 되고 자신이 융자를 감당할 수 있는지 여부에 주된 관심을 두며, 따라서 가격 통제와 높은 세금을 불신할 것이라고 여겨졌다.

물론 신자유주의자들이 광범위한 주택 소유를 최초로 지지한 집단은 아니었다. 특히 미국에서 부동산 자산에 대한 접근성을 촉진하는 것은 적어도 [1923년부터 1929년까지 30대 대통령을 지낸] 캘빈 쿨리지 임기 이후로는 공화당은 물론 민주당 행정부에서도 이어져 온 흐름이었다. 쿨리지의 뒤를 이은 허버트 후버와 프랭클린 루스벨트 모두 단호한 태도로 아메리칸 드림의 핵심 요소로 주택 소유를 제시했다. 그러나 주택 소유를 신자유주의적으로 촉진하고자 한 시도의 독특한 점은 그 목적이 계급 갈등의 방지였다는 것이다. 뢰프케는 『우리 시대의 사회적 위기』에서 이렇게 주장했다. "프롤레타리아proletarian(원문 그대로)[proletariat를 뢰프케가 이렇게 오기하고 있음을 나타냄)는 어떤 경우에도 자신의 핵심적인 물질적 특성, 즉 재산이 없는unpropertied 상태에서 벗어나야 하며 [⋯] 재산만이 제공해 줄 수 있는 수준의 상대적인 독립성과 안정성에 도달할 기회를 보장받아야 한다"(221). 이 독일 경제학자가 생각한 바람직한 사회에서는 어느 정도 부의 차이는 있지만 효율적으로 관리되고 사적으로 소유되는 수많은 집home으로 채워진 가정 영역domestic sphere이 효율적으로 관리되고 사적으로 소유되는 기업으로 구성된 생산 영역의 모습을 반영한다.

역시 주택 소유를 확대하는 데 골몰했던 시카고 학파 경제학자들은 주택 소유가 가능하도록 조건들을 근본적으로 바꾸는 작업에 착수했다. 뉴딜 과정에서 설립된 제도들을 의심한 이 경제학자들은 루스벨트와 후임자들이 연방 주택 관리청Federal Housing Administration, FHA과 연방 주택 저당 공사Federal National Mortgage Association, FNMA에 권한을 부여해 가격이 왜곡되었다고 비난했다. 프리드먼과 동료들은 공공 기관이 주택을 소유할 자격이 있는 사람을 선별하고 지원하는 것이 심각한 잘못이라고 보았다. 선별이 이루어지면 부동산 시장에서 잠재적 구매자 중 상당수가 배제되어 버릴 것이고, 선별된 담보 대출자들을 보호하면 이들의 개인적 책임감에 부정적인 영향을 미칠 것이라는 이유에서였다. 시카고 학파 경제학자들은 미래의 정부가 담보 대출이 할당되는 과정을 완전히 상업적인 과정으로 바꾸기만 하면 이런 이중의 결함을 방지할 수 있다고 권고했다. 민간 영역이 고유의 선별 기준을 마련하도록 하면 대출에 대한 접근성이 높아지고, 공공 영역이 보증인collateral 역할을 맡지 못하게 하면 대출자의 책임성accountability이 향상된다는 논리로 말이다.

16 뢰프케에 따르면 임노동자는 "주식을 취득할 기회를 부여받음으로써 자유롭게 처분할 수 있는 자금을 취득하고 '소자본가'가 될" 능력을 부여받아야 한다. Wilhelm Röpke, *Mass und Mitte*, Zürich: Rentsch, 1950, p.154, Werner Bonefeld, "German Neoliberalism and the Idea of a Social Market Economy: Free Economy and the Strong State", *Journal of Social Sciences* 8.1, 2012, p.154에서 재인용. 뢰프케는 사회 정책이 모든 사람에게 주식 시장에 접근할 수 있도록 해 주지 못하는 이상, 수혜자들이 연금이나 건강 보험용으로 챙겨 둔 자금을 개인적인 자본을 구성하는 요소로 인지할 수 있도록 해야 한다고 주장했다.

복지국가의 정신에 따르면 개인들이 의료 서비스와 연금 혜택을 제공하는 제도에 납입하는 것은 시장 경쟁으로부터 보호받는 집합적인 안전망을 구성하기 위해서다. 이와 대조적으로 질서 자유주의자들은 정부가 이런 문제들에 져야 하는 이중의 책임을 다음과 같이 상정했다. 공공 계획의 목적은 한편으로 모든 시민이 다가올 은퇴에 대비해 충분한 돈을 저축하고 민영화된 의료 서비스 제공자로부터 보험 증서를 구매할 수 있게 하는 것이고, 다른 한편으로 국가의 직접적인 부조 없이는 고령화나 의료 비용을 감당할 수 없을 정도로 가난하거나 무능력한 특정 인구 집단에 세수의 일부를 할애하는 것이라고 말이다.

사람들이 공공 기관에 의해 각종 혜택의 형태로 재분배되는 집합적인 공동 출자금에 납입하는 대신 개인적인 의료 서비스나 연금을 위해서만 저축한다고 해서, 꼭 은퇴 후에 생계를 확보하고 의료 비용을 충당하려는 목적으로 '자본'을 관리하는 것은 아니었다. 실제로 사회 서비스가 민영화되면 보험 회사와 연금 펀드가 고객의 돈을 투자하는 일을 담당하게 되며, [고객과] 자신이 맺는 계약의 조항을 결정할 수 있는 위치에 서게 된다. 하지만 다시 말하건대 질서 자유주의 진영의 개혁가들이 임노동자를 자율적인 투자자로 변화시키고자 의도한 것은 아니었다. 뢰프케가 여러 차례 되풀이한 것처럼 그가 옹호한 개혁의 진정한 목표는 프롤레타리아트를 해체하는 것이었고, 그 수단은 임노동자들에게 스스로를 프롤레타리아와 동일시하지 말라고 종용하는 것이었다. 그래서 뢰프케는 만약 노동자와 피고용인이 민간의 복지 혜택 공급자들을 신뢰하게 된다면, 이들은 사측에 맞선 노조들이 협상으로 얻어 낸 복지 프로그램을 통해 안전성을 높이려 하는 대신 자신의 자본을 운용하는 이들의 희망과 공포에 공감할 것이라고 주장했다.

그리고 이번에도 시카고 학파 경제학자들은 독일 동료들보다 더욱 멀리 나아가기로 뜻을 모았다. 프리드먼, 스티글러, 베커, 그리고 유사한 의견을 지닌 다른 학자들은 개인이 마음대로 이용할 수 있는 자원을 요구할 자격을 갖게 되면 형편도 나아지고 책임감 있게 행동할 가능성도 높아진다고 여겼기 때문에 의료 서비스와 연금의 완전한 민영화를 옹호했다. 그리고 질서 자유주의자들이 가장 형편이 어려운 인구 집단에는 세금으로 걷어 국가가 관리하는 자금 형태로 집행되는 부조가 필요하다고 본 것과 달리, 시카고 학파 경제학자들은 이런 도움이 빈곤층의 기업가적인 성향을 억제하고 이들을 영구적인 궁핍 상태에 빠뜨릴 뿐이라고 주장하면서 사회 보장 프로그램을 민간 영역으로 이관할 것을 요구했다.

17 1960년대부터 밀턴 프리드먼은 루스벨트의 뉴딜 정책과 함께 시작되었고 해리 트루먼의 1949년 주택법Housing Act과 린든 존슨의 '빈곤과의 전쟁'을 거치며 더욱 성장한 공공 주택 프로그램을 철저히 점검해야 한다고 이야기했다. 『자본주의와 자유』에서 프리드먼은 공직자들이 빈곤층 주거 지역에 임차료가 일정한 범위 내로 고정된 주거 단지를 건설하는 데 돈을 쓰는 대신, 빈곤한 사람들을 지원한다는 목적으로 조성된 자금을 이들에게 직접 할당해야 한다고 주장했다. 그는 "분명히 도움을 받는 가구는 주택이라는 형태보다는 그 액수만큼의 현금을 더 선호할 것"이라고 썼다. Milton Friedman, *Capitalism and Freedom*, Chicago: University of Chicago Press, 1962, p.178〔『자본주의와 자유』, 심준보, 변동열 옮김, 청어람미디어, 2007, 277쪽〕. 프리드먼과 추종자들에 따르면 이런 자금의 수급자는 자신이 적절하다고 여기는 용처에 이 돈을 써야 한다. 즉 동일한 곤경에 직면해 있는 사람들과 함께 특정한 지역에 살도록 지정받는—그래서 기업가적인 성향을 발전시킬 일체의 유인을 박탈당하는—대신 스스로 관리하는 예산으로 자신의 거주지를 구할 자유를 보장받아야 한다는 것이다.

한편 〔프리드먼의 논리에 따르면〕 공급 측면에서 민간 영역은 바우처 수급자들의 자원을 놓고 경쟁할 기회를 잡게 될 것이었다. 수익성 있는 저소득 주택에 투자할 정도의 적절한 세금 유인이 부동산 개발업자들에게 제공된다면 말이다. 시카고 학파 경제학자들은 동일한 논리로 교육에 대한 정부의 접근도 전면적으로 재평가하자고 요구했다. 프리드먼이 공립 학교에 세금을 쓰는 것보다 등록금 바우처를 일반화하는 것을 옹호했다는 사실은 잘 알려져 있다. 학부모에게 수중에 있는 금융 자원과 무관하게 자녀가 다닐 학교를 선택할 재량권을 줄 뿐 아니라 민간 영역과 경쟁하도록 교육 기관을 강제할 수 있다는 이유에서 말이다. 물론 프리드먼은 『자본주의와 자유』에서 자기 제안의 궁극적인 목표가 공립 교육 체계를 사라지게 하는 것이라고 대놓고 고백했다.

시카고 학파 경제학자들이 고등 교육과 관련해 공적으로 지원받는 보조금grant이나 장학금을 학자금 대출로 대체하자는 제안에 열렬히 찬성했다는 사실도 놀랍지 않다. 고등 교육법Higher

Education Act이 적용되는 정부 보증 학자금 대출 제도Guaranteed Student Loans, GSL의 점점 더 많은 부분이 그런 방향으로 변하는 것처럼 보였음에도 프리드먼과 추종자들은 이 제도가 정부가 재정을 지원하는 대출이라는 점을 문제 삼았다. 가격이 왜곡되고 보조금 때문에 책임성이 줄어든다는 논리, 즉 보조금을 받는 주택 담보 대출을 반대했던 것과 같은 이유로 말이다.

특히 게리 베커는 완전히 민영화된 학자금 대출 시스템이 실현 가능하다고 주장했다. 베커는 채무를 이행하지 못하는 전직 학생이 대부자에 의해 '재소유될'repossessed 수 없다는, 즉 다시 말해 융자받은 주택과 달리 인간의 인적 자본은 담보처럼 다루어질 수 없다는 데 동의하면서도, 과세 가능한 소득에서 학자금 대출의 이자를 공제하고, 개인 파산을 금지하며, 혹은 상환율을 대출자의 최종 소득과 연동하는 등의 조치를 통해 이 문제를 해결할 수 있다고 주장했다. Gary Becker, *Human Capital: A Theoretical and Empirical Analysis with Special Reference to Education*, 3rd ed., Chicago: University of Chicago Press, 1993, pp. 93~94.

18　밀턴 프리드먼과 추종자들은 과거와 달리 복지 혜택이 사적인 자선의 소관이 될 수 없다는 사실을 인정하면서도, 각종 수당이 '부의 소득세' 형태로 지급되면 사회 복지 프로그램이 수급자들의 품성에 미치는 역효과가 부분적으로 완화될 수 있을 것이라고 보았다. 바우처 시스템의 경우와 마찬가지로 여기서도 빈곤층이 보호받지 못하는 것이 아니라 돈이 부족한 것이 문제라는 논리였다. 따라서 부의 소득세를 지지한 이들은 '양의 방식으로'positively 과세 가능한 노동 소득의 최소 수준보다 이런 보조금(부의 소득세)을 택하는 것이 더 불리하도록 세율이 책정되는 한, 부의 소득세야말로 실업 상태의 빈곤층이―자립을 가로막는― 복지 혜택에 의존하는 성향을 억제할 수 있는 최적의 방식이 될 것이라고 주장했다.

19　특히 포스트케인스주의자와 조절 학파 경제학자 들은 교역이 세계화되면서 발생한 포드주의의 위기를 금융이 부상한 원인으로 꼽는다. 전자에 대해서는 다음을 보라. Engelbert Stockhammer, "Financialisation and the Slowdown of Accumulation", *Cambridge Journal of Economics* 28, 2004, pp.719~741; Özgür Orhangazi, "Financialization and Capital Accumulation in the Nonfinancial Corporate Sector: A Theoretical and Empirical Investigation on the US Economy, 1973~2003", *Cambridge Journal of Economics* 32, 2008, pp.863~886; Gerald Epstein ed., *Financialization and the World Economy*, Cheltenham: Edward Elgar, 2005. 후자에 대해서는 다음을 보라. Michel Aglietta and Laurent Berrebi, *Désordres dans le capitalisme mondial*, Paris: Odile Jacob, 2007; Michel Aglietta and Antoine Rebérioux, *Dérives du capitalisme financier*, Paris: Albin Michel, 2004; Michel Aglietta and Sandra Rigot, *Crise et renovation de la finance*, Paris: Odile Jacob, 2008; Robert Boyer, "Is a Finance-Led Growth Regime a Viable Alternative to Fordism?: A Preliminary Analysis", *Economy and Society* 29, 2000, pp.111~145; El Mouhoub Mouhoud and Dominique Plihon, *Le savoir et la finance, liaisons dangereuses au cœur du capitalisme contemporain*, Paris: Éditions La Découverte, 2009.

20　Gerald F. Davis, *Managed by the Markets: How Finance Re-Shaped America*, Oxford: Oxford University Press, 2009, p.5.

21　미국에서 금융화를 진척시킨 다양한 조치에 대해서는 다음의 중요한 책을 보라. Greta R. Krippner, *Capitalizing on Crisis: The Political Origins of the Rise of Finance*, Cambridge, MA: Harvard University Press, 2012, pp.27~57. 이 접근을 프랑스, 영국, 독일, 일본에 연장해 적용한 작업으로는 다음을 보라. Cédric Durand, *Fictitious Capital: How Finance Is Appropriating Our Future*, trans. David Broder, London: Verso, 2017, chapter 6.

22　자본의 관점에서 이런 우선 순위 변화를 통찰력 있게 제시하는 작업으로는 다음을 보라. Ivan Ascher, *Portfolio Society: On the Capitalist Mode of Prediction*, New York: Zone Books, 2016. 다음 문헌은 금융화를 다룬 연구들을 유용하게 유형화하고 있다. Natasha Van der Zwan, "State of the Art: Making Sense of Financialization", *Socio-Economic Review* 12, 2004, pp.99~129.

23　서구 국가들이 채권 소유자에게 점점 더 의존하게 된 현상을 훌륭하게 설명하고 있는 문헌으로는 다음을 보라. Wolfgang Streeck, *Buying Time: The Delayed Crisis of Democratic Capitalism*, trans.

Patrick Camiller, London: Verso, 2014〔『시간 벌기: 민주적 자본주의의 유예된 위기』, 김희상 옮김, 돌베개, 2015〕; *How Will Capitalism End?: Essays on a Failing System*, London: Verso, 2016〔『조종이 울린다: 자본주의라는 난파선에 관하여』, 유강은 옮김, 여문책, 2018〕. 미국 사례에 대해서는 역시 Krippner, *Capitalizing on Crisis*를, 프랑스 사례에 대해서는 Benjamin Lemoine, *L'ordre de la dette: Enquête sur les infortunes de l'État et la prosperité du marché*, Paris: Éditions La Découverte, 2016을 보라.

24 다음을 보라. Randy Martin, *Financialization of Daily Life*, Philadelphia: Temple University Press, 2002; Rob Aitken, *Performing Capital: Toward a Cultural Economy of Popular and Global Finance*, New York: Palgrave Macmillan, 2007.

25 금융화가 피고용인의 계약 기간과 채용 조건에 미친 영향에 대해서는 다음을 보라. Gerald F. Davis, *The Vanishing American Corporation: Navigating the Hazards of a New Economy*, San Francisco: Berrett-Koehler, 2016, pp. 139~150; Davis, *Managed by the Markets*, pp. 191~208. 또한 다음도 보라. David Weil, *The Fissured Workplace: Why Work Became So Bad for So Many and What Can Be Done to Improve It*, Cambridge, MA: Harvard University Press, 2015〔『균열 일터: 당신을 위한 회사는 없다』, 송연수 옮김, 황소자리, 2015〕; Randy Martin, Michael Rafferty, and Dick Bryan, "Financialization, Risk and Labour", *Competition and Change* 12, 2008, pp. 120~132; Melinda Cooper, "Shadow Money and the Shadow Workforce: Rethinking Labor and Liquidity", *South Atlantic Quarterly* 114, 2015, pp. 395~423.

26 특히 다음을 보라. Martha Poon, "From New Deal Institutions to Capital Markets: Commercial Consumer Risk Scores and the Making of Subprime Mortgage Finance", in "Tracking the Numbers: Across Accounting and Finance, Organizations, Markets and Cultures, Models and Realities", special issue, *Accounting, Organizations and Society* 35.5, 2008, pp. 654~674; Doncha Marron, *Consumer Credit in the United States: A Sociological Perspective from the Nineteenth Century to the Present*, New York: Palgrave

Macmillan, 2009; Paul Langley, *The Everyday Life of Global Finance: Saving and Borrowing in Anglo-America*, Oxford: Oxford University Press, 2009; Langley, "The Uncertain Subjects of Anglo-American Financialization", *Cultural Critique* 65, 2007, pp. 67~91.

27 법경제학파 1세대로는 로널드 코스, 조지 스티글러, 헨리 맨, 로버트 보크, 리처드 포스너 등이 있다.

28 "기업의 사회적 책임은 하나고, 오직 하나뿐이다. 게임의 규칙을 벗어나지 않으면서 수중의 자원을 활용해 이윤을 늘리기 위한 활동에 관여하는 것, 즉 사기나 속임수 없이 개방된 자유 경쟁에 참가하는 것이다." Milton Friedman, "The Social Responsibility of Business Is to Increase Its Profits", *New York Times Magazine*, 13 September 1970.

29 Henry Manne. "Mergers and the Market for Corporate Control", *Journal of Political Economy* 73, 1965, pp. 110~120. *Managed by the Markets*, pp. 59~101에서 제럴드 데이비스는 이 논문의 중요성을 강조한다.

30 주주 가치 시대는 큰 영향력을 발휘했던 다음 논문이 출판되면서 시작되었다고 볼 수 있을 것이다. Michael C. Jensen and William H. Meckling, "Theory of the Firm: Managerial Behavior, Agency Cost and Ownership Structure", *Journal of Financial Economics* 3, 1976, pp. 305~360.

31 '조세 국가'에서 '부채 국가'로의 이행에 대해서는 Streeck, *Buying Time*, chapter 2(『시간 벌기』, 2장)를 보라.

32 Adam Ferguson, *An Essay on the History of Civil Society*, Cambridge: Cambridge University Press, 1996, p. 119, Friedrich Hayek, *New Studies in Philosophy, Economics and the History of Ideas*, London: Routledge and Kegan Paul, 1978, p. 264에서 재인용.

33 피투자자라는 개념의 유사한 용례에 대해서는 다음을 보라. Jacques-Olivier Charron, "Toward Investee's Capitalism", *Futures* 68, 2015, pp. 19~30.

1장 ___ 기업 거버넌스의 이해 관계

1 '투자자'는 대단히 넓은 범주다. 한편으로 이 범주는 자신의 예금에 대한 수익을 추구하는 개인, 사기업, 공공 기관을 포함하며, 다른 한편으로는 그런 수익 달성을 목표로 삼는 기관을 포함한다. 투자 방식(대출과 주식에서 옵션과 선물 계약에 이르는) 및 화폐 발행 여부(은행을 다른 비화폐적 금융 중개 기관과 구분해 주는)를 기준으로 한 구분에 더해 조절 학파 경제학자들은 직업적인 전문성과 업무의 특수성에 따라 금융 중개 기관을 다음과 같이 분류한다.

1) 예금을 신용으로 변환하고, 기업이나 국가의 자본 조달을 도우며, 제3자를 대행해 포트폴리오를 관리한다는 점에서 '종합적인'universal 은행, 2) 연기금(적립식 연금을 지급하는 시스템을 운영하는 국가들의 경우), 생명 보험과 여타 주요한 리스크에 대한 보장을 제공하는 보험 회사 등으로 이루어진 기관 투자자, 3) 개인 예금인은 물론 비금융 기업이나 기관 투자자의 포트폴리오 경영에 관여하는 뮤추얼 펀드, 4) 시장 지수보다 더 높은 수익을 약속하며 선별된 고객들의 자금을 끌어모으는 헤지 펀드, 5) 기업 담보 차입 매수에 특화된 사모 펀드, 6) 주식 시장에 상장되지 않은 기업—특히 스타트업—창업과 발전에 자금을 대는 벤처 자본가, 7) 국가의 천연 자원이나 외환 보유고에서 창출된 소득으로 대부분 충당되는 국부 펀드, 8) 동문회, 기업, 재단 등이 자금을 대는 대학 기금, 9) 기관 투자자와 달리 개인 예금자에게 계약상의 의무를 지지 않는 적립식 연금 시스템을 위한 공공 스무딩 펀드public smoothing fund. 이런 분류의 출처는 다음의 문헌들이다. Tristan Auvray, Thomas Dallery, and Sandra Rigot, *L'entreprise liquidée: La finance contre l'investissement*, Paris: Michalon Éditeur, 2016, pp.68~76; Michel Aglietta and Sandra Rigot, *Crise et rénovation de la finance*, Paris: Odile Jacob, 2008, pp.177~208.

2 모니카 프라사드와 그레타 크리프너는 미국에서 금융 시장에 대한 초기의 규제 완화가 신용의 민주화라는 명목으로 정당화되었고 바로 그런 이유로 꽤 많은 풀뿌리 운동의 지지를 받았다는 사실을 강조한다. 실제로 1970년대 내내 랠프 네이더 등의 소비자 운동가와 '회색 표범'Grey Panthers 같은 연금 단체는 시장에 접근할 수 있는

조건이 기업에 유리하게 편향되어 있다며 항의했다. 이들은 대출을 받으려 하는 소규모 예금자와 가계가 거대 기업의 경영자와 동일한 기회를 누려야 한다고 보았다. 그렇지만 이런 '차별적인' 조항들이 폐지되자 은행의 탈중개화disintermediation는 신용의 민주주의를 가져온 것이 아니라 자산 운용사의 전례 없는 집중과 비대화로 이어졌다. 하나의 예시로 제럴드 데이비스는 가장 규모가 큰 뮤추얼 펀드인 피델리티Fidelity가 주식 시장에 상장된 미국 기업 중 10퍼센트가 넘는 곳에서 주요 주주로 등극했다고 전한다. 다음을 보라. Gerald F. Davis, "A New Finance Capitalism?: Mutual Funds and Ownership Re-Concentration in the United States", *European Management Review* 5, 2008, pp. 11~21; Davis, *Managed by Markets: How Finance Re-Shaped America*, Oxford: Oxford University Press, 2009, p. 19. 결과적으로 보면 역설적인 효과를 냈던 금융 규제 완화 배후의 '포퓰리즘적' 동력에 대해서는 다음을 보라. Monica Prasad, *The Politics of Free Markets: The Rise of Neoliberal Economic Policies in Britain, France, Germany and the United States*, Chicago: University of Chicago Press, 2006, pp. 66~82; Greta R. Krippner, *Capitalizing on Crisis: The Political Origins of the Rise of Finance*, Cambridge, MA: Harvard University Press, 2012, pp. 80~82.

3 "월스트리트를 위한 계획만으로는 부족합니다. 우리는 메인스트리트 역시 지원해야 합니다." 2008년 9월 19일 플로리다 선거 유세 중에 있었던 한 행사에서 민주당 대선 후보 버락 오바마는 이렇게 말했다. 약 4년 뒤인 2012년 1월 22일 프랑수아 올랑드는 5년간의 임기 기간 내내 자신을 끈덕지게 따라다니게 될 연설을 했다. "제 진정한 적수는 이름도 얼굴도 당파도 없으며 결코 후보자를 내세우지 않고 절대 당선되지도 않을 것이지만 [우리를] 통치합니다. 이 적수는 금융계입니다." 사회당 대선 후보였던 올랑드는 이날 흥에 겨웠는지 금융 거래에 대한 세목의 신설과 공공 신용 평가사의 창립에 긍정적이라고 밝혔다. 한술 더 떠 그는 당선만 된다면 스톡 옵션을 철폐하고 보너스 한도도 규제하겠다고 천명했다.

4 2008년 위기까지 금융화가 밟아 온 단계와 연이은 사건에 대해서는 다음을 보라. David Harvey, *The Enigma of Capital and the Crises of Capitalism*, New York, Oxford University Press,

2010〔『자본이라는 수수께끼: 자본주의 세계 경제의 위기들』, 이강국 옮김, 창비, 2012〕; David McNally, *Global Slump: The Economics and Politics of Crisis and Resistance*, Oakland: PM Press, 2011〔『글로벌 슬럼프: 위기와 저항의 글로벌 정치 경제 이야기』, 강수돌, 김낙중 옮김, 그린비, 2011〕. 노벨상 수상자 두 명이 창립한 펀드인 롱텀 캐피털 매니지먼트의 파산에 대해서는 다음을 보라. Roger Lowenstein, *When Genius Fails: The Rise and Fall of Long-Term Capital Management*, New York, Random House, 2000〔『천재들의 실패』, 이승욱 옮김, 한국경제신문, 2009〕. 엔론의 역사에 대해서는 다음을 보라. Bethany McLean and Peter Elkind, *The Smartest Guys in the Room: The Amazing Rise and Scandalous Fall of Enron*, New York, Portfolio Trade, 2003〔『엔론 스캔들: 세상에서 제일 잘난 놈들의 몰락』, 방영호 옮김, 서돌, 2010〕.

5 다음을 보라. Karl Marx and Frederick Engels, *Collected Works*, vol. 35, London: Lawrence and Wishart, 1996, pp. 177~186: *Capital*, vol. 1, part 2, chapter 6, "The Buying and Selling of Labour Power"〔「노동력의 구매와 판매」, 『자본론: 정치 경제학 비판』 1권, 2015년 개역판, 김수행 옮김, 비봉출판사, 2015, 220~233쪽〕.

6 "따라서 화폐가 자본으로 전환되려면 화폐 소유자가 상품 시장에서 자유로운 노동자와 만나야만 한다. 여기서 자유롭다는 것은 이중의 의미에서 그러하다. 즉 노동자는 자유로운 인간으로서 자신의 노동력을 상품으로 처분할 수 있으며, 다른 한편으로〔노동력 상품 외에는〕 판매할 어떤 상품도 없고 자신의 노동력을 실현하는 데 필요한 모든 것을 결여하고 있다는 것이다." Marx and Engels, *Collected Works*, vol. 35, p. 179〔같은 책, 223쪽〕.

7 뤽 볼탕스키와 에브 시아펠로는 일찍이 이러한 조건 변화를 탐색한 바 있다. Luc Boltanski and Ève Chiapello, *The New Spirit of Capitalism*(1999), trans. Gregory Elliott, London: Verso, 2006, chapter 2. 이들은 1990년대 이후 경영학 문헌을 조사해 자신들이 "프로젝트 시테"projective city〔프랑스어로는 cité par projets〕라 부르는 것이 도래했음을 밝혀낸다. 여기서 개인은 자신이 노동, 사적인 삶, 시민권으로 나뉜 삶을 살아간다고 여기지 않는다. 대신 이 새로운 시민은 자신의 삶을 수많은 일시적 프로젝트에 대응하는

활동들의 포트폴리오로 구상한다. 따라서 네트워크라는 환경에서 영위되며 사회적, 직업적, 시민적, 사적 영역이 흐려지거나 적어도 중첩되는 삶의 방식은 이 프로젝트들을 옮겨 다닌다. 볼탕스키와 시아펠로는 활동들로 이루어진 포트폴리오를 관리해 나가는 데 있어 평판reputation 즉 신용의 중요성을 강조하지만, 이들이 탐구한 경영학 문헌들은 투자자 및 이들이 가치 창출의 주된 장소로 삼고 활동하는 영역인 시장의 역할을 충분히 논의하지 않았다.

8 비금융 시장과 이윤을 추구하는 상품 거래자—이 시장에서 인준되는 모든 행위자에게 공통된 모습—의 관계가 자본 시장과 신용을 추구하는 프로젝트의 관계와 같다고 해서, 자본주의가 부여하는 보편적인 인간의 조건이 전자에서 후자로 계승되었다는 뜻은 아니다. 왜냐하면 한편으로 투자자와 이들의 세계관은 지난 수십 년을 특징짓는 자본주의의 금융화 이전부터 존재해 왔고, 다른 한편으로 〔지금도〕 상법이 상품 구매자와 판매자의 관계를 지배하고 있기 때문이다. 그렇지만 금융의 흐름이 족쇄에서 풀려나고 새로운 산업 권력이 부상하며 정보, 통신, 교통 기술이 발달하는 등 일련의 흐름이 결합하면서 자본 축적 체제가 심대하게 변형되었고, 그 결과 고용주의 권력은 투자자의 선호에 전례 없이 철저하게 종속되고 말았다. Davis, *Managed by the Markets*는 이 같은 혁명적 변화의 효과를 묘사하고 있다. 또한 다음을 보라. Michael Useem, *Investor Capitalism: How Money Managers Are Changing the Face of Corporate America*, New York: Basic Books, 1996; William Lazonick, "Evolution of the New Economy Business Model", *Business and Economic History On-Line* 3, 2005, https://www.thebhc.org/sites/default/files/lazonick.pdf.

9 금융 시장, 특히 주식 시장의 작동에 대해서는 다음을 보라. John Maynard Keynes, *The General Theory of Employment, Interest and Money*(1936), London: Macmillan, 1973, chapter 12〔『고용, 이자 및 화폐의 일반 이론』, 조순 옮김, 비봉출판사, 2007, 12장〕. 금융 시장의 구조적 불안정성에 대해서는 다음을 보라. Hyman P. Minsky, *Stabilizing an Unstable Economy*, New Haven: Yale University Press, 1986; Minsky, "The Financial Instability Hypothesis", *Working Paper* 74, The Jerome Levy Economics Institute of Bard College, May 1992,

http://www.levyinstitute.org/pubs/wp74.pdf; Minsky, "Uncertainty and the Institutional Structure of Capitalist Economies: Remarks upon Receiving the Veblen-Commons Award", *Journal of Economic Issues* 30, 1996, pp. 357~368. 금융 시장 특유의 가치 평가valuation 방식에 대해서는 다음을 보라. André Orléan, *L'empire de la valeur*, Paris: Éditions du Seuil, 2013, pp. 231~312(『가치의 제국』, 신영진, 표한형, 권기창 옮김, 울력, 2016, 263~350쪽).

10 특히 다음을 보라. Benjamin Coriat, *L'atelier et le chronomètre: Essai sur le taylorisme, le fordisme et la production de masse*, Paris: Christian Bourgois Éditeur, 1979, pp. 89~106; Michel Aglietta, *A Theory of Capitalist Regulation: The US Experience*(1979), trans. David Fernbach, London: Verso, 2000, chapters 2 and 3 (『자본주의 조절 이론』, 성낙선 옮김, 한길사, 1994, 2~3장).

11 특히 다음을 보라. Rosa Luxemburg, "Social Reform or Revolution", in Peter Hudis and Kevin B. Anderson eds., *The Rosa Luxemburg Reader*, New York: Monthly Review Press, 2004(『사회 개혁이냐 혁명이냐』, 송병헌, 김경미 옮김, 책세상, 2002). 노동 조합 운동과 그 여러 분파의 역사에 대해서는 다음을 보라. Wolfgang Abendroth, *A Short History of the European Working Class*, trans. Nicholas Jacobs and Brian Trench, London: New Left Books, 1972; Marcel van der Linden and Wayne Thorpe eds., *Revolutionary Syndicalism: An International Perspective*, Aldershot: Gower/Scolar Press, 1990; Nelson Lichtenstein, *State of the Union: A Century of American Labor*, Princeton: Princeton University Press, 2003; Jean-Louis Robert, Friedhelm Boll, and Antoine Prost eds., *L'invention du syndicalisme: Le syndicalisme en Europe occidentale à la fin du 19e siècle*, Paris: Éditions de la Sorbonne, 1997.

12 Edward Shorter and Charles Tilly, *Strikes in France 1830~1968*, Cambridge: Cambridge University Press, 1974; Michelle Perrot, *Jeunesse de la grève: France 1870~1871*, Paris: Éditions du Seuil, Paris, 1984; Coriat, *L'atelier et le chronomètre*; Beverly Silver, *Forces of Labor: Workers' Movements and Globalization since 1870*, Cambridge: Cambridge University Press, 2003(『노동의 힘』, 백승욱,

윤상우, 안정옥 옮김, 그린비, 2005); Mario Tronti, *Workers and Capital*, London: Verso, 2019.

13 그레타 크리프너는 미국의 정치 및 통화 당국들이 어떻게 1970년대의 스태그플레이션을 다양한 시민 사회 부문에서 제기된 과다하고 상충하는 요구들 탓으로 돌렸는지 보여 준다. 당시에는 소비자와 기업, 지방 자치 단체, 노동 조합 모두 자신의 기대를 충족하는 데 필요한 경제 성장이 이루어지지 않는데도 점점 더 많은 것을 요구하고 있으며 신용은 점점 더 부족해지고 있다는 것이 상식으로 받아들여졌다. 좌파 진영의 일부는 자유주의 체제에 가해진 점증하는 압력과 이 압력 때문에 급증한 인플레이션을 자본주의의 최종적 위기로 간주했지만, 얼마 후 신보수주의자로 불리게 된 이들은 서구 정부들이 처한 "민주주의의 과잉"democratic overload이라는 상태를 통탄했고, 엄격하고 책임감 있는 가장의 훈육적 개입을 본뜬 권위주의적 대응을 국가에 주문했다. 그렇지만 결과적으로 정치 지도자들은 민주주의의 과잉이 민주주의를 죽이고 있다고 여긴 이들—가령 『자본주의의 문화적 모순』*The Cultural Contradictions Of Capitalism*의 저자인 사회학자 대니얼 벨이나 『민주주의의 위기』*The Crisis of Democracy*의 저자 미셸 크로지에, 새뮤얼 헌팅턴, 조지 와타누키 등—의 요구에 귀를 기울이지 않았다. 대신 1980년대에 접어들어 이들은 자원에 대한 요구를 걸러 내는 업무를 시장에 맡겨야 한다는 밀턴 프리드먼과 시카고에 포진한 그 추종자들의 말에 설득되었다. 다음을 보라. Krippner, *Capitalizing on Crisis*, pp. 58~85. 또한 다음도 보라. Wolfgang Streeck, *Buying Time: The Delayed Crisis of Democratic Capitalism*, trans. Patrick Camiller, London: Verso, 2014, chapters 1 and 2(『시간 벌기: 민주적 자본주의의 유예된 위기』, 김희상 옮김, 돌베개, 2015, 1~2장).

14 Krippner, *Capitalizing on Crisis*, pp. 86~106.

15 Keynes, *The General Theory of Employment, Interest and Money*, p. 154(『고용, 이자 및 화폐의 일반 이론』, 181쪽).

16 1970년대 후반 미국과 영국에서 금융 자본주의가 부상할 수 있었던 조건에 대해서는 다음을 보라. Daniel Stedman Jones, *Masters of the Universe: Hayek, Friedman, and the Birth of Neoliberal Politics*, Princeton: Princeton University Press, 2012, pp. 241~253(『우주의

거장들: 하이에크, 프리드먼 그리고 신자유주의 정치의 탄생』, 유승경 옮김, 미래를소유한사람들, 2019, 431~451쪽〕; Krippner, *Capitalizing on Crisis*, pp.82~85.

17 이런 주장의 기틀을 닦은 논문으로는 다음을 보라. Michael C. Jensen and William H. Meckling, "Theory of the Firm: Managerial Behavior, Agency Cost and Ownership Structure", *Journal of Financial Economics* 3, 1976, pp.305~360. 또한 다음 문헌도 보라. Michael C. Jensen, *Foundations of Organizational Strategy*, Cambridge, MA: Harvard University Press, 1998.

18 R. Edward Freeman, Jeffrey S. Harrison, and Andrew C. Wicks, *Managing for Stakeholders: Survival, Reputation, and Success*, New Haven: Yale University Press, 2007.

19 이런 의미에서 칼 케이슨은 이렇게 썼다. "경영이란 주주, 피고용인, 소비자, 공중 일반, 그리고 아마도 가장 결정적으로는 하나의 제도로서의 기업 자체에 책임을 지는 것으로 간주된다." Carl Kaysen, "The Social Significance of the Modern Corporation", *American Economic Review* 47, 1957, pp.311~319, Davis, *Managed by the Markets*, p.74에서 재인용. 또한 다음을 보라. Richard Sennett, *The Culture of the New Capitalism*, New Haven: Yale University Press, 2006, pp.15~83〔『뉴캐피털리즘: 표류하는 개인과 소멸하는 열정』, 유병선 옮김, 위즈덤하우스, 2009, 25~100쪽〕.

20 주식 시장에 상장된 회사들만 판매 수입보다 자본 이득을 중시하는 것은 아니다. 벤처 자본가가 자금을 대는 스타트업도 마찬가지다. 비록 벤처 자본가의 전략은 기업 경영자들이 '모범 관행'으로 간주하는 것이 아닌 다른 것들을 우선시하지만 말이다. 실제로 벤처 자본가는 새로운 시장을 발굴해 지배하겠다고 약속하는 기업가를 찾아다닌다. 이런 야심만만한 프로젝트들은 수익이 나지 않는 장기간의 투자를 필요로 하기 때문에 스타트업의 대차대조표에 나타나는 손실은 애초에 약속한 시장 정복이 진행 중임을 알려 주는 긍정적인 신호로 간주된다. 따라서 자신이 가지고 있는 포트폴리오의 자본 가치에 주로 관심을 기울이는 투자자 입장에서 볼 때 시장 지배력을 확보하기 위한 배당 분배에 적극적으로 나서지 않겠다는 스타트업의 결정은 주주에게 돌아가는 보상을 늘리기 위해 임금이나

연구 개발비 지출을 줄이겠다는 기업의 선언만큼이나 반가운
소식이다.

21 특히 다음을 보라. Tristan Auvray and Thomas Dallery,
L'entreprise liquidée: La finance contre l'investissement, Paris:
Michalon Éditeur, 2016, pp.99~101; Olivier Weinstein, *Pouvoir,
finance et connaissance: Les transformations de l'entreprise
capitaliste entre XXe et XXIe siècle*, Paris: Éditions La Découverte,
2010, pp.97~109; Gerald F. Davis, "New Directions in Corporate
Governance", *Annual Review of Sociology* 31, 2005, pp.143~162;
Davis, *Managed by the Markets*, pp.93~96.

22 Eugene Fama, "Agency Problems and the Theory of the
Firm", *Journal of Political Economy* 88.2, 1980, pp.163~174. 효율 시장
가설에 대한 케인스주의적 비판으로는 다음을 보라. Robert J. Shiller,
"From Efficient Market Theory to Behavioral Finance", *Journal of
Economic Perspectives* 17.1, 2003, pp.83~104.

23 미국에서 이른바 무소불위의 권력을 휘두르던 경영자들에게
가해진 1970년대의 맹습은 상호 연관된 두 가지 동기에서 비롯했다.
하나는 수직 통합된 미국 기업들의―특히 경쟁국인 독일과 일본에
비해―하락하는 생산성이었고, 다른 하나는 수평적 통합을 통해
이런 하락을 방지하려는 기업들의 경향이었다. 후자는 이윤율 하락을
만회하고자 문어발식 복합 기업체가 되려는 시도였는데, 이때 주주의
권익은 경영진이 헤게모니를 좇는 과정에서 희생되었다. 특히 다음을
보라. Ernie Englander and Alan Kaufman, "The End of Managerial
Ideology: From Corporate Social Responsibility to Corporate Social
Indifference", *Enterprise and Society* 5.3, 2004, pp.404~450.

24 이런 새로운 기업 거버넌스 방식을 옹호하는 표준적인
논변으로는 다음을 보라. Michael C. Jensen, "Value Maximization,
Stakeholder Theory, the Corporate Objective Function", *Business
Ethics Quarterly* 12, 2002. 이런 거버넌스 방식이 우세를 점하게 된
과정에 대한 비판적, 역사적 설명으로는 다음을 보라. Englander
and Kaufman, "The End of Managerial Ideology"; Davis, *Managed
by the Markets*, pp.82~87; William Lazonick and Mary O'Sullivan,
"Maximizing Shareholder Value: A New Ideology for Corporate

Governance", *Economy and Society* 29, 2000, pp.13~35; William Lazonick, "The Financialization of the U.S. Corporation: What Has Been Lost, and How It Can Be Regained", *Seattle University Law Review* 36, 2012, pp.857~909.

25 기업의 사회적 책임이라는 개념의 역사에 대해서는 다음을 보라. Archie B. Carroll, "A History of Corporate Social Responsibility: Concepts and Practices", in Andrew Crane, Dirk Matten, Abagail McWilliams, Jeremy Moon, and Donald S. Siegel eds., *The Oxford Handbook of Corporate Social Responsibility*, Oxford: Oxford University Press, 2008, pp.19~46. 또한 다음도 보라. David Vogel, *The Market for Virtue: The Potential and Limits of Corporate Social Responsibility*, Washington: Brookings Institution Press, 2005; Michel Capron and Françoise Quairel-Lanoizelée, *La responsabilité sociale d'entreprise*, Paris: Éditions La Découverte, 2010. CSR의 위선에 대한 비판으로는 다음을 보라. Gerard Hanlon, "Rethinking Corporate Social Responsibility and the Role of the Firm: On the Denial of Politics", in *The Oxford Handbook of Corporate Social Responsibility*, pp.156~172.

26 미국 자본주의에서 이윤 측정 및 영리 활동과 비영리 활동 간 관계의 역사에 대해서는 다음을 보라. Jonathan Levy, "Accounting for Profit and the History of Capital", *Critical Historical Studies*, 1.2, 2014, pp.171~214.

27 Weinstein, *Pouvoir, finance et connaissance*, p.182는 동일한 결론에 도달한다. 또한 다음을 보라. Michèle Descolonges and Bernard Saincy, *Les entreprises seront-elles un jour responsables?*, Paris: La Dispute, 2004.

28 증권화는 부채를 가치 평가의 대상이 되는 양도 가능한 금융 자산으로 변환하는 작업이다.

29 케인스에 따르면 당대의 신고전파 경제학에 영향을 준─그리고 현재까지도 일정한 영향력을 유지하고 있는─ 공리주의적 심리학은 인간의 동기를 잘못 이해하고 있다. "긴 시간이 흐르고 나서야 그 완선한 결과가 나오게 되는, 우리가 적극적으로 행동하겠다고 내리는 결정 중 대부분은 아마도, 수량적인 이익에

수량적인 확률을 곱해 얻은 가중 평균이 아니라, 오로지 야성적 충동—어떤 행동도 취하지 않기보다는 모종의 행동을 취하려는 자생적인 욕동—의 결과로 이루어질 것이다." Keynes, *The General Theory of Employment, Interest and Money*, p. 161(『고용, 이자 및 화폐의 일반 이론』, 189쪽).

30 전적으로 대중만을 겨냥한 보이콧의 한계들에 대해서는 다음을 보라. Timothy M. Devinney, Pat Auger, and Giana M. Eckhardt, *The Myth of the Ethical Consumer*, Cambridge: Cambridge University Press, 2010. 그렇지만 소셜 네트워크의 발달 덕분에 보이콧 캠페인이 더욱 신속하게 효과를 발휘하게 되었다고 말할 수 있다. 특히 다국적 캐주얼 의류 회사인 애버크롬비 앤드 피치가 어려움을 겪었던 것을 보면 말이다. 이 브랜드의 위험 물질 담당 이사인 마이크 제프리스는 자신이 달갑지 않다고 여기는 못생긴 사람, 뚱뚱한 사람, 장애인, 빈민 등에 대한 경멸을 잊을 만하면 드러내곤 했다. 2004년부터 보이콧 운동의 과녁이 된 이 회사는 2013년 5월까지는 거의 영향을 받지 않았다. 하지만 애버크롬비 앤드 피치의 한 경영인이 자기 기업은 "옷을 빈민에게 주느니 차라리 불태워 버릴 것"이라고 선언한 문서가 공개되었고, 이에 젊은 미국 작가인 그레그 카버는 노숙인들에게 애버크롬비 앤드 피치 옷을 나누어 주고 #FitchTheHomeless 캠페인을 개시하는 장면을 담은 영상을 유튜브에 올렸다. 이 영상은 소셜 네트워크에서 널리 퍼져 나갔고 이 글을 쓰는 현재 800만이 넘는 조회수를 기록하고 있다. 2017년에 애버크롬비 앤드 피치의 시가 총액은 5년 전의 50억 달러에서 7억 7,600만 달러로 줄어들었고, 주가 역시 같은 시기에 약 85퍼센트 하락했다. 더 최근에는 도널드 트럼프의 당선이 보이콧 호소에 새로운 전기를 마련했다. 이방카 트럼프와 그의 의류 및 액세서리 브랜드를 직접 겨냥한 #GrabYourWallet 캠페인이 진행되었고, 그 외에 스타트업 기업인 우버도 이런 보이콧 운동의 주된 대상 중 하나가 되었다. 2017년 1월 말에 호출형 택시VTC 회사인 리프트Lyft는 도널드 트럼프의 무슬림 금지령Muslin Ban에 맞서는 운동을 지지하는 의미로 미국 시민 자유 연맹American Civil Liberties Union, ACLU에 100만 달러에 가까운 금액을 기부하겠다고 약속했다. 반면 리프트의 주된 경쟁자이자 시장에서 가장 앞서 나가던 우버는

트럼프 행정부가 추진한 무슬림 이민 금지 조치를 반대하고자 뉴욕의 JFK 국제 공항에서 택시 운전사들이 벌인 파업을 분쇄했을 뿐 아니라 트럼프의 움직임에 편승하려 했다는 이유로 비난받았다. 이런 우버의 태도에 가입을 해지하겠다는 신청이 빗발쳐 20만 명 이상이 그 주 주말에 가입을 해지했다. 닷새 후 당시 우버 이사였던 트래비스 캘러닉은 한 달 전에 참여 의사를 밝힌 미국 대통령 경제 자문 위원회에 들어가지 않겠다고 발표했다.

31 도널드 트럼프가 다코타 액세스 파이프라인 프로젝트의 배후에 있었던 에너지 트랜스퍼 파트너스Energy Transfer Partners 주식을 50만 달러에서 100만 달러 사이에 달하는 규모만큼, 그리고 송유관이 준공되면 그중 25퍼센트를 소유하게 될 필립스 66 주식을 50만 달러 넘게 보유하고 있다는 사실이 선거 캠페인 기간에 밝혀졌다. 에너지 트랜스퍼 파트너스의 상무 이사는 10만 달러가 넘는 금액을 이 공화당 후보의 캠페인에 투자했다.

32 defunddapl.org 웹사이트는 송유관 건설에 연루된 모든 금융 기관의 목록과 이 기관들에 맞서 취할 수 있는 조치를 설명하고 있다. 이 설명은 운동가들에게 다음과 같은 행동을 권고한다. 1) DAPL에 자금을 대는 CEO들에게 이처럼 유해한 프로젝트를 지원하는 것을 중단하라고 요구하는 편지를 보낼 것, 2) 이 편지를 소셜 네트워크에 게시하고 사람들 눈에 띄도록 정기적으로 트윗할 것, 3) 이 사업에 참여하는 금융 기관에 예치한 예금이 있다면 출금할 뿐 아니라 그 사실을 최대한 적극적으로 알릴 것, 4) 자신이 거주하는 곳의 지방 정부가 DAPL에 자금을 대는 금융 기관의 서비스를 이용하는지 확인하고, 만약 그렇다면 다른 대출 기관으로 옮기라는 압력을 행사할 것, 5) DAPL에 출자한 기관 건물이나 대안적인 신용 공급자를 알아보지 않겠다고 버티는 시장 집무실이 있는 시청 앞에서 행진하거나 연좌 농성을 벌임으로써 투자 철회 운동에 계속 활기를 불어넣을 것.

33 Julia Carrie Wong, "Private investor Divests $34,8M from Firms Tied to Dakota Access Pipeline", *The Guardian*, 1 March 2017.

34 Mazaska Talks(Money Talks), "The Boycott: Put Your Money Where Your Solidarity Is", https://mazaskatalks.org.

35 Jimmy Tobias, "These Cities Are Pulling Billions from the

Banks That Support the Dakota Access Pipeline", *Nation*, 20 March 2017.

36 Wong, "Private Investor Divests $34,8M from Firms Tied to Dakota Access Pipeline".

37 Julia Carrie Wong, "Dakota Access Pipeline: ING Sells Stake in Major Victory for Divestment Push", *The Guardian*, 21 March 2017.

38 Arabella Advisors, *The Global Fossil Fuel Divestment and Clean Energy Movement*, December 2016, https://www.arabellaadvisors.com/wp-content/uploads/2016/12/Global_Divestment_Report_2016.pdf.

39 특히 다음을 보라. Paul C. Godfrey, Craig B. Merrill, and Jared M. Hansen, "The Relationship between Corporate Social Responsibility and Shareholder Value: An Empirical Test of the Risk Management Hypothesis", *Strategic Management Journal* 30, 2009, pp. 425~445; Michael E. Porter and Mark R. Kramer, "Creating Shared Value: How to Reinvent Capitalism—and Unleash a Wave of Innovation and Growth", *Harvard Business Review*, January-February 2011; 이는 재발행되어 다음 웹사이트에 게재되었다. http://www.creativeinnovationglobal.com.au/wp-content/uploads/Shared-value-Harvard-business-review.pdf. 이 모델에 대한 비판으로는 다음을 보라. Hanlon, "Rethinking Corporate Social Responsibility and the Role of the Firm".

40 신용 평가사가 부과하는 규율에 대해서는 특히 다음을 보라. Alexandra Ouroussoff, *Wall Street at War: The Secret Struggle for the Global Economy*, Cambridge: Polity, 2010. 2008년 금융 위기 때 신용 평가사들이 수행한 역할과 영향력에 대해서는 다음을 보라. John Ryan, "Credit Rating Agencies: Are They Credible?", *International Journal of Public Policy* 9.1/2, 2013, pp. 4~22.

41 지속 가능한 발전이라는 문제가 공론장에서 대두한 1990년대 후반에 설립된 최초의 비금융 신용 평가사들은 사회적, 환경적 기준에 따라 기업들을 평가했다. 이런 신용 평가사의 수가 지난 20년 동안 증가하면서 이 평가사들은 상이한 가치 평가 방식을

개발해 왔다. 프랑스의 비지오 아이리스Vigeo Eiris(http://www.vigeo-eiris.com)와 같이 가장 느슨한 사회적, 환경적 신용 평가사들은 회사 측이 스스로 답변한 설문지를 바탕으로 평점을 매긴다. 이 설문지는 경영자에게 노사 관계, 지속 가능성, 윤리 준칙과 관련된 자사의 관행을 보고하라고 요청한다. 유로존의 주된 금융 운용사인 유로넥스트Euronext와 파트너십을 맺고 활동하던 비지오 아이리스는 2017년 3월에 'Cac 40 거버넌스' 지수를 발표했다. AXA, BNP 파리바BNP Paribas, 엔지Engie, 빈치Vinci, 소시에테 제네랄, 토탈Total 등 비난받아 마땅한 주요 기업들이 이 지수에서 최상위 등급으로 분류되었고, 이 사실은 자신이 등급을 평가하는 회사들이 공개하기로 결정한 범위에 신용 평가사가 얼마나 좌우되는지를 뚜렷이 보여 준다.

이보다는 깐깐하게 대상 기업을 조사하는 프로버넌스Provenance (https://www.provenance.org/whitepaper)라는 스타트업이 고안한 가치 평가 방식은 소비자에게 상품의 출처와 상품이 생산되는 사회적, 환경적 조건에 대한 정보를 제공하기 위해 블록체인 기술—비트코인 정보를 저장하고 전송하는 투명하고 안전한 기술—을 이용한다. 가령 우리는 이 사이트에서 한 티셔츠가 목화밭에서 창고를 거쳐 수송되기에 이르는 생산 과정을 추적할 수 있다. 블록체인 기술이 사기의 가능성을 봉쇄하기 때문에 프로버넌스는 자신이 조사하는 거래가 허위로 기재될 수 없으며 공용 데이터베이스에 삭제되지 않고 단계별로 기록된다는 사실을 보장할 수 있다. 따라서 완전한 투명성이 확보된다. 그렇지만 프로버넌스가 설립한 시스템은 강제성이 없다. 즉 자신의 생산 방식을 투명하게 드러내기를 희망하는 기업만이 이 시스템을 따른다. 그래도 일단 이 시스템에 등록하면 데이터를 조작하는 것은 불가능하다.

마지막으로 2017년 3월 13일 런던에서 발표된 기업 인권 벤치마크Corporate Human Rights Benchmark(https://business-humanrights.org/en/chrb) 같은 보다 야심 찬 시도도 생겨나고 있다. 이 프로젝트는 NGO와 지역 사회 들의 오랜 협업의 산물로, 하도급 사슬subcontracting chain에 참여하는 전체 기업의 인권 존중 정도를 평가하는 최초의 대규모 측정 기준을 제공하는 것을 목적으로 한다. 여기서 평가는 아동 노동, 노동 조합의 자유, 노동자의 건강과

안전, 여성의 권리, 기후 정의, 천연 자원 활용을 다루는 공개된
문서들을 자세히 분석해 수행된다. 스위스의 데이터 제공 기업인
ESG 렙리스크ESG RepRisk처럼 기업 인권 벤치마크를 주도한 기관 중
일부는 데이터베이스를 통해 약 6만 곳에 달하는 기업을 평가한다.
이들의 평가는 전 세계 1만여 곳의 NGO가 작성한 보고서뿐 아니라
소셜 네트워크 및 언론 기사를 비판적으로 검토해 이루어진다.
비지오 아이리스 같은 평가사들과 비교해 보면, 기업 인권
벤치마크가 조사한 기업 중에서는 단지 여섯 곳만이 우호적인 평점을
받았다.

42 특히 위기를 초래한 금융 상품에 가장 높은 평점을 부여해
2008년 금융 위기의 주범으로 몰렸던 메이저 신용 평가사 3사는
표현의 자유, 더 구체적으로는 미국 수정 헌법 1조를 들먹이며 자신의
평가가 단지 하나의 의견일 뿐이라고 강변했다. 이에 대해서는
다음을 보라. Theresa Nagy, "Credit Ratings Agencies and the First
Amendment: Applying Constitutional Journalistic Protections to
Subprime Mortgage Litigation", *Minnesota Law Review* 94, 2009,
pp. 140~167.

2장 ___ 정부 정책의 책무

1 Wolfgang Streeck, *Buying Time: The Delayed Crisis of
Democratic Capitalism*, trans. Patrick Camiller, London: Verso, 2014,
chapter 1(『시간 벌기: 민주적 자본주의의 유예된 위기』, 김희상 옮김,
돌베개, 2015, 1장).

2 Benjamin Lemoine, *L'ordre de la dette: Enquête sur les
infortunes de l'État et la prosperité du marché*, Paris: Éditions la
Découverte, 2016, pp. 45~83.

3 Wolfgang Streeck, "The Crises of Democratic Capitalism",
New Left Review 71, 2011, https://newleftreview.org/II/71/wolfgang-
streeck-the-crises-of-democratic-capitalism(「민주주의적
자본주의의 여러 위기」, 『뉴 레프트 리뷰』 4, 김한상 외 옮김, 길, 2013,
71~104쪽. 이 글은 『조종이 울린다: 자본주의라는 난파선에 관하여』,

유강은 옮김, 여문책, 2018에도 수록되었다); Streeck, *Buying Time*, chapter 1(『시간 벌기』, 1장).

4 '볼커 쇼크'에 대해서는 특히 다음을 보라. Greta R. Krippner, *Capitalizing on Crisis: The Political Origins of the Rise of Finance*, Cambridge, MA: Harvard University Press, 2012, pp.116~120; Martijn Konings, "The Institutional Foundations of U.S. Structural Power in International Finance: From the Re-Emergence of Global Finance to the Monetarist Turn", *Review of International Political Economy* 15, 2008, pp.35~61.

5 Krippner, *Capitalizing on Crisis*, pp.86~105.

6 Streeck, *Buying Time*, chapter 2(『시간 벌기』, 2장).

7 Streeck, "The Rise of the European Consolidation State", Max Planck Institute for the Study of Societies, Cologne, *Discussion Paper* 15/1, 2015, https://wolfgangstreeck.com/2015/02/13/the-rise-of-the-european-consolidation-state(「유럽 건전화 국가의 부상」, 『조종이 울린다』); Streeck, *Buying Time*, chapter 3(『시간 벌기』, 3장).

8 다음을 보라. Andrew Ross Sorkin, *Too Big to Fail: The Inside Story of How Wall Street and Washington Fought to Save the Financial System—and Themselves*, New York: Penguin, 2010(『대마불사: 금융위기의 순간 그들은 무엇을 선택했나』, 노다니엘 옮김, 한울, 2010).

9 볼프강 슈트렉은 자신이 "시장 인민"Marktvolk이라 부르는 이들이 사실 서로 모순되는 두려움에 시달리고 있다고 이야기한다. 이들은 재정 긴축 정책을 펴지 않는 지도자가 이끄는 국가의 불충분한 부채 상환 능력에 불안해하면서도 자신이 옹호하는 긴축 정책이 초래할 불황을 걱정한다. 그렇지만 끝없는 수요 감소로 인한 디플레이션 효과를 두려워한다고 해서 이들이 정부 예산 규모를 작게 유지할 것을 요구하는 성향에서 벗어나는 것은 아니다. 오히려 이들은 새로운 세금 환급을 비롯한 공급 측면 정책만을 활용해 경제 성장을 재개하기를 고집하면서 자신이 느끼는 불안의 원천들에 끊임없이 연료를 공급한다. 다음을 보라. Streeck, "The Crises of Democratic Capitalism"과 "The Rise of the European Consolidation State"(「민주적 자본주의의 위기들」, 「유럽 건전화 국가의 부상」, 『조종이 울린다』).

10 신자유주의적 정치 기술의 특징인 민주주의를 "무효화하는"undoing 다양한 방식에 대해서는 다음을 보라. Wendy Brown, *Undoing the Demos: Neoliberalism's Stealth Revolution*, New York: Zone Books, 2015〔『민주주의 살해하기』, 배충효, 방진이 옮김, 내인생의책, 2017〕; Pierre Dardot and Christian Laval, *Never Ending Nightmare: How Neoliberalism Dismantles Democracy*, trans. Gregory Elliott, Verso, 2019.

11 특히 다음을 보라. Dieter Zinnbauer, "The Vexing Issue of the Revolving Door", *Edmond J. Safra Research Lab Working Papers* 61, 2015, https://papers.ssrn.com/sol3/papers.cfm?abstract_id=2600633.

12 그리스 경제 위기의 역사에 대해서는 다음을 보라. Yanis Varoufakis, *Adults in the Room: My Battle with Europe's Deep Establishment*, London: The Bodley Head, 2017; James K. Galbraith, *Welcome to the Poisoned Chalice: The Destruction of Greece and the Future of Europe*, New Haven: Yale University Press, 2016; Marie-Laure Coulmin Koutsaftis eds., *Les Grecs contre l'austerité: Il était une fois la crise de la dette*, Montreuil: Éditions Le Temps des Cerises, 2015; Yanis Varoufakis, Serge Halimi, Renaud Lambert, Costas Lapavitsas, and Pierre Rimbert, *Europe, le révélateur grec*, Paris: Les Liens qui Libèrent, 2015.

13 하이에크(Streeck, *Buying Time*을 보라)와 독일 질서 자유주의(Thomas Biebricher, interview with William Callison, "Return or Revival: The Ordoliberal Legacy", *Near Futures Online*, no.1, "Europe at a Crossroads", March 2016, http://nearfuturesonline.org/return-or-revival-the-ordoliberal-legacy를 보라) 양자 모두에서 사상적 영향을 받은 이 유럽적 프로젝트의 양상들과 밀접하게 연관된 몇 가지 자명한 이유 때문에, 국민 국가의 반경 내에서 민주주의의 부활을 지지하는 이들은 주로 유럽 연합, 그중에서도 유로존에 속한 국가들의 시민으로 이루어져 있다. 특히 Cédric Durand ed., *En finir avec l'Europe*, Paris: La Fabrique, 2013의 공저자, 즉 디미트리스 달라코글루, 세드릭 뒤랑, 라즈미그 쾨셰양, 스타티스 쿠벨라키스, 코스타스 라파비차스, 볼프강 슈트렉을 보라. 또한 다음을 보라.

Frédric Lordon, *La malfaçon: Monnaie européenne et souveraineté démocratique*, Paris: Les Liens qui Libèrent, 2014; Lordon, *Imperium: Structures et affects des corps politiques*, Paris: La Fabrique, 2015.

14 Varoufakis, *Adults in the Room*, p.237.

15 이런 측면에서 특히 충격적인 것은 독일 좌파당Die Linke 전체는 아니지만 적어도 주요 지도자 중 한 명인 자라 바겐크네히트가 보인 변화다. 그는 앙겔라 메르켈의 난민 환대 정책에 적대적인 논평을 남겨 신문 헤드라인을 장식했다. 바겐크네히트를 변호하는 글로는 특히 다음을 보라. Volcker Schmitz, "The Wagenknecht Question: The German Left's Response to Right-Wing Populism Will Determine Its Future", *Jacobin*, February 2017, https://www.jacobinmag.com/2017/02/die-linke-germany-sahra-wagenknecht-immigration-xenophobia-afd/. 좌파당의 일원으로서 바겐크네히트의 노선에 반대하지만 관대한 태도를 취해야 한다고 주장하는 글로는 다음을 보라. Florian Wilde, "Die LINKE ist mehr als Wagenknecht", *Neues Deutschland*, 16 January 2017, https://www.nd-aktuell.de/artikel/1038636.die-linke-ist-mehr-als-wagenknecht.html. 그만큼 두드러지지는 않지만 프랑스에서 장–뤽 멜랑숑이 구사한 레토릭의 어조 역시 의미심장하다. 불복Insoumis 운동의 이 지도자는 2015년 여름에 독일 이민 정책의 "무책임함"을 지적하는 동시에 그 정책이 독일 자본의 이해 관계에 종속되어 있다고 언급했다. 그는 난민을 일제히 환대하기보다는 난민이 고국을 떠날 수밖에 없게 만든 전쟁을 종식함으로써 망명의 비극을 바로잡자고 제안했다. 이런 평화주의적 이상이라는 미명하에 멜랑숑은 프랑스가 시리아의 "평화를 되찾는 데"〔소위〕모범적으로 기여했다고 일컬어지는 블라디미르 푸틴의 러시아와 더 가까워져야 한다고 주장했다.

16 Albert O. Hirschman, *Exit, Voice, and Loyalty: Responses to Decline in Firms, Organizations, and States*, Cambridge, MA: Harvard University Press, 1970〔『떠날 것인가, 남을 것인가: 퇴보하는 기업, 조직, 국가에 대한 반응』, 강명구 옮김, 나무연필, 2016〕.

17 월스트리트 점령 운동에 대해서는 특히 다음을 보라. Carla Blumenkranz, Keith Gessen, Mark Grief, Sarah Leonard, and Sarah

Resnick, *Occupy!: Scenes from Occupied America*, London: Verso, 2011; W. J. T. Mitchell, Bernard E. Harcourt, and Michael Taussig, *Occupy: Three Inquiries in Disobedience*, Chicago: University of Chicago Press, 2013; Michael Gould-Wartofsky, *Occupiers: The Making of the 99% Movement*, Oxford: Oxford University Press, 2015. 5월 15일 운동에 대해서는 다음을 보라. Rafael de la Rubia ed., *Hacia una rEvolución mundial No violenta: del 15M al 150*, Madrid: Editorial Manuscritos, 2011.

18 대물 변제dation in payment, dation en paiement란 프랑스 민법과 루이지애나주 법의 특성 중 하나다. 이는 채무 변제 능력이 없는 채무자가 돈이 아닌 다른 무언가로 빚을 갚을 수 있도록 하는 법률이다. 상환되지 않은 담보 대출의 경우 재산 소유권이 채무자에게서 채권자에게 이전된다. PAH에 대해서는 다음을 보라. Ada Colau and Adria Alemany, *Mortgaged Lives: From the Housing Bubble to the Right to Housing*, trans. Michelle Teran and Jessica Fuquay, Los Angeles: Journal of Aesthetics and Protest Press, 2014.

19 아르헨티나의 에스크라체에 대해서는 다음을 보라. Susana Kaiser, "Escraches: Demonstrations, Communication and Political Memory in Post-Dictatorial Argentina", *Media, Culture and Society* 24, 2002, pp.499~516.

20 flo6x8, "Bankia, pulmones y branquias", https://www.youtube.com/watch?v=CJfeUSvRKDA.

21 스페인의 '함구령'에 대해서는 다음을 보라. Ashifa Kassam, "Spain Puts 'Gag' on Freedom as Senate Approves Security Law", *The Guardian*, 12 May 2015, www.theguardian.com/world/2015/mar/12/spain-security-law-protesters-freedom-expression; Jessica Jones, "The Ten Most Repressive Points of Spain's Gag Law", *The Local.es*, 1 July 2015, www.thelocal.es/20150701/the-ten-most-repressive-aspects-of-spains-new-gag-law; "Spain's Ominous Gag Law", *New York Times* editorial, 22 April 2015, www.nytimes.com/2015/04/23/opinion/spains-ominous-gag-law.html.

22 '부채 타파', '롤링 주빌리', '부채 콜렉티브'의 웹사이트는 각각 다음과 같다. http://strikedebt.org; http://rollingjubilee.org;

https://debtcollective.org.

23 Strike Debt, *The Debt Resistors' Operations Manual*, http://
strikedebt.org/The-Debt-Resistors-Operations-Manual.pdf.

24 Debt Collective, "Corinthian", http://wiki.debtcollective.
org/Corinthian.

25 특히 다음을 보라. Jordi Mir Garcia, "A Democratic
Revolution Underway in Barcelona", *Near Futures Online*, no.1,
"Europe at a Crossroads", March 2016, http://nearfuturesonline.
org/a-democratic-revolution-underway-in-barcelona-barcelona-
en-comu. 스페인의 시민 플랫폼들과 2015년 지방 선거에서 이들이
거둔 괄목할 만한 성과에 대한 보다 포괄적인 관점으로는 다음을
보라. Ludovic Lamant, *Squatter le pouvoir: Ces rebelles qui ont pris les
mairies d'Espagne*, Paris: Lux, 2016, pp.29~47.

26 2009년 가을 전까지 케인스주의 경제학자들―특히 폴
크루그먼과 조지프 스티글리츠―은 상식의 대변자로 널리 여겨졌다.
법경제학 프로그램의 최전선에 선 대가로 존경받던 인물이자
전형적인 신자유주의자인 리처드 포스너는 *A Failure of Capitalism:
The Crisis of '08 and the Descent into Depression*, Cambridge, MA:
Harvard University Press, 2009와 이 책과 함께 나온 기사 "How
I Became a Keynesian", *The New Republic*, September 2009에서
자신이 케인스주의로 뒤늦게 전향했다고 엄숙하게 선언하기도 했다.
『파이낸셜 타임스』의 저명한 논설 위원인 마틴 울프의 경우에는 금융
위기를 자산 가치가 급격히 하락하는 "민스키 모먼트"라고 불렀으며
결국 2008년 12월에 쓴 "Keynes Offers Us the Best Way to Think
about the Financial Crisis", *Financial Times*, December 23, 2008에서
케인스 편에 섰다. http://www-personal.umich.edu/~kathrynd/files/
PP290/KeynesandtheFinancialCrisis_FT_Dec2308.pdf.

27 세수가 공공 부채로 서서히 대체된 흐름과 관련이 있는
우익 포퓰리즘의 부상은 분명히 금융 위기와 그 뒤를 이은 중도
좌파의 붕괴보다 먼저 진행되었다. 그렇지만 외국인 혐오를 조장한
대중 선동가들이 2010년 이후 사람들의 마음을 더욱 사로잡을 수
있었던 것은 재정 긴축 정책 때문에 일자리의 불안정성이 커지고,
소위 아랍의 봄이 비극적으로 실패하면서(일련의 혁명이 시리아나

바레인에서처럼 분쇄되든 아니면 이집트나 리비아, 어느 정도는 튀니지에서도 그랬던 것처럼 변질되든) 유럽으로 난민이 유입되며, 유럽과 북미에서 테러 공격이 새롭게 전개된 상황을 차례대로 유리하게 이용한 덕분이었다.

28 그리스의 시리자와 스페인의 포데모스는 신생 정당이다 (시리자의 경우 여러 좌파 조직의 연합으로 만들어졌지만). 반면 제러미 코빈은 영국에서 노동당 당권을 잡았고 버니 샌더스는 미국 민주당에서 동일한 시도를 했다. 스페인 바르셀로나, 마드리드, 라 코루냐, 발렌시아 지방에서 열린 '저항을 위한 집회'rebel town halls가 거둔 승리는 포데모스뿐 아니라 정치 운동가와 지역 사회 운동가들이 합류한 연합 형태의 시민 플랫폼들의 승리였다. 다음을 보라. Lamant, *Squatter le pouvoir*, pp. 151~172; Garcia, "A Democratic Revolution Underway in Barcelona".

29 다음을 보라. Ernesto Laclau, *On Populist Reason*, London: Verso, 2007; Chantal Mouffe, *On the Political*, New York: Routledge, 2005; Mouffe, *Agonistics: Thinking the World Politically*, London: Verso, 2013[『경합들: 갈등과 적대의 세계를 정치적으로 사유하기』, 서정연 옮김, 난장, 2020]; Chantal Mouffe and Inigo Errejon, *Podemos: In the Name of the People*, London: Lawrence and Wishart, 2016.

30 "한 사회 내에 존재하는 요구 다수는 그 자체로 반동적이거나 진보적이지 않다. 이 요구들의 정체성을 결정하는 것은 그것들이 접합되는 방식이다." Chantal Mouffe, "In Defence of Left-Wing Populism", *The Conversation*, 30 April 2016, https://theconversation.com/in-defence-of-left-wing-populism-55869.

31 Chantal Mouffe, "The Populist Moment", *openDemocracy*, 21 November 2016, https://www.opendemocracy.net/democraciaabierta/chantal-mouffe/populist-moment.

32 무페가 옹호하는 포퓰리즘 전략에 대한 비판으로는 다음을 보라. Éric Fassin, *Populism Left and Right*, Chicago: Prickly Paradigm Press, 2018.

33 이에 대해서는 다음을 보라. Lamant, *Squatter le pouvoir*, p. 198.

34 특히 부당한 부채 철폐를 위한 위원회Committee for the

Abolition of Illegitimate Debt, CATDM가 벌인 조사 및 대중 동원 작업을
보라. http://www.cadtm.org/English.

35 David Graeber, *Debt: The First 5,000 Years*, Brooklyn:
Melville House, 2011(『부채, 첫 5,000년의 역사: 인류학자가 고쳐
쓴 경제의 역사』, 정명진 옮김, 부글북스, 2011); Andrew Ross,
Creditocracy and the Case for Debt Refusal, New York: OR Books,
2014(『크레디토크라시: 부채의 지배와 부채 거부』, 이유진, 김의연,
김동원 옮김, 갈무리, 2016); Maurizio Lazzarato, *Governing by Debt*,
trans. Joshua David Joran, Pasadena: Semiotext(e), 2015(『부채 통치:
현대 자본주의의 공리계』, 허경 옮김, 갈무리, 2018); Lazzarato, *The
Making of the Indebted Man: Essay on the Neoliberal Condition*, trans.
Joshua David Jordan, Los Angeles: Semiotext(e), 2012(『부채 인간:
인간 억압 조건에 관한 철학 에세이』, 허경, 양진성 옮김, 메디치미디어,
2012).

36 Graeber, *Debt*, p.375(『부채, 첫 5,000년의 역사』, 658쪽).

37 Graeber, *Debt*, pp.376~381(『부채, 첫 5,000년의 역사』,
659~668쪽); Lazzarato, *Governing by Debt*, pp.193~201(『부채
통치』, 224~233쪽); Ross, *Creditocracy*, pp.31~67(『크레디토크라시』,
37~85쪽).

38 Lazzarato, *Governing by Debt*, pp.245~255(『부채 통치』,
280~291쪽); Graeber, *Debt*, pp.383~391(『부채, 첫 5,000년의 역사』,
671~686쪽); Andrew Ross, "In Defense of Economic Disobedience",
Occasion, 2014, http://arcade.stanford.edu/occasion/defense-
economic-disobedience.

39 Graeber, *Debt*, pp.94~102(『부채, 첫 5,000년의 역사』,
173~188쪽); Ross, *Creditocracy*, pp.23~29(『크레디토크라시』,
28~35쪽).

40 2010년에 있었던 긴축 기조로의 전환에 대해서는 다음을
보라. Paul Krugman, "How the Case for Austerity Has Crumbled",
New York Review of Books, June 2013, http://www.nybooks.com/
articles/2013/06//06/how-case-austerity-has-crumbled.

41 Lemoine, *L'ordre de la dette*, pp.278~281.

42 *Ibid.*, pp.281~289.

43 Christian Marazzi, *The Violence of Financial Capitalism*, trans. Kristina Lebedeva and Jason Francis McGimsey, Los Angeles: Semiotext(e), 2011〔『금융 자본주의의 폭력: 부채 위기를 넘어 공통으로』, 심성보 옮김, 갈무리, 2013〕.

44 그레이버는 '부채 타파'의 영향력 있는 창립 성원이었다.

45 채무 불이행이라는 전략을 훌륭히 소개하는 문헌으로는 다음을 보라. Melinda Cooper, "The Strategy of Default: Liquid Foundations in the House of Finance", *ResearchGate*, January 2013, https://www.researchgate.net/publication/292970645.

3장 ___ 개인 품행의 가치 상승

1 레이건의 재정 정책을 선전하는 데 쓰인 레토릭의 '포퓰리즘적' 성격에 대해서는 다음을 보라. Monica Prasad, *The Politics of Free Markets: The Rise of Neoliberal Economic Policies in Britain, France, Germany and the United States*, Chicago: University of Chicago Press, 2006, pp. 45~82. 대처 정부의 담론 전략에 대해서는 다음을 보라. Christopher Payne, *The Consumer, Credit and Neoliberalism: Governing the Modern Economy*, London: Routledge, 2012; Stuart Hall, *The Hard Road to Renewal: Thatcherism and the Crisis of the Left*, London: Verso, 1988〔『대처리즘의 문화 정치』, 임영호 옮김, 한나래, 2007〕.

2 Wolfgang Streeck, "The Crises of Democratic Capitalism", *New Left Review* 71, 2011, p. 16〔「민주적 자본주의의 위기들」, 『조종이 울린다: 자본주의라는 난파선에 관하여』, 유강은 옮김, 여문책, 2018, 151~152쪽〕.

3 1996년 8월 22일 빌 클린턴은 1992년 대선 캠페인 때 발표했던 개인 책임과 노동 기회 법안Personal Responsibility and Work Opportunity Act, PRWORA에 서명하면서 다음과 같이 말했다. "오늘 우리 의회는 〔…〕 너무나 많은 사람을 의존의 굴레에 가둬 두는 망가진 시스템을 일과 독립성을 강조하는 시스템으로 탈바꿈시키고 복지 대상자에게는 복지 혜택welfare check이 아니라 봉급paycheck을

얻을 기회를 부여할 법안에 투표할 것입니다." "Text of President
Clinton's Announcement on Welfare Legislation", *New York Times*,
1 August 1996, https://www.nytimes.com/1996/08/01/us/text-of-
president-clinton-s-announcement-on-welfare-legislation.html.
또한 다음을 보라. Jamie Peck, *Workfare States*, New York: Guilford
Press, 2001, pp. 97~126.

4 "20세기 초에 지도자들은 새로운 노동 계급에 안정을 제공할
수 있는 복지국가를 만들어야 한다는 도전에 직면했습니다. 오늘날
모든 민주적인 정부가 맞닥뜨린 가장 중대한 과제는 새로운 무노동
계급이 사회와 유용한 일에 복귀할 수 있도록, 그리고 무언가를
성취하려는 의지를 되찾을 수 있도록 우리의 제도를 다시 설계하는
것입니다." 1997년 7월 토니 블레어가 에일즈버리 주택 단지Aylesbury
Estate에서 행한 연설, Peck, *Workfare States*, p. 261에서 재인용.

5 '제3의 길'의 지적, 담론적 뼈대에 대해서는 특히 다음을 보라.
Anthony Giddens, *The Third Way: The Renewal of Social Democracy*,
Cambridge: Polity, 1998〔『제3의 길』, 한상진, 박찬욱 옮김, 생각의나무,
2001〕; *The Third Way and its Critics*, Cambridge, Polity, 2000〔『제3의
길과 그 비판자들』, 박찬욱 옮김, 생각의나무, 2002〕. 제3의 길 사회
정책들에 대해서는 특히 다음을 보라. Anne Daguerre, *Active
Labour Market Policies and Welfare Reform: Europe and the US in
Comparative Perspective*, Houndmills: Palgrave, 2007; Jingjing
Huo, *Third Way Reforms: Social Democracy After the Golden Age*,
Cambridge: Cambridge University Press, 2009; Peck, *Workfare
States*, pp. 261~340.

6 실업 보험을 일터로의 복귀return-to-work 프로그램과
공무원의 효율성을 높이기 위한 조치로 전환하는 것은 1990년대에
접어들기 전에 정부 정책의 주된 목표로 자리 잡았다. 미국에서
노동 연계 복지는 로널드 레이건의 당선 직후에—구체적으로는
옴니버스 예산 조정법Omnibus Budget Reconciliation Act을 통해—
법제화되었으며, 영국에서는 신공공 관리New Public Management의
원칙들이 마거릿 대처가 1979년부터 1990년까지 시행한 공무원
조직 개혁을 이끌었다. 그렇지만 보수 혁명의 선봉장들과 달리 그 뒤
집권한 소위 '진보적' 지도자들은 예산 건전화 조치를 과잉 보호받는

집단들에 대한 전쟁과 연계하지 않으려 주의를 기울였다.

7 다음을 보라. Andrew Bacevich, "He Told Us to Go Shopping.
Now the Bill is Due", *Washington Post*, 5 October 2008, https://
www.washingtonpost.com/wp-dyn/content/article/2008/10/03/
AR2008100301977.html.

8 부시 행정부의 대내 정책과 대외 정책이 접합된 방식에
대해서는 다음을 보라. Wendy Brown, *Edgework: Critical Essays
on Knowledge and Politics*, Princeton: Princeton University Press,
2005, pp. 37~59; Brown, *Undoing the Demos: Neoliberalism's Stealth
Revolution*, New York: Zone Books, 2015(『민주주의 살해하기』,
배충효, 방진이 옮김, 내인생의책, 2017).

9 이것은 특히 신용 부도 스와프credit default swap, CDS의
효과였다. 신용 부도 스와프는 주기적으로 프리미엄을 지불함으로써
채권 상환 의무가 이행되지 않을 가능성으로부터 채권 소유자를
보호한다. 이런 식으로 채무를 불이행하는 대출자들의 지불 불능
상태에 대비하는 보험 계약은 부채 담보부 증권collateralized debt
obligation, CDO과 주택 저당 증권mortgage backed security, MBS 같은
다른 금융 공학 상품보다 더더욱 빠른 속도로 신용 회로에 빈곤층을
포섭하는 주요한 도구로 자리 잡았다. CDS는 1997년에야 J. P.
모건 은행 직원들에 의해 발명되었지만, 10년 후 그 시장 가치는
주식 시장 전체의 시가 총액보다도 큰 62조 달러에 달했다. CDS가
발명된 연유와 이후의 궤적에 대해서는 다음을 보라. Gillian Tett,
*Fool's Gold: The Inside Story of J. P. Morgan and How Wall St. Greed
Corrupted Its Bold Dream and Created a Financial Catastrophe*,
London: Free Press, 2009(『풀스 골드: 글로벌 투자 은행과 신용
파생 상품, 세계 경제 위기의 진실』, 이경식, 김지욱, 이석형 옮김,
랜덤하우스코리아, 2010).

10 다음을 보라. Robert Shiller, "Historic Turning Points in
Real Estate", *Cowles Foundation Discussion Paper* 1610, June 2007,
André Orléan, *De l'euphorie à la panique: Penser la crise financière*,
Paris: Éditions rue d'Ulm, 2009, p. 18에서 재인용. 서브 프라임
모기지 위기의 전개 과정에 대해서는 특히 다음을 보라. Payne, *The
Consumer, Credit and Neoliberalism*, pp. 150~184; Jennifer S. Taub,

Other People's Houses: How Decades of Bailouts, Captive Regulators, and Toxic Bankers Made Home Mortgages a Thrilling Business, New Haven: Yale University Press, 2014.

11 Colin Crouch, "Privatised Keynesianism: An Unacknowledged Policy Regime", *British Journal of Politics and International Relations* 11.3, 2009, pp. 382~389.

12 시리아 인민의 봉기를 계기로 소위 국제 사회의 가장 강력한 회원국들은 지역의 권력자와 그 근방에 자리 잡은 테러리스트 단체의 관계를 서서히 다르게 인식하게 되었다. 사담 후세인과 오사마 빈 라덴이 한데 묶여 비난받았던 것과 달리 이 지역에서 군림한 독재자들은 대부분 국가의 형태를 취하고 있지 않은 적들과 명확하게 구분되었다. 특히 〔시리아 대통령〕 바샤르 알 아사드는 이슬람 국가Islamic State를 상대로 한 싸움에서 달갑지 않지만 필수불가결한 일종의 하청 파트너로 마지못해 인정되었다. 심지어 그가 살아남기 위해 인민의 저항을 테러리즘으로 몰아가며 탄압했을 때도 그랬다. 선진국 지도자들이 추구한다고 내세우는 지리전략적geostrategic 목표들을 보면 여러 면에서 냉전기를 떠올리게 된다. 지역 안정과 국민 주권이 인권 및 인도주의적 쟁점보다 절대적으로 우선시되고, 국가 장치는 어떤 방식으로 집권했든 간에 그들이 지배하는 시민 사회를 정당하게 대표한다고 간주되며, 또다시 민주주의는 다수 인민이 아직은 열망하지 않는 모종의 사치품처럼 여겨진다.

13 그렇게 이들은 서로에게 집권 세력에 대한 인민의 반대를 테러리즘이라고 비난할 권리를, 결과적으로 〔해당 국가가〕 어떤 대가를 치르고서라도 권력을 유지할 수 있도록 도울—군사적 지원을 포함해—권리를 부여하는 셈이다.

14 카다피 정권과 군대를 상대로 대규모 군사 작전을 벌이라며 미국 대통령과 영국 총리에게 압력을 가했던 프랑스 대통령 니콜라 사르코지는 리비아의 정권 교체를 도모할 개인적인 이유가 있었다. 우선 벤 알리 치하에서 튀니지 봉기가 발발했을 때 자신의 정부가 처음에 잘못된 편에 섰다는 사실을 만회해야 했다. 하지만 사르코지 입장에서는 카다피가 국제 사회에서 따돌림당하기 전인 2007년 자신의 선거 캠페인에 비밀리긴 하지만 크게 기여했기 때문에 그를 제거해야 한다는 것이 더 중요한 동기였다〔2020년에 사르코지는

2007년 대선에서 리비아의 카다피 정권으로부터 불법 정치 자금을 수수한 혐의로 기소되었다).

15 2011년 이래 유럽의 이민 및 난민 수용 정책이 변화한 과정에 관해서는 특히 다음을 보라. Charles Heller and Lorenzo Pezzani, "Ebbing and Flowing: The EU's Shifting Practices of (Non-)Assistance and Bordering in a Time of Crisis"; Bernard Kasparek, "Routes, Corridors, and Spaces of Exception: Governing Migration and Europe". 두 글 모두 *Near Futures Online*, no. 1, "Europe at a Crossroads", March 2016에 수록되었다. http://nearfuturesonline. org. 또한 미그르유럽Migreurop이 발간한 보고서들을 보라. http:// www.migreurop.org/rubrique418.html?lang=fr.

16 공식적으로 집계되는 실업자 수를 줄이기 위해 따로 혹은 한꺼번에 활용되는 기술은 크게 세 가지다. 첫째, 구직자에게 다른 지위를 부여해 실업 통계에서 제외할 수 있다. 가령 프랑스 고용청에 따르면 최근에 단기간 일했거나 현재 무급 인턴으로 일하고 있는 모든 구직자는 즉시 실업자 범주에서 제외된다. 둘째, 국제 노동 기구가 실업을 현재 일자리가 없으나 적극적으로 알아보고 있는 사람의 조건으로 정의하기 때문에 구직자를 상대하고 안내하는 공무원들은 자신에게 오는 사람이 실업자로 불릴 권리를 획득할 정도로 구직 동기가 충분하지는 않음을 보여 주는 업무를 하게 된다. 이런 어처구니없는 동기 결핍을 증명하는 데 적용되는 기준으로는 이유를 불문하고 고용 담당자와의 면담을 놓치는 경우, 일자리 제안을 거절하는 경우(보수와 일터 위치, 직무 내용이 구직자의 프로필에 부합하지 않을 때조차) 등이 있다. 셋째, 구직자를 실업자 명단에서—다른 집단으로 분류하든 실업자가 요구할 권리가 있는 지위와 혜택을 박탈하든—강제로 지워 버릴 수 없을 때 가장 간편한 방법은 그들에게 스스로 실업자 명단에서 빠지라고 종용하는 것이다. 이런 의미에서 [실업자의] 좌절을, 더 적절히 표현하면 자기 비하self-depreciation를 유도하는 것은 고용 관련 부서가 담당자들에게 기대하는 또 다른, 아마도 가장 중요할 임무다. 실업자를 관리하는 위치에 있는 공무원들은 이 목적을 위해 자신이 관리하는 사람을 합격할 가망이 없는 일자리 면접에 보내라는 압박을 받는다. 이들에게 일자리 시장에 적합하지 않다는 메시지를 보내라는 것이다.

17 스웨덴, 네덜란드, 영국에서 장기 실업자들은 노동 무능력자 지위invalid status로 전환되는 것이 관례였다. 스스로를 무능력자로 선언한 이들에게 지불해야 하는 연금이 자신이 시행할 것이라고 기대되는 예산 감축과 충돌한다는 것을 이 나라들의 정부가 깨닫기 전까지는 그랬다. 가령 2012년 겨울 데이비드 캐머런은 나이 들어 가는 장기 구직자를 노동 무능력자로 전환하는 것이 실업 통계를 낼 때는 좋지만 공공 재정 운용에는 지나치게 큰 비용을 초래한다는 사실을 알게 되었다. 그래서 캐머런은 노동 무능력자들의 연금이 국가 신용도에 미치는 긍정적인 영향을 상실한 이상 순순히 지급되어서는 안 된다는 결정을 내렸다. 이 영국 총리는 자신의 결정을 정당화하기 위해 많은 연금 수령인이 진정한 노동 무능력자가 아니며, 따라서 진짜 노동 무능력자들을 편취하고 국가 당국의 관대함을 악용하고 있다고 주장했다. 영국 노동 연금부Department of Labor and Pensions는 제도를 악용한 수당 요구가 많아 봤자 가용한 자금 중 약 1퍼센트에 해당하는 200만 파운드에 지나지 않는다며 캐머런이 제기한 혐의에 반대했지만 보수당 출신 총리는 뜻을 굽히지 않았다. 캐머런 정부는 가짜 수당 청구자를 가려내기 위해 아토스 헬스케어Atos Healthcare라는 민간 기업을 고용해 잠재적인 연금 수령인들을 검사하고 이 검사에 기반해 '근로 역량 평가'Work Capacity Assessments를 시행토록 했다. 아토스 헬스케어에 지불된 비용은 이 기업 덕분에 절약하게 되리라고 여겨졌던 비용의 200배인 4억 파운드에 달했다. 비록 비싸기는 했지만 실제로 이 절차는 신용도를 잃은 시민의 전반적인 수를 감소시켰다. 아토스 헬스케어의 검사를 받은 뒤 1,300명이 사망했기 때문이다. 주된 사인은 뇌졸중과 자살이었다. 다음을 보라. David Stuckler and Sanjay Basu, *The Body Economic: Why Austerity Kills*, New York: Basic Books, 2013(『긴축은 죽음의 처방전인가: 불황, 예산 전쟁, 몸의 정치학』, 안세민 옮김, 까치, 2013).

18 가령 인구가 460만 명인 아일랜드에서는 2008년 금융 위기 이후 50만 명 이상이 국가를 떠났다. 이는 6년 전과 비교하면 290퍼센트 증가한 수치였다. 해외 이민이 정점을 찍은 2013년 여름에는 매주 1만 6,000명의 아일랜드 시민이 해외로 이민을 떠났다. 50만여 명의 해외 이민자 중 87퍼센트가 출국 시점을 기준으로 44세

미만이었고, 코크 대학에서 발간한 보고서에 따르면 67퍼센트는
최소한 대학 졸업장이 있었다. 아일랜드 국가 당국은 이런 상황을
단순히 인정하는 데 머물지 않았다. 당국은 가만히 있기는커녕
이 새로운 흐름을 간접적으로 부추기고 직접적으로 독려하면서
매우 적극적으로 뒷받침했다. 심지어는 잠재적 이민자들을 대놓고
격려하기도 했다. 가령 2013년에 아일랜드 고용 담당 부서는
6,000명이 넘는 청년 구직자에게 오스트레일리아, 미국, 캐나다,
영국의 일자리를 소개하는 편지를 보냈다. 다음을 보라. Irial Glynn,
Tomás Kelly, and Piaras MacÉinri, *Irish Emigration in an Age of
Austerity*, The Irish Research Council, University College Cork, 2013,
https://www.ucc.ie/en/media/research/emigre/Emigration_in_
an_Age_of_Austerity_Final.pdf. 좌파 성향 정부가 집권한 2016년
전까지 포르투갈 역시 아일랜드의 전철을 따랐고 결과도 비슷했다.
해외 이민 장려가 공식적인 공공 정책이 된 이듬해인 2012년에는
인구 1,000만 명인 이 나라에서 매달 약 1만 명이 해외로 이주했다.
그중 절반은 30세 미만의 고도로 숙련된 인력이었다.

    19 사회학자 로베르 카스텔은 다음의 책에서 프레카리아트의
존재가 임노동 사회의 해체를 드러낸다는 관점을 제시한 바
있다. Robert Castel, *From Manual Workers to Wage Laborers:
Transformation of the Social Question*, trans. Richard Boyd, New
Brunswick: Transaction Books, 2002. 그리고 다음의 글에서
카스텔은 한층 명시적으로 이 문제를 다룬다. "Au-delà du salariat ou
en deçà de l'emploi?: L'institutionnalisation du précariat", in Serge
Paugam ed., *Repenser la solidarité*, Paris: Presses Universitaires
de France, 2007, pp. 416~433. 반면 사회학자 파트리크 생골라니에
따르면 프레카리아트는 하나의 지위가 퇴조한 것보다는 새로운
사회적 주체성 형식이 출현했음을 명징하게 드러낸다. 다음을
보라. Patrick Cingolani, *La précarité*, Paris: Presses Universitaires
de France, 2011; *Révolutions précaires: Essai sur l'avenir de
l'émancipation*, Paris: Éditions La Découverte, 2014. 또한
프레카리아트를 새로운 "위험" 계급의 출현과 연결하는 가이
스탠딩의 저작을 보라. Guy Standing, *The Precariat: The New
Dangerous Class*, London: Bloomsbury, 2014(『프레카리아트: 새로운

위험한 계급』, 김태호 옮김, 박종철출판사, 2014).

20 다음을 보라. Jacques Bathélemy and Gilbert Cette, *Travailler au XXIe siècle: L'ubérisation de l'économie?*, Paris: Odile Jacob, 2017, pp.71~91. 또한 다음을 보라. Philippe Askenazy, *Tours rentiers!: Pour une autre repartition des richesses*, Paris: Odile Jacob, 2016, pp.158~162.

21 특히 다음을 보라. Nick Srnicek, *Platform Capitalism*, Cambridge: Polity, 2017(『플랫폼 자본주의』, 심성보 옮김, 킹콩북, 2020); Arun Sundararajan, *The Sharing Economy: The End of Employment and the Rise of Crowd-Based Capitalism*, Cambridge, MA: MIT Press, 2016(『4차 산업 혁명 시대의 공유 경제: 고용의 종말과 대중 자본주의의 부상』, 이은주 옮김, 교보문고, 2018).

22 Gerald F. Davis, *The Vanishing American Corporation: Negotiating the Hazards of a New Economy*, San Francisco: Berrett-Koehler, 2016, pp.115~126. 또한 다음을 보라. William Lazonick, "Evolution of the New Economy Business Model", *Business and Economic History On-Line* 3, 2006; Lazonick, "The Financialization of the American Corporation: What Has Been Lost, and How It Can Be Regained", *Seattle University Law Review* 36, 2012, pp.857~909.

23 Alfred D. Chandler, *The Visible Hand: Managerial Revolution in American Business*, Cambridge, MA: Harvard University Press, 1977(『보이는 손』, 김두얼, 신해경, 임효정 옮김, 지만지, 2014); Olivier Weinstein, *Pouvoir, finance et connaissance: Les transformations de l'entreprise capitaliste entre XXe et XXIe siècle*, Paris: Éditions La Découverte, 2010, pp.141~150; Timothy J. Sturgeon, "Modular Production Networks: A New American Model of Industrial Organization", *Industrial and Corporate Change* 11.3, 2002, pp.451~496.

24 *Managed by the Markets: How Finance Re-Shaped America*, Oxford: Oxford University Press, 2009, p.91에서 제럴드 데이비스는 과거 제너럴 일렉트릭의 경영자였으며 '바람직한 거버넌스'를 누구보다 뛰어나게 실천한 '뉴트론 잭'Neutron Jack 웰치가 2011년 하버드 대학 경영 대학원 강연에서 학생들에게 한 말을 인용한다.

"여러분은 사람들에게 직업 훈련을 시키고, 어디에나 적응할 수 있고 다른 일을 하러 옮겨 다닐 수 있게 해 줌으로써 평생 고용 가능성을 제공할 수 있습니다. 그렇지만 그들에게 평생 고용을 보장해 줄 수는 없습니다." 또한 다음을 보라. Colin C. Williams, *Rethinking the Future of Work: Directions and Visions*, Houndmills: Palgrave, 2007, pp. 205~219.

25 Davis, *The Vanishing American Corporation*, pp. 145~150, 172~175.

26 Abby Goodhough, "House Calls: Skype Chats and Fast Diagnosis", *New York Times*, 11 July 2015, Davis, *The Vanishing American Corporation*, p. 173에서 재인용.

27 Patrick Cingolani, "Ubérisation, turc mécanique, économie à la demande: Où va le capitalisme de plateforme?", *The Conversation*, August 2016, https://theconversation.com/uberisation-turc-mecanique-economie-a-la-demande-ou-va-le-capitalisme-de-plateforme-64150.

28 Davis, *The Vanishing American Corporation*, p. 172.

29 Ronald Coase, "The Nature of the Firm", *Economica*, new series, 4.16, 1937, pp. 386~405.

30 게리 베커가 말하는 호모 에코노미쿠스가 현실화된 사례로서 '자기 자신에 대한 기업가'에 대해서는 다음을 보라. Michel Foucault, *The Birth of Biopolitics: Lectures at the Collège de France 1978~1979*, ed. Michel Senellart, trans. Graham Burchell, New York: Palgrave Macmillan, 2008, p. 226(『생명 관리 정치의 탄생』, 오트르망 옮김, 난장, 2012, 319~321쪽]. 푸코의 강의에서 영감을 받아 제시된 신자유주의적 주체에 대한 분석은 대부분 이 페이지에 나온 내용을 참조하고 있다.

31 Rachel Botsman and Roo Rogers, *What's Mine Is Yours: How Collaborative Consumption Is Changing the Way We Live*, London: Collins, 2011(『위 제너레이션: 다음 10년을 지배할 머니 코드』, 이은진 옮김, 모멘텀, 2011].

32 Rachel Botsman, "The Case for Collaborative Consumption", TEDxSydney lecture, May 2010, https://www.

ted.com/talks/rachel_botsman_the_case_for_collaborative_
consumption.

33 실제로 우호적인 의견을 사고파는 2차 시장이 다소
비공식적인 형태로 존재한다. 가령 2016년 7월에 『파이낸셜
타임스』는 마크 카우퍼의 이야기를 보도했다. 시드니에서 온라인
케이터링 업체인 소셜 바이츠Social Bites를 운영하는 카우퍼는
트위터에서〔자기 업체에〕열광하는 표현과 '팔로워'를 구매하고자
했다. 카우퍼가 곧 이 도시에서 최고의 온라인 서비스에 수여하는
상을 받으면서 이 작전은 성공을 거두었다. 그렇지만 소셜 바이츠는
가상 공간에 존재할 뿐이다. 어떤 활동이나 고객도 없는 사이트로만
말이다〔기사에 따르면 카우퍼가 이 "작전"으로 입증하고 싶어 한 것은
인플루언서를 통한 마케팅이 이루어지는 장에서는 명성이 쉽게 구매될
수 있다는 사실이었다〕. 다음을 보라. Frederica Cocco, "How a Bogus
Business Became an Online Sensation", *The Financial Times*, 16
June 2016, https://www.ft.com/content/f5203ac4-2f33-11e6-a18d-
a96ab29e3c95(구독 필요).

34 파리에서 우버에 맞선 택시 기사들의 사회 운동이 벌어졌던
2015년 6월에 프랑스 하원 내 사회주의자 그룹의 회장이자
생-상-드니의 대의원이었던 브뤼노 르루는 LCI 방송에서 우버와
지지자들을 혹독하게 비판했다. "저로서는 어떤 법도 존중하지
않는 이들을 옹호하는 사람들이 오늘날 존재한다는 사실이 특히
충격적입니다.〔…〕이건 신고되지 않은 노동입니다. 이들이 벌이는
일은 불법이며, 사회적인 부담과 임금 부담을 떠넘기는 행위입니다.
그야말로 우리 나라에서 거부해야 하는 모든 것이죠."

35 다음 문헌은 이런 전망의 사례를 보여 주고자 한다. Jacques
Barthélémy and Gilbert Cette, *Travailler au XXIᵉ siècle*, pp. 85~129.
미국의 임시직 노동자에 대해서는 다음을 보라. David Weil, *The
Fissured Workplace: Why Work Became So Bad for So Many and
What Can Be Done to Improve It*, Cambridge, MA: Harvard
University Press, 2014, pp. 271~274(『균열 일터: 당신을 위한 회사는
없다』, 송연수 옮김, 황소자리, 2015, 374~378쪽). 인구 조사국에 따르면
'임시식'contingent 노농자란 "명시적으로나 암묵적으로 장기 고용
계약을 맺지 않은 사람"이다. 임시직 노동자는 미국 전체 노동 인구의

30퍼센트 이상을 차지한다.

36 이런 측면에서 현재까지 가장 괄목할 만한 승리는 확실히 2016년 10월 런던 고용 심판원London Employment Tribunal이 내린 판결이다. 이 판결은 우버 사이트에 가입한 기사 두 명을 자영업자 파트너로 대할 권리가 우버에 없다고 결정했다. 원고 측 대변인들은 이들이 겪는 통제와 종속을 감안할 때 이 기사들이 피고용인이라고 판사를 설득하는 데 성공했다. 이렇게 되면 우버 기사는 최저 임금보다 낮은 보수를 받아도 안 되고, 유급 휴가나 각종 보험을 박탈당해도 안 된다. 상급심에서도 이 판결이 확정되면 이 결정은 영국에서 우버 어플리케이션을 사용하는 4만여 명의 기사에게 적용될 것이다. 이런 소송은 전 세계적으로 늘어나고 있다. 프랑스에서는 국민 건강 보험이 우버에 자영업 운전 기사들을 임노동자로 재분류하도록 요구하는 소송을 제기했다. 미국에서 우버는 캘리포니아와 매사추세츠에서 운전 기사들의 지위 변경을 목표로 진행된 집단 소송 두 건을 끝내기 위해 1억 달러를 지불했다. 이런 제재들에 영향을 받는 플랫폼은 우버만이 아니다. 2017년 1월에는 다시 런던에서 자전거 기사 네트워크를 운영하는 시티 스프린트City Sprint라는 플랫폼 기업이 자사의 '파트너들'을 피고용인으로 분류하라는 행정 명령을 받았다. 이런 재판들이 늘어나면서 결국 영국 정부는 긱 경제의 노무 관행과 조건을 포괄적으로 재검토하는 작업에 착수했다. 이 조사의 목적은 위에서 언급한 부분적인 자영업자라는 지위를 발전시키기 위한 조건을 마련하는 것이었다.

37 "Le travail ubérisé, par ceux qui le vivent", Jérôme Pimot interviewed by Mathilde Goanec, *Mediapart*, 30 January 2016, https://www.mediapart.fr/journal/france/300116/le-travail-uberise-par-ceux-qui-le-vivent?onglet=full. 피모와 그의 단체가 제기한 소송에는 톡톡톡Tok Tok Tok사의 파산으로 소득이 끊겨 임노동자에게 응당 돌아가야 할 보상을 받고자 사후적으로 시도한 배달 기사들이 참여했다.

38 "La startup Take Eat Easy échouée, une résurgence coopérative possible: Vers un changement radical d'investissement et de fonctionnement", a text from the think tank of the Hackistan

collective, coauthored by Pierre-Alexandre Klein and Raphaël Beaumond, 1 August 2016, https://www.scoop.it/t/anders-en-beter/p/4067264437/2016/08/06/hackistan-vers-un-changement-radical-d-investissement-et-de-fonctionnement.

39 다음을 보라. Nathan Schneider, "Denver Taxi Drivers Are Turning Uber's Disruption on its Head," *Nation*, 7 September 2016, https://www.thenation.com/article/archive/denver-taxi-drivers-are-turning-ubers-disruption-on-its-head/.

40 다음을 보라. https://coopcycle.org/en; https://newsroom.rei.com/coopcycles. 또한 다음을 보라. "Coopcycle, le premier coup de pédale", *Mediapart*, 16 March 2018, https://blogs.mediapart.fr/coopcycle/blog/160318/coopcycle-le-premier-coup-de-pedale.

41 북쪽의 호텔은 마르세유 북부 주민들이 2011년 창립한 '대를 이어 내려오는 협동조합'patrimonial cooperative이다. 이 협동조합은 자기 아파트나 별장을 이웃에게 개방하는 사람들 집에 있는 방 50개로 이루어진 네트워크를 갖추고 있으며, 이 지역의 "자연적, 문화적 유산과 환대를 발전시켜 나간다"는 사회적인 목표를 지향한다.

42 지역 사용자가 소유하는 협동조합 네트워크로 구성된 플랫폼인 페어몬도는 아마존이라는 거대 조직에 대한 대안을 목표로 하고 있다. 다음을 보라. https://www.fairmondo.de/global.

43 Trebor Scholz, *Platform Cooperativism: Challenging the Corporate Sharing Economy*, New York: Rosa Luxemburg Stiftung, 2016; Scholz, *Uberworked and Underpaid: How Workers are Disrupting the Digital Economy*, Cambridge, Polity Press, 2016; Trebor Scholz and Nathan Schneider eds., *Ours to Hack and to Own: Platform Cooperativism—A New Vision for the Future of Work and a Fairer Internet*, New York, OR Books, 2016.

44 일차적으로 스타트업의 경제적 모델은 '바람직한 거버넌스'의 규칙을 따르는 주식 회사와 근본적으로 다르다. 유니콘 후보 기업들의 매력도는 단기간에 넉넉하게 배분되는 배당금에 대한 전망으로 측정되는 것이 아니라, 승자가 독식하는 시장을 지배할 프로젝트를 통해 헤게모니를 확보할 수 있다는 약속에

근거한다. 이것은 기업가의 대담함과 벤처 자본 투자자의 직감에 기반한 신슘페터주의적 사업 모델이다. 그렇지만 (슘페터가 칭송한) 영웅적인 시대의 주류 기업과 달리 스타트업이 시도하는 사업의 성공을 보증하는 것은 기업의 수입이 아니라 자본 가치―창업자가 해당 스타트업을 유한 책임 회사로 전환하기로 결정했을 때 추산되는 주식의 가격―다. 주주 가치를 추구해야 하는 회사들과 마찬가지로 말이다. 이런 기준으로 볼 때 이들이 입는 손실은 현재 이 기업이 진행하고 있는 (시장) 정복이 얼마나 대규모로 이루어지고 있는지를 입증하는 한에서 중요한 자산이다. 이런 종류의 자본주의 정신을 이해하려면 텔레비전 드라마 「실리콘 밸리」Silicon Valley의 흥미로운 장면을 참조하라. https://www.youtube.com/watch?v=BzAdXyPYKQo.

45 파괴적 혁신disruptive innovation을 가장 열렬히 선전하는 이들이 꼽는 이런 기술의 본보기로는 다음을 보라. Jeff Dyer, Hal Gregersen, and Clayton M. Christensen, *The Innovator's DNA: Mastering the Five Skills of Disruptive Innovators*, Boston: Harvard Business Review Press, 2011(『이노베이터 DNA: 성공하는 혁신가들의 5가지 스킬』, 송영학, 김교식, 최태준 옮김, 세종서적, 2012).

46 립에 대해서는 특히 다음을 보라. Frank Georgi, "Le moment Lip dans l'histoire de l'autogestion en France", in Chantal Mathieu and Thomas Pasquier eds., *Actualité juridique de l'action collective: 40 ans après Lip*, *Semaine sociale Lamy*, supplement to no.1631, 19 May 2014, pp.65~72; Georgi, "'Vivre demain dans nos luttes d'aujourd'hui': Le syndicat, la grève et l'autogestion en France(1968~1988)", in G. Dreyfus-Armand, R. Frank, M.-F. Lévy, and M. Zancarini-Fournel eds., *Les années 68: Le temps de la contestation*, Brussels: Éditions Complexe, 2000, pp.399~413. 누막스의 실험에 대해서는 다음의 다큐멘터리를 참조할 수 있다. Joaquim Jordà, *Numax presenta*, 1979, https://vimeo.com/199546260.

47 Paul Hampton, "As 9-to-5 Jobs Vanish, Look Who's Reinventing the Working World", *Yes Magazine*, August 2016, http://www.yesmagazine.org/issues/the-gig-economy/for-40-percent-of-

us-the-future-of-work-has-already-arrived-20160825.

48 Scholz, *Platform Cooperativism*, pp. 21~26.

49 다음을 보라. Mayo Fuster Morell, "Barcelona as a Case Study on Urban Policy for Platform Cooperativism," *P2P Foundation*, https://blog.p2pfoundation.net/mayo-fuster-morell-barcelona-as-a-case-study-on-urban-policy-for-platform-cooperativism/2017/02/23; Stacco Troncoso and Ann Marie Utratel, "The Commons Collaborative Economy Explodes in Barcelona", *Commons Transition*, April 2016, http://commonstransition.org/commons-collaborative-economy-explodes-barcelona.

50 1970년대에 로베르 부아예, 미셸 아글리에타, 알랭 리피에츠를 비롯한 프랑스 경제학자들이 창립한 조절 학파는 포스트케인스주의, 마르크스주의 학파와 함께 비주류 경제학의 주된 갈래 중 하나다. 마르크스주의, 케인스주의, 제도주의, 아날 학파의 관점을 특출한 방식으로 종합한 조절 학파는 특히 자본 축적 체제의 구조, 역사, 위기에 초점을 맞추며 경제학에 대한 학제적 접근의 필요성을 강조한다. 프랑스, 네덜란드, 독일과 스칸디나비아 '조절 학파'의 관점을 포괄적으로 조망하려면 다음을 보라. Bob Jessop ed., *Regulation Theory and the Crisis of Capitalism*, 5 vols., Cheltenham: Edward Elgar, 2001.

51 특히 다음을 보라. Askenazy, *Tous rentiers!*; Les Économistes atterrés, *Changer d'avenir: Réinventer le travail et le modèle économique*, Paris: Éditions Les Liens qui Libèrent, 2017, pp. 12~196. 아스케나지가 보기에 임노동 사회가 죽음을 맞이했다는 선언은 본질적으로 제3의 길 싱크 탱크들이 설파한 평등한 기회라는 관념과 연관되어 있다. Askenazy, *Tous rentiers!*, pp. 154~156.

52 *Ibid.*, pp. 51~53.

53 *Ibid.*, pp. 151~153; Les Économistes atterrés, *Changer d'avenir*, pp. 141~155.

54 임시직 노동자들의 사회화 형식뿐 아니라 정치화 형식이 지니는 특수성과 고유성에 대해서는 다음을 보라. Cingolani, *Les révolutions précaires*, pp. 85~116.

55 프랑스에서 수년간 프레카리아트 연구는 문화 산업에

종사하는 계약 노동자들의 요구와 실천에 주목해 왔다. 다음을
보라. Antonella Corsani and Maurizio Lazzarato, *Intermittents
et précaires*, Paris: Éditions Amsterdam, 2008; Cingolani, *Les
révolutions précaires*, pp. 59~84〔이들은 프랑스어권에서 공연
예술 앵테르미탕intermittent du spectacle이라고 불린다. 프랑스어
앵테르미탕은 '간헐적', '불연속적', '불규칙적'을 뜻하는 형용사로,
intermittent du spectacle은 문화 예술 분야 전반에서 무제한으로
갱신 가능한 단기 계약을 맺는 이들을 가리킨다. 앵테르미탕의 용례에
대해서는 다음의 글을 참고하라. 김상배, 「프랑스의 공연 예술 분야
종사자를 위한 특별 실업 보험 체제 개혁을 둘러싼 논란과 쟁점」, 『국제
노동 브리프』 12.5, 2014, 65~78쪽. 아울러 마우리치오 라차라토가
앵테르미탕을 논의한 문헌 중 국내에 번역된 도서로는 다음을 참조하라.
『정치 실험』, 주형일 옮김, 갈무리, 2018〕.

56 Frédérique Roussel, "Les pigistes la jouent
collectifs", *Libération*, 10 May 2010, http://www.liberation.fr/
medias/2010/05/10/les-pigistes-la-jouent-collectifs_625165.

57 특히 다음을 보라. Philippe van Parijs and Yannick
Vanderborght, *Basic Income: A Radical Proposal for a Free Economy
and a Sane Society*, Cambridge, MA: Harvard University Press,
2017〔『21세기 기본소득: 자유로운 사회, 합리적인 경제를 향한 거대한
전환』, 홍기빈 옮김, 흐름출판, 2018〕; Ariel Kyrou and Yann Moulier
Boutang, "Les clés d'un nouveau modèle social: La révolution du
revenu universel", *La vie des idées*, 28 February 2018, http://www.
laviedesidees.fr/Les-cles-d-un-nouveau-modele-social.html; Yves
Citton, "Revenu inconditionnel d'existence et économie générale de
l'attention", *Multitudes* 63, 2016, pp. 59~71.

58 커먼즈를 다룬 문헌은 점점 늘고 있지만 그중에서도
기본적인 것으로는 다음을 보라. Elinor Ostrom, *Governing the
Commons: The Evolution of Institutions for Collective Action*,
Cambridge: Cambridge University Press, 1990〔『공유의 비극을
넘어: 공유 자원 관리를 위한 제도의 진화』, 윤홍근 옮김, 랜덤하우스
코리아, 2010〕. 또한 다음을 보라. James Boyle, "The Second Enclosure
Movement and the Construction of the Public Domain", *Law and*

Contemporary Problems 66.33, 2003, pp. 33~74; Boyle, *The Public Domain: Enclosing the Commons of the Mind*, New Haven: Yale University Press, 2008; Benjamin Coriat ed., *Le retour des communs: La crise de l'idéologie propriétaire*, Paris: Éditions Les Liens qui libèrent, 2015; Michel Bauwens, *Sauver le monde: Vers une économie post-capitaliste avec le peer-to-peer*, Paris: Éditions Les Liens qui libèrent, 2015; Gaëlle Krikorian and Amy Kapczynski eds., *Access to Knowledge in the Age of Intellectual Property*, New York: Zone Books, 2010. 다른 관점에서 쓰인 문헌으로는 다음을 보라. Pierre Dardot and Christian Laval, *Commun: Essai sur la révolution au XXIᵉ siècle*, Paris: Éditions La Découverte, 2014.

코다

1 "페이스북에서 우리는 사람들이 원하는 사람과 연결되고 공유하고 싶은 것을 공유할 수 있게 해 주는 도구를 만들어 냅니다. 그러면서 우리는 관계를 형성하고 유지하는 사람들의 역량을 키워 나가고 있습니다." Mark Zuckerberg, "Founder's Letter, 2012", https://www.facebook.com/zuck/posts/10154500412571634.

2 게리 베커가 자기 나름의 "삶을 바라보는 경제적 방식"이라고 부른 것은 단순히 기업가가 사업 계획을 고안하고 소비자가 다양한 상품 사이에서 선택할 때만 적용되는 것이 아니었다. 베커가 볼 때 전쟁부터 숙제까지, 프러포즈부터 중독 치료까지, 구직부터 범죄까지, 인종이나 젠더를 이유로 고용을 거부하는 것부터 자선을 위해 시간 및 재산을 사용하는 것까지 인간이 결정해야 하는 사안은 사실상 무한히 많으며, 이러한 결정들은 주어진 정보가 불완전하고 〔재화가〕 상대적으로 희소한 상황에서 어떤 행위가 수반하는 비용을 평가하고 그 미래 편익을 추산해 내려지는 것으로 이해되어야 한다. 다음을 보라. Gary S. Becker, "The Economic Way of Looking at Life", revised version of the 1992 Nobel Lecture, in Becker, *Accounting for Tastes*, Cambridge, MA: Harvard University Press, 1996, pp. 139~161.

3 Gary S. Becker, *The Economic Approach to Human Behavior*,

Chicago: University of Chicago Press, 1976, p.6.

4　스티브 배넌이 2018년 3월에 프랑스 국민 전선 회의에서 한 연설은 다음의 링크에서 볼 수 있다. https://www.youtube.com/watch?v=ue9PNeFUoO0.

5　다음을 보라. "Fox News: Ads Pulled from Laura Ingraham Show for Mocking Parkland Survivor", *The Guardian*, March 29, 2018, https://www.theguardian.com/media/2018/mar/30/fox-news-ads-pulled-from-laura-ingraham-show-for-mocking-parkland-survivor.

찾아보기

갈릴리 분지Galilee Basin 79.

감세tax cut 67, 95, 96, 98, 158.

개인 책임과 노동 기회 법안Personal
Responsibility and Work
Opportunity Act 335 n.3.

갤브레이스, 존 케네스John Kenneth
Galbraith 133.

건강 보험health care: 건강 보험에
대한 공적 투자 104, 144, 149; 건강
보험에 대한 접근권 56, 133, 219;
건강 보험의 민영화 17, 307~308
n.16.

경제 불평등economic inequality 159,
167, 216, 217.

경제 협력 개발 기구Organization
for Economic Cooperation and
Development, OECD 96, 143, 181.

경제적 행위자economic agent 61~62.

고등 교육higher education 117~121,
133, 309~310 n.17.

고등 교육법Higher Education Act 309
n.17.

공공 선택 연구 센터Center for the
Study of Public Choice 301 n.6.

공공 스무딩 펀드public smoothing
fund 314 n.1.

공공 주택public housing 306 n.15,
309 n.17.

공급 측면 경제학supply-side
economics 96, 104, 134, 218, 328
n.9.

공립 학교public school. '교육에 대한
공적 투자'를 보라.

공무원civil servant 23, 66, 104, 158,
163, 214, 336 n.6, 339 n.16.

공유 경제sharing economy 157, 182.
또한 '플랫폼 자본주의'를 보라.

교육부Department of Education 119.

교육에 대한 공적 투자public
investment in education 17,
104, 144, 309~310 n.17. 또한
'바우처'를 보라.

국가 안보national security 168, 177,
179.

국민주의nationalism 106~110,
124~127. 또한 '극우'를 보라.

국부 펀드sovereign fund 314 n.1.

국제 노동 기구International Labor
Organization, ILO 339 n.16.

국제 노동자 협회(제1인터내셔널)
International Workingmen's
Association 70, 202.

국제 사회international community
174, 195.

국제 통화 기금International
Monetary Fund, IMF 143.
규제 완화deregulation 12, 24, 29, 52,
66, 94, 104, 122, 164, 315 n.2.
그레이버, 데이비드David Graeber
132, 135, 137, 139, 140, 146, 148.
극우extreme right 105, 108, 129. 또한
'국민주의'와 '포퓰리즘'을 보라.
금리interest rate 52.
금융 시장의 행태behavior of financial
market 45~46.
금융 위기(2008년)financial crisis of
2008 36, 120~121, 122~123, 136,
140~142, 172, 177, 300 n.5, 327
n.42, 340 n.18.
금융 자산의 시장 가치market value of
financial asset 45~46.
금융화financialization: 금융의
민주화 136; 선진 공업국 금융화
12, 20~30, 94~97.
기술적 진보의 선순환virtuous cycle
of technological progress 8.
기아 퇴치와 발전을 위한 가톨릭
협의회Catholic Committee against
Hunger and for Development 84.
기업 거버넌스corporate governance
20~25, 38, 56, 62, 67, 70~71, 74,
81~82, 87~88.
기업 경영자corporate manager:
금융화된 시스템에서의 역할
22~27, 52~54, 63~70, 71~72,
81~83, 89; 포드주의 시대에서의
역할 8~9, 61~63.
기업 인권 벤치마크Corporate Human
Rights Benchmark 326 n.41.

기업의 사회적 책임corporate social
responsibility, CSR 68~72, 80~81,
84, 89, 155; 기업의 사회적 책임과
주식 가치 평가 83~86, 325 n.41;
증권화 71. 또한 '피투자자'를
보라.
긱 경제gig economy 185~193,
199~200, 202~203, 208~121.
긴축 반대 좌파antiausterity Left 130.
긴축austerity 99~101, 106, 123, 132,
140~145, 148~150, 175, 177, 218,
328 n.9.

난민refugee 176, 330 n.15, 333 n.27.
냉전Cold War 167, 338 n.12.
네이더, 랠프Ralph Nader 314 n.2.
노동 비용labor cost 39, 53, 74, 204,
210, 219.
노동 연계 복지workfare 161, 336 n.6.
노동 연금부(영국)Department of
Labor and Pensions 340 n.17.
노동 운동labor movement 39~41,
47~51, 54, 55, 60, 69~71, 140, 198,
225~228, 229.
노동 조합labor union 10, 12, 26, 40,
46, 48, 56, 58, 60, 70, 86, 147, 150,
155, 163, 198, 202, 208, 216, 308
n.16, 319 n.13.
노동당Labour Party 333 n.28.
노동력labor power 15, 17, 37, 41,
42, 46~49, 60, 71, 139, 147. 또한
'임노동자에 대한 착취'를 보라.
녹색 택시 협동조합Green Taxi
Cooperative 201.
농업agriculture 186.

누막스Numax 206.

뉴딜New Deal 123, 309 n.17.

뉴잉글랜드 예술 연구소New England Institute of Arts 121.

다이너모Dynamo 208.

다코타 액세스 파이프라인Dakota Access Pipeline 76, 324 n.31; DAPL 투자 철회Defund DAPL 77, 324 n.32.

담보 대출mortgage 17, 113, 121, 122, 132, 136, 165, 170, 307 n.15, 309 n.17, 331 n.18.

닷컴 버블dot-com bubble 36.

대공황Great Depression 123.

대리인 이론agency theory 61~62, 64~66, 80~82, 185.

대물 변제dation in payment 331 n.18.

대처, 마거릿Margaret Thatcher 18, 22, 52, 58, 96, 101, 134, 158, 301 n.6, 301 n.8, 336 n.6.

대침체Great Recession 36, 99, 122, 142, 172, 176, 179.

대학 기금university endowment fund 314 n.1.

대항 투기counterspeculation 56, 155, 218. 또한 '피투자자'를 보라.

데이비스, 제럴드 F.Gerald F. Davis 19, 182, 185, 315 n.2; 『사라져 가는 미국 기업』Vanishing American Corporation 182.

독립 계약자independent contractor 19, 181, 188, 191, 193, 199, 202, 207, 212, 215, 226.

디렉터, 애런Aaron Director 301 n.6.

딜리버루Deliveroo 202.

라차라토, 마우리치오Maurizio Lazzarato 133, 135, 136, 138, 146.

라클라우, 에르네스토Ernesto Laclau 125, 127, 130.

라호이, 마리아노Mariano Rajoy 114.

런던 고용 심판원London Employment Tribunal 345 n.36.

럼스펠드, 도널드Donald Rumsfeld 175.

레이건, 로널드Ronald Reagan 18, 22, 24, 52, 58, 95~96, 134, 158, 301 n.8, 336 n.6.

로빈스, 라이어널Lionel Robbins 301 n.6.

로스, 앤드루Andrew Ross 133, 135, 138~139, 140, 146, 148.

롤링 주빌리Rolling Jubilee 117.

롱텀 캐피털 매니지먼트Long-Term Capital Management 36.

뢰프케, 빌헬름Wilhelm Röpke 187, 231, 301 n.6, 306 n.15, 307 n.16.

루스벨트, 프랭클린 D.Franklin D. Roosevelt 123, 307 n.15, 309 n.17.

르 펜, 마린Marine Le Pen 126.

르루, 브뤼노Bruno Leroux 344 n.34.

르무안, 뱅자맹Benjamin Lemoine 93, 143, 149.

리먼 브러더스Lehman Brothers 99, 118.

리스크에 대한 보호 장치protection against risk 15.

리프먼, 월터Walter Lippmann 300 n.5.

리프트Lyft 187, 200, 323 n.30.
리피에츠, 알랭Alain Lipietz 348 n.50.
립Lip 206.

마라치, 크리스티안Christian Marazzi
146.
마라톤 석유 회사Marathon Petroleum
Corporation 78.
마르크스, 카를Karl Marx 37, 60, 69,
139, 201~202, 225~226.
마음 편히 먹어Take Eat Easy 200.
맨, 헨리Henry Manne 24, 313 n.27.
메넴, 카를로스Carlos Menem 115.
메르켈, 앙겔라Angela Merkel 177, 330
n.15.
멜랑숑, 장-뤽Jean-Luc Mélenchon
330 n.15.
모기지론 희생자들의
플랫폼Plataforma de Afectados por
la Hipoteca, PAH 113, 122, 130.
몽펠르랭 협회Mont Pelerin Society
13, 22, 28, 158, 164, 187, 300 n.6,
301 n.8, 306 n.15.
무디스Moody's 83.
무바라크, 호스니Hosni Mubarak 176.
무슬림 금지령Muslim ban 323 n.30.
무페, 샹탈Chantal Mouffe 125, 130.
뮐러-아르마크, 알프레트Alfred
Müller-Armack 301 n.6.
뮤츄얼 펀드mutual fund 314 n.1.
미국 시민 자유 연맹American Civil
Liberties Union 323 n.30.
미로스키, 필립Philip Mirowski 14.
미투#MeToo 234.
민스키, 하이먼Hyman Minsky 45.

민영화privatization 16, 97, 145, 219.
민주당Democratic Party 333 n.28.

바겐크네히트, 자라Sahra
Wagenknecht 330 n.15.
바르텔레미, 자크Jacques Barthélémy
344 n.35.
바우처voucher 17, 309 n.17.
바젤 은행 감독 위원회Basel
Committee on Banking Supervision
148.
배넌, 스티브Steve Bannon 233.
뱅크 오브 아메리카Bank of America
77.
법경제학파의 교리Law and
Economics doctrine 22~24, 62, 65,
81~82, 88, 185, 301 n.6, 332 n.26.
베커, 게리Gary Becker 231, 301 n.6,
308 n.16, 310 n.17, 350 n.2.
벤 알리, 진 엘 아비딘Zine El Abidine
Ben Ali 176, 338 n.14.
벤처 자본가venture capitalist 204,
209, 314 n.1, 320 n.20.
벨, 대니얼Daniel Bell 319 n.13.
변동 환율제floating currency 11, 94,
134.
보수 혁명conservative revolution 15,
18, 58, 66, 96, 156, 158, 160, 162,
167, 301 n.8.
보이콧boycott 75, 323 n.30.
보츠먼, 레이철Rachel Botsman 189;
『내 것이 당신 것이다』What's Mine
Is Yours 189.
보크, 로버트Robert Bork 313 n.27.
보편적 기본소득universal basic

income 222.

복지 개혁welfare reform 160, 180.

복지국가welfare state 15, 39, 68,
96~98, 144~145, 158, 160~162,
164~168, 215~216, 219, 222~224,
225~226, 230, 307 n.16, 310 n.18.
또한 '실업 수당'을 보라.

볼커, 폴Paul Volcker 95.

볼탕스키, 뤽Luc Boltanski 316 n.7.

뵘, 프란츠Franz Böhm 301 n.6.

부시, 조지 W.George W. Bush 99,
169~171, 173~175, 177.

부아예, 로베르Robert Boyer 348
n.50.

부의 소득세negative income tax 17,
222, 310 n.18.

부채debt: 공공 부채 25~26, 99,
132~133, 145, 332 n.27; 민간 부채
26~27, 98~100, 118, 132~133,
135~137, 140~141, 145; 성장의
동력으로서 부채 133, 134;
영구적인 부채 134~136; 정부의
사회적 부채 145, 149, 193;
증권화된 부채 170.

부채 국가debt state 97~100, 164.

부채 담보부 증권collateralized debt
obligation 337 n.9.

부채 콜렉티브Debt Collective 117,
147.

부채 타파 운동Strike Debt 117, 335
n.44.

부채의 지배creditocracy 136, 147.

부하린, 니콜라이Nikolai Bukharin
108.

북쪽의 호텔Hôtel du Nord 201.

불복 운동insoumis movement 330
n.15.

뷰캐넌, 제임스James Buchanan 301
n.6.

브레턴 우즈Bretton Woods 95.

블레어, 토니Tony Blair 30, 99, 159,
161, 163, 167, 171, 174, 179, 180,
194.

블록체인 기술blockchain technology
326 n.41.

비경합재nonrival goods 186.

비델라, 호르헤 라파엘Jorge Rafael
Videla 115.

비지!Bizi! 80.

비지오 아이리스Vigeo Eiris 326 n.41.

비트코인bitcoin 326 n.41.

빈 라덴, 오사마Osama Bin Laden 338
n.12.

빈곤과의 전쟁war on poverty 309
n.17.

빈치Vinci 326 n.41.

빌더르스, 헤이르트Geert Wilders
126.

사르코지, 니콜라Nicolas Sarkozy 338
n.14.

사미 의회Sami parliament 78.

사회 민주당Social Democrats 166.

사회 복지 프로그램과 공공
지출social program and public
expenditure 21, 26, 39, 54, 97, 99,
145, 340 n.17.

사회 안전망social safety net 27, 222,
225, 307 n.16.

사회적 연대 경제social and solidarity

economy 211.

사회적 책임 투자socially responsible
investing, SRI 84.

샌더스, 버니Bernie Sanders 121, 122,
333 n.28.

샌프란시스코 감독 위원회San
Francisco Board of Supervisors 78.

생골라니, 파트리크Patrick Cingolani
341 n.19.

서구 정부의 외교 정책foreign policy
of Western governments 173~177.

석유 금수 조치(1973년)oil embargo
95.

세트, 질베르Gilbert Cette 344 n.35.

소셜 네트워크social network 232, 323
n.30, 327 n.41.

소셜 바이츠Social Bites 344 n.33.

소시에테 제네랄Société Générale 79,
326 n.41.

숄츠, 트레보어Trebor Scholz 203,
209.

슈뢰더, 게르하르트Gerhard Schröder
30, 160, 161, 175.

슈미트, 카를Carl Schmitt 129.

슈트렉, 볼프강Wolfgang Streeck 93,
97, 134, 164, 328 n.9.

슘페터, 조지프Joseph Schumpeter
8, 11, 13, 15, 22, 158;『자본주의,
사회주의, 민주주의』Capitalism,
Socialism, and Democracy 8.

스미스, 매슈Matthew Smith 79.

스미스, 애덤Adam Smith 183.

스타트업start-up 346 n.44.

스태그플레이션stagflation 319 n.13.

스탠더드 앤드 푸어스Standard &

Poor's 83, 85.

스탠딩, 가이Guy Standing 341 n.19.

스탠딩 록 원주민 보호 구역Standing
Rock Reservation 76.

스토어브랜드Storebrand 78.

스티글러, 조지George Stigler 301 n.6,
308 n.16, 313 n.27.

스티글리츠, 조지프Joseph Stiglitz 332
n.26.

시라크, 자크Jacques Chirac 175.

시리자Syriza 333 n.28.

시민 보안법(스페인)Citizens
Security Law 117.

시민적 자유civil liberty 16, 58, 111.

시아펠로, 에브Ève Chiapello 316 n.7.

시장 청산 가격market-clearing price
42.

시카고 학파 경제학Chicago School of
Economics 13, 22, 81, 187, 231, 301
n.6, 303 n.11, 307 n.15, 308 n.16,
309 n.17.

시티 스프린트City Sprint 345 n.36.

신노동당New Labour Party 160~161,
166, 180.

신민주당New Democrat 159, 161,
166, 180.

신슘페터주의적 사업 모델
neo-Schumpeterian business model
347 n.44.

신용 부도 스와프credit default swaps
337 n.9.

신용 접근성access to credit 21~22,
26~27, 99~100, 135~136, 157, 165.

신용 평가사rating agency 80, 232,
325 n.41, 327 n.42.

신용 할당accreditation/allocation of credit 30, 35, 37~39, 41~44, 52, 55, 61, 75, 87, 199, 221, 229, 233~234.

신용 협동조합Credit Cooperative 84.

신용도creditworthiness: 개인의 신용도 21~22, 28, 177, 180, 193~195, 218, 227, 230~235; 국가의 신용도 21, 25~26, 340 n.17; 금융 기관의 신용도 44.

신용의 민주화democratization of credit 134, 170, 314 n.2.

신자유주의적 의제neoliberal agenda 14~15, 18, 27, 158~160, 230~232; 금융화 12, 20~30; 정부의 역할 15~16, 27; 탈프롤레타리아화 17.

실업unemployment: 실업의 조건 178~179, 179~180, 339 n.16; 프레카리아트의 실업 182.

실업 수당unemployment benefit 133, 144, 156, 158, 165, 336 n.6.

실종자들los desaparecidos 115.

아글리에타, 미셸Michel Aglietta 348 n.50.

아데나워, 콘라트Konrad Adenauer 301 n.6.

아라벨라 어드바이저스Arabella Advisors 77; 『글로벌 화석 연료 투자 철회와 청정 에너지 운동』Global Fossil Fuel Divestment and Clean Energy Movement 79.

아랍의 봄Arab Spring 173, 195, 332 n.27.

아마존Amazon 183, 186, 190, 202, 207, 210, 220.

아마존 메커니컬 터크Amazon Mechanical Turk 183, 186, 203, 207, 220.

아사드, 바샤르 알Assad, Bashar al 338 n.12.

아스케나지, 필리프Philippe Askenazy 348 n.51.

아탁Attac 80.

아토스 헬스케어Atos Healthcare 340 n.17.

아프가니스탄 침공 99, 170, 173.

알카에다al-Qaeda 168.

알파 콜Alpha Coal 79.

애버크롬비 앤드 피치Abercrombie and Fitch 323 n.30.

양원제bicameralism 302 n.10.

업워크Upwork 183, 186.

에너지 가격 자유화liberalization of energy prices 94, 134.

에너지 트랜스퍼 파트너스Energy Transfer Partners 324 n.31.

에르하르트, 루트비히Ludwig Erhard 301 n.6.

에베레스트 대학Everest University 119.

에어비앤비Airbnb 183, 187, 210, 220.

엔론Enron 36, 118.

엔브리지Enbridge 78.

엔지Engie 326 n.41.

연금pension 17, 57, 102, 133, 144, 149, 219, 222, 307 n.16, 314 n.1, 340 n.17.

연방 주택 관리청Federal Housing Administration 307 n.15.

연방 주택 저당 공사Federal National

Mortgage Association 307 n.15.
오딘 자산 운용Odin Fund
    Management 78.
오바마, 버락Barack Obama 35, 76,
    172, 315 n.3.
오염pollution 305 n.13.
오이켄, 발터Walter Eucken 301 n.6.
올랑드, 프랑수아François Hollande
    35, 315 n.3.
옴니버스 예산 조정법Omnibus
    Budget Reconciliation Act 336 n.6.
와타누키, 조지Joji Watanuki 319
    n.13.
외국인 혐오xenophobia 108, 124,
    125, 177, 234, 332 n.27.
외부성externality 16, 211.
우리의 생명을 위한 행진March for
    Our Lives 234.
우버Uber 182, 188, 190, 198, 200,
    202, 203, 207, 212, 215, 219, 225,
    323 n.30, 344 n.34, 345 n.36.
월드컴WorldCom 36.
웰스 파고Wells Fargo 77.
유권자electorate 122, 123, 157,
    173, 216; 유권자 대 투자자 93,
    100~106; 유권자와 조세 25, 98;
    유권자와 캠페인 레토릭 103~106,
    109~110; 유권자의 가치화 233.
유럽 사법 재판소European Court of
    Justice 114.
유럽 연합 집행 위원회European
    Commission 143.
유럽 인권 재판소European Court of
    Human Rights 114.
유로넥스트Euronext 326 n.41.

은행 구제 금융bank bailout 101, 123,
    132, 136, 142.
이민immigration 105, 107, 109, 125,
    166, 176~177, 179, 195~196.
이슬람 국가Islamic State 173, 338
    n.12.
이해 관계자stakeholder: 이해 관계자
    액티비즘 75~80, 81, 85; 이해
    관계자의 계급 의식 74~76.
이호스HIJOS 115.
인민 입법 이니셔티브Iniciativa
    Legislativa Popular, ILP 113.
인민당Partido Popular, PP 114.
인민의 봄Springtime of Peoples 50.
인적 자본human capital 177, 234;
    인적 자본에 대한 제3의 길의 투자
    166; 1인당 인적 자본 179, 181, 340
    n.17, 340 n.18.
인플레이션inflation 13, 16, 28, 58,
    94, 134, 218, 319 n.13.
임노동자에 대한 착취exploitation of
    wage earner 10, 35, 37, 43, 46, 48,
    53, 55, 60, 70, 73, 109, 126, 139,
    140, 147, 159, 188, 202, 217, 226.
임시직 노동자contingent worker 192,
    198, 203, 211~217, 219~224, 344
    n.35.
잉그러햄, 로라Laura Ingraham 235.

자본 축적capital accumulation 12,
    19~20, 40, 41, 57, 58, 94, 123, 133,
    137, 140, 147, 156, 217, 226, 348
    n.50.
자본주의 생산 양식capitalist mode of
    production 8.

자사주 매입buyback 21, 64, 190.

자유로운 노동자free worker 37, 40~42, 48, 50, 70, 226.

재정 건전화 국가consolidation state 100.

저소득자용 주택low-income housing 17.

적록 연정(독일)red/green coalition 160.

점령 운동Occupy 35, 111, 117, 122, 126, 139.

정권 교체regime change 173, 177, 338 n.14.

정보 통신 기술information and communication technology 53, 186.

정부 보증 학자금 대출 제도guaranteed students loans 309 n.17.

정부의 과잉 개입governmental overreach 156.

정부의 역할role of government 88, 93; 신자유주의적 관점 15~16, 27, 51~53; 자유주의적 관점 50~51.

제3의 길Third way 30, 99, 157, 160, 167, 177, 180, 189, 195.

제도주의 경제학institutional economics 348 n.50.

제프리스, 마이크Mike Jeffries 323 n.30.

조세 정책tax policy 89, 93, 167, 302 n.10, 307 n.16; 조세 정책과 공공 부채 21, 25~27, 96~99, 332 n.27.

조절 학파Regulation School 213, 310 n.19, 314 n.1, 348 n.50.

존슨, 린든 B.Lyndon B. Johnson 309 n.17.

좌파당Die Linke 330 n.15.

주코티 공원Zuccotti Park 112, 139.

주크스, 존John Jewkes 301 n.6.

주택 소유권home ownership 17, 306 n.15.

주택 저당 증권mortgage backed security 337 n.9.

주택법(1949년)Housing Act of 1949 309 n.17.

중앙 은행central bank 16, 94, 103, 170, 190, 303 n.11.

증권화securitization 322 n.28.

지구의 벗Friends of the Earth 80.

지적 재산권intellectual property rights 53, 56, 166, 224.

질서 자유주의Ordoliberalism 18, 301 n.6, 303 n.11, 307 n.16; 『오르도』Ordo 13.

채권 소유자bondholder. '투자자'를 보라.

채권 시장bond market 116, 124, 131, 135, 138, 141~143, 147, 155~156, 159, 162, 175, 192; 서브 프라임 채권 시장 136; 채권 시장과 기업 155; 채권 시장과 정부 21, 24~27, 31, 39, 88~89, 93, 96~105, 110, 138, 140, 150~151, 155~156, 196, 216~218, 223.

채무 불이행default 117~118.

채무자 액티비즘debtor activism 137~140, 146~150.

챈들러, 앨프리드Alfred Chandler 181.

치프라스, 알렉시스Alexis Tsipras
106.

카다피, 무아마르Muammar Gaddafi
174, 176.
카버, 그레그Greg Karber 323 n.30.
카스텔, 로베르Robert Castel 341
n.19.
카우퍼, 마크Mark Cowper 344 n.33.
카터, 지미Jimmy Carter 58.
캐머런, 데이비드David Cameron 340
n.17.
캘러닉, 트래비스Travis Kalanick 324
n.30.
캘러헌, 제임스James Callaghan 58.
커린시언 대학 네트워크Corinthian
Colleges Network 118.
커먼즈commons 223.
케이슨, 칼Carl Kaysen 320 n.19.
케인스, 존 메이너드John Maynard
Keynes 13, 45, 52, 55, 73, 123, 322
n.29.
케인스주의적 경기 조정
정책Keynesian countercyclical
policy 13~14.
코스, 로널드Ronald Coase 185, 301
n.6, 304 n.13, 313 n.27; 「사회적
비용 문제」Problem of Social Cost
305 n.13.
콜라우, 아다Ada Colau 122.
쿨리지, 캘빈Calvin Coolidge 306
n.15.
쿱사이클Coopcycle 201.
크라우드 펀딩crowdfunding 118, 207,
221.

크라우치, 콜린Colin Crouch 170.
크로지에, 미셸Michel Crozier 319
n.13.
크루그먼, 폴Paul Krugman 332 n.26.
크리프너, 그레타 R.Greta R. Krippner
96, 314 n.2, 319 n.13; 『위기를
자본화하기』Capitalizing on Crisis
96.
클린턴, 빌Bill Clinton 30, 99, 159,
160, 161, 167, 178, 180, 194, 335
n.3.
클린턴, 힐러리Hillary Clinton 121.
키르치네르, 네스토르Nestor
Kirchner 115.

탈민주화dedemocratization 127~129.
탈프롤레타리아화
de-proletarianization 17, 30, 180,
230.
태스크래빗TaskRabbit 183, 187, 202,
207, 220.
터콥티콘Turkopticon 207.
털록, 고든Gordon Tullock 301 n.6.
테러와의 전쟁war on terror 99, 169,
170, 173, 175, 177.
토탈Total 326 n.41.
톡톡톡Tok Tok Tok 345 n.37.
투자자investor: 투기자로서 투자자
45~46, 49, 54~56, 59~60, 75,
81~83; 투자자 대 고용주 37~38,
41~44(또한 '신용 할당'을 보라);
투자자가 발휘하는 영향력의
시간성 102~103, 106, 111;
투자자와 사회적 책임 투자 84;
투자자의 정의 314 n.1; 투자자의

정치적 영향력에 맞서기 106~111, 122~127.

트럼프, 도널드Donald Trump 76, 126, 179, 233, 323 n.30, 324 n.31.

트럼프, 이방카Ivanka Trump 323 n.30.

트루먼, 해리Harry Truman 309 n.17.

파마, 유진Eugene Fama 65.

파생 금융 상품derivative financial product 95, 134.

팍스 월드 펀드Pax World Fund 84.

패라지, 나이절Nigel Farage 126.

퍼거슨, 애덤Adam Ferguson 28.

페어몬도Fairmondo 201.

페이스북Facebook 230.

평판 자본reputational capital 188, 203, 218, 227, 235.

포데모스Podemos 122, 130, 333 n.28.

포드, 헨리Henry Ford 57.

포드주의Fordism 11, 57~59, 63, 87, 94, 108, 156, 196, 205, 222, 310 n.19; 포드주의에서 수직 통합된 기업들 20, 24; 포드주의하의 기업 구조 20, 181.

포스너, 리처드Richard Posner 301 n.6, 313 n.27, 332 n.26.

포스트케인스주의 post-Keynesianism 213, 310 n.19, 348 n.50.

포퓰리즘populism 105; 신자유주의적 포퓰리즘 158; 우익 포퓰리즘 107~110, 124~129, 158, 167, 332 n.27; 진보적 포퓰리즘 125~132, 234.

폴라니, 마이클Michael Polanyi 301 n.6.

폴라니, 칼Karl Polanyi 48.

푸코, 미셸Michel Foucault 16, 122, 187.

푸틴, 블라디미르Vladimir Putin 330 n.15.

프라사드, 모니카Monica Prasad 314 n.2.

프레카리아트precariat 180, 225, 341 n.19.

프로버넌스Provenance 326 n.41.

프리드먼, 밀턴Milton Friedman 13, 18, 23, 80, 95, 222, 301 n.6, 301 n.8, 303 n.11, 308 n.16, 309 n.17, 310 n.18, 319 n.13.

프리랜서 단체freelancers' collective 220.

플랫폼 자본주의platform capitalism 157, 181, 186, 190, 194, 202, 210, 220.

플랫폼 협동조합주의platform cooperativism 203, 209, 211, 212. 또한 '협동조합 운동'을 보라.

피구, 아서Arthur Pigou 304 n.13; 피구세 304 n.13.

피노체트, 아우구스토Augusto Pinochet 18, 301 n.7.

피델리티Fidelity 315 n.2.

피모, 제롬Jérôme Pimot 199, 345 n.37.

피치Fitch 83, 85.

피투자자investee: 금융화된 시스템에서 피투자자의 자리

44, 218, 230~231, 233; 피투자자
액티비즘 49, 55~56, 61, 69~71,
86, 88~89, 130~131, 155, 197~198,
205~206, 211~212, 216~220,
227~228, 234~235; 피투자자로서
자유 계약자 219; 피투자자로서
협동조합 인터페이스 203;
피투자자와 제3의 길 개혁
164~165, 180, 189; 피투자자와
피고용인 44~45, 227~228;
피투자자의 유형 218.
필더, 재키Jackie Fielder 77.
필립스66Philips 66 78, 324 n.31.

하르츠법Hartz laws 161.
하이에크, 프리드리히Friedrich Hayek
13, 17, 28, 187, 301 n.7, 301 n.8,
302 n.10, 303 n.12.
학생 부채student debt 117~121, 132.
해키스탄Hackistan 201.
햄프턴, 폴Paul Hampton 207.
허시먼, 앨버트 O. Albert O.
Hirschman 112, 146.
헌팅턴, 새뮤얼Samuel Huntington
319 n.13.
헤지 펀드hedge fund 314 n.1.
협동조합 운동cooperative movement
201~203, 219, 220~225. 또한
'플랫폼 협동조합주의'를 보라.
협력 경제collaborative economy
182~185, 189, 203, 232.

협상negotiation 44~45.
호그, 데이비드David Hogg 235.
환경 운동가environmental activist 68,
74.
황금률golden rule 16, 303 n.11.
회색 표범Gray Panthers 314 n.2.
효율 시장 가설efficient market
hypothesis 65.
후버, 허버트Herbert Hoover 306 n.15.
후세인, 사담Saddam Hussein 171, 338
n.12.
흑인의 생명은 중요하다Black Lives
Matter 234.

5월 15일 운동15-M 35, 111, 123.
9/11 99, 157, 168, 169, 173.
AXA 326 n.41.
BNP 파리바BNP Paribas 326 n.41.
CEO 21, 24, 39, 57, 65, 82, 196.
DNB 78.
ESG 렙리스크ESG RepRisk 327 n.41.
G7 132, 142.
ING 79.
ITT 테크ITT Tech 121.
J. P. 모건J. P. Morgan 337 n.9.
KLP 78.
MSCI KLD 400 소셜 인덱스MSCI
KLD 400 Social Index 84.
UN 안전 보장 이사회UN Security
Council 174.

피투자자의 시간
금융 자본주의 시대 새로운 주체성과 대항 투기

1판 1쇄 2023년 2월 5일 펴냄

지은이 미셸 페어. 옮긴이 조민서.
펴낸곳 리시올. 펴낸이 김효진. 제작 상지사.

리시올. 출판등록 2016년 10월 4일 제2016-000050호.
주소 경기도 고양시 화신로 298, 별빛마을 802-1401.
전화 02-6085-1604. 팩스 02-6455-1604.
이메일 luciole.book@gmail.com.
블로그 playtime.blog.

ISBN 979-11-90292-16-0 93330